INOVAÇÕES DO CÓDIGO DE PROCESSO CIVIL DE 2015

Coordenadores
Paulo Cezar Pinheiro Carneiro
Leonardo Greco
Humberto Dalla Bernardina de Pinho

INOVAÇÕES DO CÓDIGO DE PROCESSO CIVIL DE 2015

Autores

Anderson de Paiva
Antônio Augusto Pires Brandão
Bernardo Braga e Silva
Bianca Oliveira de Farias
Carla Teresa Bonfadini de Sá
Erik Navarro Wolkart
Humberto Dalla Bernardina de Pinho
Leonardo Greco
Ludmilla Camacho Duarte Vidal
Luiz Paulo da Silva Araújo Filho
Micaela Barros Barcelos Fernandes
Michele Pedrosa Paumgartten
Paula Menna Barreto Marques
Paulo Cezar Pinheiro Carneiro
Tatiana Machado Alves
Tatiana Machado Dunshee de Abranches
Tatiana Paula Cruz de Siqueira

GZ
EDITORA
Rio de Janeiro
2016

1ª edição - 2016

CIP - Brasil. Catalogação-na-fonte.
Sindicato Nacional dos Editores de Livros, RJ.

I44

Inovações do código de processo civil de 2015 / Anderson de Paiva ... [et. al.]; organização Paulo Cezar Pinheiro Carneiro, Leonardo Greco, Humberto Dalla Bernardina de Pinho. - 1. ed. - Rio de Janeiro: LMJ Mundo Jurídico, 2016.
424 p.; 24 cm.

Inclui índice
ISBN 978-85-62027-94-9

1. Direito civil. 2. Direito administrativo. I. Carneiro, Paulo Cezar Pinheiro. II. Greco, Leonardo. III. Pinho, Humberto Dalla Bernardina de.

16-33800

CDU: 347

GZ EDITORA

e-mail: contato@editoragz.com.br
www.editoragz.com.br
Av. Erasmo Braga, 299 - sala 202 - 2º andar - Centro - Rio de Janeiro - RJ - CEP 20010-170
Tels.: (0XX21) 2240-1406 / 2240-1416 - Fax: (0XX21) 2240-1511

Impresso no Brasil
Printed in Brazil

Sumário

Sobre os Coordenadores

HUMBERTO DALLA BERNARDINA DE PINHO
Professor Associado de Direito Processual Civil na UERJ. Professor Titular de Direito Processual Civil na Universidade Estácio de Sá. Promotor de Justiça no Estado do Rio de Janeiro.

LEONARDO GRECO
Professor titular aposentado de Direito Processual Civil da Faculdade Nacional de Direito da Universidade Federal do Rio de Janeiro.

PAULO CEZAR PINHEIRO CARNEIRO
Livre-docente e Doutor pela Universidade do Estado do Rio de Janeiro. Professor titular de Teoria Geral do Processo da Universidade do Estado do Rio de Janeiro. Professor Emérito da Escola de Magistratura do Estado do Rio de Janeiro. Membro Titular da Academia Brasileira de Letras Jurídicas. Membro das Comissões de Juristas do Senado e da Câmara que elaboraram o novo Código de Processo Civil. Advogado e Procurador de Justiça aposentado.

Sobre os Autores

ANDERSON DE PAIVA GABRIEL
Mestrando em Direito Processual na Universidade do Estado do Rio de Janeiro (UERJ). Atua como Delegado de Polícia do Estado do Rio de Janeiro e já foi Delegado de Polícia do Estado de Santa Catarina (2009-2010). Possui graduação em Ciências Jurídicas e Sociais pela Universidade Federal do Rio de Janeiro (2008), especialização em Direito Público e Privado pelo Instituto Superior do Ministério Público (2010), especialização em Direito Constitucional pela Universidade Estácio de Sá (2010) e especialização em Gestão em Segurança Pública pela Universidade do Sul de Santa Catarina (2011).

ANTÔNIO AUGUSTO PIRES BRANDÃO
Mestrando em Direito Processual pela UERJ. Graduado em Direito pela UFPI. Advogado.

BERNARDO BRAGA E SILVA
Doutorando e mestre em Direito Processual (UERJ). Professor de Direito Processual Penal da Escola da Magistratura do Estado do Rio de Janeiro (EMERJ). Advogado no Rio de Janeiro.

BIANCA OLIVEIRA DE FARIAS
Doutoranda em Direito Processual na UERJ. Mestre em Direito Processual pela UERJ. Advogada no Rio de Janeiro.

CARLA TERESA BONFADINI DE SÁ
Mestranda em Direito processual pela UERJ. Juíza Federal no Rio de Janeiro.

ERIK NAVARRO WOLKART
Juiz Federal no Rio de Janeiro. Mestre em Processo Civil pela PUC/SP. Doutorando pela UERJ.

LUDMILLA CAMACHO DUARTE VIDAL
Mestranda em Direito Processual pela UERJ. Pós-Graduada em Direito Processual Civil pela UFJF. Advogada.

LUIZ PAULO DA SILVA ARAÚJO FILHO
Desembargador Federal. Professor de Direito Processual Civil na UERJ.

MICAELA BARROS BARCELOS FERNANDES
Mestranda em Direito da Empresa e Atividades Econômicas na UERJ. Mestre em Direito Internacional e da Integração Econômica pela UERJ. Pós-graduada em Direito da Economia e da Empresa na FGV/RJ. Graduada em Direito pela UFRJ. Advogada no Rio de Janeiro.

MICHELE PEDROSA PAUMGARTTEN
Doutoranda em Direito Processual UERJ. Professora de Direito Processual Civil IBMEC/RJ. Professora de pós-graduação UNESA e UCAM. Advogada.

PAULA MENNA BARRETO MARQUES
Mestranda em Direito Processual na UERJ. Pós-graduada em Direito Processual Civil pela PUC/RJ. Advogada no Rio de Janeiro.

TATIANA MACHADO ALVES
Mestranda em Direito Processual na UERJ. Graduada em Direito pela UERJ. Advogada no Rio de Janeiro.

TATIANA MACHADO DUNSHEE DE ABRANCHES
Mestranda em Direito da Empresa e Atividades Econômicas na UERJ. Pós-graduada em Direito Ambiental na PUC/RJ. Pós-graduada em Direito Público e Privado na EMERJ. Graduada em Direito na PUC/RJ. Advogada no Rio de Janeiro.

TATIANA PAULA CRUZ DE SIQUEIRA
Mestranda em Direito Processual pela UERJ. Bacharel em Direito pela UFJF. Professora de Direito Processual da UFJF.

Breves notas sobre as Inovações do novo Código de Processo Civil

Paulo Cezar Pinheiro Carneiro

Sumário: I - Estrutura do novo Código. **II** - Inovações. **1.** Acordo entre as partes sobre o procedimento. **2.** Conciliação e mediação. **3.** Limites da jurisdição nacional. **4.** Cooperação nacional e internacional. **5.** Cooperação entre as partes, terceiros e a boa-fé. **6.** *Amicus curiae.* **7.** Modificação da competência. **8.** Questão prejudicial. **9.** Incidente de desconsideração da personalidade jurídica. **10.** Tutela da evidência. **11.** Poderes do juiz. Inversão do ônus da prova. **12.** Advogados: prazos e férias, poderes, honorários. **13.** Ministério Público e Defensoria Pública. **14.** Concentração da defesa. Reconvenção. **15.** Saneamento do processo. **16.** Produção antecipada de prova. **17.** Contraditório participativo e fundamentação da sentença. **18.** Julgamento parcial do mérito. **19.** Improcedência liminar do pedido. Julgamento antecipado do mérito pelo relator do recurso. **20.** Ação monitória. **21.** Dissolução parcial de sociedade. Inventário e partilha. **22.** Processo eletrônico. **23.** Ordem cronológica de julgamento. **24.** O prestígio da jurisprudência. **25.** Assunção de competência. **26.** Recursos repetitivos. **27.** Incidente de resolução de demandas repetitivas. **28.** Embargos de declaração e prequestionamento. **29.** Agravo de instrumento. **30.** Apelação. Possibilidade de prosseguimento do julgamento. **31.** Cumprimento de sentença. **32.** Processo de execução. **III** - Conclusão.

I – Estrutura do novo Código

O novo CPC contém duas partes - Geral e Especial - e um livro complementar com Disposições Finais e Transitórias.

A Parte Geral contém cinco livros: Livro I - Das Normas Processuais Civis; Livro II - Da função jurisdicional; Livro III - Dos Sujeitos do Processo; Livro IV - Dos Atos Processuais; Livro V - Da Tutela Provisória.

A Parte Especial é composta por três livros: Livro I - Do processo de Conhecimento e do Cumprimento de Sentença; Livro II - Do Processo de Execução; Livro III - Dos Processos nos Tribunais e dos Meios de Impugnação das Decisões Judiciais.

Toda a principiologia do novo CPC está contida no Livro I, na Parte Geral, distribuída em 15 artigos, que tratam das normas fundamentais e da aplicação das mesmas.

Elas visam a assegurar um processo moderno, fortemente instrumental, cooperativo, rápido e isonômico, desenvolvido sob a égide da boa-fé, efetivo e justo.

As inovações trazidas e que serão objeto do nosso estudo demonstrarão a simbiose existente entre elas e a proposta principiológica do novo CPC.

II – Inovações

1. Acordo entre as partes sobre o procedimento

O artigo 190 permite, nas hipóteses de direitos que admitam autocomposição, que as partes estabeleçam um procedimento próprio para a causa convencionando sobre ônus, faculdades e deveres processuais, antes ou durante o processo.

Nesta linha poderão estabelecer, à semelhança da arbitragem, já no contrato de direito material, um eventual procedimento em caso de disputa judicial, podendo, dentre outros poderes, fixar se haverá ou não a possibilidade de recurso e assim por diante.

O juiz não poderá recusar aplicação ao acordo, salvo nos casos de nulidade ou de inserção abusiva em contrato de adesão e, ainda, se uma das partes se encontrar em situação de vulnerabilidade (art. 190, parágrafo único).

2. Conciliação e mediação

O novo Código estabeleceu como prioridade a solução consensual dos conflitos, determinando que a conciliação e a mediação devem ser estimuladas por todos os operadores do Direito, inclusive no curso do processo judicial (art. 3º, §§ 2º e 3º).

Cumprindo essa diretriz, dedicou uma seção inteira com 11 artigos (seção V, arts. 165/175), para tratar dos conciliadores e dos mediadores judiciais com a criação de centros judiciários de solução de conflitos em todos os tribunais, que poderão ter quadros próprios preenchidos por concurso público, sem prejuízo das câmaras privadas de conciliação e de mediação (art. 167, *caput* e § 6º).

3. Limites da jurisdição nacional

Atendendo à crescente necessidade de incremento das relações e do comércio internacionais, o novo Código permite que as partes estabeleçam, em contrato internacional, cláusula de foro exclusivo estrangeiro, salvo as hipóteses de competência internacional exclusiva ou se a mesma for abusiva (art. 25, §§ 1º e 2º).

4. Cooperação nacional e internacional

O novo CPC fortalece o dever de cooperação recíproco entre os juízes de qualquer instância (art. 67), para a prática de qualquer ato processual (art. 68), como, por exemplo, a prática de citação, intimação, coleta de depoimentos, efetivação de tutela provisória etc. (art. 69, § 2º, I a VII).

A sua solicitação deverá ser prontamente atendida, prescindindo de forma específica podendo a sua execução adotar as seguintes formas: auxílio direto, reunião ou apensamento de processos, prestação de informações ou a realização de atos concertados entre os juízes cooperantes (art. 69, I a IV).

Tal inovação agilizará em muito o processo e tornará praticamente desnecessária a comunicação entre os juízes através de carta precatória.

O Código também dedicou um capítulo inteiro à cooperação jurídica internacional (capítulo II, arts. 26 a 41), que será regida por tratado de que o Brasil faça parte ou com base em reciprocidade, manifestada por via diplomática, salvo para a homologação de sentença estrangeira (art. 26, §§ 1º e 2º), que poderá ter por objeto qualquer medida judicial ou extrajudicial não proibida pela lei brasileira, como citação, intimação, colheita de provas, obtenção de informações e concessão de medida judicial de urgência (art. 27, I a VI).

5. Cooperação entre as partes, terceiros e a boa-fé

Quem participa do processo em qualquer qualidade deve comportar-se de acordo com a boa-fé (art. 5º, norma fundamental) e cooperar com os demais sujeitos para que se obtenha, em tempo razoável, decisão de mérito justa e efetiva (art. 6º, norma fundamental).

A boa-fé tem importantes finalidades. De um lado, ela exige que os participantes do processo tenham comportamentos probos e éticos (prestações positivas) e por outro, contém uma proibição da prática de atos considerados abusivos (prestações negativas), sob pena de severas sanções estabelecidas ao longo do Código, sem prejuízo da responsabilidade por perdas danos.

Nesta linha pode-se afirmar, por exemplo, que as partes devem (prestações positivas) observar os deveres de veracidade e de lealdade (art. 77, I), cumprir as decisões jurisdicionais (art. 77, IV), assim como se absterem (prestações negativas) de produzir provas ou atos inúteis ou desnecessários à declaração ou à defesa do direito litigioso (art. 77, III), de provocar incidente ou interpor recurso com o intuito meramente protelatório, dentre outros atos.

O mesmo vale para o juiz, que deve fundamentar a sua decisão, velar pela duração razoável do processo (prestações positivas - arts.

11 e 139), assim como não deve atuar em processo no qual esteja impedido, ou seja, considerado suspeito (prestações negativas - arts. 144 e 145).

Do princípio da boa-fé, que alcança as partes e terceiros, decorre o da cooperação. O Código contém vários dispositivos, notadamente nos processos que envolvam um grande número de pessoas, no sentido de permitir a intervenção de terceiros que possam ter interesse no feito, direta ou indiretamente, promover a realização de audiências públicas (arts. 927, § 2º, 983, § 1º, e 1.038, II) e até mesmo a participação de outros personagens que possam colaborar para a realização da justiça, como o *amicus curiae* (art. 138).

6. *Amicus curiae*

O novo Código regulou o instituto do *amicus curiae* (art. 138, §§ 1º a 3º), estabelecendo que a sua função é de colaboração, pelo que, competirá ao juiz convocá-lo ou admitir a sua intervenção, ao seu exclusivo critério, através de decisão irrecorrível, assim como fixar os poderes que ele poderá exercitar, salvo a possibilidade de opor embargos de declaração e de apresentar recurso contra a decisão que julgar o incidente de resolução de demandas repetitivas (art. 138, §§ 1º e 3º).

Para que seja admitida a intervenção do *amicus curiae*, é necessário que o tema debatido tenha ou possa vir a ter dimensão coletiva, que tenha relevância pública ou social.

Não se exige que o *amicus curiae* seja imparcial, na medida em que é muitas vezes conveniente que o juízo convoque entidades com opiniões diversas sobre o mesmo tema, servindo como importante elemento para o esclarecimento do juízo, enriquecendo o debate.

É importante saber em que qualidade se dará a intervenção a pedido do terceiro requerente. Se for como *amicus curiae*, seus poderes serão fixados exclusivamente pelo juízo, vedada a interposição de recurso, salvo nas duas hipóteses anteriormente mencionadas. Se a intervenção do terceiro ocorrer sob qualquer outra forma, ele, em princípio, poderá exercitar poderes similares aos das partes, inclusive recorrer da decisão que o inadmitir (art. 1.015, IX).

Leis extravagantes que determinam a obrigatoriedade da intervenção de terceiros, como a CVM (Lei nº 6.385/76), o INPI (Lei nº 9.279/96), o CADE (Lei nº 12.529/2011), não constituem hipóteses de *amici curiae*, pela absoluta incompatibilidade com o regramento estabelecido no novo CPC, seja quanto à forma de sua admissão, seja quanto aos poderes que lhes são atribuídos, independentemente de autorização judicial.

7. Modificação da competência

O novo Código estabeleceu no § 2º, I e II, e § 3º do artigo 55, além das hipóteses tradicionais de modificação de competência pela conexão ou pela continência, três novas situações que também ensejarão a reunião de ações propostas em separado: a execução de título extrajudicial e a ação de conhecimento relativa ao mesmo ato jurídico (inc. I); as execuções fundadas no mesmo título executivo (inc. II); na hipótese de processos que possam gerar risco de prolação de decisões conflitantes ou contraditórias, se decididos separadamente (§ 3º).

8. Questão prejudicial

A questão prejudicial decidida incidentemente no processo passa a fazer coisa julgada material, desde que o juízo possua competência para tanto em razão da matéria e da pessoa para resolvê-la como questão principal e que sobre ela tenha havido contraditório prévio e efetivo sobre a mesma (art. 503, § 1º, II e III), salvo se houver restrições probatórias ou limitações à cognição que impeçam o aprofundamento da sua análise (art. 503, § 2º).

9. Incidente de desconsideração da personalidade jurídica

A desconsideração da personalidade jurídica dependerá de decisão judicial tomada em incidente processual próprio a ser instaurado a pedido da parte ou do Ministério Público, quando for caso de sua intervenção, nas hipóteses autorizadas pelo direito material (art. 133, *caput* e § 1º).

Ele é cabível em qualquer fase do processo de conhecimento, no cumprimento de sentença e na execução fundada em título executivo extrajudicial, observando-se o procedimento estabelecido nos artigos 134 a 137.

10. Tutela da evidência

O novo Código regulou no Livro V, da Parte Geral, a Tutela Provisória (arts. 294 a 311), que pode ser fundamentada em urgência, seja de natureza cautelar ou antecipada, ou em evidência.

A novidade encontra-se, justamente, na possibilidade da concessão de tutela fundada em evidência, que independe da demonstração do perigo de dano ou do resultado útil do processo, nas hipóteses elencadas no artigo 311, I a IV. Destaque-se, dentre elas, aquela que admite tal medida quando a petição inicial for instruída com prova documental suficiente dos fatos constitutivos do direito do autor, a que o réu não oponha prova capaz de gerar dúvida razoável. Algo similar a um direito líquido e certo, consagrado há décadas no mandado de segurança.

11. Poderes do juiz. Inversão do ônus da prova

O código adotou um procedimento comum único, extinguindo o procedimento sumário do Código de 1973, ao tempo em que conferiu poderes ao juiz para flexibilizá-lo de modo a conferir maior efetividade à tutela do direito (art. 139, VI).

Além das medidas exemplificadas no mencionado dispositivo - dilatar os prazos processuais e alterar a ordem de produção dos meios de prova - o magistrado poderá determinar outras tantas necessárias ao alcance da finalidade preconizada: obter a maior efetividade possível, realçando a natureza instrumental do processo.

Foi incorporada uma nova norma, similar àquela existente na tutela coletiva e no cumprimento de prestações de fazer e de não fazer, a qual permite que o juiz determine medidas indutivas, coercitivas, mandamentais ou sub-rogatórias necessárias para assegurar o cumprimento de ordem judicial, inclusive nas ações que tenham por objeto prestação pecuniária (inc. IV).

Também foi conferido ao juiz poder para inverter o ônus da prova em qualquer tipo de processo, exista ou não situação de hipossuficiência, desde que seja impossível ou excessivamente difícil para a parte que tem ônus produzi-la ou que a outra parte tenha maior facilidade de obtenção da prova do fato contrário (art. 373, § 1º).

O juiz deve fundamentar a sua decisão e dar oportunidade à parte de se desincumbir do ônus que lhe foi atribuído.

12. Advogados: prazos e férias, poderes, honorários

Todos os prazos foram estabelecidos em dias úteis (art. 219, *caput*), destacando-se que eles ficarão suspensos nos dias compreendidos entre 20 de dezembro e 20 de janeiro, inclusive, vedada a realização de audiências ou de sessões de julgamento (art. 220, *caput* e § 2º).

É facultado ao advogado promover a intimação do patrono da parte contrária (art. 269, § 1º), assim como das testemunhas por ele arroladas (art. 455).

Os honorários de sucumbência passam a ter natureza alimentar, com os mesmos privilégios dos créditos da Justiça do Trabalho, sendo vedada a compensação em caso de sucumbência parcial (art. 85, § 14).

Os honorários advocatícios poderão ser majorados na fase recursal, não podendo ultrapassar, na sua totalidade, vinte por cento sobre o proveito econômico obtido ou, não sendo possível mensurá-lo, sobre o valor atualizado da causa, atendidos os pressupostos estabelecidos no artigo 85, § 2º, I a IV.

Nas causas em que a Fazenda Pública for parte, a fixação dos honorários variará entre um mínimo de um e um máximo de vinte por cento, dependendo do proveito econômico obtido ou do valor da condenação, se for o caso, observada a cumulatividade entre as diversas faixas (art. 85, §§ 3º, I a V, e 5º).

Os limites e critérios estabelecidos para a fixação de honorários aplicam-se, independentemente do conteúdo da decisão, inclusive no caso de improcedência ou de sentença que encerre o processo sem resolução do mérito (art. 85, § 6º).

13. Ministério Público e Defensoria Pública

Poucas foram as modificações quanto à regulação do Ministério Público (Título V, do Livro III - arts. 176/181), destacando-se uma novidade estabelecida no título das Nulidades (art. 279), no sentido de que a nulidade pela falta de intervenção de membro do *parquet* somente poderá ser decretada depois que ele se manifestar sobre a existência ou não de prejuízo, cabendo, portanto, ao próprio órgão do Ministério Público, e somente a ele, esse juízo de valor.

A Defensoria foi contemplada com um título exclusivo no novo CPC (Título VII, Livro III - arts. 185/187) destacando-se, dentre as normas estabelecidas, o § 2º do artigo 186, que autoriza a intimação pessoal da parte patrocinada, a requerimento da Defensoria Pública, quando o ato processual depender de providência ou informação que somente por ela possa ser realizada ou prestada.

14. Concentração da defesa. Reconvenção

O réu deverá alegar na contestação toda a matéria de defesa, inclusive aquelas questões, que eram apresentadas através de exceção (arts. 336/337), como, por exemplo, a incompetência absoluta ou relativa.

A própria reconvenção será apresentada, em capítulo próprio, na contestação, a qual poderá ser proposta contra o autor e terceiro (art. 343, *caput* e § 3º).

A única alegação que deverá ser apresentada separadamente, como incidente, é a de impedimento ou suspeição, através de petição própria, no prazo de 15 dias a contar do conhecimento do fato (art. 146).

15. Saneamento do processo

O novo CPC regulou de forma minuciosa a fase de saneamento do processo, dando-lhe a importância que ela merecia (art. 357).

Assim, o juiz deverá, dentre outras medidas: (i) delimitar as questões de fato que serão objeto de prova, especificando, inclusive, os meios para tanto, assim como delimitar as questões de direito relevantes para a decisão de mérito; (ii) definir a distribuição do ônus da prova, devendo, se for o caso, determinar a sua inversão na hipótese do artigo 373.

O Código faculta às partes a delimitação, por consenso, das questões de fato e de direito anteriormente mencionadas, a qual, uma vez homologada, vinculará as partes e o juiz.

O saneamento do processo poderá ser realizado em cooperação com as partes, através de audiência própria, sempre que a causa apresentar complexidade em matéria de fato ou de direito, ocasião em que o juiz poderá solicitar às partes esclarecimentos de suas alegações.

16. Produção antecipada de prova

O Código amplia a possibilidade de produção antecipada de prova, não apenas para documentar prova a ser utilizada em litígio futuro, mas também para viabilizar uma autocomposição ou outro meio adequado para a solução do litígio, ou mesmo para que o proponente tenha prévio conhecimento de fatos que possam justificar ou não o ajuizamento de ação (art. 381, II e III).

Autoriza que ela seja proposta no juízo estadual em face da União, de entidade autárquica ou de empresa pública federal, se, na localidade, não houver Vara Federal (art. 381, § 4º).

17. Contraditório participativo e fundamentação da sentença

O novo Código optou, fortemente, por um contraditório participativo, que pressupõe a proibição de decisões surpresa e o direito de influenciar efetivamente a decisão judicial.

O artigo 9º (norma fundamental) dispõe expressamente que "não se proferirá decisão contra uma das partes sem que ela seja previamente ouvida" mesmo sobre matéria que deva decidir de ofício, salvo nos casos de tutela provisória e em caso de ação monitória que tenha por base direito evidente (art. 10, *caput* , I a III) .

Por outro lado, a parte tem o direito de ver enfrentados todos os argumentos deduzidos no processo capazes de, em tese, infirmar a conclusão adotada pelo julgado (art. 489, § 1º, IV), sob pena de nulidade da sentença.

O novo CPC, implementando o disposto na própria Constituição Federal (art. 93, IX), erigiu como norma fundamental o dever de motivação da decisão, estabelecendo minuciosas normas dirigidas ao magistrado, cujo descumprimento acarretará a nulidade da sentença (art. 489).

Além da obrigação de enfrentar todos os argumentos deduzidos, como anteriormente examinado, o juiz não poderá invocar precedente sem demonstrar que o processo objeto de julgamento se ajusta aos fundamentos daquele (§ 1º, IV).

Também não poderá deixar de seguir enunciado de súmula ou de precedente vinculante, sem demonstrar a existência de distinção ou de superação do entendimento (§ 1º, VI).

Outras diretrizes estão contidas ao longo do artigo 489, destacando-se que a decisão judicial deve ser interpretada a partir da conjugação de todos os seus elementos e em conformidade com o princípio da boa-fé (§ 3º).

18. Julgamento parcial do mérito

O juiz poderá julgar parcialmente o mérito, quando o pedido se mostrar incontroverso, ou na hipótese de ser desnecessária a produção de outras provas, ou se o réu for revel e não houver requerimento de prova (art. 356, *caput,* I e II).

É facultado à parte liquidar ou executar, desde logo, tal decisão, independentemente de caução, ainda que haja recurso interposto (de agravo de instrumento), processando-se em autos suplementares (art. 356, §§ 2º, 4º e 5º).

19. Improcedência liminar do pedido. Julgamento antecipado do mérito pelo relator do recurso

A improcedência liminar do pedido só pode ocorrer quando ele contrariar enunciado de súmula dos Tribunais Superiores, inclusive em caso de recursos repetitivos, de acórdão tomado em incidente de resolução de demandas repetitivas, de enunciado de súmula de tribunal local, ou ainda, se se verificar, desde logo, a ocorrência de decadência ou de prescrição (art. 332, I a IV).Não há que se falar em inobservância do contraditório, na medida em que a decisão beneficia o próprio réu e, na hipótese de eventual recurso do autor, ele será citado para integrar a lide (art. 332, § 4º).

O relator de recurso também poderá julgar o seu mérito, antecipada e monocraticamente, dando ou negando provimento a ele nas mesmas hipóteses anteriormente mencionadas que autorizam ao juiz de primeiro grau proferir sentença liminar de improcedência, salvo a hipótese de decadência ou de prescrição (art. 932, IV, *a*, *b* e *c*, V, *a*, *b* e *c*).

20. Ação monitória

A ação monitória poderá ser proposta com base em prova escrita, sem eficácia de título executivo, que represente obrigação de pagamento de quantia em dinheiro, de entrega de coisa fungível ou infungível, de bem móvel ou imóvel e no caso de obrigação de fazer ou de não fazer (art. 700, I a III), admissível, também, em face da Fazenda Pública (§ 6º).

A prova escrita também poderá decorrer de prova oral documentada, produzida antecipadamente (§ 1º).

No caso de direito evidente (art. 311), o juiz deferirá, desde logo, mandado de pagamento, de entrega de coisa ou para execução de obrigação de fazer ou de não fazer (art. 701), constituindo-se definitivamente o título executivo judicial, se não realizada a obrigação, ou na falta de apresentação de embargos (art. 701, § 2º).

O recurso de apelação em face da sentença que julga a ação monitória não terá efeito suspensivo por força do § 4º do artigo 702.

21. Dissolução parcial de sociedade. Inventário e partilha

O Código regulou em capítulo próprio a dissolução parcial da sociedade que poderá ter por objeto a apuração de haveres do sócio falecido, excluído, ou que exerceu o direito de retirada ou recesso (art. 599, I a III).

Além das sociedades empresárias contratuais ou simples, também poderão ser objeto de dissolução parcial a sociedade anônima de capital fechado quando demonstrado, por acionista ou acionistas que representem cinco por cento ou mais do capital social, que não pode preencher o seu fim (§ 2º).

No capítulo do inventário e da partilha, temos uma inovação no procedimento de arrolamento, que poderá ser utilizado ainda que haja interessado incapaz, desde que haja consenso entre todas as partes e do Ministério Público (art. 665).

Por outro lado, o novo CPC deixa claro que o juiz deverá decidir todas as questões de direito que surjam no curso do inventário que dependam de prova documental. Ele só poderá remeter para as vias ordinárias aquelas que dependerem de outras provas (art. 612).

22. Processo eletrônico

A prática eletrônica de atos processuais encontra-se regulada ao longo do Código, sendo que as normas gerais estão contidas nos artigos 193/199.

A propósito do tema, os artigos: 170, 171, 183, § 1º, 203, § 3º, 226, § 2º, 230, 233, § 1º, 244, V, 261, 268, 332, § 7º, 511, § 2º, III, 836, 853, *caput* e §§ 6º e 9º, 875, § 1º, III, 878, II, 879, § 3º, 891, 894, § 3º, 914, § 4º, 944, 978, 1.018, III, 1.037, § 1º.

Destaque-se o § 1º do artigo 246, que obriga as empresas públicas e privadas, com exceção das microempresas e das empresas de pequeno porte, a manter cadastro nos sistemas de processo em autos eletrônicos, para efeito de recebimento de citações e intimações. Esta regra se aplica à União, aos Estados, ao Distrito Federal, aos Municípios e às entidades da Administração indireta (§ 2º), ao Ministério Público, à Defensoria Pública e à Advocacia Pública, os quais deverão, no prazo de 30 dias a contar da entrada em vigor do Código, se cadastrar perante a administração do tribunal no qual atuem (art. 1.050).

23. Ordem cronológica de julgamento

O Código estabeleceu no artigo 12, com a modificação introduzida pelo artigo 2º da Lei nº 13.256/2016, uma ordem cronológica para que juízes e tribunais profiram sentenças ou acórdãos, devendo esta ficar permanentemente à disposição para consulta pública em cartório e na rede mundial de computadores (art. 12 e § 1º)

A regra é de preferência, pelo que o magistrado somente poderá deixar de segui-la, fora das hipóteses em que a lei autoriza (§ 2º do art. 12), se tiver justificativa adequada para tanto, sob pena de tornar absolutamente inócua norma fundamental do novo CPC, ancorada nos princípios do acesso à Justiça e da isonomia.

24. O prestígio da jurisprudência

O Código prestigiou fortemente a uniformização da jurisprudência, que deve ser mantida estável, íntegra e coerente (art. 926, *caput*), devendo os Tribunais, ao editarem enunciados de súmula, aterem-se às circunstâncias fáticas dos precedentes que lhe serviram de base (§ 2º).

De acordo com o artigo 927, todos os juízes e tribunais deverão observar: I - as decisões do STF em controle concentrado de constitucionalidade; II - os enunciados de súmula vinculante; III - os acórdãos em incidente de assunção de competência, de resolução de demandas repetitivas e em julgamento de REsp e de RE repetitivos; IV - os enunciados das súmulas do STF em matéria constitucional e do STJ em matéria infraconstitucional; V – a orientação do plenário ou do órgão especial ao qual estejam vinculados.

A modificação de enunciado de súmula de jurisprudência pacificada ou de tese adotada em julgamento de causas ou recursos repetitivos deverá ser precedida de fundamentação adequada e específica, cabendo modulação dos efeitos da alteração no interesse social e no da segurança jurídica (§§ 3º e 4º).

Os Tribunais ficam obrigados a dar publicidade a seus precedentes, com divulgação pela rede mundial de computadores (§ 5º).

25. Assunção de competência

Incidente destinado à uniformização da jurisprudência traz novidades com relação ao incidente análogo previsto no artigo 555, § 1º, do Código de 1973.

Ele é cabível quando o julgamento do recurso, da remessa necessária ou em processo de competência originária envolver relevante questão de direito, com grande repercussão social, sem repetição em múltiplos processos, além das tradicionais hipóteses de ser conveniente para a prevenção ou a composição de divergências entre câmaras ou turmas do tribunal (art. 947, *caput* e § 4º).

O acórdão que vier a ser proferido em assunção de competência vinculará todos os juízes e órgãos fracionários (§ 3º).

26. Recursos repetitivos

O artigo 1.036, contempla duas situações. A primeira permite que o relator, no Tribunal Superior, selecione os recursos representativos da controvérsia que achar relevantes para afetar um ou mais (§ 5º). Na segunda, a iniciativa caberá ao presidente ou ao vice-presidente do Tribunal de Justiça ou do Tribunal Regional Federal, que selecionará os recursos representativos da controvérsia, remetendo-os para o STF ou o STJ, dependendo da hipótese, para fim de afetação, ao tempo em que determinará a suspensão de todos os processos pendentes (§ 1º).

Recebidos os processos no STF ou no STJ, o relator examinará a conveniência de proceder a afetação. Em caso negativo, determinará que seja revogada a suspensão imposta pela autoridade de origem (§ 1º do artigo 1.037).

Uma vez que o relator venha a proferir decisão de afetação, em qualquer das hipóteses, selecionando o recurso que contenha a melhor argumentação, ou até mesmo mais de um (§ 6º do art. 1.036), ele: deverá identificar com precisão a questão a ser submetida a julgamento (art. 1.037, *caput,* I); deverá determinar a suspensão de todos os processos pendentes (II); e poderá (simples faculdade) requisitar ao presidente ou vice-presidente de qualquer Tribunal de Justiça ou Tribunal Regional Federal a remessa de um recurso representativo da controvérsia que poderá, também, ser afetado junto com os demais, ou até mesmo substituí-los, por ser mais abrangente (III).

Quanto à interpretação do § 7º do artigo 1.037, parece razoável entender que se o processo afetado, em qualquer situação, contiver outras questões, caberá ao Tribunal Superior decidir em primeiro lugar, única e exclusivamente, a questão objeto da afetação e, depois, em novo julgamento, decidirá as demais questões, inclusive através de acórdão específico.

27. Incidente de resolução de demandas repetitivas

Destina-se a pacificar controvérsia, repetida em vários processos, sobre a mesma questão de direito, quando haja risco de ofensa à isonomia e à segurança jurídica (art. 976, *caput,* I e II).

Pode ser suscitada já no primeiro grau pelas partes, pelo juiz, de ofício, pelo Ministério Público ou pela Defensoria Pública e, se for caso, pelo relator do recurso (art. 977). Será julgado pelo órgão jurisdicional competente para uniformizar a jurisprudência do respectivo Tribunal - Federal ou Estadual - onde foi suscitado (art. 978).

Se for admitido, todos os processos individuais e coletivos ficarão suspensos pelo prazo máximo de um ano, que poderá ser prorrogado caso a sentença não tenha sido proferida nesse meio tempo (arts. 982, *caput,* I, e 980, *caput* e parágrafo único).

Julgado o incidente, a tese jurídica fixada vinculará todos os processos - pendentes e futuros - que versem sobre idêntica questão de direito e que tramitem no território de competência do tribunal, inclusive nos Juizados Especiais (art. 985, *caput,* I e II). Caso a decisão venha a ser julgada, em grau de recurso, pelo STJ ou pelo STF, a coisa julgada abrangerá todo o território nacional (art. 987, *caput* e § 2º).

28. Embargos de declaração e prequestionamento

Dentre as inovações, o novo Código considera como omissa (art. 1.022, parágrafo único, I e II) qualquer decisão que deixe de se manifestar sobre tese firmada em julgamento de casos repetitivos, de assunção de competência ou que incorra em uma das hipóteses de falta de fundamentação elencadas no artigo 489, § 1º, I a VI.

Destaque-se, também, o artigo 1025, que considera incluídos no acórdão, as razões que o embargante suscitou para fins de prequestionamento, ainda que os embargos de declaração sejam rejeitados ou inadmitidos, desde que tenha efetivamente ocorrido erro, omissão, contradição ou obscuridade.

29. Agravo de instrumento

O novo Código restringiu o máximo possível o cabimento de agravo de instrumento, pelo que, em regra, as decisões proferidas ao longo do processo não ficam preclusas, podendo ser impugnadas como preliminares por ocasião do recurso de apelação (art. 1.009, §§ 1º e 2º).

Assim, somente será cabível recurso de agravo de instrumento nas hipóteses expressamente indicadas no artigo 1.015, I a XIII, no seu parágrafo único e nos casos indicados nos artigos 101, *caput*, 354, 356, § 5º e 1.037, § 13, I.

É cabível a sustentação oral no julgamento do agravo de instrumento que tenha por objeto tutelas provisórias, de urgência ou da evidência (art. 937, VIII), assim como nas hipóteses de ser de mérito a decisão interlocutória.

30. Apelação. Possibilidade de prosseguimento do julgamento

Como examinado anteriormente, o novo Código ampliou o objeto do recurso de apelação que passa a ser cabível não só em face da sentença, como também das decisões interlocutórias que não sejam impugnáveis por agravo de instrumento (arts. 1.009 e 1.015).

Manteve o efeito suspensivo, salvo nas hipóteses previstas no § 1º do artigo 1.012, I a VI. Foram suprimidos o juízo de admissibilidade em primeiro grau (§ 3º, art. 1.010) e a figura do revisor (art. 934).

Importante novidade, que certamente trará problemas e polêmicas, encontra-se no artigo 942, que determina o prosseguimento do julgamento do recurso de apelação quando o seu resultado não for unânime. Nesta hipótese, o regimento interno do Tribunal deverá prever a convocação de outros julgadores em número suficiente para garantir a possibilidade de inversão do julgamento, assegurado às partes nova sustentação oral.

Se for possível, o prosseguimento do julgamento deverá ocorrer na mesma sessão de julgamento da apelação, desde que exista quorum, *ab initio* (§ 1º).

Aplica-se esta nova técnica de julgamento à ação rescisória, quando o resultado parcial for favorável à rescisão, e na hipótese de agravo de instrumento, quando for no sentido da reforma da decisão que tenha julgado total ou parcialmente o mérito (§ 3º, I e II).

É inaplicável na remessa necessária, no incidente de assunção de competência e no de resolução de demandas repetitivas e, no caso de julgamento pelo plenário ou Corte especial do Tribunal (§ 4º, I a III).

31. Cumprimento de sentença

O novo CPC estabeleceu a aplicação subsidiária e recíproca entre as normas do processo de execução e as do cumprimento de sentença (arts. 513 e 771).

O artigo 517 admite o protesto da decisão transitada em julgado depois de transcorrido o prazo para o pagamento voluntário, destacando-se que o devedor deverá ser intimado previamente para o cumprimento da sentença (art. 513, § 2º).

Independente da impugnação, é possível a arguição da invalidade do procedimento e dos atos subsequentes por petição avulsa (arts. 518 e 525, § 11).

O artigo 526 confere ao réu a possibilidade de comparecer em juízo e oferecer em pagamento o valor que entender devido, apresentando memória discriminada do cálculo.

A inexigibilidade do título judicial (sentença ou decisão) por superveniente decisão do STF, em sentido contrário quanto à tese jurídica adotada, foi aperfeiçoada passando a abranger expressamente as decisões tomadas por esse tribunal em controle concentrado e difuso (art. 525, § 12). A decisão do STF deve ser anterior ao trânsito em julgado da decisão exequenda (§ 14). Se for posterior, será possível manejar ação rescisória, com prazo contado a partir da decisão do Supremo (§ 15).

32. Processo de execução

A execução poderá ser iniciada no foro da situação dos bens ou do foro do lugar em que ocorreu o fato que deu origem ao título (art. 781, I e V).

A inclusão do nome do executado em cadastro de inadimplentes passa a depender de requerimento do exequente (art. 782, § 3º).

A transação referendada por conciliador ou mediador credenciado pelo tribunal constitui título executivo extrajudicial (art. 784, IV).

O artigo 792 traz novidades sobre o instituto da fraude à execução em benefício da segurança do exequente e do adquirente de boa-fé. Estimula a averbação no registro do bem da ação real ou reipersecutória, da execução, da penhora e de qualquer ato constritivo sobre o bem, ao tempo em que permite ao adquirente comprovar a sua boa-fé mediante a exibição de todas as certidões extraídas no domicílio do vendedor e no local onde se encontra o bem.

O juiz, antes de declarar a fraude de execução, deverá determinar a intimação do terceiro adquirente, que poderá opor embargos de terceiro no prazo de quinze dias (§ 4º).

Nos casos de desconsideração da personalidade jurídica, o marco para a caracterização da fraude à execução verificar-se-á a partir da citação do terceiro cuja personalidade se pretende desconsiderar (§ 3º).

No processo de execução os honorários serão sempre de 10%, podendo ser elevados até 20% ao final do procedimento executivo ou quando rejeitados eventuais embargos à execução (art. 827, *caput* e § 2º). Todavia, no caso de o executado efetuar o pagamento integral no prazo de três dias, o valor dos honorários advocatícios será reduzido à metade (§ 1º).

É possível a penhora da remuneração em geral para o pagamento de prestação alimentícia de qualquer espécie e, ainda, na parte em que exceder a cinquenta salários- mínimos mensais (art. 833, § 2º).

É regulada, de forma minuciosa, a penhora *on-line* (art. 854), das cotas ou das ações de sociedades personificadas (art. 861), do faturamento de empresa (art. 866) e dos frutos e rendimentos de coisa móvel ou imóvel (arts. 867/869).

Previsto o leilão pela *internet*, permitindo a fixação de período para oferecimento de lanços em vez de dia e hora específicos (art. 886, IV).

O artigo 903 preserva a validade da arrematação, ainda que venham a ser julgados procedentes os embargos do executado ou a ação autônoma para a sua invalidação (art. 903, *caput*). Todavia, ela poderá ser invalidada quando realizada por preço vil ou com outro vício; ou ser considerada ineficaz para o credor pignoratício, hipotecário ou anticrético não intimado (§ 1º, I e II).

Fica assegurado ao arrematante, em qualquer hipótese na qual a arrematação for questionada, a possibilidade de desistência, sendo-lhe imediatamente devolvido o depósito, ao tempo em que será considerado ato atentatório à dignidade da Justiça a suscitação infundada de vício com o objetivo de ensejar essa desistência, sob pena de multa de até vinte por cento sobre o valor atualizado do bem, sem prejuízo de perdas e danos (§§ 5º e 6º).

As execuções contra a Fazenda Pública e de alimentos são desdobradas, tratando-se as de título extrajudicial no Título I do Livro II da Parte Especial (arts. 910 e 911/913) e as de título judicial no cumprimento de sentença (arts. 528-533 e 534-535).

O prazo para a prescrição intercorrente do crédito começará a correr depois de findo o prazo de um ano de suspensão do processo determinada por falta de bens penhoráveis (art. 921, § 4º).

III – Conclusão

O percurso até aqui empreendido, sem qualquer preocupação com a exaustão, evidencia de modo suficiente a importância do novo diploma e o acentuado impacto positivo que certamente terá a sua aplicação no aperfeiçoamento da administração da Justiça civil no Brasil e na melhoria do acesso à Justiça e da qualidade das decisões judiciais. Por isso, a sua entrada em vigor no início deste ano de 2016 deve ser motivo de regozijo.

Resta esperar que, não só os eventuais protagonistas dos processos judiciais - as partes em busca da tutela dos seus interesses -, mas principalmente os seus mobilizadores habituais - juízes, advogados e auxiliares da justiça - saibam dele tirar o maior proveito, realizando na prática a promessa constitucional do Estado de Direito de assegurar a todos a eficácia concreta dos seus direitos com a maior extensão, o menor custo e a maior celeridade possíveis.

Alguns Apontamentos sobre a Disciplina das Provas no Código de Processo Civil de 2015

Leonardo Greco

A estrutura da disciplina das provas no Código de 2015 se assemelha muito à do Código de 1973, não refletindo, como se poderia esperar, toda a evolução que o Direito Processual sofreu após o término da 2ª Guerra Mundial, como consequência da reconstrução do Estado do Direito sob a égide do primado dos direitos fundamentais que resultou na implementação de regras processuais que efetivamente traduzam a expectativa dos cidadãos de que o processo judicial disponha de meios para tutelar em concreto os direitos de todos. Entretanto, há de reconhecer-se que o novo Código deu passos importantes nessa direção. Os princípios em que se sustenta o sistema processual do Código de 2015 (contraditório, ampla defesa, boa-fé, livre convencimento consistentemente motivado) implicam numa correta concepção meta-jurídica das provas, segundo a qual a apuração dos fatos do processo deve aproximar-se dos métodos adotados em outras áreas de conhecimento e caracterizar-se pelo compromisso com a busca da verdade, tal qual ela é, despida de limitações e de tecnicismos artificiais.

Como consequência, as regras jurídicas do Código de Processo Civil devem dar à prova judiciária a mesma segurança das demais ciências empíricas, como um método confiável de reconstrução dos fatos, racionalmente fundamentado e racionalmente controlável pelas partes, pelos tribunais superiores e pela própria sociedade[1].

Nestes apontamentos tentarei anotar os pontos em que o sistema probatório do novo Código se aproxima dessa moderna concepção e em que medida ainda dela se distancia.

---

1 VERDE, Giovanni. Prova in generale: Teoria generale e diritto processuale civile. In: *Enciclopedia del diritto.* Milano: Giuffré, 1988. v. XXXVII, p. 580.

1. A cooperação em matéria probatória

Uma das expressões mais vigorosas da expansão da efetividade do princípio do contraditório no Código de 2015 é a atenção concedida ao dever de cooperação a que estão subordinados todos os sujeitos do processo (art. 6º). Conforme já acentuei[2], a cooperação constitui um dos mais importantes deveres de todos os sujeitos do processo e especialmente do juiz, para que se obtenha, em tempo razoável, decisão de mérito justa e efetiva. O dever de cooperação está associado à boa-fé (art. 5º) e implementa no processo a efetivação da solidariedade social, base ética de convivência pacífica dos cidadãos dentro do Estado de Direito (Constituição, art. 3º, inc. I), que exige de todos os agentes públicos, particularmente do juiz no processo, comportamento leal e previsível, que respeite as garantias fundamentais oferecidas às partes (contraditório, ampla defesa, paridade de armas etc.), assegurando-lhes em plenitude o exercício do direito de influir eficazmente na obtenção de uma decisão justa e prestando-lhes, nos limites impostos pela necessidade de preservar a sua imparcialidade, toda assistência e colaboração. A cooperação delineia no Código o que poderia denominar-se *gestão cooperativa ou compartilhada* do processo, que não concentra mais exclusivamente no juiz a função de impulsionar o processo e definir a sequência dos atos processuais, corresponsabilizando as partes nessa direção[3].

Em matéria probatória, expressões dessa *gestão cooperativa* se encontram, exemplificativamente, na flexibilização dos procedimentos, estabelecida consensualmente pelas partes ou por estas conjuntamente com o juiz, que se observa: no artigo 190, que admite as convenções processuais sobre o procedimento; nos artigos 191 e 357, § 8º, que preveem que o juiz e as partes, de comum acordo, fixem calendário para a prática de atos processuais, especialmente se deferida a produção da prova pericial; no artigo 357, § 2º, que faculta às partes a delimitação consensual das questões de fato; no artigo 365, que somente permite a cisão da produção da prova oral em audiência com a concordância das partes; e no artigo 471, que prevê a escolha consensual do perito pelas partes.

Essa flexibilização permite ao juiz alterar a ordem de produção dos meios de prova (art. 139, inc. VI) e favorece a implementação de um

2 GRECO, Leonardo. Contraditório efetivo. In: *Revista Eletrônica de Direito Processual*, n. XV, jan.-jun. 2015, Programa de Pós-Graduação em Direito - linha de pesquisa de Direito Processual, da Universidade do Estado do Rio de Janeiro, disponível em: <http:www.http://www.e-publicacoes.uerj.br/index.php/redp>, p. 299-310.

3 V. CARPI, Federico. Introduzione. In: CARPI, Federico et *alii*. *Accordi di parte e processo*. Milano: Giuffrè, 2008, p. 5.

autêntico diálogo humano, com a promoção do depoimento pessoal como instrumento de clarificação, sem o risco da pena de confissão, que está previsto no inciso VIII do artigo 139; e com o abandono do saneamento escrito e a realização de audiência para que esse saneamento seja feito em cooperação com as partes, oportunidade em que, se for o caso, o juiz as convidará a integrar ou esclarecer suas alegações (art. 357, § 3º).

Por outro lado, o fortalecimento do dever de consistência na fundamentação das decisões sobressai como uma das exigências do novo Código, resultante do princípio do contraditório e do dever de cooperação, porque o juiz está obrigado a demonstrar que toda atividade argumentativa e probatória desenvolvida pelas partes foi por ele considerada e efetivamente influenciou a sua decisão. Nessa linha, que se harmoniza com o disposto no artigo 93, inciso IX, da Constituição, e com a doutrina e a jurisprudência internacionais, o Código condena, nos §§ 1º e 2º do artigo 489, especificamente os mais frequentes vícios de fundamentação, como a mera indicação de artigos de lei, o emprego de conceitos indeterminados sem explicar o motivo da sua incidência no caso concreto, a adoção de argumentos genéricos que se prestam a justificar qualquer decisão diversa, a omissão de resposta a todos os argumentos relevantes deduzidos pelas partes que poderiam conduzir à conclusão diversa da adotada, a simples invocação de precedente ou súmula sem identificar de que modo os seus fundamentos se aplicam ao caso concreto e a não explicitação das premissas e dos critérios de aplicação do princípio da proporcionalidade.

Essa exigência é reiterada no indeferimento das diligências inúteis ou meramente protelatórias (art. 370, parágrafo único), na decisão sobre a distribuição do ônus da prova (art. 373) e na avaliação da prova pericial (art. 479), entre outras disposições.

2. Destinatários das provas

No momento em que foi concebido o Código de 1973, prevalecia o entendimento de que o juiz era o único destinatário das provas, cabendo-lhe com exclusividade decidir a respeito da sua admissão e da sua avaliação[4].

Às partes caberia, no máximo, fiscalizar eventual abuso do juiz, que arbitrariamente, sem justificativa, deferisse ou indeferisse determinada prova. Essa concepção se projetou na elaboração do Código de 2015 e

4 SANTOS, Moacyr Amaral. *Prova judiciária no cível e comercial.* São Paulo: Max Limonad, s/d. v. I, p. 255.

está refletida em diversos dispositivos. Assim, o artigo 130 do Código de 1973 atribuiu ao juiz a determinação ex *officio* das "provas necessárias à instrução do processo, indeferindo as diligências inúteis ou meramente protelatórias"; e também o artigo 131 prescreveu que o juiz apreciará livremente a prova. Disposições semelhantes se encontram nos artigos 370 e 371 do Código de 2015.

Igualmente em outros dispositivos, o uso do verbo *poder* sugere que o juiz discricionariamente venha a determinar ou não a produção destas ou daquelas provas, num juízo de valor estritamente pessoal, a que não corresponderia nenhum direito subjetivo das partes. Assim, nos artigos sobre o depoimento pessoal (CPC de 2015, art. 385), sobre a exibição de documento ou coisa (art. 396), sobre a acareação e a inquirição de testemunhas referidas (art. 461) e sobre a inspeção judicial (art. 481).

Essa concepção evoluiu, nas últimas décadas, sob influência do moderno alcance das garantias constitucionais do contraditório e da ampla defesa. O contraditório participativo, como o princípio que assegura aos interessados o direito de influir eficazmente nas decisões judiciais, e a ampla defesa, como o direito de apresentar todas as alegações, propor e produzir todas as provas que, a seu juízo, possam militar a favor do acolhimento da sua pretensão ou do não acolhimento da postulação do seu adversário, conferem às partes o *direito de defender-se provando*, ou seja, o direito de não apenas propor provas a serem discricionariamente admitidas ou não pelo juiz, mas de efetivamente produzir todas as provas que possam ser úteis à defesa dos seus interesses, assim como de exigir que o seu conteúdo seja examinado e avaliado na sentença. Essa evolução se reflete no artigo 369 do Código de 2015, que assegura às partes o direito de empregar todos os meios para provar a verdade dos fatos em que se fundam o pedido e a defesa e influir eficazmente na convicção do juiz. Este não é mais o único destinatário das provas, que não se destinam à sua exclusiva apreciação, mas também à apreciação das partes, dos tribunais superiores que exercerão a jurisdição no mesmo processo em instâncias diversas e da própria sociedade que sobre ele exerce o controle social da exação no exercício da jurisdição.

3. Ônus da prova

O artigo 373 do Código de 2015 estabelece que ao autor incumbe o ônus da prova dos fatos constitutivos do seu direito e ao réu, o ônus de provar os fatos impeditivos, modificativos ou extintivos do direito do autor. O ônus da prova é, portanto, um encargo que recai sobre as partes a respeito das provas que propõem, sob a ameaça de que, uma vez descumprido, o juiz não venha a reputar verdadeiros os fatos que a cada uma delas interessa.

Esse dispositivo reproduz as regras clássicas de distribuição do ônus da prova, adotadas desde a Antiguidade, decorrentes do axioma de que a prova do fato incumbe a quem o alega: *ei incumbit probatio cui dicit.* Essas regras são muito imperfeitas, porque muitas vezes a inexistência de um fato constitutivo é um fato impeditivo, extintivo ou modificativo. Se estes últimos são a chamada *causa excipiendi*, ou seja, o direito do réu que se opõe ou que ilide o direito do autor, cumpre reconhecer que a inexistência do direito do autor pode ser elemento constitutivo do direito do réu. Assim, por exemplo, na ação de despejo proposta pelo locador, a omissão do pagamento dos aluguéis pelo inquilino é fato constitutivo do direito do locador à rescisão do contrato, mas o inverso, o pagamento, é fato extintivo do direito do autor, que ilide o pedido de rescisão do contrato. Pode impor-se ao autor-locador o ônus de provar o inadimplemento contratual do locatário, ou cabe a este a prova do seu cumprimento?

Ademais, algumas teorias têm sido desenvolvidas para justificar a flexibilização das regras sobre o ônus da prova, como a da *Anscheinsbeweis* (prova da aparência) ou a da *Wahrscheinlichkeit* (juízo de verossimilhança) que, através de presunções simples, levam à inversão do ônus da prova em inúmeras situações.[5]

Por isso, a tendência moderna é reconhecer o que Juan Montero Aroca denomina, com base no artigo 217.6 da nova *Ley de Enjuiciamiento Civil* espanhola de 2000, *critério da disponibilidade e facilidade probatória*,[6] que vai impor o ônus da prova não com base em critérios teóricos, mas com base na proximidade real em que as partes se encontrem em relação às fontes de prova. Se as provas estão em poder do demandado ou ao seu alcance, pode constituir um ônus excessivo exigir do autor que as produza. Ademais, é condenar a parte previamente à perda do seu direito, obrigá-la a provar afirmações ou negações genéricas.

Nesse sentido, o Código do Consumidor (art. 6º, inc. VIII) introduziu explicitamente em nosso Direito o instituto da inversão do ônus da prova. No entanto sempre sustentei que o direito de defender-se provando, como um dos corolários da garantia constitucional do contraditório, impõe essa mesma flexibilização toda vez em que a parte à qual a lei atribui o encargo da comprovação de determinado fato se encontrar em situação que a impossibilite de produzi-la ou que o seu adversário tenha mais facilidade de acesso à prova. Convencendo-se,

---

5 V. TARUFFO, Michele. Presunzioni, inversioni, prova del fatto. In: *Rivista Trimestrale di Diritto e Procedura Civile*, ano XLVI. Milano: Giuffrè, 1992, p. 733 e ss.

6 MONTERO AROCA, Juan *et alii*. *Derecho jurisdiccional*. 10. ed. Valencia: Tirant lo Blanch, 2001. v. II, p. 260.

pelas circunstâncias do caso concreto, de que as regras legais de distribuição do ônus da prova tornarão excessivamente onerosa a prova da existência do direito pela parte a quem aproveita, deverá o juiz, em respeito às garantias constitucionais do contraditório e da ampla defesa e, particularmente, à igualdade concreta de que devem desfrutar as partes no acesso à Justiça, inverter o ônus da prova, exigindo da parte que está em condições mais favoráveis a prova do fato contrário, evidentemente, após intimá-la da inversão e dar-lhe ampla oportunidade de desenvolver as atividades necessárias ao cumprimento desse novo ônus. Essa nova visão é adotada pelo Código de 2015 no referido artigo 373 que, em seus §§ 1º e 2º, faculta ao juiz a inversão desse encargo em decisão fundamentada, desde que não torne o seu exercício impossível ou excessivamente difícil. Por outro lado, coibindo abusos verificados na aplicação da regra do Código do Consumidor, em que muito juízes faziam essa inversão na sentença final, não dando possibilidade a que o atingido efetivamente produzisse a prova, o § 1º exige que o juiz assegure àquele que sofre a inversão "a oportunidade de se desincumbir do ônus que lhe foi atribuído". No mesmo sentido, impõe que o juiz efetive essa inversão no saneamento do processo (art. 357, inc. III), oportunidade em que deverá facultar à parte onerada a proposição e produção das provas que se fizerem necessárias.

Haverá casos em que não despontará com clareza a maior facilidade do adversário de apresentar a prova esclarecedora da ocorrência de determinado fato, mas em que estará de qualquer modo patente a incapacidade *in concreto* do próprio interessado em conhecê-la ou produzi-la. Nesse caso, a inversão não será a solução (art. 373, § 2º), sob pena de sujeitar a parte onerada ao que se tem denominado *prova diabólica*, hipótese em que o próprio juiz deverá suprir essa deficiência com a determinação de ofício da produção da prova, com arrimo no artigo 370 do Código de 2015.

4. Prova: dever ou ônus?

O artigo 379 do Código de 2015 estabelece:

> Art. 379. Preservado o direito de não produzir prova contra si própria, incumbe à parte:
> I - comparecer em juízo, respondendo ao que lhe for interrogado;
> II - colaborar com o juízo na realização de inspeção judicial que for considerada necessária;
> III - praticar o ato que lhe for determinado.

Correspondendo em grande parte ao teor do artigo 340 do Código de 1973, o dispositivo do novo Código, como o do anterior, se ressente do grave defeito de não efetuar distinção entre os deveres e os ônus probatórios das partes.

Conforme tenho tido oportunidade de acentuar, o dever é um encargo a que se submete determinado sujeito do processo para atender a direito de outro sujeito, cujo descumprimento constitui ato ilícito. Ônus é um encargo imposto a um determinado sujeito do processo em seu próprio benefício, cujo descumprimento não constitui ato ilícito, porque não viola direito de outro sujeito, mas acarreta para o seu titular uma consequência desfavorável[7].

Por sugestão do Prof. Flávio Yarshell, no relatório final da pesquisa sobre a reforma do direito probatório, por mim coordenada na Universidade do Estado do Rio de Janeiro, e no consequente anteprojeto que dela resultou, convencidos de que a exacerbação dos deveres probatórios das partes como consequência do dever genérico de colaboração resultaria em verdadeira negação do princípio dispositivo, que reserva às partes, em caráter principal, a iniciativa de proposição e produção das provas, procurou-se distinguir os deveres das partes dos seus ônus probatórios[8]. Ao descumprimento dos deveres corresponde a previsão de sanções. Por outro lado, esses encargos definidos como deveres podem reduzir-se a simples ônus se a presunção de veracidade decorrente do seu descumprimento for suficiente para fundamentar decisão desfavorável à parte infratora.

Outro defeito do citado artigo é a consagração de um suposto direito da parte de omitir-se no dever de colaboração quando isto possa implicar em autoincriminação. Não pode existir no processo civil um direito genérico a não se autoincriminar porque implicaria em admitir que uma das partes, se encastelasse na sua privacidade para impedir que a outra produzisse todas as provas da existência do seu direito. O direito de uma das partes termina quando viola direito fundamental da outra[9].

---

7 V. GRECO, Leonardo. *Instituições de processo civil.* 5. ed. Rio de Janeiro: Forense, 2015. v. I, p. 232-233.

8 V. GRECO, Leonardo *et alii.* A reforma do direito probatório no processo civil brasileiro - primeira parte. Anteprojeto do Grupo de Pesquisa "Observatório das Reformas Processuais" da Faculdade de Direito da Universidade do Estado do Rio de Janeiro. In: *Revista de Processo.* São Paulo: Editora Revista dos Tribunais. n. 240, 241, 242 e 243, fev./mai. 2015.

9 V. GRECO, Leonardo. *Instituições de processo civil.* 3. ed. Rio de Janeiro: Forense, 2015. v. II, p. 142-143.

5. A iniciativa probatória do juiz

Em matéria de iniciativa probatória, o Código de 2015 não trouxe qualquer avanço. Se as regras de distribuição do ônus da prova deixam claro que cada uma das partes pode requerer e produzir as provas do seu interesse, em contrapartida o artigo 370, reproduzindo o disposto no artigo 130 do Código de 1973, confere ao juiz um poder genérico de iniciativa destinado a produzir todas as provas "necessárias ao julgamento do mérito". Esse dispositivo, como o do Código anterior, pode estimular o juiz a transformar-se num investigador sistemático, comprometendo a sua própria imparcialidade e a liberdade das partes. Seria necessário que a lei definisse com clareza os limites da iniciativa probatória do juiz, não para eliminá-la, mas para esclarecer o seu caráter subsidiário e os fundamentos em que ela se justifica, como nos litígios sobre interesses indisponíveis e nos litígios entre desiguais. Um freio a uma postura autoritária do juiz nessa matéria poderia ser a consagração do dever de advertência, adotado em outros países, que obrigasse o juiz a anteceder a iniciativa de ofício da consulta às partes sobre a conveniência e possibilidade de produção da prova.

Aspecto importante que não merece qualquer cogitação do novo diploma é o da delimitação precisa dos interesses do Estado que devam ser considerados indisponíveis que, a meu ver, se restringem aos interesses públicos primários e àqueles em que a própria lei vede a transação, a conciliação ou a renúncia administrativa.

6. Limitações probatórias

Consoante tenho reiteradamente sustentado[10], o nosso ordenamento processual, como muitos outros, impõe inúmeras restrições à apuração da verdade no processo, o que tenho denominado *limitações probatórias*, e que defini como todas a proibições impostas pelo ordenamento jurídico à proposição ou produção das provas. Embora restritivas da investigação da verdade, essas limitações são tradicionalmente justificadas: na necessidade de assegurar a celeridade do procedimento, como ocorre na imposição de prazos e de preclusões e na vedação de provas inúteis ou procrastinatórias; na segurança de certas relações

---

10 GRECO, Leonardo. *Instituições de processo civil*. 3. ed. Rio de Janeiro: Forense, 2015. v. II, p. 133-166; GRECO, Leonardo *et alii*. A reforma do direito probatório no processo civil brasileiro - primeira parte. Anteprojeto do Grupo de Pesquisa "Observatório das Reformas Processuais" da Faculdade de Direito da Universidade do Estado do Rio de Janeiro. In: *Revista de Processo*. São Paulo: Editora Revista dos Tribunais, ano 40, n. 240, fev. 2015.

jurídicas, como a apresentação da certidão do registro público para a prova de determinados fatos; na proteção de direitos fundamentais do homem, como a intimidade, a integridade física e a honra, ou do próprio interesse público, como ocorre em muitas provas consideradas ilícitas; ou na inconveniência na produção de provas que a própria lei considera suspeitas, como nos casos de incapacidades, impedimentos ou motivos de suspeição de pessoas arroladas como testemunhas.

Essas diversas limitações precisam ser sistematizadas pela clara identificação dos seus fundamentos e a formulação de critérios para compatibilizá-las com a busca da verdade e, ao mesmo tempo, preservar, desde que razoável, a proteção de outros valores humanos que as justificam, como, por exemplo, a privacidade, a celeridade, a segurança jurídica, a credibilidade da prova, a proteção da confiança profissional e da solidariedade familiar e o interesse público.

O Código de 2015 repete a suspeição sobre determinadas provas, mas não deixa claro, como deveria, que, em muitos casos, apesar do seu vício de origem, devem ser produzidas em benefício da apuração da verdade, sem prejuízo da consideração que o juiz dê à sua suspeição no momento de avaliá-las, como, por exemplo, na subordinação da força probante do documento particular à assinatura (art. 408); na proibição de depoimento como testemunha de pessoas incapazes (art. 446); na não admissão da prova testemunhal sobre fato já provado por documento ou confissão ou que só por documento ou exame pericial possa ser provado (art. 443).

Também quanto às limitações procedimentais, prazos e preclusões e ao indeferimento de diligências inúteis e procrastinatórias, além da proposição de um critério de predominante tolerância, para que sejam amplamente admitidas todas as provas que na perspectiva da parte que as requereu tenham alguma possibilidade de demonstrar a procedência da versão fática por ela sustentada, era necessária a flexibilização da rigidez dos prazos e preclusões para que, sempre que haja uma justificativa humanamente razoável, desde que não haja desrespeito à confiança legítima e não existam indícios veementes de má-fé, possa a parte trazer novos elementos de convicção para que a decisão judicial, ao fim e ao cabo, esteja mais próxima possível da verdade como ela é. O juiz deve estar sempre aberto a adquirir novos conhecimentos sobre os fatos sobre os quais vai exercer a sua jurisdição. Desde que a proposição ou a produção de novos elementos não tenha intuito manifestamente protelatório, nem colha de surpresa a parte contrária de modo a reduzir as suas potencialidades defensivas, deve ser sempre admitida, para que o acertamento final dos fatos esteja o mais próximo possível da realidade tal como ela existe.

Nas limitações fundadas em direitos fundamentais, a técnica da ponderação é universalmente aceita, mas cabia ao legislador codificado dar objetividade à chamada *ponderação em concreto*, para libertá-la de inevitáveis subjetivismos, não só com a eventual importação da teoria dos diferentes graus de privacidade do Tribunal Constitucional alemão[11], mas também com regras que explicitassem e disciplinassem os diversos níveis de proteção dos variados e complexos conteúdos do chamado direito à privacidade. Também o interesse público, como por exemplo o segredo de Estado, bem como a não incriminação de si mesmo, a que já me referi acima, assim como de familiares e pessoas próximas, impunham regulamentações específicas. Numa época em que o primado dos direitos fundamentais tem sensibilizado a consciência dos povos e ensejado frequentes e importantes decisões judiciais, é lamentável que o Código de 2015 não tenha dedicado uma linha à delimitação da chamada *prova ilícita*.

7. Produção antecipada da prova no Código de 2015

O Código de 2015 introduziu na disciplina das provas uma seção dedicada à produção antecipada da prova (arts. 381 a 383), na qual regula um procedimento não necessariamente vinculado a uma demanda presente ou futura, destinado a revelar o conteúdo ou a conservação de uma determinada prova - documental, testemunhal, pericial, inspeção judicial ou depoimento pessoal, com uma destas três finalidades: I - verificar certos fatos na pendência de ação quando houver fundado receio de que essa verificação venha a tornar-se impossível ou muito difícil; II - viabilizar tentativa de autocomposição ou de outro meio adequado de solução de conflito; III - clarificação de fatos para justificar ou evitar o ajuizamento de ação (art. 381).

Os limites desse procedimento e as características que o distinguem de outros regulados no próprio Código, como a exibição de documento ou coisa (arts. 396 a 404) ou a tutela da urgência (arts. 300 a 310), são imprecisos e deverão ser mais bem delineados pela doutrina e pela jurisprudência. Inclino-me provisoriamente em considerá-lo um procedimento exclusivamente probatório, semelhante ao da justificação do Código de 1973 (arts. 855 a 860), aliás, expressamente incorporada ao novo procedimento no § 5º do artigo 381.

Esses procedimentos probatórios não conduzem a uma decisão sobre o direito das partes, nem sobre a existência dos fatos, como se

11 ANDRADE, Manuel da Costa. *Sobre as proibições de prova em processo penal.* Reimp. Coimbra: Coimbra Editora, 2006, p. 81-116.

verifica do § 2º do artigo 382, segundo o qual o juiz "não se pronunciará sobre a ocorrência ou a inocorrência do fato, nem sobre as respectivas consequências jurídicas". A atividade do juiz é, portanto, a de um simples veículo para a revelação do conteúdo da prova e a sua entrega ao requerente (art. 383, parágrafo único). Esses procedimentos podem ser contenciosos ou voluntários, daí o disposto no § 1º do artigo 381, que dispensa a citação dos interessados se inexistir caráter contencioso. Muitas vezes a natureza contenciosa ou voluntária do procedimento probatório dependerá da natureza do processo principal, ao qual eventualmente poderá servir, se já delineado no momento do seu ajuizamento. E também será contenciosa, quando a revelação ou produção da prova depender de ato de outrem, como, por exemplo, se a prova se encontrar em poder do requerido. Mas, ainda que contencioso, o procedimento probatório que ora comentamos não tem qualquer eficácia constritiva, executiva ou restritiva de direitos, o que igualmente deixa claro o mesmo § 1º do artigo 381, segundo o qual "o arrolamento de bens observará o disposto nesta seção quando tiver por finalidade apenas a realização de documentação e não a prática de atos de apreensão". E por isso o § 4º do artigo 382 prescreve que nesse procedimento não se admitirá defesa ou recurso, salvo contra o total indeferimento da produção da prova pleiteada, o que implica que dele não pode resultar para o requerido qualquer prejuízo, nem qualquer desvantagem, o que o diferencia substancialmente, por exemplo, da exibição de documento ou coisa, já referida. Daí resulta que se a prova estiver em poder do requerido ou a sua revelação depender de ato de requerido, este poderá comunicar ao juiz a ausência de disposição em revelá-la ou produzi-la, devendo ser extinto o procedimento.

Essa produção antecipada de prova não apresenta qualquer instrumentalidade imediata em relação a uma causa principal, caso contrário, não poderia ao final ser entregue ao requerente para que lhe dê o destino que lhe aprouver (art. 383, parágrafo único).

O procedimento, apesar de admitido "na pendência da ação" nunca será propriamente incidente, porque destituído de instrumentalidade imediata. A impossibilidade de verificação de determinados fatos na pendência de um processo judicial (art. 381, inc. I) não significa que a prova resultante desse procedimento necessariamente tenha de produzir efeitos nesse processo, que poderá vir a existir ou não. Já, se o processo em que determinada prova pode ser útil já se encontra em curso e neste se destina a influir, a sua produção, ainda que antecipada, deverá sujeitar-se ao exame da sua relevância em face das questões de fato e de direito pendentes, permitir que as partes sob contraditório discutam essa relevância e se sujeitem aos ônus decorrentes da colaboração na sua produção e aos efeitos que a prova produzirá sobre a relação jurídica de direito material, o que excede totalmente a finalidade meramente probatória deste procedimento.

O procedimento não previne a competência para a ação principal (art. 381, § 3º) porque não apresenta instrumentalidade imediata, o que tem como consequência que o conteúdo da prova poderá ser utilizado em qualquer outro processo, sem qualquer risco de caducidade em trinta dias.

A cognição que o juiz exerce nesse procedimento corresponde apenas à aquisição do conteúdo das provas para conservá-las, sem qualquer juízo de valor sobre a verdade dos fatos a que se referem. Não há necessidade de demonstrar a necessidade da prova, nem declinar qualquer efeito jurídico que dela possa ser extraído.

O juiz somente deverá indeferir a sua produção se a prova requerida for intrinsecamente ilícita. Permite a lei que o interessado que tiver sido citado para colaborar na produção da prova ou dela participar, se assim o desejar, além de contribuir para o seu bom êxito, poderá requerer que no mesmo procedimento seja produzida qualquer outra prova sobre o mesmo fato (art. 382, § 3º).

A ausência de contraditório exclui qualquer cogitação a respeito da possibilidade de revelia ou de confissão ficta. Também não se prevê qualquer homologação da prova produzida, encerrando-se o procedimento com a sua produção.

8. Confissão e depoimento pessoal

O artigo 385 do Código de 2015, reproduzindo regra idêntica constante do artigo 343 do Código de 1973, somente faculta a produção do depoimento pessoal da parte por determinação oficiosa do juiz ou a requerimento da parte contrária, não prevendo a sua produção a requerimento da própria parte que pretenda depor, que deveria ser cogitada.

Trata-se de limitação probatória que já deveria ter sido expungida do nosso sistema porque restringe o direito de autodefesa, um dos aspectos mais importantes do contraditório humanizado. Toda a disciplina do depoimento pessoal, reproduzida do Código de 1973, exacerba a sua função de instrumento de confissão, quando sistemas mais modernos atribuem a essa prova duas outras finalidades: a clarificação ou esclarecimento dos fatos da causa e a instauração de um diálogo humano das partes com o juiz. Entretanto, num singelo e parcimonioso dispositivo, o inciso VIII do artigo 139, o Código abre a possibilidade de que o juiz explore o preenchimento dessas outras relevantes funções, ao dispor que o juiz poderá determinar, a qualquer tempo, o comparecimento pessoal das partes, para inquiri-las sobre os fatos da causa, hipótese em que não incidirá a pena de confissão. A criação pelo Código de 2015, no artigo 139, desse outro tipo de depoimento pessoal, representa um avanço bastante positivo, que aproxima o depoimento da parte do chamado interrogatório livre adotado em países europeus, e que atende à crítica de Cappelletti de que a parte deve ter a oportunidade de dialogar livremente com o juiz sobre os fatos da causa, sem a preocupação de incorrer em confissão, porque dar força probante a esse depoimento apenas naquilo que prejudica o depoente priva o juiz da colaboração das pessoas que mais sabem sobre os fatos controvertidos, que são as próprias partes[12].

Se o juiz pode determinar de ofício esse depoimento da parte sem o risco da confissão, nada impede que as partes requeiram tal depoimento, e até mesmo que a própria parte que quer depor peça ao juiz que determine o seu depoimento. O Código de 2015 não prevê, entretanto, um momento específico para esse depoimento, que pode ocorrer em qualquer fase do processo. Nada impede que se dê na própria audiência final de instrução e julgamento, antes ou no curso do depoimento pessoal a ser colhido sob ameaça de confissão, desde que a parte seja devidamente informada, e que no depoimento de clarificação o juiz adote procedimento menos rígido, travando com as partes em separado ou simultaneamente, assim como com os advogados, um diálogo descontraído espontâneo que efetivamente contribua para o esclarecimento dos fatos.

No artigo 393 o Código de 2015, em evidente exagero, declara que a confissão é irrevogável. No dinamismo, variabilidade e imprevisibilidade do desenvolvimento da relação processual é absolutamente impossível que qualquer sujeito fique vinculado de modo absoluto às suas declarações.

Pouco incisiva é a regra sobre a confissão extrajudicial (art. 394), que não toma posição clara a respeito da sua força probante, deixando de ressaltar todas as diversas circunstâncias relevantes que influenciam as pessoas a fazerem declarações sobre fatos sem a consciência de todas as suas consequências jurídicas e sem a imediata previsão de que tais declarações possam vir a ser utilizadas em processo futuro.

Repete o Código, na disciplina desse e de outros meios de prova, escusas de depor e de exibir manifestamente incompatíveis com o direito de defender-se provando. Reproduz, também a anacrônica regra da indivisibilidade da confissão (art. 395), que, como a do Código anterior (art. 354) não pode mais ser interpretada como um meio de prova daquilo que o confitente declarou em seu benefício, mas apenas de clarificação, também dessa parte das suas declarações e de interpretação

---

12 CAPPELLETTI, Mauro. *La testimonianza della parte nel sistema dell'oralità*. 2ª parte. Milano: Giuffrè, 1974, p. 449 e 453.

destas, das quais não podem ser extraídas ilações que ultrapassem o que foi explicitamente reconhecido.

9. Prova documental

A fé pública do documento público merecia um tratamento mais cuidadoso no artigo 405, para excluí-la nos casos em que o funcionário público exerce função eminentemente técnica, assim como naqueles em que a lei legitima a prática de atos de autoridade, como a autuação de infrações administrativas, que resultam de simples constatações efetuadas com base na percepção sensorial ou em juízos pessoais do funcionário, que acabam por dar à palavra do funcionário uma hierarquia superior à de qualquer outro homem de bem ou de qualquer outro juízo técnico idôneo, propiciando a prática de incontáveis arbitrariedades.

No artigo 384, aparentemente como um novo meio de prova, o Código regula um documento, que é a ata notarial, facultando ao tabelião lavrá-la para atestar ou documentar, a requerimento do interessado, "a existência e o modo de existir" de algum fato. Não pode o tabelião ser chamado por qualquer cidadão para presenciar um fato da vida comum ocorrido fora do cartório com intuito de lavrar ata notarial, pois estaria o legislador transformando o testemunho do tabelião em um meio anômalo de prova com valor superior ao da prova testemunhal. O notário não pode ser utilizado como uma testemunha mais valiosa do que as outras, sob pena de caracterizar-se a burla ao sistema da livre convicção motivada do magistrado. O tabelião, que adquire o conhecimento de fatos pela sua percepção sensorial, não é um ser humano com especial qualificação, cujo depoimento reduzido a escrito mereça mais fé do que o de qualquer outra pessoa. Para que esse documento lavrado pelo tabelião, a que o legislador anterior fazia efêmera menção no artigo 7º, inciso III, da Lei nº 8.935/94, possa ter especial força probante, como documento público, a meu ver será necessário restringi-lo à atestação de declarações voluntárias de conhecimento ou de vontade apresentadas perante o tabelião pelo próprio interessado ou, no caso de acontecimentos de desenvolvimento aleatório com a presença de dois ou mais participantes, que o documento lavrado pelo tabelião tenha sido elaborado com a aprovação de todos os participantes presentes ao ato.

Em relação ao documento eletrônico, vários dispositivos, entre os quais sobressaem os artigos 439 a 441 do Código, consolidam a sua adoção, impulsionada desde o advento da Lei nº 11.419/2006, ao permitir a sua utilização mesmo no processo convencional, de modo que o registro eletrônico de um fato possa ser um documento apto a provar a verdade fática discutida no processo, desde que capaz de se conservar inalterado, enquanto não submetido a qualquer ação agressiva externa, pelo tempo necessário a ser produzido e avaliado no processo.

Em matéria de arguição de falsidade de documento, o Código de 2015 inova ao facultar à parte que argui a falsidade optar entre conferir-lhe o caráter de ação declaratória cuja decisão final adquirirá a imutabilidade da coisa julgada ou circunscrever a questão apenas ao âmbito do próprio processo, ou seja, à possibilidade de utilização do documento como meio de prova no processo em que foi produzido (art. 430, parágrafo único).

10. Prova testemunhal

Desaparece em boa hora a proibição de prova exclusivamente testemunhal nos contratos de valor superior a dez salários-mínimos (Código de 1973, art. 401), fruto de uma anacrônica e preconceituosa depreciação da força probante do testemunho em relação aos demais meios de prova. Desaparecem, também, dois especiais motivos de suspeição ou de inidoneidade da testemunha: a condenação por crime de falso testemunho, havendo transitado em julgado a sentença, e os costumes que revelem não ser a testemunha digna de fé (Código de 1973, art. 405, § 3º, incs. I e II). A justiça do nosso tempo não é mais uma justiça de castas, que priorize o depoimento de certas pessoas e despreze o de outras, em razão do sexo, da idade, da profissão, da classe social, da religião ou do que hoje tem sido chamado de opção ou orientação sexual. O que importa é que o depoimento seja confiável, ou seja, prestado pela testemunha que mereça credibilidade, com vistas a garantir a força persuasiva da prova testemunhal na formação do convencimento do julgador. Ao omitir essas duas hipóteses de motivos de suspeição, o Código de 2015 exclui do conceito de testemunha o requisito da idoneidade, que o juiz levará em conta na avaliação do seu depoimento, ou seja, na credibilidade que esse depoimento lhe causou como elemento de formação da sua convicção a respeito da verdade dos fatos, devidamente explicitada na fundamentação da sua decisão.

Omissão injustificável é a falta de qualquer disposição sobre as hipóteses em que árbitros, conciliadores e mediadores podem escusar-se de depor, tendo em vista a necessidade de respeitar a confiança neles depositada pelas partes.

De modo positivo, o Código faculta a intimação da testemunha por correspondência expedida pelo próprio advogado da parte que a arrolou (art. 455). Apesar de promovida por um sujeito auxiliar de uma das partes do processo, a comunicação é efetivada pelo agente postal do mesmo modo que seria se expedida pelo escrivão do juízo, desonerando o serventuário desse encargo meramente burocrático, no qual o principal interessado é o sujeito processual que o advogado representa.

Seguindo o exemplo do Código de Processo Penal reformado (art. 212, com a redação da Lei nº 11.690/2008), determina no artigo 459 que "as perguntas serão formuladas pelas partes diretamente à testemunha, começando pela parte que a arrolou", mas recomenda que o juiz indefira as perguntas impertinentes e admite que o magistrado também faça perguntas, antes ou depois da inquirição pelas partes (§ 1º).

É a adoção do modelo anglo-americano de inquirição da testemunha, em que a produção da prova oral é conduzida pelo advogado, que interroga diretamente os depoentes, sob os olhos de um juiz inerte, que se limita a interferir para evitar abusos do advogado ou para fazer também as suas próprias perguntas. Não me agrada essa opção. A intermediação do juiz na formulação à testemunha das perguntas endereçadas pelo advogado e no recebimento das respostas constitui um filtro importante para evitar indevido envolvimento ou intimidação da testemunha pelo advogado ou combinação entre ambos das perguntas e respostas, assegurando maior credibilidade à prova testemunhal. Além disso, contribui para acentuar na consciência do depoente o seu dever de dizer a verdade, porque quem o interroga e a quem deve diretamente dar respostas é o próprio juiz.

Tal como no depoimento pessoal (art. 385, § 3º), o Código de 2015, no § 1º do artigo 453, faculta o depoimento de testemunha por videoconferência ou outro recurso tecnológico de transmissão de sons e imagens em tempo real, quando esta residir em comarca, seção ou subseção diversa daquela onde tramita o processo. A previsão deveria ser complementada por uma disciplina mais detalhada para preservar o direito da parte ao contato humano com o juiz, assegurar o contraditório e garantir que o depoente preste depoimento em local e ambiente em que não esteja sujeito a qualquer tipo de pressão ou de influência. Parece-me que nesse caso não deve ser dispensada a expedição de precatória para que o depoente compareça na sede do juízo deprecado e aí, ainda que não presente o magistrado, o depoimento seja prestado sob sua supervisão, em local e em ambiente que resguarde integralmente a credibilidade do ato probatório.

Positiva é a antecipação da apresentação do rol de testemunhas, logo após o saneamento escrito do processo ou na própria audiência de saneamento oral (art. 357, §§ 3º e 4º), que confere tempo suficiente à parte contrária para apurar a isenção e a credibilidade da testemunha e eventualmente qual seja o seu conhecimento dos fatos, evitando a surpresa do oferecimento desse rol na iminência da audiência de instrução, quando essa apuração é praticamente impossível.

Injustificável é a manutenção da limitação numérica do número de testemunhas (art. 357, § 6º), incompatível com a busca da verdade, almejada no sistema probatório.

11. Prova pericial

Na disciplina da prova pericial há importantes inovações, ditadas pelo intuito evidente de aumentar a credibilidade nesse importante meio de prova. Para nortear a escolha do perito pelo juiz de modo que ela recaia, sempre que possível, em profissionais de capacidade já avaliada e reconhecida, assim como para aperfeiçoar a técnica da produção da prova pericial e possibilitar o acompanhamento transparente do desempenho desses profissionais, o Código, no artigo 156, §§ 1º e 2º, determina que os tribunais mantenham cadastro, constituído mediante consulta pública e direta a universidades, conselhos de classe, Ministério Público, Defensoria Pública e Ordem dos Advogados do Brasil.

Para atender à crescente complexidade de muitas perícias, permite-se a nomeação de órgãos técnicos ou científicos inscritos, tal como os peritos pessoas físicas, no cadastro do tribunal.

A escolha do perito deverá recair em profissional ou órgão especializado no objeto da perícia, que deverá comprovar a sua qualificação logo após a sua designação (art. 465).

Na elaboração do laudo, o perito deverá indicar o método utilizado, comprovando a sua aceitação na área de especialização e deverá apresentar o seu laudo devidamente fundamentado em linguagem simples e com coerência lógica (art. 473).

Faculta ainda o Código a escolha consensual do perito pelas partes (art. 471).

Quanto ao recebimento dos honorários pelo perito, o seu levantamento integral somente poderá ocorrer depois de entregue o laudo e prestados todos os esclarecimentos solicitados pelas partes (art. 465, § 4º). Se a perícia for considerada deficiente ou inconclusiva, o juiz poderá reduzir a remuneração do perito (§ 5º).

Em contrapartida, nos §§ 3º e 4º do artigo 95, em dispositivos que me parecem francamente inconstitucionais, por violação da paridade de armas, admite o Código que as perícias requeridas pela Fazenda Pública, pelo Ministério Público ou pela Defensoria Pública sejam realizadas por entidade pública ou, havendo previsão orçamentária, sejam por esses órgãos custeadas, mediante depósito prévio. Não havendo previsão orçamentária, serão pagas no exercício seguinte ou a final pelo vencido. Ainda que não sejam inconstitucionais, cabem pelo menos duas observações: a entidade pública ou o funcionário público há de ser livremente escolhido pelo juiz e possuir registro como órgão pericial ou perito no cadastro do tribunal, preenchendo todos os requisitos pertinentes. O perito não pode ser obrigado a realizar despesas do seu bolso para cumprir a atividade pericial em favor do ente público. Será necessário que o juiz verifique em cada caso se o exercício dessa função por funcionário ou órgão público se reveste da indispensável imparcialidade. Por outro lado, já era tempo de os tribunais disporem de verbas para custear as perícias dos processos dos hipossuficientes, em igualdade de condições com as partes que podem custeá-las.

Na avaliação da prova pericial, o juiz não poderá aceitar cegamente as conclusões do perito, devendo fundamentar a sua apreciação, levando em conta o método utilizado e indicando na sentença os motivos que o levaram a considerar ou a deixar de considerar as conclusões do laudo pericial (art. 479).

Mas é importante observar que, apesar de tão importantes inovações, o novo Código não se rende à evidência do pluralismo da ciência, que deve ter espaço para sua explicitação no processo, ao qual se opõe o sistema do perito único designado pelo juiz. É fundamental dar às partes a possibilidade de também designarem os seus próprios peritos, não de meros assistentes técnicos, com a mesma isenção do perito do juiz, e a cujos laudos, constatações e opiniões o juiz deva na sentença conferir a mesma relevância e atenção que confere aos do seu próprio perito. O pluralismo do conhecimento científico também deve facultar ao próprio juiz nomear mais de um perito para a mesma investigação ou avaliação, ou determinar a realização de nova perícia com esse fundamento. Afinal, ao juiz caberá escolher entre a boa e a má ciência e, para isso, ele precisa dispor de instrumentos de controle confiáveis[13].

12. Conclusão

Outras inovações poderiam ser sugeridas, como a estruturação de um procedimento probatório extrajudicial independentemente do requisito da urgência, esboçada timidamente nos artigos 381 a 383, à semelhança da *discovery* do direito anglo-americano, com a tríplice finalidade de propiciar a tempestiva troca de informações entre as partes para o eventual esclarecimento da controvérsia, favorecer a rápida solução amigável das divergências entre as partes, evitando custos e prejuízos

13 V. GRECO, Leonardo *et alii*. A reforma do direito probatório no processo civil brasileiro - primeira parte. Anteprojeto do Grupo de Pesquisa "Observatório das Reformas Processuais" da Faculdade de Direito da Universidade do Estado do Rio de Janeiro. In: *Revista de Processo*. São Paulo: Editora Revista dos Tribunais, n. 240, 241, 242 e 243, fev./mai. 2015.

em consequência da possível necessidade de submetê-las à apreciação judicial e contribuir para uma adequada preparação de demanda futura.

Essas e outras sugestões, fizemos no anteprojeto de reforma do direito probatório, que concluímos em 2014 no Programa de Pós-Graduação em Direito da Universidade do Estado do Rio de Janeiro, mas que, evidentemente, deveriam ser antecedidas de ampla reflexão e debate, que não seria possível travar no âmbito da elaboração de um novo Código, em que tantas outras questões teriam de ser equacionadas.

Os avanços consagrados no novo diploma são apreciáveis, restando-nos almejar que a matéria, num futuro próximo, possa ser objeto de aprimoramento mais profundo.

A Sistematização da Cooperação entre os Juízos no Novo Código de Processo Civil

Humberto Dalla Bernardina de Pinho
Tatiana Machado Alves

1. Introdução

Em um mundo cada vez mais globalizado, no qual as relações interpessoais ultrapassam os limites das fronteiras, e os fatos juridicamente relevante têm desdobramentos em diversos países, a cooperação jurídica internacional assume um papel de extrema importância tanto no Direito Processual Civil como no Direito Internacional Privado. Conjugando esses dois tradicionais ramos do Direito, podemos falar ainda em um Direito Processual Internacional, preocupado justamente com o intercâmbio entre as diferentes jurisdições.

A latere, no plano da jurisdição nacional, diante da evolução dos meios de comunicação, a comunidade jurídica clama por uma maior eficiência no diálogo entre os juízos para que a realização dos atos processuais ocorra de forma mais célere e, consequentemente, mais efetiva.

Além disso, em um ambiente de valorização dos meios adequados de solução de conflitos, especialmente da arbitragem, que é realizada fora do âmbito do Poder Judiciário, a relação entre estes meios e a jurisdição contenciosa fica cada vez mais complexa. Fato é que, embora o árbitro seja considerado "juiz de fato e de direito" (art. 18 da Lei nº 9.307/96 - Lei da Arbitragem), em alguns casos, torna-se necessário recorrer ao Poder Judiciário, e, portanto, ao juiz togado, para que certos atos possam ser praticados.

Subjacente a essas questões está a ideia, cada vez mais presente no Direito brasileiro, de cooperação. Prevista no novo Código de Processo Civil brasileiro (CPC/2015) de forma expressa como um princípio aplicável a todos os sujeitos do processo[1], não há dúvidas de que a cooperação também inspira a relação entre a jurisdição nacional e as estrangeiras; entre os diversos ramos e órgãos do Poder Judiciário, e entre o Poder Judiciário como um todo e os árbitros.

Mais do que um princípio (ou cláusula geral, dependendo do entendimento) aplicável a processos específicos, a cooperação assume ares de valor basilar de todo o ordenamento jurídico.

Dentro dessa perspectiva, iremos analisar as principais inovações trazidas pelo novo Código de Processo Civil brasileiro, de 16 de março de 2015, no que tange à cooperação internacional e à nacional, incluindo nesta a relação entre os diferentes juízos e ramos do Poder Judiciário e a relação entre o árbitro ou o Tribunal Arbitral e os juízes togados.

2. Cooperação internacional

Muitas vezes, no curso do processo, é necessário que um determinado ato seja praticado em outro juízo ou país. Essa situação se torna mais comum à medida que, conforme dito, se intensificam os conflitos de interesses transnacionais[2].

Não é de hoje, portanto, que a questão da cooperação internacional vem sendo intensamente discutida no Brasil.

A cooperação internacional pode se realizar tanto entre autoridades judiciais, como entre autoridades administrativas, de diferentes países.

De modo geral, pode-se afirmar que a cooperação internacional visa à realização em uma jurisdição de providências de natureza jurídica que são necessárias para a efetividade de um processo que tramita (ou tramitou) em uma jurisdição diferente dessa na qual a providência será implementada.

As diligências requeridas em regime de cooperação podem partir do Brasil (pedido ativo) ou serem aqui cumpridas (pedido passivo).

A cooperação internacional tem como elemento central o *juízo de delibação,* que consiste na verificação da compatibilidade do ato judicial estrangeiro com os princípios fundamentais da ordem jurídica nacional,

---

1 Sobre o tema da cooperação, v. PINHO, Humberto Dalla Bernardina de; ALVES, Tatiana Machado. A cooperação no novo código de processo civil: desafios concretos para sua implementação. *Revista Eletrônica de Direito Processual,* Rio de Janeiro, v. 15, p. 240-267, jan./jun. 2015; *Idem.* A cooperação e a principiologia no processo civil brasileiro. Uma proposta de sistematização. *Revista Eletrônica de Direito Processual,* Rio de Janeiro, v. 12, p. 289-315, jul./dez. 2013.

2 ARAUJO, Nadia de. Medidas de cooperação interjurisdicional no Mercosul. *Revista de Processo,* v. 123, p. 77, mai. 2005.

sem adentrar, contudo, no mérito do que foi decidido alhures[3]. É o juízo de delibação que irá autorizar a realização, no território nacional, da jurisdição executiva ou de urgência em favor da jurisdição de conhecimento estrangeira.

Ricardo Perlingeiro cita os seguintes exemplos de cooperação internacional: a extradição; a execução de sentença estrangeira; a execução de medidas judiciais de urgência de juiz estrangeiro; a citação ou intimação em território nacional, em favor de juiz estrangeiro; a oitiva de testemunhas no território nacional, em favor de juiz estrangeiro, e a investigação conjunta entre o Ministério Público nacional e o estrangeiro[4]. Com relação a essas modalidades de cooperação, o autor explica que os atos não jurisdicionais, ou administrativos, não dependem do juízo de delibação para que possam ser aqui praticados, mas devem ser realizados em conjunto com autoridades judiciais ou administrativas nacionais. Assim, a cooperação que envolve apenas a autoridade administrativa pode ser realizada na forma do auxílio direto, dispensando a atuação do Superior Tribunal de Justiça[5]. Iremos voltar a esse ponto quando estivermos tratando do novo Código de Processo Civil brasileiro.

No Brasil, a cooperação internacional tem previsão na própria Constituição Federal de 1988, que estabelece a competência do Superior Tribunal de Justiça para processar e julgar a homologação de sentença estrangeira, e para a concessão de *exequatur* às cartas rogatórias (art. 105, I, alínea "i", da Constituição Federal de 1988).[6]

O Código de Processo Civil de 1973 (CPC/73) é bastante sucinto ao tratar da homologação da sentença estrangeira. Afirma, apenas, que a eficácia da sentença estrangeira no Brasil depende da sua homologação pelo Supremo Tribunal Federal (art. 483, *caput*), e que a execução será feita por carta de sentença extraída dos autos da homologação, obedecendo as regras da execução da sentença nacional da mesma natureza (art. 484). Além disso, em seu artigo 483, parágrafo único, remete a regulamentação do procedimento de homologação para o regimento interno do Supremo Tribunal Federal.

Uma observação importante é que, em razão da transferência de competência promovida pela Emenda Constitucional nº 45/2004,

---

3 SILVA, Ricardo Perlingeiro Mendes da. Auxílio direto, carta rogatória e homologação de sentença estrangeira. *Revista de Processo*, v. 128, p. 287, out. 2005.

4 Loc. cit.

5 Loc. cit.

6 Na redação original, a Constituição Federal de 1988 atribuía essa competência ao Supremo Tribunal Federal, mas foi alterada pela Emenda Constitucional nº 45, de 2004.

há que se entender que quando o CPC/73 fala em "Supremo Tribunal Federal" se trata do "Superior Tribunal de Justiça".

Atualmente, a regulamentação tanto do procedimento de homologação de sentença estrangeira, como da concessão de *exequatur* às cartas rogatórias, é dada pelos artigos 216-A a 216-X do Regimento Interno do Superior Tribunal de Justiça, incluídos pela Emenda Regimental nº 18, de 17 de dezembro de 2014.

Com relação à carta rogatória, a regulamentação do Código de Processo Civil de 1973 também não é muito extensa. O artigo 201 define a carta rogatória como aquela dirigida à autoridade judiciária estrangeira. Por sua vez, o artigo 202, *caput*, estabelece os seus requisitos e o § 3º autoriza a expedição de carta rogatória por meio eletrônico. Por fim, o artigo 210 estabelece que a carta rogatória obedecerá, quanto à sua admissibilidade e ao modo de seu cumprimento, ao disposto em convenção internacional, devendo, na falta desta, ser remetida à autoridade judiciária estrangeira, por via diplomática, sendo requisito para tanto a tradução para a língua do país no qual o ato deverá ser praticado.

Em linhas simples, alguns autores afirmam que a distinção entre a carta rogatória e a homologação de sentença estrangeira está na natureza do ato estrangeiro que está sendo importado. Segundo Ricardo Perlingeiro, o ato estrangeiro que é objeto da carta rogatória reclama um juízo de delibação mais célere, de cognição sumária, enquanto a homologação permite a realização de uma cognição exauriente no juízo de delibação. Assim a carta rogatória seria o mecanismo adequado para a efetivação no território nacional das medidas de urgência, ao passo que a homologação teria como objeto justamente as sentenças estrangeiras[7].

Por sua vez, Nadia de Araújo afirma que a carta rogatória tem por objeto "atos denominados ordinatórios [medidas de simples trâmite] ou instrutórios [probatórios], destinados ao cumprimento de atos de citação, notificação e cientificação, ou de coleta de prova". Sobre homologação de sentença estrangeira, diz que envolve o "reconhecimento e execução de provimento jurisdicional de autoridade estrangeira"[8].

O Brasil é signatário de alguns tratados que preveem a cooperação entre países em matéria judiciária. É o caso, por exemplo, do Protocolo de Cooperação e Assistência Jurisdicional em Matéria Civil, Comercial, Trabalhista e Administrativa, o chamado Protocolo de Las

7 Loc. cit.

8 Loc. cit.

Leñas, celebrado entre os Estados-Membros do Mercosul, e que foi ratificado pelo Brasil e promulgado pelo Decreto nº 2.067, de 12 de novembro de 1996[9].

Poderíamos citar aqui diversos outros tratados importantes sobre cooperação interjurisdicional dos quais o Brasil faz parte, mas, não sendo esse o escopo do presente artigo, iremos apenas analisar brevemente o Protocolo de Las Leñas, que traz algumas especificidades para a matéria processual que está sendo aqui tratada.

Esse tratado foi assinado em 1992, no âmbito do Mercosul, e regula a tramitação de cartas rogatórias e homologação de sentenças estrangeiras, permitindo que tais sentenças sejam reconhecidas e executadas através de cartas rogatórias e por intermédio da autoridade central (art. 19). Com isso, fica dispensada a necessidade de propositura da ação de homologação de sentença estrangeira perante o Superior Tribunal de Justiça para que a sentença proferida por autoridade judicial de Estado-Membro do Mercosul produza efeitos no Brasil. Desse modo, embora a carta rogatória ainda dependa da concessão da *exequatur* pelo Superior Tribunal de Justiça, o procedimento torna-se mais simples e, consequentemente, mais célere.

Nessa dimensão, vale mencionar ainda o Protocolo de Ouro Preto sobre Medidas Cautelares, promulgado no Brasil através do Decreto nº 2.626, de 15 de junho de 1998, e que dispensa as decisões concessórias de medidas de urgência da exigência de homologação, permitindo que elas sejam efetivadas também através de carta rogatória.

Não obstante a existência desses e de outros tratados sobre o tema da cooperação jurídica internacional, a doutrina brasileira há muito sentia a necessidade de dar uma regulamentação mais adequada, uniforme e analítica à matéria, especialmente tendo em vista os casos que não estariam acobertados por tratado ou pelo princípio da reciprocidade[10].

---

9 Conforme Nadia de Araujo, a celebração desse tratado se justifica pela intensificação das relações comerciais e pessoais entre os países do Mercosul, que acarretou um aumento dos conflitos transnacionais, envolvendo elementos de mais de um país, demandando, com isso, o aperfeiçoamento da cooperação jurisdicional entre os países do bloco (loc. cit.).

10 "Vale lembrar que, por vezes, em uma situação ideal, são tratados multilaterais, ou mesmo bilaterais, os documentos sobre os quais se fundamentam as relações neste campo da cooperação. Outras vezes, a cooperação se funda em princípios gerais de direito internacional, como o princípio da reciprocidade, por exemplo. Mas não é só de normas e princípios internacionais que vive a cooperação jurídica, dependendo em grande medida da ordem interna de cada Estado" (In: ALLE, Saulo Stefanone. Cooperação jurídica internacional e interpretação do direito interno. *Revista de Direito Constitucional e Internacional*, v. 81, p. 329, out. 2012).

Antes do advento do Código de Processo Civil de 2015, algumas tentativas de sistematização da cooperação jurídica internacional foram promovidas. Em 2003, a Associação dos Juízes Federais brasileiros elaborou o Anteprojeto de Cooperação Judiciária Internacional, voltado para a matéria penal. Por sua vez, em 2004, o Ministério da Justiça formou uma comissão de especialistas que tinha como objetivo elaborar um anteprojeto de lei de cooperação jurídica internacional, em matéria cível e criminal.[11]

O novo Código de Processo Civil parece ter trazido a solução que se buscava para a questão, incorporando na legislação infraconstitucional a regulamentação que já era prevista no regimento interno do Superior Tribunal de Justiça para a homologação de sentença estrangeira e para as cartas rogatórias, e trazendo de forma expressa a previsão do auxílio direto em matéria jurisdicional.

2.1. Disposições gerais

A primeira novidade do novo Código está na disposição topográfica da regulamentação da cooperação jurídica internacional, que forma o Capítulo II do Título II ("Dos limites da jurisdição nacional e da cooperação internacional") do Livro II ("Da função jurisdicional").

O tratamento da matéria começa com as disposições gerais (Seção I), aplicáveis a todas as modalidades de cooperação internacional. Assim, o artigo 26, *caput*, estabelece os princípios (devido processo legal, igualdade, acesso à Justiça, publicidade processual) e as regras estruturais (existência de uma autoridade central[12] e espontaneidade na transmissão de informações a autoridades estrangeiras[13]) que regem a cooperação jurídica internacional.

---

11 Para mais informações sobre o Anteprojeto de Lei de Cooperação Jurídica Internacional, v. SILVA, Ricardo Perlingeiro. Anotações sobre o anteprojeto de lei de cooperação jurídica internacional. *Revista de Processo*, v. 129, p. 133.

12 A figura da autoridade central é atribuída ao Ministério da Justiça, quando ausente designação específica (art. 26, § 4º).

13 André Luís Monteiro e Fabiane Verçosa observam que "a espontaneidade na transmissão de informações significa o dever de o Estado brasileiro, quando figurar como Estado requerido em qualquer modalidade passiva de cooperação jurídica internacional já solicitada por Estado estrangeiro, prestar informações a respeito do desenvolvimento do pedido de ofício, informando a respeito de novos andamentos e novas providências, independentemente de sucessivas provocações do Estado requerente" (In: WAMBIER, Teresa Arruda Alvim *et alii* (Coord.). *Breves comentários ao novo código de processo civil*. São Paulo: Revista dos Tribunais, 2015, p. 122).

Interessante observar que as normas fundamentais do ordenamento jurídico brasileiro não só determinam como o procedimento deve se desenvolver, mas também estabelecem limites para a realização da cooperação internacional, na medida em que fica vedada a prática de atos que contrariem ou que produzam resultados incompatíveis com tais normas (art. 26, § 3º).

O CPC/2015 prevê ainda que, na ausência de tratado regulando a comunicação entre os dois países, será aplicado o princípio da reciprocidade, com exceção da homologação de sentença estrangeira, que dispensa essa exigência (art. 26, §§ 1º e 2º).

Ao comentar o Projeto do novo Código de Processo Civil, em 2011, Carmen Tibúrcio criticou a previsão da exigência de reciprocidade para a realização de cooperação jurídica internacional na ausência de tratado, afirmando se tratar de "imensurável retrocesso, infundada exigência e criticável posição", ressaltando que "com exceção de dois anos ainda durante o Império, o Direito brasileiro nunca exigiu reciprocidade para homologação de sentenças estrangeiras e cumprimento de cartas rogatórias"[14].

O fundamento para esse posicionamento é, segundo Carmen Tibúrcio,[15] o fato de a homologação de sentença estrangeira e a carta rogatória, diferentemente de outras modalidades de cooperação internacional, como a extradição, não estarem assentadas no interesse estatal (embora ele esteja presente em certa medida), mas sim no interesse das partes[16].

Uma vez que a redação final do novo Código de Processo Civil excluiu a exigência de reciprocidade para a homologação de sentença estrangeira, parece ter sido atendida, ao menos em parte, a crítica dos referidos autores.

Com relação às medidas que podem ser objeto de cooperação internacional, o artigo 27 do CPC/2015 prevê um rol não exaustivo,

---

14 TIBURCIO, Carmen. Nota doutrinária sobre três temas de direito internacional privado no projeto de novo código de processo civil. *Revista de Arbitragem e Mediação*, v. 28, p. 139, jan. 2011.

15 Loc. cit.

16 No mesmo sentido, Nadia de Araujo, Lauro Gama Jr. e Daniela Vargas: "O que está em jogo, assim, é a efetividade dos julgados para as pessoas envolvidas, consubstanciada na necessidade, muitas vezes, de que uma sentença brasileira produza efeitos alhures, bem como decisões estrangeiras e atos judicias possam aqui produzir efeitos para a solução de litígios privados internacionais, promovendo-se a pacificação dos conflitos" (In: Temas de direito internacional privado no projeto de novo código de processo civil. *Revista de Arbitragem e Mediação*, v. 28, p. 147, jan. 2011).

admitindo no inciso VI a realização de qualquer outra medida judicial ou extrajudicial que, não tendo sido citada nesse dispositivo, não seja proibida pela lei brasileira - em outras palavras, que não ofenda as normas fundamentais do ordenamento jurídico nacional, conforme o artigo 26, § 3º.

2.2. Auxílio direto

A doutrina brasileira costuma afirmar que os atos que se prestam a serem realizados no território nacional e que dispensam o juízo de delibação podem ser solicitados e realizados diretamente através da autoridade central. Trata-se do denominado *auxílio direto.*

A possibilidade de realização de cooperação internacional através do auxílio direto já estava presente no Regimento Interno do STJ,[17] que previa, em seu artigo 216-O, parágrafo 2º, que:

> Os pedidos de cooperação jurídica internacional que tiverem por objeto atos que não ensejem juízo deliberatório pelo Superior Tribunal de Justiça, ainda que denominados como carta rogatória, serão encaminhados ou devolvidos ao Ministério da Justiça para as providências necessárias ao cumprimento do auxílio direto.

O novo Código de Processo Civil brasileiro manteve esse tratamento no que tange à desnecessidade de submissão ao juízo de delibação e ao direcionamento do pedido de auxílio direto à autoridade central (arts. 28 e 29).

Tal como a cooperação jurídica internacional de modo geral, o auxílio direto pode ter como objeto "qualquer medida judicial ou extrajudicial não proibida pela lei brasileira" (art. 30, inc. III). A título exemplificativo, o Código cita o fornecimento de informações sobre o ordenamento jurídico brasileiro (i.e., sobre o sentido, alcance e validade de determinada norma do direito de outro Estado) ou sobre processos administrativos ou jurisdicionais que tramitam ou tramitaram no país (art. 30, inc. I), bem como a colheita de provas em benefício de processo que tramita em outra jurisdição, ressalvando, neste caso, a hipótese de o processo estrangeiro tratar de matéria de competência exclusiva da autoridade judiciária brasileira (art. 30, inc. II).

Quando a medida requerida através do pedido de auxílio direto passivo tiver natureza meramente administrativa (i.é., dispensar ativida-

---

17 A origem mais remota do auxílio direto pode ser encontrada na Convenção sobre Prestação de Alimentos no Estrangeiro da ONU, promulgada no Brasil através do Decreto nº 56.826/65 (In: MONTEIRO, André Luís; VERÇOSA, Fabiane. Op. cit., p. 121).

de jurisdicional), ela será executada diretamente pela autoridade central. Contudo, sendo o objeto do pedido de auxílio direto um ato de natureza jurisdicional, a autoridade central encaminhará o pedido à Advocacia-Geral da União, "que requererá em juízo a medida solicitada" (art. 33, *caput*); excetuados os casos nos quais a autoridade central for o Ministério Público, o qual será responsável por requerer as medidas judiciais necessárias (art. 33, parágrafo único).

Uma dúvida que já vem sendo colocada pela doutrina brasileira diz respeito às diferenças entre o auxílio direto e a carta rogatória. Essa discussão perpassa pela possibilidade ou não de utilização do auxílio direto para efetivação no Brasil de uma diligência que foi determinada por um juiz estrangeiro no âmbito de um processo que tramita em outra jurisdição.

Nesse sentido, Leonardo Greco afirma que o pedido de auxílio direto:

> Não constitui propriamente o cumprimento de uma decisão de autoridade jurisdicional estrangeira, mas [é um pedido de cooperação] em que esta ou outra autoridade administrativa estrangeira solicita à justiça brasileira uma informação ou outra atividade investigatória[18].

Compartilhando do mesmo entendimento, André Luís Monteiro e Fabiane Verçosa asseveram que a prática de ato de natureza jurisdicional pela via do auxílio direto somente será possível quando "se tratar de demanda judicial a ser ajuizada no Brasil e integralmente processada e julgada por juiz nacional",[19] enquanto no caso dos "atos de natureza jurisdicional praticados por juiz estrangeiro, inevitavelmente a cooperação jurídica internacional se dará pela via da carta rogatória e não pela via do auxílio direto"[20].

Em outras palavras, consoante o posicionamento desses autores, somente seria admissível o uso do auxílio direto quando a medida for requerida por uma autoridade *administrativa* estrangeira, ainda que haja a necessidade de, no Brasil, ser requerido em juízo a efetivação dessa medida. Nesse caso, o Poder Judiciário brasileiro não irá realizar um juízo de delibação, mas verificará a própria "viabilidade da diligência" e "determinará a possibilidade do pedido à luz do Direito brasileiro".[21]

---

18 GRECO, Leonardo. Instituições de processo civil. Rio de Janeiro: Forense, 2015. v. I, p. 117.

19 MONTEIRO, André Luís; VERÇOSA, Fabiane. Op. cit., p. 122.

20 Loc. cit.

21 Loc. cit.

Assim o ato jurisdicional será somente aquele que foi proferido pela autoridade judicial brasileira como resposta a um pedido de auxílio direto que teve como origem uma decisão administrativa estrangeira.

Esse entendimento é, todavia, confrontado com o veto da Presidência da República ao artigo 35 do CPC/2015. Referido dispositivo estabelecia que:

> [dar-se-ia] por meio de carta rogatória o pedido de cooperação entre órgão jurisdicional brasileiro e órgão jurisdicional estrangeiro para prática de ato de citação, intimação, notificação judicial, colheita de provas, obtenção de informações e cumprimento de decisão interlocutória, sempre que o ato estrangeiro constituir decisão a ser executada no Brasil.

Nas razões do veto afirmou-se que:

> [c]onsultados o Ministérios Público Federal e o Superior Tribunal de Justiça, entendeu-se que o dispositivo impõe que determinados atos sejam praticados exclusivamente por meio de carta rogatória, o que afetaria a celeridade e efetividade da cooperação jurídica internacional que, nesses casos, poderia ser processada pela via do auxílio direto.

A seguir a literalidade dessa explicação, haveria que se reconhecer não só que os atos jurisdicionais podem, em determinadas situações, ser objeto de auxílio direto[22], como também que existe uma interseção entre a carta rogatória e o auxílio direto, de modo que determinados atos jurisdicionais (que nem o Código nem as razões do veto especificam quais sejam) poderiam ser praticados por uma ou outra modalidade, indistintamente.

Nesse sentido, na tentativa de estabelecer uma distinção entre os atos jurisdicionais que podem ser objeto de auxílio direto e os que devem ser praticados mediante carta rogatória, José Maria Tesheiner defende que "a rogatória e o consequente *exequatur* do STJ será exigível apenas para atos de natureza coercitiva, como a execução de medida cautelar, podendo proceder-se à citação e à colheita de provas por auxílio direto"[23].

---

22 Com relação à razão do veto ao art. 35 do CPC/2015, André Luís Monteiro e Fabiane Verçosa contestam, s.m.j., que "[a]inda que o objetivo do veto tenha sido ampliar o objeto do auxílio direto, parece-nos, neste primeiro momento, que o instituto do auxílio direto não pode ser utilizado nessa hipótese de produção de efeitos em território nacional de atos que possuam natureza jurisdicional" (*Ibidem*, p. 128).

23 TESHEINER, José Maria. Cooperação judicial internacional no novo código de processo civil. *Revista de Processo*, v. 234, p. 331-344, ago. 2014.

Nessa dimensão, a colheita de provas talvez seja o exemplo mais paradigmático da importância e da dificuldade de estabelecimento de uma fronteira bem definida entre o auxílio direto e a carta rogatória. De fato, ao prever a possibilidade de auxílio direto que tenha por objeto a "colheita de provas, salvo se a medida for adotada em processo, em curso no estrangeiro, de competência exclusiva de autoridade judiciária brasileira", o inciso II do artigo 30 do CPC/2015 deixa margem à dúvida quanto à origem do requerimento dessa medida de colheita de provas.

Por entenderem que seria questionável a constitucionalidade de um dispositivo que previsse a possibilidade de efetivação de uma decisão *judicial* em território brasileiro sem que ela passasse pelo juízo de delibação do Superior Tribunal de Justiça, André Luís Monteiro e Fabiane Verçosa defendem que o mecanismo do auxílio direto somente poderia ser utilizado quando o pedido de colheita de provas decorrer de uma "decisão de juiz estrangeiro que, pela lei brasileira, não possua natureza jurisdicional (e, portanto, independa de juízo de delibação), ou, ainda, quando decorra de decisão administrativa que, segundo lei brasileira, não exija intervenção judicial"[24].

Dentro dessa perspectiva, portanto, a distinção entre a carta rogatória e o auxílio direto residiria, sob o aspecto formal, na natureza da decisão que dá origem ao pedido de cooperação: se judicial, será caso de carta rogatória; se administrativa, será admitida a formulação de pedido de auxílio direto.

Parece-nos, todavia, que esse elemento (a natureza da decisão) não basta para estabelecer a distinção entre as duas referidas modalidades de cooperação jurídica internacional. Isso porque, caso assim o fosse, o próprio artigo 28 do CPC/2015 teria se limitado a afirmar que "[c]abe auxílio direto quando a medida não decorrer diretamente de decisão de autoridade jurisdicional estrangeira", sendo desnecessária a parte final ("a ser submetida a juízo de delibação no Brasil").

Ocorre que ao incluir esse trecho referente ao juízo de delibação o legislador parece ter tido a intenção de especificar (ou restringir) qual o tipo de decisão jurisdicional estrangeira que não pode ser efetivada no Brasil pela via do auxílio direto. É dizer, de acordo com o artigo 28, *a contrario sensu*, quando a medida objeto do pedido de cooperação internacional decorrer de uma decisão jurisdicional estrangeira que tenha que ser submetida a juízo de delibação no Brasil, não será possível fazer uso da via do auxílio direto.

---

24 MONTEIRO, André Luís; VERÇOSA, Fabiane. Op. cit., p. 128.

Assim sendo, não seria toda e qualquer decisão judicial estrangeira que não poderia ser objeto de auxílio direto, mas apenas aquelas que exijam o juízo de delibação do Superior Tribunal de Justiça para que elas possam ser efetivadas no território nacional. Exclui-se dessa relação, por exemplo, as decisões concessivas de medida de urgência proferidas no âmbito de processo estrangeiro cuja sentença dispense homologação para produzir efeitos no Brasil, conforme estabelece o § 4º do artigo 962 do CPC/2015[25].

Desse modo, é possível afirmar que a distinção entre o auxílio direto e a carta rogatória reside não apenas na natureza da decisão, se judicial ou administrativa, mas, principalmente, no fato de tal decisão depender ou não do juízo de delibação do Superior Tribunal de Justiça para produzir efeitos no Brasil - questão esta que não está exclusivamente atrelada à sua natureza.

2.3. Carta rogatória

Nadia de Araújo ensina que a carta rogatória é sujeita à legislação do país emissor da carta quanto à sua forma e modo de envio, e do país receptor da carta quando ao modo de recebimento e cumprimento da carta[26].

Salvo nas hipóteses nas quais há um tratado ou convenção do qual o Brasil e o país estrangeiro são signatários, são aplicadas as regras do Código de Processo Civil para o procedimento das cartas rogatórias. Nesse sentido, o artigo 210 estabelece na segunda parte que a carta irá tramitar pela via diplomática depois de traduzida para a língua do país em que há de se praticar o ato.

Em 2012, o Ministério das Relações Exteriores e o Ministério da Justiça editaram a Portaria Conjunta nº 501, publicada no Diário Oficial da União em 23 de março de 2012, e que veio a revogar a anterior Portaria Conjunta nº 26/90. Tal portaria conjunta regulamenta a tramitação administrativa das cartas rogatórias e pedidos de auxílio direto, em matéria penal e cível, quando não houver acordo de cooperação internacional entre o Brasil e o país requerente ou requerido, dependendo se o pedido formulado for ativo ou passivo.

A doutrina costuma entender que a carta rogatória terá como objeto a prática de atos jurisdicionais *não decisórios*, como aqueles que determinam a realização de uma diligência probatória ou a citação do réu,

25 Nesse sentido, CARMONA, Carlos Alberto. In: WAMBIER, Teresa Arruda Alvim *et alii* (Coord.). Op. cit., p. 2.141.

26 ARAUJO, Nadia de. Op. cit.

ou de atos *decisórios, mas não definitivos*, como é o caso das decisões concessórias de medidas de urgência[27]. Isso porque, nesses casos, o cumprimento da decisão no Brasil não demandaria uma cognição exauriente, mas meramente sumária[28].

Outra classificação interessante para os atos que podem ser objeto de carta rogatória é proposta por Nadia de Araújo[29]: *ordinatórios* ou de *comunicação processual*, compreendendo a citação, notificação e intimação; *instrutórios*, destinados à coleta de provas, e *executórios* ou de *caráter restritivo*, incluindo os atos constritivos sobre a esfera pessoal ou patrimonial do indivíduo.

A versão do novo Código de Processo Civil que foi aprovada pelo Congresso Nacional continha previsão expressa dos possíveis objetos da carta rogatória, a saber: ato de citação, intimação, notificação judicial, colheita de provas, obtenção de informações e cumprimento de decisão interlocutória, sempre que o ato estrangeiro constituir decisão a ser executada no Brasil (art. 35). Contudo, conforme visto quando falávamos do auxílio direto, esse dispositivo foi vetado pela Presidência da República, sob a justificativa de que ele imporia uma forma determinada (no caso, a carta rogatória) para a prática de tais atos, o que afetaria a celeridade e efetividade da cooperação jurídica internacional, uma vez que essa poderia (em tese) ser realizada pela via do auxílio direto.

Atualmente a regulamentação do procedimento para a concessão de *exequatur* à carta rogatória no Brasil é feita pelo Regimento Interno do STJ. O Código de Processo Civil de 2015 incorpora diversas previsões que estavam presentes nesse Regimento Interno e passa a tratar, já no âmbito da legislação infraconstitucional, dos aspectos mais gerais do procedimento da carta rogatória (arts. 36 e 960 e ss.).

O artigo 36 do CPC/2015 estabelece que tal procedimento será de jurisdição contenciosa e deve observar as garantias do devido processo legal. Restringe, contudo, a defesa da parte interessada apenas quanto ao atendimento dos requisitos para que o pronunciamento judicial estrangeiro produza efeitos no Brasil (§ 1º), vedando a revisão do mérito por parte da autoridade judiciária brasileira (§ 2º).

O Regimento Interno do STJ parecia restringir mais as hipóteses de defesa no procedimento da carta rogatória, estabelecendo expressamente, em seu artigo 216-Q, parágrafo 2º, que a impugnação à carta pela parte

27 HILL, Flávia Pereira. A cooperação jurídica internacional no projeto de novo código de processo civil: o alinhamento do Brasil aos modernos contornos do direito processual. *Revista de Processo*, v. 205, p. 347-376.

28 SILVA, Ricardo Perlingeiro. Op. cit.

29 ARAUJO, Nadia. Op. cit.

interessada podia versar apenas sobre a autenticidade dos documentos, a inteligência da decisão, e a observância dos requisitos desse regimento.

O artigo 960, § 1º, do CPC/2015 prevê que a "decisão interlocutória estrangeira poderá ser executada no Brasil por meio de carta rogatória". Outrossim, de acordo com o artigo 961, *caput*, a eficácia da decisão estrangeira não definitiva no Brasil está condicionada à concessão do *exequatur* pelo STJ às cartas rogatórias.

Tais dispositivos parecem corroborar o posicionamento de autores como Leonardo Greco, André Luís Monteiro e Fabiane Verçosa, analisados no tópico anterior, no sentido de que as decisões de natureza jurisdicional de modo geral somente poderão ser efetivadas no Brasil quando o pedido de cooperação internacional for feito pela via da carta rogatória, não se admitindo o uso do auxílio direto nesses casos.

Por sua vez, o artigo 962 do CPC/2015 trata da execução da decisão estrangeira que concede medida de urgência, a qual deverá ser realizada através de carta rogatória (*caput* e § 1º). Sobre o procedimento da execução desse tipo de decisão, o artigo 962, § 2º, prevê que a medida de urgência que tiver sido concedida pelo juiz estrangeiro sem a oitiva do réu (*inaudita altera parte*) poderá ser executada no Brasil desde que seja assegurado o contraditório em momento posterior.

Tendo em vista a impossibilidade de revisão do mérito da decisão pela autoridade judiciária brasileira, o § 3º do artigo 962 estabelece que o juízo sobre a urgência da medida compete exclusivamente à autoridade jurisdicional estrangeira que proferiu a decisão.

Com relação a este dispositivo, podemos identificar um aparente conflito com o artigo 8º do Protocolo de Ouro Preto sobre Medidas Cautelares, o qual estabelece que "[o] Juiz ou Tribunal do Estado requerido poderá recusar cumprimento ou, se for o caso, determinar o levantamento da medida, *quando verificada sua absoluta improcedência*, nos termos deste Protocolo".

Contudo, diante do caráter supletivo que a regulamentação do novo Código tem em relação aos tratados, ocupando apenas os espaços não preenchidos no que tange à regulamentação dos procedimentos de cooperação jurídica internacional, constatamos que o referido dispositivo do Protocolo continuará sendo aplicado aos pedidos que envolverem os Estados signatários (Brasil, Argentina, Paraguai e Uruguai).

Essa conclusão é corroborada pelo fato de que o § 3º do artigo 962 do CPC/2015 estabelece uma restrição nos poderes do juiz brasileiro, com relação ao Protocolo de Ouro Preto, impedindo que ele avalie o mérito da medida de urgência. Não parece razoável assumir que essa restrição se sobreporia ao disposto no Protocolo, que prevê poderes mais amplos para o juiz, em prejuízo da jurisdição brasileira.

Nas hipóteses em que for dispensada a homologação para que a sentença estrangeira produza efeitos no Brasil, a decisão que concede a medida de urgência no âmbito do mesmo processo não precisará ser submetida ao juízo de delibação do Superior Tribunal de Justiça, e o reconhecimento da sua validade caberá ao juiz competente para dar-lhe cumprimento (art. 962, § 4º). É o caso, por exemplo, da sentença estrangeira de divórcio consensual, que, segundo o § 5º do artigo 961, produz efeitos independentemente da homologação pelo STJ.

Diante da desnecessidade do juízo de delibação do Superior Tribunal de Justiça nesses casos, cabe indagar sobre a possibilidade de o pedido de cooperação internacional que tenha por objeto essas decisões ser realizado pela via do auxílio direto. Em vista da finalidade de garantir a máxima efetividade à cooperação jurídica internacional, parece que há essa possibilidade.

Os requisitos para a concessão do *exequatur* às cartas rogatórias são os mesmos para a homologação de decisão estrangeira (art. 963), a saber: ser proferida por autoridade competente; ser precedida de citação regular, ainda que verificada a revelia; ser eficaz no país em que foi proferida; não ofender a coisa julgada brasileira; estar acompanhada de tradução oficial, salvo quando dispensado por tratado, e não conter manifesta ofensa à ordem pública.

Um ponto que chama a atenção é a exigência de prévia citação do réu no processo que tramita no estrangeiro para que a decisão possa produzir efeitos no Brasil (art. 963, inc. II). Aqui caberia questionar se essa exigência também se aplicaria às hipóteses das cartas rogatórias referentes a decisões estrangeiras que concedem medida de urgência *inaudita altera parte*, ou seja, sem a oitiva do réu.

Parece-nos que uma vez que o próprio artigo 962, § 2º, do CPC/2015, admite a execução no Brasil de medida de urgência que tenha sido concedida em processo estrangeiro sem audiência do réu, o requisito da citação prévia para a concessão da *exequatur* poderia ser dispensado nessa hipótese.

Sob o aspecto negativo, o *exequatur* não será concedido quando a decisão estrangeira se referir a uma hipótese de competência exclusiva da autoridade judiciária brasileira (art. 964).

Além disso, quando houver ofensa à soberania nacional, à ordem pública e aos bons costumes, nos termos do artigo 17 da Lei de Introdução às Normas do Direito Brasileiro, os atos provenientes de outro país não terão eficácia no Brasil[30].

30 ARAUJO, Nadia. Op. cit.

Interessante observar que no passado a jurisprudência do Supremo Tribunal Federal (então competente para a concessão de *exequatur* às cartas rogatórias) era de que medidas constritivas, cautelares ou não, deferidas em outra jurisdição, somente poderiam ser efetivadas no território nacional caso houvesse uma sentença transitada em julgado determinando tal constrição[31]. Esse entendimento já foi há muito superado, e não há mais razão para achar que não pode ser assim, em vista da previsão expressa do CPC/2015.

Uma vez concedido o *exequatur* à carta rogatória, o cumprimento será realizado perante o juízo federal competente, a requerimento da parte, conforme as normas estabelecidas para o cumprimento de decisão nacional (art. 965, *caput*), e instruído com cópia autenticada da decisão concessória do *exequatur* (art. 965, parágrafo único).

Algumas particularidades do procedimento que atualmente estão previstas no Regimento Interno do STJ não foram incorporadas no novo Código, o que indica que o legislador infraconstitucional optou por conceder uma margem de flexibilidade ao Tribunal para definir questões de caráter mais regimental.

O Código de Processo Civil de 2015 também prevê os requisitos que devem ser observados para a emissão de carta rogatória pelo Brasil, com vistas à realização de uma diligência em outra jurisdição (art. 260), tais como: a indicação do juízo de origem e de cumprimento do ato; o inteiro teor de petição, despacho judicial e instrumento de mandato conferido ao advogado; a menção do ato processual que constitui objeto da carta, e o encerramento com a assinatura do juiz. Os requisitos e as regras procedimentais para a tramitação da carta rogatória expedida por autoridade brasileira no exterior dependerão das normas do país de destino.

2.4. Homologação de decisão estrangeira

A primeira novidade do novo Código de Processo Civil está na nomenclatura dada ao procedimento, que deixa de ser homologação de *sentença* estrangeira para se chamar homologação de *decisão* estrangeira.

O CPC/2015 incorpora diversos dispositivos previstos no Regimento Interno do STJ, expandindo a regulamentação do procedimento no âmbito infraconstitucional com relação ao CPC/73.

Assim o novo Código prevê que, via de regra, a homologação de decisão estrangeira será feita através de ação própria perante o Superior Tribunal de Justiça, salvo quando houver disposição em sentido contrário prevista em tratado (art. 960, *caput*), ou quando for caso de carta

31 Loc. cit.

rogatória, como na hipótese de decisão interlocutória estrangeira (art. 960, § 1º).

A homologação, portanto, tem por objeto a decisão judicial definitiva e a decisão não judicial que, pela lei brasileira, teria natureza jurisdicional (art. 961, § 1º).

Tal como já fazia o Regimento Interno do STJ, o novo Código prevê que a decisão estrangeira poderá ser homologada parcialmente (art. 961, § 2º), e que pode ser concedida tutela de urgência e realizados atos de execução provisória no âmbito do processo de homologação da decisão estrangeira (art. 961, § 3º).

Duas novidades introduzidas pelo CPC/2015 - i.e., que não estavam previstas nem no CPC/73, nem no Regimento Interno do STJ - são a possibilidade de homologação de decisão estrangeira para fins de execução fiscal quando houver previsão em tratado ou promessa de reciprocidade (art. 961, § 4º) e a dispensa de homologação para a sentença estrangeira de divórcio consensual, a qual terá sua validade examinada por qualquer juiz quando essa questão for suscitada, em caráter principal ou incidental, em processo de sua competência (art. 961, §§ 5º e 6º).

Os requisitos para a homologação da decisão estrangeira são os mesmos que para a concessão da *exequatur* à carta rogatória, e já foram expostos no tópico anterior. Algumas particularidades, contudo, merecem ser apontadas.

O primeiro ponto diz respeito à previsão contida no artigo 963, inciso II, do CPC/2015, relativo à exigência de prévia citação do réu no processo no qual foi proferida a decisão estrangeira.

Nadia de Araujo suscita a importante questão a respeito da forma pela qual a citação deve ser realizada quando, naquele processo estrangeiro, o réu é domiciliado no Brasil. Isso porque, de acordo com a lei brasileira, a citação, nesse caso, via de regra, deve ser realizada por meio de carta rogatória. Assim, a ausência de citação por essa forma representaria um impedimento ao pedido de homologação de sentença estrangeira no país. Essa posição se justificaria pela necessidade de observância do direito à ampla defesa e do contraditório; tratando-se, portanto, de questão de ordem pública, afeta à soberania nacional[32].

Outro ponto interessante diz respeito à possibilidade de realização de citação por via postal, admitida tanto pelo CPC/73, como pelo CPC/2015, para a ordem interna. Nadia de Araujo afirma, nesse sentido, que não seria possível citar alguém no Brasil para um processo estrangeiro por correio, sendo necessário seguir o procedimento da carta

32 ARAUJO, Nadia de. Op. cit.

rogatória. Nada impede, todavia, que, tendo sido dada a *exequatur* à carta rogatória, o juiz brasileiro, no momento do cumprimento, determine a citação do réu no Brasil pelo correio, nos termos do Código de Processo Civil.

O que não é admissível é a realização de citação por via postal sem que haja qualquer forma de solicitação de cooperação internacional por parte da autoridade judiciária estrangeira.

Tal entendimento se coaduna, ainda, com o disposto no artigo 12 da Lei de Introdução às Normas do Direito Brasileiro, que estabelece a competência da autoridade brasileira para a prática de atos no Brasil em benefício de juízo estrangeiro. Assim, segundo a melhor doutrina, será necessário contar com a participação de uma autoridade brasileira, seja administrativa ou judicial.

3. Cooperação nacional

Retornando à ideia de cooperação, genericamente prevista no artigo 6º do CPC/2015, e aplicável também à seara internacional, cuidou o legislador infraconstitucional de prever diversas modalidades de cooperação entre os diferentes juízos no âmbito da ordem interna, regulando a cooperação nacional.

Assim, os artigos 67 e 68 impõem a todos os órgãos do Poder Judiciário o dever de recíproca cooperação, por meio de seus magistrados e servidores, para a prática de qualquer ato processual.

Por sua vez, o artigo 69 consagra os princípios da celeridade e da informalidade, ao determinar que os pedidos de cooperação jurisdicional devem ser prontamente atendidos e prescindem de forma específica. A título exemplificativo, o dispositivo traz um rol de práticas e ferramentas que podem ser utilizadas pelos juízos cooperantes, a saber: auxílio direto; reunião ou apensamento de processos; prestação de informações, e atos concertados entre os juízos cooperantes.

Leonardo Schenk pontua, todavia, que havendo a previsibilidade na lei processual de uma determinada forma para a prática de um ato processual, os juízes não podem dela desviar, sob pena de violação ao princípio da segurança jurídica e ao devido processo legal[33]. O recurso às ferramentas de cooperação jurisdicional apenas se justificaria, nessa perspectiva, para a prática de atos que, embora essenciais, fossem acessórios, servindo para auxiliar na prática dos demais atos processuais[34].

---

33 SCHENK, Leonardo Faria. In: WAMBIER, Teresa Arruda Alvim *et alii* (Coord.). Op. cit. p. 244-246.

34 Loc. cit.

Esse entendimento se coaduna ainda com o princípio da indelegabilidade, "segundo o qual cada órgão jurisdicional exerce a função jurisdicional nos limites da competência que a lei lhe conferiu"[35], e com a garantia do juiz natural, que serve para proteger o jurisdicionado, assegurando que o juiz designado para o seu caso será definido de acordo com critérios objetivos, abstratos e impessoais previamente fixados em lei[36].

Assim sendo, justamente em função de as hipóteses de cooperação jurídica (seja internacional, seja nacional) serem consideradas exceções ao princípio da indelegabilidade[37], elas devem ser usadas com parcimônia e nos estritos limites da lei processual.

Com relação aos atos que podem ser concertados entre os juízos cooperantes, o § 2º do artigo 69 também traz um rol exemplificativo, mencionando a prática de citação, intimação ou notificação de ato; a obtenção e apresentação de provas e a coleta de depoimentos; a efetivação de tutela provisória; a efetivação de medidas e providências para recuperação e preservação de empresas; a facilitação de habilitação de créditos na falência e na recuperação judicial; a centralização de processos repetitivos, e a execução de decisão jurisdicional.

O meio que será utilizado para estabelecer a comunicação entre os juízos cooperantes dependerá da relação entre eles. No § 1º do artigo 69 são mencionadas apenas as cartas de ordem, precatória e arbitral, voltadas "para a prática de atos fora dos limites territoriais do tribunal, da comarca, da seção ou da subseção judiciárias" (art. 236, § 1º, CPC/2015). Nesse sentido, Leonardo Schenk explica que quando se tratar de cooperação entre órgãos jurisdicionais de uma mesma área geográfica (i.e., dois juízes federais de uma mesma seção ou subseção judiciária), a comunicação entre eles poderá ser realizada através de meios eletrônicos[38], em uma prática de auxílio direto.

O artigo 237 do novo Código esclarece a diferença entre os diferentes tipos de carta, explicando que a *carta de ordem* tem lugar quando o juiz for vinculado ao tribunal do qual ela emanar (§ 3º c/c art. 236, § 2º); a *carta precatória* se volta para as hipóteses em que um ato deve ser praticado na área de competência territorial diversa daquela do órgão que expediu a carta; e a *carta arbitral* tem como objetivo a prática de um ato pelo Poder Judiciário em favor do juízo arbitral.

35 GRECO, Leonardo. Op. cit., p. 114.

36 Loc. cit.

37 *Ibidem*, p. 115.

38 SCHENK, Leonardo Faria. Op. cit., p. 247.

Observa-se, ainda, que consoante o disposto no parágrafo único do artigo 237 e no § 3º do artigo 69, ambos do novo Código, é admitida a possibilidade de um juiz federal deprecar a prática de atos processuais para um juiz estadual quando tais atos tiverem de ser praticado em um local onde não haja vara federal.

Tanto as cartas precatórias como as cartas de ordem podem ser classificadas em *de comunicação, executórias* ou *instrutórias* (*probatórias*), a depender do objeto da carta[39].

Os requisitos das cartas de ordem e precatória estão previstos no Código, e são os mesmos da carta rogatória emanada de autoridade judicial brasileira (art. 260). Alguns pontos dignos de nota: o juiz deverá na carta fixar prazo para cumprimento, devendo atentar para a facilidade das comunicação e para a natureza da diligência (art. 261, *caput*); as partes devem ser intimadas da expedição da carta e deverão acompanhar a tramitação perante o juízo de destino (art. 261, §§ 1º e 2º); a carta pode ser encaminhada a juízo diverso do que dela consta antes ou depois de lhe ser ordenado o cumprimento, para que o ato seja praticado, devendo tal encaminhamento ser comunicado ao órgão expedidor (art. 262); preferência para expedição das cartas por meio eletrônico, com assinatura eletrônica do juiz, podendo também ser feita por telefone ou por telegrama (arts. 263 e 264); os atos requisitados por carta precatória ou de ordem serão praticados imediatamente e de ofício, sendo exigido, contudo, o depósito pela parte interessada da importância correspondente às despesas necessárias para a prática do ato (art. 266).

O juízo deprecado poderá recusar cumprimento a carta precatória por meio de decisão motivada que tenha como fundamento a ausência de requisito legal da carta; a falta de competência do juiz em razão da matéria ou da hierarquia; ou a existência de dúvida a respeito da autenticidade da carta (art. 267).

Quando se tratar de hipótese de incompetência, o juiz poderá remeter a carta ao juiz ou ao tribunal competente por iniciativa própria, conforme o ato a ser praticado (art. 267, parágrafo único).

Por fim, o prazo para retorno da carta, uma vez cumprido o ato, é de 10 (dez) dias, devendo as custas do traslado serem pagas pela parte (art. 268).

4. Cooperação na arbitragem

O artigo 18 da Lei nº 9.307, de 23 de setembro de 1996 (Lei da Arbitragem), afirma que o árbitro é "juiz de fato e de direito", de modo

39 GRECO, Leonardo. Op. cit., p. 117-118.

que a sentença por ele proferida não fica sujeita a recurso ou à homologação pelo Poder Judiciário. Isso é confirmado pela inclusão da sentença arbitral no rol dos títulos executivos judiciais do Código de Processo Civil de 1973 (art. 475-N, IV), através da Lei nº 11.232, de 2005. O CPC/2015 reproduz essa classificação em seu artigo 515, VII.

Não obstante as discussões sobre se a arbitragem é ou não jurisdição, fato é que o árbitro depende, para a realização de alguns atos, da colaboração do Poder Judiciário, especialmente quando se tratar de sentença arbitral proferida em outro país.

Tendo em vista algumas particularidades da arbitragem e da sua relação com a jurisdição contenciosa, é oportuno analisar a relação de cooperação estabelecida nesse âmbito em separado.

4.1. Carta arbitral

A Lei da Arbitragem, em sua redação original, e o Código de Processo Civil de 1973 não traziam previsão da carta arbitral.

O CPC/2015 introduziu essa figura no capítulo que trata da cooperação nacional, atribuindo a ela basicamente o mesmo tratamento dispensado às demais cartas. Tudo o que foi dito nesse artigo com relação às cartas de ordem e precatória no que tange aos requisitos se aplica, portanto, no que couber, à carta arbitral, com a particularidade de que a carta arbitral deverá ser instruída com a convenção de arbitragem e com as provas de nomeação do árbitro e de sua aceitação da função (art. 260, § 3º), permitindo com isso que o juiz afira o cumprimento dos requisitos legais da carta, incluindo sua autenticidade.

Outra importante particularidade está relacionada ao respeito à confidencialidade que normalmente rege o desenvolvimento da arbitragem. Assim, o novo Código estabelece que tramitarão em segredo de justiça os processos que versarem sobre arbitragem, inclusive sobre cumprimento de carta arbitral, desde que a confidencialidade da arbitragem seja comprovada em juízo (art. 189, IV).

A definição dada pelo Código de Processo Civil de 2015, em seu artigo 237, inciso IV, é bastante semelhante à que pode ser encontrada na Lei de Arbitragem, com nova redação dada pela Lei nº 13.129, de 26 de maio de 2015. Esta lei inseriu o artigo 22-C para estabelecer que o árbitro ou o tribunal arbitral poderá expedir carta arbitral para que o órgão jurisdicional pratique ou determine o cumprimento de um ato solicitado pelo árbitro, e que deva ser realizado na área de sua competência territorial. Repetindo o que já vem previsto no CPC/2015, o parágrafo único desse dispositivo determina a observância do segredo de justiça quando comprovada a confidencialidade da arbitragem.

4.2. Tutela provisória

Durante muito tempo a doutrina e a jurisprudência discutiram a competência do árbitro ou do tribunal arbitral para conceder medida de urgência. Boa parte da discórdia tem origem no § 4º do artigo 22 da Lei de Arbitragem, que estabelecia que havendo necessidade, o árbitro poderia solicitar medidas coercitivas ou cautelares ao órgão do Poder Judiciário que seria competente para julgar a causa.

Com base nesse dispositivo, parcela da doutrina afirmava que o árbitro, por ser apenas equiparado a juiz, não poderia conceder medidas coercitivas, devendo elas sempre serem requeridas perante o Poder Judiciário.

Nesse sentido, embora a jurisprudência atual do Superior Tribunal de Justiça afirme que o árbitro tem competência para deferir medidas coercitivas, estando impedido, contudo, de dar cumprimento a elas, que devem ser executadas perante o Poder Judiciário; há quem entenda que a proibição também se aplica à concessão de tutela cautelar.

No julgamento do Conflito de Competência nº 111.230/DF, o Ministro João Otávio de Noronha proferiu voto-vencido no sentido de entender não ser possível a concessão de medidas coercitivas pelo árbitro. Partindo da premissa de que o Tribunal Arbitral não é um tribunal judicial e não tem poderes jurisdicionais, o ministro afirma que o árbitro "não tem poder para praticar atos de constrição judiciária" e "não pode invadir, efetivamente, a esfera patrimonial das partes". Assevera, ainda, que uma vez que a execução da sentença arbitral deve necessariamente ser feita em sede judicial, já que o árbitro não pode determinar medidas executivas, razão não haveria para se admitir a possibilidade de deferimento de medidas constritivas em sede cautelar.

Todavia esse entendimento é, conforme dito, minoritário, uma vez que a maior parte da doutrina admite a possibilidade de o árbitro ou o tribunal arbitral deferir a medida cautelar, devendo esta apenas ser executada em sede judicial.

Essa controvérsia parece ter sido superada pela recente Lei nº 13.129, de 2015, que alterou a Lei de Arbitragem, incluindo nela o Capítulo IV-A, intitulado "Das Tutelas Cautelares e de Urgência", contendo dois artigos sobre o procedimento para concessão de medidas de urgência em sede arbitral[40].

---

40 O novo Código de Processo Civil, promulgado anteriormente à alteração da Lei de Arbitragem, também prevê, de forma indireta, a possibilidade de concessão de tutela provisória pelo árbitro, uma vez que o artigo 237, inciso IV, do Código, ao tratar da carta arbitral, afirma que ela pode ser expedida para que o Poder Judiciário pratique ou determine o cumprimento de atos solicitados pelo juízo arbitral

Antes de analisarmos os dispositivos, uma breve nota sobre a imprecisão terminológica do legislador infraconstitucional. Ao se referir à "medida cautelar ou de urgência", a Lei nº 13.129/2015 passa a impressão de que se tratam de duas modalidades diferentes de tutela, em uma postura atécnica à luz do novo Código de Processo Civil.

Bem se sabe que a tutela cautelar é espécie do gênero tutela de urgência, ao lado da tutela antecipada. Ao se referir a "medida cautelar ou de urgência" a Lei nº 13.129/2015 parece ter querido indicar a possibilidade de concessão não só de tutela cautelar, mas também de tutela satisfativa antecipada. Dessa forma, melhor teria feito o legislador se tivesse falado apenas em "medida de urgência".

O artigo 22-A da Lei de Arbitragem prevê agora, de forma expressa, a possibilidade de, *antes da instauração da arbitragem*, as partes recorrerem ao Poder Judiciário para a concessão da medida de urgência. Nesse caso, a instituição da arbitragem deverá ser realizada no prazo de 30 (trinta) dias contados da data de efetivação da decisão, sob pena de cessar a eficácia da medida de urgência (parágrafo único).

Por sua vez, o artigo 22-B veio para pacificar a questão sobre a possibilidade de concessão de medidas coercitivas pelo árbitro ou pelo Tribunal Arbitral. Além de ter previsto no *caput* a possibilidade de os árbitros, uma vez instituída a arbitragem, manterem, modificarem ou até mesmo revogarem a medida de urgência que fora concedida pelo Poder Judiciário, o parágrafo único estabelece que, após a instauração da arbitragem, a medida de urgência deverá ser requerida (e, portanto, concedida) diretamente aos árbitros.

Além disso, referida lei também revogou o mencionado - e polêmico - § 4º do artigo 22 da Lei da Arbitragem. Mantém-se, todavia, a necessidade de acionamento do Poder Judiciário para que as medidas coercitivas concedidas pelos árbitros possam ser executadas.

4.3. Homologação de decisão arbitral estrangeira

Conforme dito acima, a sentença arbitral proferida *no território brasileiro* não exige a homologação pelo Poder Judiciário para que ela tenha a eficácia de título executivo judicial.

Em vista do paralelo traçado entre a sentença arbitral e a judicial, não é de se espantar que a sentença ou decisão arbitral estrangeira tenha que seguir o mesmo procedimento que a sentença proferida por

"inclusive os que importem *efetivação* da tutela provisória". Ao se referir apenas à efetivação da tutela provisória, está implícito que a concessão da tutela pode ser feita pelo próprio árbitro.

órgão jurisdicional estrangeiro para que ela possa produzir efeitos no Brasil. Em outras palavras, também a sentença ou decisão arbitral estrangeira precisa passar pelo procedimento de homologação pelo Superior Tribunal de Justiça.

De forma breve, o artigo 960, § 3º, do CPC/2015, estabelece que a homologação de decisão arbitral estrangeira obedecerá ao disposto em tratado e em lei, aplicando-se, subsidiariamente as disposições previstas para a homologação de decisão judicial estrangeira, já analisadas exaustivamente no presente artigo.

A Lei de Arbitragem traz previsão para o reconhecimento e execução da decisão arbitral estrangeira, estabelecendo que quando não houver tratado específico, serão aplicadas as disposições desta lei (art. 34).

Em suma, o procedimento a ser seguido será o mesmo da homologação de sentença judicial estrangeira. O artigo 36 da Lei de Arbitragem faz referência expressa aos dispositivos pertinentes do CPC/73 que tratam do tema. Nesse sentido, embora a Lei nº 13.129/2015 tenha alterado a referência ao "Supremo Tribunal Federal" quando a Lei de Arbitragem trata do procedimento de homologação, trocando por "Superior Tribunal de Justiça", ela não atualizou a referência do artigo 36 aos dispositivos do Código de Processo Civil de 2015. Provavelmente em razão do um ano de *vacatio legis* do novo Código, esperamos que essa atualização seja feita no futuro para garantir a harmonia.

O artigo 37 da Lei de Arbitragem lista os documentos que devem instruir a petição inicial da homologação da sentença arbitral estrangeira, a saber: original ou cópia certificada da sentença arbitral, e original ou cópia certificada da convenção de arbitragem. Todos os documentos cujos originais estiverem em língua estrangeira devem estar acompanhados de tradução oficial.

A referida lei também prevê de forma mais específica as hipóteses nas quais a homologação pode ser negada: partes na convenção de arbitragem eram incapazes; a convenção de arbitragem não era válida segundo a lei à qual as partes se submeteram ou, na falta de indicação, a lei do país onde a sentença foi proferida; ausência de notificação da designação do árbitro ou do procedimento de arbitragem; violação do princípio do contraditório que impossibilitou a ampla defesa; sentença ter sido proferida fora dos limites da convenção de arbitragem, sem possibilidade de separar a parte excedente; instituição da arbitragem em desacordo com o compromisso arbitral ou cláusula compromissória; sentença arbitral que não tenha se tornado obrigatória para as partes, que tenha sido anulada ou suspensa por órgão judicial no país em que foi prolatada; o objeto da sentença não possa, segundo a lei brasileira, ser resolvido por arbitragem; ou quando a decisão arbitral ofende a ordem pública nacional.

De modo geral, portanto, as hipóteses de denegação da homologação da sentença arbitral são as mesmas da sentença judicial, dadas as suas particularidades e adaptações. Um ponto interessante, contudo, é que diferentemente da homologação de sentença judicial que exige, de forma bastante rígida, que a citação da parte residente ou domiciliada no Brasil seja feita através de carta rogatória ou de auxílio direto (contando com a participação de autoridade judicial ou administrativa brasileira), a homologação da decisão arbitral estrangeira é mais flexível nesse ponto. Assim, o artigo 37, parágrafo único, da Lei de Arbitragem, admite que não será considerada ofensa à ordem pública nacional quando essa citação for realizada nos moldes da convenção de arbitragem, ou da lei processual do país onde se realizou a arbitragem, admitindo até mesmo a citação por via postal, desde que haja prova inequívoca de recebimento e tenha sido assegurado à parte brasileira tempo hábil para o exercício do direito de defesa, em prestígio às garantias do contraditório e da ampla defesa.

5. Conclusão

Em um mundo globalizado e conectado, a cooperação entre diferentes órgãos jurisdicionais e administrativos, no nível nacional ou internacional, parece ser uma das ferramentas mais importantes na busca da celeridade e da efetividade dos provimentos jurisdicionais.

Da mesma forma, a busca por meios adequados de solução de conflitos representa uma valorização cada vez maior da arbitragem, que não dispensa, contudo, a necessidade de busca do Poder Judiciário para a prática de determinados atos.

Finalmente, o ordenamento jurídico brasileiro parece ter alcançado a tão sonhada sistematização da cooperação jurídica nacional, internacional, e entre os órgãos jurisdicionais e os árbitros.

Com uma regulamentação analítica e explicativa, mas sem dispensar uma boa margem de flexibilidade para o regimento interno do Superior Tribunal de Justiça, e levando em consideração a existência de tratados regendo a cooperação internacional e em matéria de arbitragem, o novo Código de Processo Civil consolida diversas questões relevantes que há muito já vinham sendo discutidas em sede doutrinária e jurisprudencial, colaborando para a pacificação social e para a segurança jurídica.

Não obstante as críticas pontuais que possam ser feitas a determinadas opções do legislador infraconstitucional, a regulamentação da matéria está em perfeita consonância com o que vinha sendo aplicado até então na prática, de modo que temos razão para acreditar que, se não toda, pelo menos boa parte da doutrina especializada deve ter ficado satisfeita com a sistematização da cooperação entre os juízos.

Os Poderes do Juiz no Novo CPC

Bianca Oliveira de Farias

1. Introdução

A atuação do magistrado em prol da justa tutela de direitos vem sendo objeto de debate há vários anos. Estabelecer os limites de sua intervenção no processo, os poderes que lhe devem ser conferidos e fixar mecanismos democráticos de controle da sua participação processual é um desafio que precisa ser enfrentado, tomando-se por paradigma a celeridade e a rapidez na prestação da justiça, serviço público indispensável.

Com efeito, a ordem jurídica atual busca assegurar a efetivação de direitos que estão consagrados na Carta Magna, notoriamente no que tange à duração razoável do processo. Defende-se, como nunca antes, que justiça tardia é forma qualificada de injustiça.

Essa busca por celeridade coloca a justiça em uma nova perspectiva. Passa a se impor uma visão humanística do fenômeno de resolução de conflitos em que o julgador possa se revelar mais audacioso, sem prescindir da necessária prudência. É nesse cenário que experimentamos o advento de um novo Código de Processo Civil, cuja busca por celeridade se mostra perfeitamente sintonizada com a preservação de direitos fundamentais do cidadão e com a necessidade de se conceder ao magistrado poderes mais amplos, capazes de promover as flexibilizações procedimentais cabíveis e de conduzir o jurisdicionado, com êxito, à plena satisfação de suas pretensões.

No novo instrumento legal, harmonizam-se, com perfeição, as ideias de devido processo legal, contraditório e ampla defesa. Unificam-se prazos processuais, reduzem-se os recursos meramente protelatórios, incentivam-se os mecanismos conciliatórios como forma de promoção da pacificação social. Além disso, fica evidente a flexibilização dos procedimentos, a eliminação do excesso de formalismo, o uso da informática como instrumento facilitador de comunicação entre os sujeitos processuais e o fortalecimento da jurisprudência com a observância do sistema de precedentes[1].

Todas essas alterações repercutem, inevitavelmente, no magistrado, principal responsável pela promoção da efetividade processual. A permanecer o juiz passivo, inerte e desprovido de maiores e mais significativos poderes, inócuas seriam as alterações processuais implementadas pelo novo Código de Processo Civil.

O dinamismo processual depende, sobremaneira, dos agentes operadores da lei, razão pela qual a inércia, tradicionalmente caracterizadora da atuação jurisdicional, cede espaço, de forma definitiva, ao ativismo judicial, que pressupõe um julgador atuante e com amplos poderes decisórios.

Estabelecer o funcionamento perfeito dessa ampliação, os limites democraticamente impostos a essa atuação mais impactante do magistrado e definir os momentos processuais em que essa mudança de comportamento do julgador deve se manifestar, são desafios enfrentados com sucesso pelo novo Código de Processo Civil, mas que reclamam, também, a participação constante da doutrina e jurisprudência para a lapidação da nova proposta.

Nesse trabalho, pretende-se pontuar os principais poderes conferidos ao magistrado e o impacto prático dessas previsões trazidas pelo novo ordenamento jurídico.

2. A evolução dos poderes dos magistrados e sua regulação no Direito comparado

Remonta ao Direito canônico do século XI, a fonte mais remota de atribuição de poderes aos magistrados. Entretanto, foi a partir do século XX que os debates em torno dos poderes conferidos aos julgadores se intensificou.

O Direito, enquanto fenômeno social, passa por inquestionáveis mutações que geram reflexos, inequívocos, no ordenamento jurídico. No último século, acentuadas alterações valorativas, acompanhamento

1 Nesse sentido, v. ALMEIDA, Jansen Fialho de. Disponível em: <http://www2.senado.leg.br/bdsf/bitstream/handle/id/242897/000923120.pdf?sequence=1>. Acesso em: 20 mai. 2015.

tendência mundial, atingiram a sociedade brasileira e, como não poderia deixar de ser, impuseram novas perspectivas jurídicas[2].

Abandona-se, assim, a primitiva concepção liberal de Estado e migra-se rumo a uma tendência intervencionista, denominada Estado Social. A partir daí, institui-se a ideia de Estado Democrático, que se apoia em elementos marcantes, como a preservação da liberdade, da igualdade e a instituição da supremacia da vontade popular.

Ao se proceder tal alteração, significativa alteração no papel do juiz passou a ser percebida. Isso porque, sendo o magistrado, nessa nova configuração, legítimo representante estatal encarregado de pacificar conflitos, inevitavelmente precisou sua postura, em princípio mais passiva, ceder lugar a um comportamento mais atuante.

A mudança do atuar do juiz é historicamente simbolizada por três grandes figuras: a do juiz-Júpiter, juiz-Hércules e juiz-Hermes[3]. Dentro

2 No sentido do que se expôs, observe-se a obra de AMENDOEIRA JUNIOR, Sidney. *Poderes do juiz e tutela jurisdicional:* a utilização racional dos poderes do juiz como forma de obtenção da tutela jurisdicional efetiva, justa e tempestiva. São Paulo: Atlas, 2006.

3 Sobre o assunto, assim se posiciona o professor Lenio Luiz Streck: "[...] Uma discussão que atravessa os anos institucionalizou os modelos de juiz, como sendo Júpiter, Hércules, Hermes, a partir de um conhecido texto de François Ost (1993, p. 170-194), em que o professor belga propõe uma espécie de juiz pós-moderno-sistêmico (Hermes) que atuaria em rede e superaria, com grande vantagem, os "modelos anteriores". Com efeito, para Ost, basicamente a teoria do direito trabalha com dois modelos de juiz, que também simboliza(ria)m "modelos de direito" (Júpiter e Hércules). Consequentemente, simbolizaram também os modelos de jurisdição. O primeiro representaria o modelo liberal-legal, de feição piramidal-dedutivo, isto é, sempre dito a partir do alto, de algum "Monte Sinai"; esse direito adota a forma de lei e se expressa em forma de imperativo, vindo a ser representado pelas tábuas da lei ou códigos e as Constituições modernas, sendo que dessa parametricidade é que são deduzidas as decisões particulares. Já o modelo herculeano está sustentado na figura do juiz, que seria a única fonte do Direito válido. Trata-se de uma pirâmide invertida, no dizer de Ost. É Dworkin quem, no dizer do autor, ao revalorizar até o extremo a figura do juiz moderno, atribui-lhe as características de Hércules. Embora diga que não pretende "equiparar" a tese de Dworkin aos realistas ou pragmatistas, Ost termina por colocar no Hércules dworkiano os "defeitos" que caracterizariam o juiz "monopolizador da jurisdição" no modelo de direito do Estado Social, em que o direito "se reduz ao fato", enfim, à indiscutível materialidade da decisão. Esse juiz propiciaria um deciosionismo, a partir da proliferação de decisões particulares. Como contraponto, Ost apresenta um *tertius genus*, o juiz Hermes, que adota a forma de rede; nem um polo, nem dois, isto é, nem a pirâmide e nem um funil, e tampouco a superposição dos dois, senão uma multiplicidade de pontos de inter-relação; um campo jurídico que analisa como uma combinação infinita de poderes, tanto separados como confundidos, amiúde intercambiados; uma multiplicação dos atores, uma diversificação de

dessa nova realidade, passaram a ser empregadas técnicas processuais que auxiliam o magistrado no cumprimento de seu *mister.* As mais relevantes associam-se aos poderes conferidos aos magistrados e a sua iniciativa no campo probatório.

Cabe ressaltar que a concessão de poder de gerenciamento do processo ao magistrado não é uma técnica utilizada com exclusividade pelo ordenamento brasileiro. O sistema norte-americano, em princípio resistente à adoção de postura ativa pelo magistrado, bem como países como a Inglaterra, França, Alemanha e Itália, vem encampando, ainda que em diferentes proporções, a ideia de juiz gerenciador ou gestor.

No *adversary system* norte-americano há controvérsia em torno dos poderes dos magistrados, uma vez que posturas mais proativas por parte do julgador implicam no enfraquecimento da cultura local, erguida sobre o modelo adversarial que pressupõe que práticas inquisitórias promovem ofensa aos princípios básicos do sistema processual.

Entretanto, mesmo nesse sistema, vem surgindo juízes gerenciais, num sistema identificado como *case management* que podem, antes e até mesmo após os julgamentos, tentar lapidar os litígios e influenciar nos resultados deles advindos. Aceitam tais julgadores negociações processuais, estabelecidas com as partes, acerca do curso, tempo e extensão do julgamento[4].

Na Inglaterra, também se alterou a inicial postura do juiz, tradicionalmente inerte. Os magistrados ingleses tendem a ter maior contato com o processo, inclusive na produção de provas. A promulgação das *Rules of Civil Procedure* implicou na concessão de inúmeros poderes aos magistrados ingleses. Em regra, tais poderes estão associados à ges-

regras, uma inversão de réplicas; tal circulação de significados e informações não se deixa aprisionar em um código ou em uma decisão: expressa-se sob a forma de um banco de dados. Assim, segundo Ost, o Direito pós-moderno, o direito de Hermes, é uma estrutura em rede que traduz em infinitas informações disponíveis instantaneamente e, ao mesmo tempo, dificilmente matizáveis. Trata-se, em síntese, de uma teoria lúdica do Direito. O juiz Hermes não é nem transcendência nem imanência; encontra-se em uma e outra dialética ou paradoxalmente (uma e outra)". In: STRECK, Lenio Luiz. O (pós-)positivismo e os propalados modelos de juiz (Hércules, Júpiter e Hermes) - dois decálogos necessários. *Revista de Direitos e Garantias Fundamentais.* Vitória: n. 7, p. 15/45, jan.-jun. 2010.

4 Para maiores detalhes acerca do tema, v. CABRAL, Tricia Navarro Xavier. Poderes do juiz no novo CPC. *Revista de Direito da PGE/RJ*, n. 208, p. 275/295, jun. 2012. Consulte-se, ainda, RESNICK, Judith. Managerial judges. *Harvard Law Review*, v. 96, n. 2, p. 374-448, dez. 1982. Disponível em: <http://www.jstor.org/pss/1340797>. Acesso em: 20 mai. 2015.

tão processual e ao seu impacto na promoção de uma justiça substancial, sintonizada com os propósitos estabelecidos.

Na França, a preocupação maior gira em torno da necessidade de se controlar o significativo aumento de litígios que chegam ao Poder Judiciário. A atuação do juiz, portanto, foca-se na aceleração do procedimento e no reforço de seus poderes instrutórios.

Nota-se, ainda, grande esforço, no mencionado país, para instituição de um projeto de democratização da justiça, uma vez que se conjuga o princípio da cooperação dos juízes e das partes com o do contraditório, resultando em novo direcionamento do processo civil francês que leva, por exemplo, à possibilidade de modificação contratual do procedimento que será adotado em determinada hipótese.

Cumpre ressaltar que os três sistemas alienígenas referidos ampliam, de maneiras distintas, os poderes conferidos aos magistrados. No americano e no inglês, confere-se ao magistrado poder discricionário para conduzir, conforme seu juízo de conveniência e oportunidade o processo, até que seja entregue a tutela jurisdicional.

No sistema francês, entretanto, a concentração de poderes é feita nas figuras do autor e do réu, aos quais se confere ampla liberdade para a condução dos processos, através de contratos de procedimentos a serem adotados.

Ademais, tal como previsto no novo Código de Processo Civil brasileiro, também em Portugal se estabelece o dever de cooperação judicial e a atribuição de poderes efetivos ao magistrado, fruto inequívoco, não apenas de uma salutar alteração legislativa mas, sobretudo, do que os portugueses denominaram reforma de mentalidade.

Em última análise, a apreciação do sistema brasileiro, que passaremos a realizar, bem como a análise dos sistemas processuais alienígenas, conduzem à inevitável conclusão de que a tendência processual moderna é a de ampliação dos poderes dos magistrados, a fim de que possam, por meio da flexibilização de procedimentos e outras iniciativas, promover a efetiva proteção de direitos, em consonância com o que dispõe o princípio da efetividade da tutela jurisdicional.

3. As premissas orientadoras do novo Código de Processo Civil

O aperfeiçoamento da justiça requer, inevitavelmente, a modificação da legislação que rege a sociedade em que as normas serão aplicadas.

No que tange ao novo Código de Processo Civil, parece clara a intenção do legislador em promover o aperfeiçoamento da prestação da tutela jurisdicional e em combater a morosidade processual, fator que acarreta frustração no jurisdicionado, descrédito no Poder Judiciário e o crescimento de um poder paralelo capaz de gerar instabilidade social e inequívoco retrocesso.

A Comissão responsável pela elaboração do novo Código Processual teve como desafios, dessa forma, não apenas a lapidação de institutos processuais e das normas que os regem mas, de forma primordial, o resgate da credibilidade no Poder Judiciário.

Sob esse aspecto, novos direitos foram reconhecidos e mecanismos processuais inéditos foram implementados passando a figurar ao lado de diretrizes tradicionais e de suma importância como as que consagram a necessidade de respeito ao contraditório (agora participativo), ampla defesa e isonomia.

Institui-se o ativismo judicial, noção diretamente associada à de crescente judicialização. O último fenômeno consiste na transferência ao Poder Judiciário de questões que apresentam grande repercussão política e/ou social que, originariamente, seriam apreciadas pelo Congresso Nacional e pelo Poder Executivo.

O fato apresenta inúmeras razões. A primeira delas está associada à redemocratização do país. Nas últimas décadas, com resgate das garantias da magistratura, o Judiciário deixou de ser um departamento técnico-especializado e se transformou em um verdadeiro poder político, capaz de fazer valer a Constituição e as leis, inclusive em confronto com os outros Poderes[5].

A segunda razão para o crescimento da judicialização foi a constitucionalização abrangente que trouxe para o corpo da Carta Magna matérias anteriormente tratadas apenas pela legislação ordinária.

Por fim, encontra-se no sistema brasileiro de controle de constitucionalidade a terceira grande causa para o crescimento da judicialização. Do tipo híbrido, combina aspectos dos sistemas americano e europeu. Sendo assim, ao lado do controle difuso experimentamos a existência de um sistema de controle concentrado, feito por ação direta. A essa sistemática, soma-se o direito de propositura amplo, previsto no artigo 103 da CRFB, o que nos leva a concluir que, atualmente, qualquer

5 No sentido do que se expôs posiciona-se Luis Roberto Barroso que aponta para a crescente judicialização três diferentes razões: a redemocratização do país, a constitucionalização abrangente e o sistema de controle de constitucionalidade brasileiro. Para maiores detalhes, confira-se: BARROSO, Luis Roberto. *Judicialização, Ativismo judicial e legitimidade democrática.* Disponível em: <http://www.oab.org.br/editora/revista/users/revista/1235066670174218181901.pdf>. Acesso em: 26 mai. 2015.

questão que tenha relevância política ou moral pode ser objeto de apreciação pelo STF.

O ativismo judicial, por sua vez, está associado a uma participação mais ampla e efetiva do Poder Judiciário na concretização de valores constitucionais, com maior interferência no campo de atuação dos Poderes Legislativo e Executivo. Tem-se na judicialização um fato e no ativismo uma atitude.

Em complemento, o novo Código de Processo Civil implementou, em seu artigo 6º, o cooperativismo judicial. Essa noção resgata a ideia de processo como instrumento de realização efetiva dos direitos individuais e coletivos, funcionando como instrumento político de participação social.

Com efeito, prega o referido dispositivo a necessidade de se integrar as partes ao processo, para que possam cooperar, na medida de suas possibilidades, com a correta prestação da tutela jurisdicional, por meio da obtenção de decisão que se revele ao mesmo tempo célere, justa e efetiva. Retira-se assim, exclusivamente do magistrado, a tarefa de identificar e reconhecer o direito respondendo, de forma isolada, pela solução do litígio.

Aposta-se na integração entre os grandes personagens do processo e na participação popular como mecanismo de obtenção de resultados efetivos, interligando-se essa noção à própria ideia de contraditório participativo.

A ideia de construção conjunta das decisões é, a propósito, refletida em diferentes institutos consagrados pelo novo CPC. A inserção da figura do *amicus curiae*, no artigo 138 do *Codex* e a possibilidade de realização de audiências públicas como estabelece, por exemplo, o artigo 1.038, II, do novo CPC são elementos que evidenciam a intenção de se promover a necessária aproximação entre julgadores e sociedade, a fim de que, ao término do processo, se obtenha a mais justa decisão.

Promove-se, ainda, a simplificação do sistema processual, eliminando-se as desnecessárias complexidades. Experimenta-se, de forma inédita em nosso sistema processual, a flexibilização de procedimentos que se ajustam às necessidades concretas da hipótese tratada. Admite-se a realização de convenções processuais entre as partes[6], em situações específicas, aprimorando-se, com isso, técnicas processuais e evidencian-

6 O artigo 190 do novo CPC prevê cláusula geral de convenção processual, que dispõe: "Versando o processo sobre direitos que admitam autocomposição, é lícito às partes plenamente capazes estipular mudanças no procedimento para ajustá-lo às especificidades da causa e convencionar sobre os seus ônus, poderes, faculdades e deveres processuais, antes ou durante o processo."

do, uma vez mais, a maleabilidade do processo para que, a partir de agora, possa se adaptar com maior precisão à diversidade de conflitos levados à apreciação do Poder Judiciário.

Todas essas importantes alterações processuais impactaram, indubitavelmente, na necessidade de ampliação dos poderes concedidos ao magistrado, uma vez que compete a ele gerenciar esses institutos processuais conduzindo as partes, com segurança e efetividade, à providência jurisdicional mais adequada ao caso proposto, como passaremos a demonstrar[7].

4. O tratamento dado pelo novo CPC aos principais poderes do magistrado

O Código de 1973 é marcado por um grande formalismo, incapaz de fazer com que o processo alcançasse com sucesso o ideal de justiça a que se propunha. Não obstante haja, no referido instrumento processual, dispositivos legais que asseguram às partes isonomia processual, celeridade, punição de condutas protelatórias e que preveem, ainda, a otimização da produção de provas e a implementação de medidas coercitivas, distantes ficavam esses processos do ideal de efetividade idealizado pelos jurisdicionados.

Sem a reforma de mentalidade promovida pelo sistema português, como já mencionamos, e com a manutenção de uma rigidez formal que não atribui ao magistrado liberdade para pensar a justiça à luz das particularidades de cada caso, torna-se utopia pensar em efetividade das decisões e em atendimento ao que, há anos, Kazuo Watanabe denomina acesso à ordem jurídica justa[8].

Ao estabelecer o novo capítulo de poderes, deveres e responsabilidade do juiz, procurou o legislador, no novo CPC, corrigir a falha cometida pelo antigo instrumento legal, aumentando o campo de discricionariedade do magistrado que, munido de maior liberdade e mais amplos poderes, pode, enfim, conferir às demandas judiciais tra-

7 Dados os limites de desenvolvimento do tema propostos por um artigo, não abordaremos à exaustão todos os poderes conferidos pelo novo CPC ao magistrado. Concentraremos, então, nossa abordagem nos poderes que nos parecem mais relevantes e inovadores quando feita análise comparativa com o CPC de 1973.

8 WATANABE, Kazuo. Acesso à justiça e sociedade moderna. In: *Participação e processo*. São Paulo: RT, 1988. No mesmo sentido, confira-se CARNEIRO, Paulo Cezar Pinheiro. *Acesso à justiça:* juizados especiais cíveis e ação civil pública. Rio de Janeiro: Forense, 2000.

tamento individualizado, ajustando suas decisões às peculiaridades que apresentam.

4.1. O poder de flexibilização dos procedimentos

No cenário exposto, aparece como um dos grandes poderes do magistrado no novo CPC, o poder de flexibilização procedimental. Trata-se de inovação importante, que se manifesta ora pela aplicação da conversão, ora por meio da fungibilidade, ora pelo emprego da adaptação.

Na primeira hipótese, é possível que se faça a troca ou substituição de mecanismos processuais, sem que haja qualquer consequência processual significativa decorrente dessa escolha.

Na segunda hipótese, dá-se à parte liberdade de escolher entre duas ou mais vias processuais, apontando a que lhe parece mais adequada e eficaz.

Na terceira hipótese tem-se o aproveitamento de um meio equivocadamente utilizado como se fosse o mais correto. Não obstante a diferenciação apontada pela doutrina[9], é comum que se trate a fungibilidade como troca, no sentido de conversão formal ou como aproveitamento processual de ato em princípio inadequado[10].

Quando se afirma, então, que os magistrados passam a ter o poder de flexibilização procedimental no novo CPC, o que se pretende afirmar é que o recente regramento processual confere aos julgadores a possibilidade de conjugar dois diferentes e importantes princípios: o da adequação e o da adaptabilidade. Com isso, ao lado da imposição feita aos legisladores federais e estaduais para que construam modelos de procedimentos aptos a promover a tutela de direitos e partes específicas, convive a possibilidade de o juiz mitigar o rigor formal da lei para melhor atendimento das especificidades de um caso concreto.

Tal flexibilização pode ser experimentada por força de imposição legal, por força de decisão judicial ou por ato das partes.

Assim, por exemplo, ao prever o artigo 830, § 3º, do novo CPC, a conversão do arresto em penhora, evidencia-se uma hipótese de flexibi-

9 Nesse sentido, veja-se Cabral, Trícia Navarro Xavier. Flexibilização procedimental. In: *Revista Eletrônica de Direito Processual*. Rio de Janeiro, jul./dez. 2010, v. VI. Disponível em: <http://<http://www.http://www.e-publicacoes.uerj.br/index.php/redp>. Acesso em: 1º.06.2015.

10 Lição pregada por GAJARDONI, Fernando da Fonseca. *Flexibilização procedimental:* um novo enfoque para o estudo do procedimento em matéria processual, de acordo com as recentes reformas do CPC. Carmona Carlos Alberto (Coord.). São Paulo: Atlas, 2008 (coleção Atlas de Processo Civil).

lização procedimental por imposição de lei, não se considerando aqui nenhum juízo de conveniência ou oportunidade do julgador para que a flexibilização se efetive.

Por outro lado, optou o artigo 139, VI, do novo CPC por estabelecer hipótese de flexibilização procedimental por força de decisão judicial. Senso assim, cabe ao magistrado, de forma discricionária, apoiado apenas no juízo de conveniência e oportunidade que lhe impõe o caso concreto, dilatar prazos processuais e alterar a ordem de produção dos meios de prova, adequando-os às necessidades do conflito de forma a dar maior efetividade à tutela do direito.

Por fim, e não menos importante, é a previsão do artigo 190 do novo CPC, que permite a realização de flexibilização procedimental por ato das partes. Com efeito, permite este dispositivo que partes plenamente capazes, versando o processo sobre direitos que admitem autocomposição, estipulem mudanças no procedimento a fim de ajustá-lo às especificidades da causa e convencionem sobre seus ônus, poderes, faculdades e deveres processuais, antes ou durante o processo.

Parece-nos, assim, que o novo CPC mistura, em dispositivos diversos, as espécies de flexibilizações procedimentais, sempre buscando conjugar a necessária segurança jurídica com a desejada efetividade. Da segurança jurídica, emerge a previsibilidade necessária às relações processuais e a garantia do devido processo legal. Por outro lado, cabe à efetividade conferir celeridade aos processos e mitigar as formalidades processuais.

Essa tendência flexibilizadora, já esboçada no Código de 1973[11], ganhou expressão no novo *Codex*, onde o princípio da adequação formal rompeu, de vez, com o rígido regime da legalidade das formas processuais. Removeu-se, em boa hora, obstáculo evidente à promoção

11 Dispunha o artigo 154 do CPC/73: "Os atos e termos processuais não dependem de forma determinada senão quando a lei expressamente a exigir, reputando-se válidos os que, realizados de outro modo, lhe preencham a finalidade essencial". Cabe ressaltar que o mencionado dispositivo resultou no atual artigo 188 do CPC/2015, tendo mantido a essência de sua redação.
Ainda no sentido da concessão de poderes flexíveis ao juiz, já dispunha o Código de 1973 acerca da possibilidade de utilização de mecanismos capazes de conceder ao credor a tutela efetiva que persegue, notoriamente, frente à má-fé do devedor. Nesse sentido, estabelece o artigo 461 do CPC/73: "Na ação que tenha por objeto o cumprimento da obrigação de fazer ou não fazer, o juiz concederá a tutela específica da obrigação ou, se procedente o pedido, determinará providências que assegurem o resultado prático equivalente ao do adimplemento". Essa redação é mantida, em sua essência, pelo artigo 497 do novo CPC.

do efetivo acesso à Justiça em prol da satisfação do jurisdicionado e do aumento de credibilidade no desgastado Poder Judiciário.

Conferem-se, então, poderes aos magistrados que lhes permitem ajustar o rito procedimental às peculiaridades da demanda em comento, reordenando a prática dos atos, inclusive com a possibilidade de determinação da produção de atos não previstos em lei, com a dispensa de realização daqueles reputados como inúteis, alteração da ordem de apresentação de atos em um processo ou eleição tipicamente feita pelas partes, em suas convenções processuais, dos atos que devem integrar determinada demanda[12].

Do exposto advém a conclusão de que o aumento desses poderes gerenciais do julgador foram consagrados em boa hora pelo novo Código. Em termos práticos, impactarão no sistema de nulidades e preclusões, não mais se admitindo a existência isolada de defeitos processuais e impondo-se a avaliação sistêmica do contexto em que a flexibilização do ato se deu[13]. Trata-se de providência que merece aplausos e que se afina com a ideia maior de efetividade das decisões.

4.2. O poder investigatório do juiz

O artigo 370 do novo CPC aperfeiçoa técnica em alguma medida já defendida pelo artigo 130 do CPC de 1973. O referido dispositivo legal confere ao juiz poderes para determinar, inclusive de ofício, a produção das provas que julgar relevantes para a promoção de determinado julgamento. Supera-se em definitivo a primitiva concepção limitadora da atuação do magistrado, segundo a qual não poderia o julgador substituir a atividade das partes no campo probatório, pois a elas caberia o ônus da prova do que alegam. Sustentava-se, inclusive, que assim deveria se

12 Não é o escopo desse trabalho, dadas as limitações impostas a um artigo, tratar da problemática que envolve a celebração de convenção processuais entre as partes. A doutrina vem discutindo quais seriam os exatos limites dessas convenções, se poderiam as partes dispor do direito à interposição de recursos e se o juiz estaria obrigado a validar uma convenção processual que, feita espontaneamente por partes maiores e capazes, juridicamente assistidas no processo, lhe parecesse inadequado ou potencialmente prejudicial ao interesse de uma delas. O assunto foi tratado, com o brilhantismo habitual, pelo Professor Leonardo Greco, em palestra ministrada no dia 6 de março de 2015, intitulada: "O Juiz pode ser sujeito de um negócio processual", no seminário: "Negócios processuais no novo CPC", promovido em São Paulo pela Associação dos Advogados de São Paulo.

13 Nesse sentido, confira-se: CABRAL, Antônio do Passo. *Nulidades no processo moderno:* contraditório, proteção da confiança e validade *prima facie* dos atos processuais. Rio de Janeiro: Forense, 2009.

proceder a fim de preservar-se a desejada imparcialidade do magistrado. Segundo essa linha de raciocínio, o risco de se proferirem decisões parciais e apaixonadas seria inevitável se o julgador pudesse substituir as partes na pesquisa e demonstração da verdade[14].

Parece-nos, contudo, que ainda que seja indisponível o direito subjetivo material, persiste o princípio da inércia da jurisdição. Com efeito, a parte sempre tem o monopólio da demanda, mesmo quando consideramos a existência de direitos indisponíveis. Não é, assim, a natureza da relação jurídica de direito material que determina a possibilidade ou impossibilidade de o magistrado dar início ao processo, até porque, quando o juiz determina a realização de alguma prova , não tem condições de prever, de antemão, seu resultado.

Dessa maneira, cremos que não há de se restringir o poder do magistrado no tocante à produção probatória, de ofício e qualquer que seja a natureza do direito material envolvido. Pensamos que para manutenção dos direitos e garantias processuais dos jurisdicionados, fundamental é que se dê às partes ampla possibilidade de acompanhar sua produção, por meio da realização de indagações, caso a prova em questão seja oral, formulando quesitos se a prova em questão for pericial e exercendo a todo tempo o contraditório participativo.

Como ressalta Otacílio José Barreiros, é a observância do contraditório a mais poderosa arma contra eventuais abusos do julgador na produção de provas[15]. E se tal princípio é respeito, a ampliação de poderes de juiz em matéria probatória deve se dar de forma mais significativa possível: estendendo-se a faculdade de ditar diligências para melhor prover, de interrogar partes e testemunhas a qualquer momento etc.

Ressalte-se que com isso não se pretende desvirtuar o princípio dispositivo, mas situá-lo corretamente, em sintonia com os mais modernos preceitos do Direito Processual, sempre à luz do efetivo acesso à jurisdição, paradigma que conduz à manutenção da paz e ao respeito à ordem jurídica. É em nome desse escopo maior do processo que se precisa conceder ao magistrado sempre que necessário à formação da sua convicção investigar, sem qualquer restrição, a verdade real.

Ainda no que tange ao poder probatório conferido aos julgadores, cabe destacar que a previsão do artigo 130 do novo CPC não conflita com o disposto no artigo 373 desse mesmo Código.

---

14 Nesse sentido, veja-se MARQUES, José Frederico. *Manual de direito processual civil.* São Paulo: Millennium Editora. v. 2, p. 248.

15 Confira-se BARREIROS, Otacílio José. *O papel do juiz no processo civil moderno.* Disponível em: <http://www.revistajustitia.com.br>. Acesso em: 3 mai. 2015.

Entendemos que ao estabelecer de forma prévia a distribuição do ônus da prova entre o autor e o réu, não quis o legislador inviabilizar a produção de provas pelo juiz. Não nos parece, esclarecendo a hipótese, que o poder probatório do juiz só deva existir diante de fatos cuja comprovação não foi atribuída nem ao autor nem ao réu. Entender que a não produção da prova cabível ao autor levaria à imediata improcedência do seu pedido ou, a *contrario sensu* que a não produção da prova cabível ao réu levaria à imediata procedência do pedido implica em ignorar o caráter publicista do processo, que estabelece que mesmo quando nenhuma prova foi realizada, em se deparando o juiz com a possibilidade de estar consagrando flagrante injustiça, deve converter, se for o caso, o julgamento em diligência, a fim de determinar as providências capazes de levar ao esclarecimento de ponto determinante para a realização de um julgamento justo, não se concentrando em determinar qual das partes se beneficiará com a nova prova.

Como já dissemos, a participação ativa do juiz na instrução processual, determinando produção de provas, de ofício, fundamentais ao esclarecimento e justa composição da demanda, não ofende sua imparcialidade. Pelo contrário, a enaltece ao manter sintonia com o objetivo maior de atingimento da verdade real, dando a quem merece aquilo e exatamente aquilo que lhe é cabível.

Ante o exposto, conclui-se que objeções ao fortalecimento dos juízes em matéria probatória, só encontram explicação entre os que não desejam a autonomia do Poder Judiciário ou ignoram que esses poderes beneficiarão a própria coletividade[16].

4.3. O poder do magistrado na distribuição do ônus probatório

Como cediço, o ônus objetivo da prova consiste em critério subsidiário de julgamento, a ser utilizado quando não houver nos autos elementos que formem, de maneira convincente, a convicção do magistrado acerca dos fatos.

É comum afirmar-se que o ônus probatório possui duas funções: serve de guia para que as partes saibam quais são as alegações fáticas que devem comprovar e servem como regra subsidiária de julgamento ao magistrado, que a utilizará nas ocasiões em que não ficar convencido

16 No sentido do texto, v. LOPES, João Batista. Os poderes do juiz e o aprimoramento da prestação jurisdicional. São Paulo, *Revista dos Tribunais*, v. 35, p. 28. Confira-se, também, GOMES, Sérgio Alves. *Os poderes do juiz na direção e instrução do processo civil brasileiro*. São Paulo: Saraiva, 1993.

sobre quem tem razão quanto às alegações fáticas realizadas, julgando desfavoravelmente ao demandante que tinha o ônus probatório específico e dele não se desincumbiu[17].

É certo que o maior anseio do juiz e da própria sociedade em que ele está inserido é a prolação de uma decisão justa. Para que esse resultado seja obtido, é inquestionável a necessidade de cooperação entre os sujeitos do processo, cabendo às partes a plena observância de seus deveres e o cumprimento das funções que lhes forem atribuídas.

Não se pode ignorar que, por vezes, a cooperação encontra difícil operacionalização pois os interesses das partes do processo giram em torno da vontade de vencer, afastando-se, sob esse aspecto, das diretrizes que impulsionam a atuação do magistrado.

É por tal razão, que nem sempre as partes colaboram espontaneamente, já que aduzem que dessa cooperação pode advir seu prejuízo processual. É em tais situações que ganha relevo o poder dado ao magistrado de forçar a cooperação daqueles que, em certas circunstâncias, não têm interesse em fazê-lo.

Nesse cenário surge, como medida eficaz, a dinamização da regra do ônus da prova, ou seja, o poder de distribuir o *onus probandi* de forma distinta da tradicional. Trata-se de técnica que concretiza a isonomia material, defendida pelo artigo 7º do novo CPC, na medida em que permite que o magistrado identifique a parte mais apta a comprovar a veracidade de algumas alegações de fato e, a partir daí, a ela atribua o encargo probatório, sob pena de derrota na demanda.

Deseja-se, assim, combater a chamada prova diabólica, pela qual se atribui a uma das partes, de forma estática, o dever de produzir prova sobre fatos que estão além da capacidade técnica, e por vezes jurídica, do autor ou do réu. É anti-isonômico desconsiderar essa realidade e penalizar o autor ou o réu com a derrota, tão somente por ser a parte mais fraca no que tange à capacidade probatória.

Cumpre ressaltar que o poder de distribuição do ônus da prova, segundo observância da chamada teoria da carga dinâmica da prova, está expressamente consagrado no artigo 373, § 1º, do novo CPC. Tal poder, entretanto, requer a observância de alguns deveres por parte dos magistrados, a fim de que seu exercício se dê dentro dos parâmetros de legalidade desejáveis.

Exige-se, assim, que o magistrado investigue quais são as alegações fáticas pertinentes para o julgamento da lide. Impõe-se, também, que o

---

17 V., no sentido do texto: KLIPPEL, Rodrigo. *O juiz e o ônus da prova no projeto de novo código de processo civil.* Disponível em: <http:// <http://www.editorajuspodivm.com.br>. Acesso em: 3 jun. 2015.

julgador identifique quem é a parte mais apta a comprová-las em juízo, não importando quem as tenha deduzido. Além disso, deve o juiz atribuir à parte mais apta o ônus probatório, mesmo que para isso precise dinamizá-lo, alterando a tradicional divisão de produção probatória. Por fim, mas não menos importante, é fundamental que o magistrado observe o princípio da não surpresa, insculpido nos artigos 9º e 10 do novo CPC. Por tal princípio fica estabelecido que o critério de distribuição do ônus da prova adotado pelo magistrado deve ser claro para as partes, não podendo haver para elas qualquer dúvida em torno dos fatos que lhe cabem ou não provar. Parece evidente que proferir sentença que surpreenda a parte com decisão que lhe é desfavorável, com base em descumprimento de um ônus probatório que ela ignorava ter fere, frontalmente, a ideia de processo garantista que hoje se defende.

Dessa forma, parece-nos que o único critério a ser levado em consideração pelo magistrado quando da realização da distribuição do ônus da prova é a busca pela isonomia material entre as partes, afastando-se o julgador de critérios casuístas e de difícil compreensão como as que remetem à ideia de verossimilhança das alegações e hipossuficiência, hoje utilizadas pelo Código de Defesa do Consumidor.

O processo moderno é regido pela celeridade. Contudo, não se pode prescindir da segurança jurídica e decisão justa é decisão segura. Portanto, mecanismos que dotem o juiz de melhores condições de decidir com acerto sempre merecerão aplausos e a nova teoria de distribuição dinâmica das provas afina-se, com perfeição, a esse propósito.

4.4. O poder de concessão de tutela provisória

O CPC de 1973 previa, em seu artigo 798, o chamado poder geral de cautela dos magistrados. Permitia-se por ele que o juiz concedesse à parte providência cautelar, em caráter atípico, quando nenhuma das medidas cautelares nominadas existentes se revelasse como providência adequada para promover a tutela do direito que se mostrava ameaçado.

O novo CPC reuniu sob o título "Tutela provisória", as providências de ordem cautelar e de natureza antecipatória. Esse mesmo instrumento, subdividiu a tutela provisória em tutela de urgência e de evidência.

É sob o título tutela de urgência que encontramos a tutela antecipada, anteriormente prevista no artigo 273, I, do CPC/73 e as medidas cautelares, para as quais o Código Buzaid reservava capítulo próprio.

Reserva-se à tutela de evidência situações similares às descritas, no instrumento normativo anterior, no artigo 273, II.

No novo CPC, a matéria está regulada no artigo 297, que concede ao juiz poderes para determinar as medidas que julgar necessárias à efetivação da tutela provisória. Nota-se aqui, clara alteração no tratamento da matéria frente ao que anteriormente se conferia.

A nova técnica processual tanto pode levar à prestação da tutela satisfativa como à prestação da tutela cautelar[18]. E é nesse sentido que o legislador se refere à tutela provisória de urgência como mecanismo que pode ter cunho satisfativo (antecipatório) ou cautelar , nos termos do artigo 294, parágrafo único, do novo CPC.

Contudo, é importante se destacar que os artigos 303 e 305 do novo CPC acabam por distinguir as providências cautelares e antecipatórias na perspectiva da finalidade a que se prestam. Embora tenham sido reunidas, tutela cautelar e antecipatória, como tutelas de urgência em contraponto à de evidência, como já exposto e embora tenha se preservado a fungibilidade entre elas, nos termos do artigo 305, parágrafo único, do novo CPC, o Código tratou de fixar diferença procedimental para os mencionados pedidos, quando realizados de forma antecedente. Em se tratando de cautelar ou medida antecipatória incidentais, o problema não existirá.

Ademais, inova o artigo 304 do novo CPC, ao conceder ao julgador poderes para estabilizar a tutela antecipada, requerida em caráter antecedente, prescindindo do processo principal, possibilidade não estendida à tutela cautelar.

Outros pontos de distinção entre os mecanismos antecipatórios e cautelares consiste na irreversibilidade do provimento, limitação exclusiva da tutela antecipada, antecedente ou incidental.

Constata-se, assim, que para correto exercício do poder de concessão de tutela provisória de urgência, deverá o juiz, ao receber o pedido, verificar a natureza da tutela requerida determinando, em caso de incorreção da classificação autoral, a adaptação não só do requerimento feito, mas do próprio procedimento a ser observado. Não se admite que seja tomado um pedido por outro, com base na fungibilidade entre os institutos. Aproveita-se o procedimento já instaurado, é certo, mas é indispensável a retificação do pedido apresentado, posto que as distinções entre providências cautelares e antecipatórias não mais se restringem ao procedimento e aos requisitos de concessão, mas alargam-se para o campo das consequências como ocorre no que tange à possibilidade de estabilização.

Conclui-se que, ao disciplinar o até então denominado "poder geral de cautela dos juízes", acabou o novo CPC por retomar a antiga distin-

---

18 Nesse sentido, confira-se: MARINONI, Luiz Guilherme *et alii*. *Curso de processo civil*. São Paulo: Revista dos Tribunais, 2015. v. 2, p. 197.

ção entre tutela cautelar e antecipatória, por força da diversidade de procedimentos, requisitos e consequências estabelecidas[19].

4.5. O poder de fixação de medidas estruturantes

As medidas estruturantes existem, de longa data, na *common law* dos Estados Unidos da América. Nesse sistema, com o nome de *structural reform,* experimentou-se a implementação do instituto, pela primeira vez, no caso: *Brown v. Board of Educations of Topeka.*Nesse julgamento, a Suprema Corte norte-americana reverteu o entendimento tido por racista proferido anteriormente no caso: *Plessy v. Ferguson*[20].

No *leading case Brown v. Board of Educations of Topeka,* 58 anos após, erradicou-se a política racialmente segregatória. Ao mesmo tempo, constatou-se que apenas a decisão da Suprema Corte não seria suficiente para promover a transformação social desejada e que era preciso implementar mecanismos capazes de assegurar a plena efetividade do julgado como forma de implementar o ideal de justiça. Naturalmente, só há justiça quando decisões judiciais se revelam efetivas, capazes, portanto, de promover alterações no seio da sociedade em que são proferidas, não se limitando a meras previsões estabelecidas por sentenças.

Optando-se pela adoção da estrutura binária típica do sistema brasileiro[21], certamente não existiria a menor possibilidade de reversão de pensamento segregador, já tão firmemente arraigado na sociedade. Por isso, decidiu a Corte maior dos Estados Unidos utilizar nessa hipótese um novo instituto, denominado *structural injunctions.*

---

19 No sentido do exposto confira-se: OLIVEIRA JUNIOR, Zulmar Duarte. *Acautelar ou satisfazer? O "velho problema" no novo CPC.* Disponível em: <http://www.jota.info/acautelar-ou-satisfazer-o-velho-problema-no-novo-cpc>. Acesso em: 3 jun. 2015.

20 Trata-se do caso de um jovem negro que embarcou em vagão de trem destinado, exclusivamente, a pessoas brancas. Na época, aplicava-se a *Louisiana's Separate Car Act,* lei do Estado da Louisiana que tornava legal a segregação racial e que legitimava a doutrina dos "separados mas iguais", denominada *separate but equal.* Por essa orientação, o governo poderia determinar que serviços, transportes, acomodações, tratamento médico, matrícula em escolas etc. fossem separados conforme a cor da pessoa em questão sem que tal atitude implicasse em ofensa à 14ª Emenda à Constituição Americana, que garante isonômica proteção aos direitos de todos os cidadãos.

21 Chama-se de estrutura binária o modelo em que o juiz fica adstrito ao que foi requerido pelo autor, limitando-se a julgar procedente ou improcedente a solicitação autoral *(all or nothing).*

Um ano mais tarde, diante de queixas de escolas acerca de dificuldades para implementação da nova política de igualdade racial, a Suprema Corte norte-americana voltou a se manifestar, gerando a decisão: *Board of Education II*.

Entendeu a Suprema Corte que, por força da resistência existente em muitos Estados para a implementação dos novos paradigmas, deveria a ordem de não segregação de crianças negras estabelecer-se de forma paulatina, por meio da progressiva adoção de medidas capazes de eliminar os obstáculos impostos por anos de práticas discriminatórias, sob a supervisão das Cortes locais.

Pensou-se, assim, na criação de planos com execução a ser acompanhada pelo Judiciário local, que conduziriam à eliminação de comportamentos discriminatórios, agora tidos por inaceitáveis nas escolas[22].

Constatou-se, a partir daí, que a adoção de instrumentos mais maleáveis e incentivadores do diálogo podem conduzir, não raras vezes, a formas mais efetivas de solução de controvérsias. A ideia de adoção de medidas estruturantes difundiu-se, após esse caso, para a perfeita solução de outros tantos em que a simples prolação de sentenças dotadas de comandos imperativos não produziriam o desejado eco na sociedade.

Apenas para fazer mais uma importante referência, cabe mencionar o caso *Holt v. Sarver*, em 1969, quando o magistrado acabou por reconhecer a inconstitucionalidade do sistema prisional existente naquele Estado e estabeleceu uma série de diretrizes para a humanização dessas prisões, impondo o dever de apresentação de relatórios constantes acerca da implementação de tais medidas. Um ano depois um plano de ação contendo outras medidas capazes de evitar a aplicação de penas desumanas ou desarrazoadas foi estabelecido, evidenciando a

22 BAUERMANN, Desirê. *Cumprimento das obrigações de fazer e não fazer*: estudo comparado: Brasil e Estados Unidos. Porto Alegre: Sérgio Antonio Fabris, 2012, p. 64-65. Assevera a autora: "É importante referir que a decisão unânime tomada em Brown reconheceu o direito das crianças negras de receber educação igual à concedida às crianças de outras raças e impediu a não aceitação de matrícula em virtude exclusivamente da cor da pele. Contudo, a decisão não fixou a forma como tal objetivo seria atingido". Aponta também: "Apenas praticamente um ano depois, com o julgamento de outra ação, denominada Brown II, restou determinado que os tribunais regionais disporiam de amplos poderes de *equity* para alcançar o desiderato de afastar a segregação das escolas na prática, desenvolvendo e impondo políticas públicas para tanto e dispondo de recursos financeiros para tal". *A autora continua:* "Por isso, temos que o caso *Brown v. Board of Education,* conforme rapidamente referido, serviu de marco para se reconhecer o ativismo judicial, entendendo-se que cabe, sim, ao Judiciário determinar a adoção de políticas públicas para garantir o cumprimento dos valores constitucionalmente garantidos se as políticas adotadas pelo Executivo não forem aptas para tanto".

importância de tais medidas quando se pensa na obtenção de decisões judiciais efetivas[23].

Gera espanto, diante do que foi exposto, que medidas existentes com enorme êxito, há tanto tempo no sistema norte-americano, tenham demorado tantos anos para inspirar, no sistema de tradição romano-germânica em que nos situamos, o desejo infindável pela promoção de alterações do sistema processual binário.

O novo Código de Processo Civil, finalmente, atende a essas aspirações, ao prever no artigo 139, IV, a ampla concessão de poderes para que o magistrado determine medidas indutivas, coercitivas, mandamentais ou sub-rogatórias necessárias para assegurar o cumprimento de ordem judicial.

Parece que, ao menos embrionariamente, o novo CPC deu ao magistrado a possibilidade de agir ultrapassando os limites rígidos ditados pelo princípio da correlação entre sentença e pedido, sempre que vislumbrar a impossibilidade de se promover a efetiva tutela de direitos das partes e da sociedade em que a decisão produzirá efeitos, adstrito apenas ao que o autor requereu em sua petição inicial.

Convém frisar que medidas estruturantes não devem constituir o primeiro recurso de que os magistrados lançarão mão em busca da efetividade. Em casos de menor complexidade, quando medidas simples se revelam suficientes, incabível é a utilização de medidas estruturantes, quer por sua complexidade, por seu custo ou pelo caráter intrusivo que pode apresentar a decisão.

Também é fato que a aplicação de medidas estruturais encontrará claros limites. Não se nega a necessidade de manter fina sintonia entre a medida estruturante aplicada e o tipo de lesão que se pretende impedir ou reparar. Tampouco se ignora a evidência de que a decisão judicial na qual está embutida a medida estruturante não pode extrapolar os limites do ilícito a ser combatido, sob pena de desvirtuar-se o magistrado, convertendo-o no verdadeiro gestor do órgão ou do ente responsável pela conduta discutida.

Apenas o que se prega, e nos parece que o novo CPC viabiliza esse entendimento, é a promoção do melhor atendimento das necessidades da sociedade. Defendemos que, dentro dos limites do campo de proteção, deve ser concedida maior amplitude para a atividade judicial o que

23 Ressalta Rendleman que, a partir desse julgado foi possível observar um número crescente de demandas questionando as questões prisionais nos Estados Unidos. Rapidamente, prisões em mais de 40 Estados passaram a operar sob fiscalização de ordens judiciais. RENDLEMAN, Doug. *Complex litigation:* injunctions, structural remedies, and contempt. New York: Foundation Press, 2010, p. 501.

só se consegue, não raras vezes, extrapolando-se os limites do pedido expressamente formulado pelo autor da demanda e rompendo-se com o clássico paradigma do princípio da correlação entre sentença e pedido.

Parece-nos, portanto que, tal qual o sistema norte-americano, também o sistema brasileiro, com o advento do novo CPC e a inserção nele na norma supramencionada, está apto a adotar de forma ampla as medidas estruturantes, ainda que para isso se faça necessária uma reinterpretação de vários institutos clássicos do nosso sistema processual. Sendo o Direito ciência social, e considerado o dinamismo das mutações que ocorrem nas relações interpessoais, não se pode olvidar a necessidade de promoção de ajustes em preceitos clássicos, mormente quando essas alterações guardam fina sintonia com novos valores principiológicos, como a efetividade, tão difundidos nos dias atuais[24].

Antes mesmo do advento do novo CPC, alguns instrumentos já adotados na legislação processual nacional indicavam, timidamente, uma tendência à aceitação da relativização do princípio da adstrição entre sentença e pedido como se dava, por exemplo, nas hipóteses em que os juros referentes a prestações vincendas ou a pedidos de cunho pecuniário eram considerados pedidos implícitos podendo, portanto, ser deferidos pelo juiz quando da prolação da sua sentença, ainda que não tenham sido expressamente requeridos pelo autor em sua petição inicial.

Nesse diapasão, também se revelam como medidas estruturantes a cláusula aberta da tutela de prestações de fazer e não fazer, a concessão do poder geral de cautela dado ao magistrado, bem como a possibilidade de concessão de tutela antecipada de ofício nos Juizados Especiais Federais e de Fazenda Pública (art. 3º da Lei nº 12.153/2009) e de fixação de multa no caso de descumprimento da decisão mandamental.

A escolha por conceitos abertos nesse tema é plenamente justificada. A tutela específica das obrigações de fazer e não fazer pode envolver muitas e variadas situações, impondo-se a possibilidade de adoção das mais variadas formas executivas para atendê-las na prática, sob pena de se ver frustrado o intuito do credor de receber o quanto lhe é devido tal como reconhecido por decisão judicial. Não existe, aqui, a possibilidade de se pensar em formas predefinidas para afastar a sua violação.

Cumpre ressaltar que a adoção de conceitos abertos, ao invés de indicar previamente um rol de situações que, se configuradas, acarretariam a aplicação da lei, evita que fatos fiquem impedidos de serem

24 Nesse sentido, ARENHART, Sérgio Cruz. Reflexões sobre o princípio da demanda. In: FUX, Luiz; NERY JR., Nelson; WAMBIER, Teresa Arruda Alvim (Coord.). *Processo e Constituição:* estudos em homenagem ao professor José Carlos Barbosa Moreira. São Paulo: RT, 2006, p. 587 e ss.

regulados por um dado procedimento apenas por não constarem da "lista" elaborada pelo legislador. Logo, representam um grande avanço ao permitir que o juiz, diante do caso concreto, determine se o procedimento pode ou não ser utilizado para regulá-lo, bem como qual é o melhor entre aqueles cuja adoção é possível para tutelar adequadamente a situação posta *sub judice*.

Essa percepção evidencia a conveniência de adoção das medidas estruturantes e a necessidade de sua maximização no sistema processual brasileiro, notoriamente pelo fato de que a sociedade moderna vive sob a égide da primazia principiológica. Supera-se a passos largos a concepção positivista do Direito e o neoconstitucionalismo entende a Constituição como um novo programa a ser implementado. E se é certo que é por meio dos processos que preceitos constitucionais se efetivam, conclui-se que o neoconstitucionalismo impõe, forçosamente, a adoção de um novo modo de se pensar o processo[25].

No sistema pátrio, as medidas estruturantes consistiriam, se amplamente implementadas, em mecanismos pelos quais diretivas de reconstrução seriam transmitidas e apontariam para uma perspectiva futura, buscando a mais perfeita resolução da controvérsia, evitando que a sentença proferida se torne um problema ainda maior do que o litígio que justificou sua prolação.

Observe-se que tanto sentenças que versam sobre direito público quanto as concernentes ao direito privado são capazes de adotar medidas estruturantes.

O Supremo Tribunal Federal já fez uso de tais medidas em julgados de grande expressão, como na ação popular nº 3.388, conhecida como caso Raposa Serra do Sol. O Ministro Menezes Direito, na ocasião, decidiu pela constitucionalidade da Portaria nº 534/2005 do Ministério da Justiça, mas impôs dezoito restrições relativas à exploração de potenciais energéticos, pesquisa, minerais e segurança nacional, movido pelo claro intuito de conceder à decisão proferida máxima efetividade como outrora se fez no *case Brown v. Board of Education.*

Portanto, zelando pela flexibilidade e razoabilidade poderia o juiz lançar mão de uma gama de providências capazes de atribuir efetividade à tutela coletivizada de direitos. Coadunando-se com as previsões fundamentais de nossa Carta Magna, deve o magistrado, tão somente, estar atento à plena preservação do contraditório, tarefa hercúlea, man-

25 Nesse sentido, v. PINHO, Humberto Dalla Bernardina de *et alii*. As medidas estruturantes e a efetividade das decisões judiciais no ordenamento jurídico brasileiro. Rio de Janeiro, *REDP XIII*, 2014, p. 6, disponível em http://www.e-publicacoes.uerj.br/index.php/redp.

tendo os sujeitos processuais a par de todo o andamento do feito para que, ao final do processo, advenha como resultado natural a melhor decisão possível, munida de justificativas amplas, legítimas e proporcionais.

Esse entendimento se coaduna com a moderna ideia de que o acesso à ordem jurídica justa pressupõe a duração razoável do processo.

Com efeito, o Professor Paulo Cezar Pinheiro Carneiro define o subprincípio da utilidade como sendo a capacidade de o processo assegurar ao vencedor tudo aquilo que ele tem direito a receber, da forma mais rápida e proveitosa possível, com o menor sacrifício para o vencido[26].

Dentro da óptica da duração razoável do processo, de nada adiantaria garantir-se a rápida prolação de sentenças se, na fase executiva, faltam mecanismos capazes de garantir a adequada resolução do litígio em curto espaço de tempo.

Portanto, manter a observância da ideia de contraditório (notoriamente quando pensado em seu aspecto político, como expressão maior de democracia, a viabilizar um diálogo constante e produtivo entre o magistrado e as partes de um processo), identificar as medidas estruturantes que melhor se aplicam aos casos propostos e observar os requisitos e limites para incidência de tais providências, sem descuidar da necessidade de se garantir a duração razoável dos processos são grandes desafios trazidos por esse importante instituto que, em boa hora, passou a ser encampado pelo sistema processual brasileiro.

5. Conclusão

Ainda é prematura a tentativa de delimitação exata dos poderes do juiz à luz do novo CPC. Tampouco é possível prever, com precisão, os impactos que a ampliação dos poderes do magistrado trarão para as hipóteses concretas.

Trata-se, contudo, de um risco que não se poderia deixar de assumir. Quer para se acompanhar tendência mundial, quer para se fazer o Direito Processual evoluir, era preciso apostar, deixando de lado a insegurança e o temor que sempre acompanham as inovações, em mecanismos mais ousados, capazes de dar ao juiz condições de ajustar os processos às peculiaridades que apresentam buscando-se, ao fim da causa, a justa solução perseguida pelos jurisdicionados.

O antigo modelo processual não mais se coadunava com as premissas de eficiência e celeridade que hoje caracterizam o acesso à Justiça. Era preciso inovar. É possível que a referência aos poderes do

26 CARNEIRO, Paulo Cezar Pinheiro. Op. cit., p. 78.

juiz não constituam a expressão mais adequada para fazer referência à atuação flexível e gerencial que do julgador se espera.

É importante que se observe que ao lado dos referidos poderes, implementados ou significativamente ampliados pelo novo Código de Processo Civil, estabeleceram-se inúmeras responsabilidade e deveres a esses mesmos julgadores[27], de forma a se estabelecer claros limites de atuação e mecanismos balizadores de controle da atuação do magistrado pelos jurisdicionados e pelos cidadãos.

Nunca se pretendeu, portanto, criar julgadores com poderes inquestionáveis ou sobrenaturais. Só o que se perseguiu foi a própria evolução da função estatal de solucionar, eficazmente, os conflitos sociais. O que se precisa ter em mente é que os amplos poderes dos magistrados não são privilégios a ele concedidos, mas mecanismos processuais de que devem fazer uso, de forma ponderada e razoável, a fim de permitir a evolução da ciência processual.

Esperamos que em curto espaço de tempo, o medo dê lugar à segurança advinda da prolação de decisões justas e efetivas e que os mais variados mecanismos colocados à disposição dos magistrados correspondam aos anseios da população.

Temos a certeza de que o uso adequado desses poderes, dentro dos limites e condições estabelecidas pelo novo Código de Processo Civil, permitirá aos magistrados o pleno cumprimento de sua missão constitucional e resgatará, de forma definitiva, a credibilidade do Poder Judiciário, hoje tão desgastada pela ineficiência que assola os juízos do país.

---

27 Optamos por limitar este trabalho ao estudo dos poderes do juiz, razão pela qual não se fez a abordagem de seus deveres, em grande medida, também previstos em dispositivos expressos do novo CPC. Apenas para ilustrar, cabe fazer referência ao dever de fundamentação analítica, previsto no artigo 489, § 1º, IV, do novo CPC. Merece destaque, também o dever de respeito aos precedentes estabelecido no artigo 489, § 1º, VI, do novo CPC, complementado pelos artigos 926 e 927. Por fim, mas não menos importante, cabe fazer menção ao dever de respeito às garantias constitucionais do contraditório participativo e da isonomia material consubstanciadas, respectivamente, nos artigos 6º, 7º e 9º do novo Código.

Convenções Processuais: Premissas Operacionais e os Escopos da Jurisdição Contemporânea

Ludmilla Camacho Duarte Vidal

1. Introdução

Entre os sopros renovadores trazidos pelo Código de Processo Civil de 2015 - Lei nº 13.015/2015 -, a ampliação dos espaços de negociação das partes, com a possibilidade de estas convencionarem[1] sobre as matérias de procedimento, bem como de disporem de suas situações jurídicas processuais, consiste em um dos mecanismos técnicos, com notáveis raízes ideológicas, dotados de grande realce. A assimilação racional das novas tendências anunciadas pela codificação de 2015 exige do operador e do intérprete do Direito acentuada mudança de paradigma, de modo a se compreender a atividade jurisdicional e a

---

1 Em relação ao caráter terminológico, José Carlos Barbosa Moreira, em 1982, pontificava que: "A essas maneiras de dizer, parece-nos preferível a locução 'convenções processuais', de cunho mais técnico, e sobretudo, mais aderente à linguagem do Código". BARBOSA MOREIRA, José Carlos. Convenção das partes sobre matéria processual. In: *Temas de direito processual.* 3ª série. São Paulo: Saraiva, 1984, p. 88-89.
O Código de 2015 permanece apegado ao verbo "convencionar", conforme se extrai da redação do artigo 190, *caput* e parágrafo único. Entrementes, no presente artigo compreende-se que as expressões "convenções processuais", "avenças", "pactuações" "acordos processuais" e "negócios jurídicos processuais" encontradas aos pares na literatura jurídica pátria são coincidentes e traduzem, de igual modo, o instituto sob análise, não comprometendo a sua assimilação. O contrário seria, a nosso sentir, mera questão formal, sem maiores implicações práticas.

delimitação dos papéis desempenhados pelos sujeitos do processo sob uma perspectiva policêntrica e comparticipativa[2].

A lei processual iminente, em momento oportuno, propiciou o realinhamento dos traços valorativos imanentes à jurisdição contemporânea, em que se observa a preocupação com o estímulo ao debate humanizado, bem assim com a conservação da conformação constitucional atribuída ao Estado Democrático idealizado após o advento da 2ª Guerra Mundial[3].

Sob essa ótica, ultrapassaram-se os limites até então estabelecidos pelas convenções processuais típicas e pelos atos de disposição sobre direitos processuais das partes, sendo inserida arrojada cláusula geral atípica de negociação processual (art. 190), a qual preceitua que, nas situações em que o direito material admitir a autocomposição, será lícito às partes convencionar mudanças no procedimento de modo a ajustá-lo às particularidades do caso concreto, ou dispor sobre seus ônus, deveres, poderes e faculdades, antes ou durante a tramitação do feito.

Ainda que a cláusula negocial atípica propicie potenciais conquistas rumo à qualidade dos resultados da prestação jurisdicional, mais ajustada aos aspectos particulares do litígio - elevando o grau de credibilidade da sociedade mais resignada ao Poder Judiciário -, considerações ponderadas são indispensáveis para a sistematização de uma metodologia hábil à compatibilização dos princípios dispositivo e da liberdade com o exercício dos poderes jurisdicionais previstos no ordenamento vigente.

O modelo processual dos novos tempos encampa escopos que transcendem à esfera individual e, simultaneamente, reconhece que os litigantes, por serem os destinatários diretos e imediatos do serviço "justiça", devem figurar em posições de destaque para além da influência na decisão final, influindo também no instrumento - atividade meio - propriamente dito.

As reflexões sobre as margens de negociação almejam equilibrar os papéis desempenhados pelas partes com os misteres exercidos pelo juiz, tendo em vista que as avenças, não raras as vezes, irão interferir diretamente nas prerrogativas do magistrado, de modo a restringi-las.

---

2 Dierle José Nunes Coelho propõe um sistema processual *policêntrico* e de *comparticipação* dos sujeitos processuais, em sua obra: *Processo jurisdicional democrático:* Uma análise crítica das reformas processuais. Curitiba: Juruá, 2012, p. 202-251.

3 CIPRIANI, Franco. *Stato di diritto e garanzie processuali - Atti delle II Giornate internazionali di Diritto processuale civile.* Napoli: Edizioni Scientifiche Italiane, 2008, p. 11-12.

O foco do estudo a ser desenvolvido não se refere propriamente aos acordos típicos de procedimento, mas sim à exposição de alguns desdobramentos sensíveis decorrentes do mútuo reconhecimento das posições de vantagens dos sujeitos em comparticipação, com o fito de se proceder à investigação acerca dos limites de espaços de negociação das normas processuais.

Por ser exigida pela nova lei acentuada modificação da cultura processual, não se sabe quais serão os resultados práticos obtidos diante de tal deslocamento de paradigma. Neste contexto, embora não se pretenda o exaurimento da matéria, tenciona-se estimular o pensamento crítico e instigar a elaboração de soluções criativas acerca das indagações apresentadas.

2. A ampliação dos espaços de diálogo humanizado

2.1. Privatismo-liberal ou Publicismo-social? Por um modelo ideologicamente democrático

A noção de acordo processual foi idealizada, originalmente, pela doutrina alemã no século XIX a partir das conceituações preliminares encetadas por Josef Kohler[4] (1887), o qual vislumbrava o processo como uma relação contratual retilínea[5] *(Prozessverträge),* não pertencente à seara do Direito Público por não visualizar nenhum espaço de atuação do órgão julgador. O instrumento jurisdicional era concebido, integralmente, como "coisa das partes" *("Sache der Parteien").*

Todavia, as ideias preconizadas por Josef Kohler não obtiveram acolhimento na época, em razão da adesão maciça às teorias de Oskar Bülow[6]

---

4 MOREIRA, José Carlos Barbosa. Convenções das partes sobre matéria processual. In: *Temas de direito processual.* 3ª série. São Paulo: Saraiva, 1984, p. 88.

5 "Participar da relação jurídica é ter um interesse dentro dela e o juiz não tem qualquer interesse no processo." KOHLER, Josef. *Der prozess als rechtsverhältnis.* Mannheim, 1888, p. 5, *apud* TORNAGHI, Hélio. *Comentários ao código de processo penal.* Rio de Janeiro: Revista Forense, 1956. v.1, p. 28.

6 "Bülow propõe que a relação jurídica processual se prestaria exatamente a que as mentes brilhantes e sensíveis do magistrado pudessem criar, casuisticamente, um direito adaptado aos anseios da nação alemã." CORDEIRO LEAL, André. *Processo e jurisdição no estado democrático de direito: reconstrução da jurisdição a partir do direito processual democrático.* Tese de Doutoramento. Pontifícia Universidade Católica de Minas Gerais - PUC/Minas, Belo Horizonte, 2006, p. 50. Ver também: BÜLOW, Oskar. *Teoria das exceções processuais e dos pressupostos processuais.* Campinas: LNZ, 2005.

(1868) e Anton Menger[7] (1904). A maior contribuição daquele consistiu na alocação da disciplina processual como ramo independente do direito material, e de natureza pública (*Öffentliches Recht*) e, deste, concerniu à exaltação da atuação protagonizante do magistrado para a concretização do escopo social do processo. Desse modo, abandonou-se o ideário do *ius privatum* e optou-se pela localização do direito processual civil na posição de direito público.

As sementes plantadas pelas conceituações retro - no campo doutrinário - e pela edição do Código austríaco (*Österreich Zivilprozessordnung - ZPO*) de Franz Klein (1895) germinaram promissores grãos da cultura publicista, alicerçada no inchaço dos poderes diretivos do juiz e na restrição dos espaços do diálogo humano, vindo a afastar qualquer possibilidade de convenção, negociação ou flexibilização processual. E, nas remotas situações em que algumas questões pudessem ser suscitadas no processo pelas partes, tais manifestações padeciam de homologação pelo órgão julgador para a produção de efeitos.

Sob o ponto de vista ideológico referente ao enraizado debate entre publicistas[8] e privatistas[9], é necessário estabelecer algumas considerações, ainda que perfunctoriamente.

A adoção de uma postura maniqueísta (publicismo *versus* liberalismo) - cuja acepção do termo nos remete ao ideário filosófico dualístico dos primórdios do século III da era cristã - não se mostra compatível com o contexto multicultural e democrático da ciência processual contemporânea.

As percepções racionais advindas após o término da 2ª Guerra Mundial realçaram o viés humanizado da atividade jurisdicional, em que

7 "Menger, por sua vez, defendia uma atividade compensadora de desigualdades sociais pelo juiz". NUNES, Dierle José Coelho. *Processo jurisdicional democrático:* uma análise critica das reformas processuais. Curitiba: Juruá, 2012, p. 31.

8 Cf. BARBOSA MOREIRA, José Carlos. Neoprivatismo no processo civil. In: *Proceso civil e ideología:* un prefacio, una sentencia, dos cartas y quince ensayos. MONTERO AROCA, Juan (Coord.). Valencia: Tirant lo Blanch, 2006, p. 184-201; PICÓ I JUNOY, Juan. El derecho procesal entre el garantismo y la eficácia: un debate mal planteado. In: *Proceso civil e ideología:* un prefacio, una sentencia, dos cartas y quince ensayos. MONTERO AROCA, Juan (Coord.). Valencia: Tirant lo Blanch, 2006, p. 99-117.

9 MONTERO AROCA, Juan. El proceso civil llamado "social" como instrumento de "justicia" autoritaria. In: *Proceso civil e ideología:* un prefacio, una sentencia, dos cartas y quince ensayos. MONTERO AROCA, Juan (Coord.). Valencia: Tirant lo Blanch, 2006, p. 30-165. CIPRIANI, Franco. *Il processo civile nello stato democratico.* Napoli, 2006, p. 5-26; CIPRIANI, Franco. El autoritarismo procesal y las pruebas documentales In: *Revista Ius et Práxis*, ano 13, n. 12. Disponível em: <http://www.scielo.cl/pdf/iusetp/v13n2/art03.pdf>. Acesso em: 12 abr. 2015.

a constitucionalização dos direitos fundamentais de aplicação direta, imediata e apta a produzir efeitos concretos, perfaz um dos pilares axiológicos inerentes ao Estado Democrático de Direito.

Relegou-se ao passado, portanto, a concepção publicista ortodoxa consagrada nas normas eivadas de autoritarismo sistematizadas no Código austríaco, as quais formatavam a atuação do magistrado-assistencialista como órgão restritamente porta-voz do Estado Social. O sistema processual pensado sob essa perspectiva projetava o juiz como o protagonista do feito (solipsismo jurídico), importando a busca da verdade material dos fatos a qualquer custo, mesmo que para tal intento houvesse o comprometimento da imparcialidade a serviço dos menos favorecidos no debate.

Dada a ineficiência do *Welfare State* na tarefa hercúlea de efetivar planos sociais impraticáveis, a atividade jurisdicional passou a ser manejada como um instrumento político nas mãos de governantes tirânicos, vindo a legitimar as piores atrocidades já vivenciadas pela humanidade.

Em reação ao grave descompasso entre Estado de Direito e legitimidade democrática, exsurge uma nova ordem de constitucionalização do direito pautada no princípio da dignidade da pessoa humana e demais garantias fundamentais nucleares do modelo político-contemporâneo assimilado pela doutrina[10] de *neoconstitucionalismo*[11].

---

10 Sobre o neoconstitucionalismo e as principais observações decorrentes desta nova perspectiva constitucional: COMANDUCCI, Paolo. Formas de (neo) constitucionalismo: un análisis metateórico. In: CARBONELL, Miguel (ed.). *Neoconstitucionalismo(s)*. Madrid: Trotta; 2003; BARROSO, Luis Roberto. Neoconstitucionalismo e constitucionalização do direito. *O triunfo tardio do direito constitucional no Brasil.* Disponível em: <http://jus.com.br/artigos/7547/neoconstitucionalismo-e-constitucionalizacao-do-direito>. Acesso em: 20 jun. 2015; SARMENTO, Daniel. O neoconstitucionalismo no Brasil: riscos e possibilidades. *Revista Brasileira de Estudos Constitucionais*, Belo Horizonte, v. 3, n. 9, p. 95-133, jan./mar. 2009. Disponível em: <http://dspace/xmlui/bitstream/item/6279/Biblioteca%20Digital%20%20Editora%20F%C3%B3rum.pdf?sequence=1>. Acesso em: 20 jun. 2015. BARCELLOS, Ana Paula de. *Neoconstitucionalismo, direitos fundamentais e controle das políticas públicas.* Disponível em: <http://www.direitopublico.com.br>. Acesso em: 10 jul 2015.

11 "[...] o fenômeno da constitucionalização do direito reverberou em outros campos, o que permitiu que esses novos ares fossem, ainda que com considerável atraso, respirados pelos processualistas, que passaram a advogar, em certa medida, uma releitura de sua trilogia básica 'ação - jurisdição - processo', a fim de que surgisse um modelo constitucional de processo". FARIA, Márcio Carvalho. *A lealdade processual na prestação jurisdicional:* em busca de um modelo de juiz leal. Tese de Doutoramento. Universidade Estadual do Rio de Janeiro - UERJ, Rio de Janeiro, 2015, p. 36-37.

Nesse contexto, o Direito Processual Civil sofre profunda remodelagem à luz dos direitos fundamentais gravados na Carta Magna de 1988. A função instrumental do processo é inserida como o meio de concretização democrática e legítima - a partir da observância do discurso racional e participativo - da tutela dos valores essencialmente normativizados[12].

Abandona-se o predomínio desmedido do interesse público face às questões individuais, redimensionando a importância da atuação do juiz como real protetor de direitos fundamentais dos tempos modernos[13], o qual tem a função de gerir o processo e atribuir efetividade aos preceitos constitucionais aplicados imparcialmente para concretização de boa justiça - e com paridade de armas entre os sujeitos.

Nessa dimensão, figura-se temerário o posicionamento cético que objetiva erradicar de forma absoluta o elemento publicístico da atividade jurisdicional[14]. A justiça estatal é um serviço público e o magistrado,

---

12 "Atualmente Constituição e processo atuam em uma relação de interdependência, pois é dela que se extraem importantes princípios processuais, ao passo que, por meio destes, a instrumentalidade processual se coloca como meio de concreção dos direitos fundamentais estampados na tessitura constitucional. Com efeito, o irreversível influxo constitucional, permeado pela ideia de democracia participativa (e discursiva), conduz, portanto, a que procedimentos comparticipativos (e não necessariamente judicializados) sejam o *locus* adequado para o exercício direto do poder pelo povo". CAVACO, Bruno de Sá Barcelos. *Negócios processuais - neoprivatismo ou democracia processual?* Artigo gentilmente cedido pelo autor, via *e-mail*, em 16 jun. 2015.

13 O juiz da pós-modernidade não está voltado à mera subsunção do fato ao preceito normativo (aplicação concreta da vontade da lei), tampouco objetiva a justa composição da lide. O órgão julgador visa à aplicação - e preservação - das garantias fundamentais dentro do ambiente processual. Cf. CHIOVENDA, Giuseppe. *Instituições de direito processual.* 2. ed. São Paulo: Saraiva, 1956. v. I; CARNELUTTI, Francesco. *Sistema di diritto processuale civile.* Pandova: Cedam, 1936. v. 1; MARINONI, Luiz Guilherme. *Teoria geral do processo.* 3. ed. São Paulo: Revista dos Tribunais, 2012. O filósofo e jurista belga, François Öst, apresentou no estudo denominado "Júpiter, Hércules e Hermes três modelos de juiz", uma tríade sistematizada dos modelos de intérpretes da norma - juízes Júpiter, Hércules e Hermes, relacionando-os às concepções distintas de jurisdição e Estado. O juiz Hermes seria aquele aplicador do Estado Democrático de Direito que equilibra as ilações do modelo liberal-legal (juiz-Júpter) com as concepções do Estado Social representado (juiz-Hércules - monopolizador da jurisdição). Hermes respeita o caráter hermenêutico do raciocínio jurídico sem cometer arbitrariedades e posturas autoritárias. ÖST, François. Júpiter, Hércules, Hermes: tres modelos de juez. In: *Doxa, Cuadernos de Filosofia del Derecho*, n. 14, Alicante, 1993.

14 José Carlos Barbosa Moreira assinala que: "não é preciso ir muito longe para perceber a inconsistência do pensamento que desvaloriza o elemento publicístico do processo civil. " BARBOSA MOREIRA, José Carlos. Privatização do processo? In: *Revista da EMERJ*, v.1, n. 3, 1998, p. 19.

em conjunto com as partes que ingressarem em juízo, deve garantir o seu bom desenvolvimento para a adequada solução da contenda.

A hermenêutica constitucional na busca da verdade dos fatos narrados consiste num dos fatores inexoráveis à obtenção de decisões justas. Descartar tais aspectos seria o mesmo que assinar cláusula de retrocesso ao modelo típico da realidade liberal revelada pelo Estado absenteísta do início do século XIX, no qual o processo era visto apenas - e literalmente - como "coisa das partes" (*"Sache der Parteien"*).

Por oportuno, percebe-se que a realidade revelada pelo cenário brasileiro exige acentuada sensibilidade do órgão julgador em face de as relações jurídicas apresentarem alto índice de vulnerabilidade social, econômica, cultural e técnica. O Brasil está a léguas do desenvolvimento democrático respirado em ares europeus. Desse modo, e tendo em vista que "a liberdade não se concede, mas, se conquista"[15], o órgão estatal deve assumir plena responsabilidade de fornecer ferramentas palpáveis para compensar essas disparidades.

2.2. Gestão participativa e cogestão processual

A função jurisdicional dos tempos modernos passa a ser redesenhada de acordo com as exigências culturais, ético-axiológicas e circunstâncias contemporâneas, de molde a exigir certo redimensionamento do princípio democrático rumo à ampliação dos espaços de participação das partes destinatárias da prestação jurisdicional.

Ressalta-se que o reajuste do princípio democrático não se restringe em respeitar o livre-arbítrio das partes para disporem sobre suas esferas privadas; exige-se uma postura vigilante do órgão julgador, a partir do momento em que restar configurada posição de dominação entre os sujeitos no processo.

A crise da Justiça, bem assim a busca de alternativas para a reconquista de credibilidade social no Poder Judiciário, desvenda um ambiente favorável para a discussão sobre os escopos perseguidos pela jurisdição e, por conseguinte, traz a lume a oportunidade de se reformular o entrelaçamento das funções desempenhadas pelas partes com os misteres cabíveis ao órgão julgador.

Entre outras formulações de equalização dos vetores retro, aponta-se o surgimento e aderência cada vez mais intensificada de novas técnicas de filtragem de conflitos para a verificação do método adequado

15 GRECO, Leonardo. Publicismo e privatismo no processo civil. Op. cit., p. 37.

de resolução de controvérsias - mediação, conciliação e arbitragem - e mecanismos de flexibilização procedimental[16].

Conforme assevera Leonardo Greco[17], é na presente conjuntura de domínio do contraditório forte, traduzido como direito de influência - ou contraditório participativo - que são exaltados os deveres de cooperação e de respeito à boa-fé, sendo exigida atuação com lealdade processual para o alcance da tutela cabível dentro dos limites determinados pelo processo justo.

Nessa perspectiva, as exigências sociais hodiernas demandam a instauração de um espaço definido por Mauro Cappelletti como justiça coexistencial[18], em que os jurisdicionados possam compor e influenciar, prévia e eficazmente, a decisão final. Outrossim, devem participar ativamente do procedimento e sobre ele poder deliberar de modo a adequá-lo às idiossincrasias do caso concreto, propiciando uma gestão compartilhada, comparticipativa e, sobretudo, legitimadora da função jurisdicional do Estado.

A atividade jurisdicional persegue a concretização dos valores de justiça decorrentes do desenvolvimento de um processo democrático e acessível a todos, mas, para se atingir este último fim, é necessário observar os interesses daqueles que são os destinatários diretos e imediatos da atividade iudicante. O jurisdicionado recorre ao Poder Judiciário não propriamente para a preservação da paz social, mas no intuito de obter o acolhimento da pretensão deduzida. Quanto menos o juiz intervier

16 Sobre flexibilização procedimental: GAJARDONI, Fernando. *Flexibilização procedimental:* um novo enfoque para o estudo do procedimento em matéria processual. Coleção Atlas de Processo Civil, CARMONA, Carlos Alberto (Coord.). São Paulo: Atlas, 2008; RODRIGUES, Marco Antônio dos Santos. *A modificação do pedido e da causa de pedir no processo civil.* Rio de Janeiro: GZ, 2014.

17 "Instaura-se, na segunda metade do Século XX, o que poderíamos chamar de contraditório participativo, ou seja, o contraditório que, não só alarga todas as faculdades de as artes atuarem no processo em favor dos seus interesses, mas que impõe ao juiz o dever de abandonar a postura burocrática e meramente receptícia, para ativamente envolver as partes num dialogo humano construtivo, em que o julgador não se limite a ouvir e as partes não se limitem a falar sem saber se estão sendo ouvidas, mas em que uns e outros, em comunicação de dupla via, construam juntos a solução da causa. Como diz Picardi, o contraditório deixou de ser um simples instrumento de luta entre as partes para transformar-se num instrumento operacional do juiz, ou melhor, um pressuposto fundamental do próprio julgamento". GRECO, Leonardo. O princípio do contraditório. In: *Revista Dialética de Direito Processual*, n. 24, São Paulo, Ed. Dialética, mar. 2005, p. 3.

18 CAPPELLETTI, Mauro. Problemas de reforma do processo civil nas sociedades contemporâneas. In: *Revista de Processo*, ano 17, n. 65, São Paulo: Revista dos Tribunais, 2008, p. 129.

nas questões debatidas - sem o prejuízo da qualidade da decisão e das minorias, maior será a confiança da sociedade no Poder Judiciário.

A noção de processo justo[19] remete à ideia de equilíbrio e delimitação da atuação dos sujeitos processuais no desenrolar do feito. A exclusão dos jurisdicionados desvendaria o autoritarismo do Poder Público, e a exclusividade dos litigantes, por seu turno, indicaria plena indiferença do Estado[20], reduzindo o processo a um "jogo de sofismas e armadilhas[21]". O campo processual de resolução de controvérsias nem é somente "coisa das partes", tampouco existe sem elas[22]; a jurisdição democratizada tem que ser permeável, não refratária, contudo, não subserviente. Deve-se perseguir, em outras palavras, a convivência harmônica entre os interesses públicos e privados envolvidos.

O Código de Processo Civil de 2015 - Lei nº 13.015/2015 - vem a autenticar o sobredito cenário de prestígio do discurso consensual, colaborativo e comparticipativo, catalisador do equilíbrio entre o princípio do autorregramento da vontade das partes[23] e do exercício do poder jurisdicional pelo Estado.

---

19 "Foram a constitucionalização e a internacionalização dos direitos fundamentais, particularmente desenvolvidas na jurisprudência dos tribunais constitucionais e das instâncias supranacionais de Direitos Humanos, como a Corte Europeia de Direitos Humanos, que revelaram o conteúdo da tutela jurisdicional efetiva como direito fundamental, minudenciando uma série de regras mínimas a que se convencionou chamar de garantias fundamentais do processo [...]. Na Constituição brasileira, esse processo humanizado e garantístico encontra suporte principalmente nos incisos XXXV, LIV e LV do artigo 5°, que consagram garantias da inafastabilidade da tutela jurisdicional, do devido processo legal, do contraditório e da ampla defesa". GRECO, Leonardo. Garantias fundamentais do processo: o processo justo. *Revista Jurídica*, ano 51, n. 305, São Paulo: Notadez, 2003, p. 61.

20 GODINHO, Robson Renault. A possibilidade de negócios processuais atípicos em matéria probatória. *Negócios processuais - Coleção Grandes Temas do Novo CPC*. DIDIER JR., Fredie (Coord.-Geral), CABRAL, Antonio do Passo (Coord.); NOGUEIRA, Pedro Henrique. Salvador: JusPodivm, 2015, p. 410.

21 GRECO, Leonardo. Publicismo e privatismo no processo civil. Op. cit., p. 46.

22 "O liberalismo pelo qual precisamos lutar não é mais o do Estado absenteísta do século XIX, mas o do Estado Democrático de Direito do 2° pós-guerra, ou seja, o que não apenas respeite o livre-arbítrio dos cidadãos na tomada de decisões relativas à sua esfera privada, mas que, no momento em que estes recorrem ao Estado para a tutela dos seus direitos, este, através de juízes, controla vigilantemente se aqueles estão em condições de se autotutelarem e, em caso negativo, supre moderada e parcimoniosamente as suas ineficiências para, sem comprometer a sua imparcialidade, assegurar-lhes o acesso efetivo ao gozo dos seus direitos". GRECO, Leonardo. Publicismo e privatismo no processo civil. Op. cit., p. 55.

23 Para Fredie Didier Jr., o princípio do autorregramento da vontade das partes consiste em verdadeiro subprincípio da garantia fundamental de liberdade, um dos

No novo instrumento estão previstas normas fundamentais expressas, como a de que todos os sujeitos devam cooperar entre si para que se obtenha, em tempo razoável, decisão de mérito justa e efetiva (art. 6°). Destarte, contempla-se uma série de dispositivos que possibilitam o exercício da autonomia da vontade das partes, sendo-lhes facultado estipular o tracejo do procedimento de modo amplo e atípico (art. 190) - desde que respeitadas certas limitações, que, diga-se de passagem, não estão restritas ao disposto no art. 190, *caput*, e parágrafo único.

A legislação iminente traz em seu bojo instrumentos hábeis ao incremento das novas conformações exigidas, dentre eles - e de notável importância - o realce das convenções processuais típicas com a ampliação de suas hipóteses de incidência e a inauguração de cláusula negocial atípica de disposição sobre ônus, poderes, faculdades e deveres processuais.

Todavia, é necessário que os intérpretes e operadores do Direito sejam moderados e responsáveis na assimilação e aplicação do novel instituto, sob pena de os efeitos colaterais virem à tona e ultrapassarem os benefícios pretendidos.

3. As convenções processuais

3.1. Considerações preliminares

Após o destaque das principais vertentes ideológicas em que são analisados os modelos de Estado e da relação entre a estrutura política e as concepções de jurisdição, imerge-se no campo das convenções processuais, no almejar de se estabelecerem algumas estipulações metodológicas, mormente no que se refere ao juízo de admissibilidade, ao momento de eficácia, ao grau de vinculação do órgão julgador e, finalmente, às premissas necessárias ao entendimento da calendarização.

Com reforço nas considerações anteriormente expostas, é necessário ter-se em mente que a figura dos acordos sobre o procedimento impõe à doutrina desafiadora tarefa de se estabelecerem balizas para a racionalização do âmbito de incidência do princípio da autonomia privada à luz dos escopos perseguidos pela jurisdição contemporânea.

fundamentos de um Estado Democrático, em que se vê a atividade jurisdicional como um "método de exercício de um poder". Nesse sentido, esclarece que "há, na verdade, uma tendência de ampliação dos limites da autonomia privada na regulamentação do processo civil". DIDIER JR., Fredie. Princípio do respeito ao autorregramento da vontade no Processo Civil. *Negócios processuais - Coleção Grandes Temas do Novo CPC.* DIDIER JR., Fredie (Coord.-Geral), CABRAL, Antonio do Passo (Coord.); NOGUEIRA, Pedro Henrique. Salvador: JusPodivm, 2015, p. 21.

O processo dos novos tempos prestigia o diálogo participativo e não se encontra voltado apenas aos escopos públicos do feito, sem, contudo, coincidir unicamente com a órbita estritamente privada dos interesses dos litigantes. A possibilidade de disposição procedimental pelas partes deve ser aceita, porém, com a devida parcimônia. Os sujeitos processuais devem ser inseridos em posições adequadas de diálogo, "mas sem fazer com que suas vozes sejam as únicas a soar"[24].

Da visão publicista da ciência processual surgiram inúmeras derivações teóricas. No que tangencia ao instituto sob análise, foram sedimentados alguns dogmas, como, *verbi gratia,* o de que o direito processual só poderia ser regulamentado pela lei e não por fontes convencionais, e que o caráter cogente, imperativo e inderrogável das normas processuais representava óbice à derrogação de regras atinentes ao trâmite do feito, de forma a alterar o procedimento padronizado.

Entretanto, o procedimento ordinarizado padrão é insuficiente para a tutela adequada de todas as espécies de direito, e o procedimento especial, já que fragmentado, não imprime uniformidade e previsibilidade necessárias.

A partir da constatação de que os procedimentos previstos em lei apresentavam uma série de insuficiências, os magistrados passaram a empreender técnicas de flexibilização procedimental[25] voltadas à com-

---

24 ARENHART, Sérgio Cruz; OSNA, Gustavo. Os "acordos processuais" no projeto do novo CPC - aproximações preliminares. *Revista Eletrônica - Tribunal Regional do Trabalho do Paraná,* v. 39, 2015. Disponível em: <http://www.mflip.com.br/pub/escolajudicial/index.jsp?ipg=194778>. Acesso em: 20 abr 2015.

25 Com relação à alteração da ordem probatória e sua viabilidade por iniciativa do juiz, por exemplo, o STJ já em 1994 firmava entendimento favorável:
Prova. Inversão na ordem prevista no art. 452 do CPC. Ausência de prejuízo. Além de não ser peremptória a ordem estabelecida no art. 452 do CPC, há parte de evidenciar o prejuízo que lhe adviria com a inversão ocorrida. Aplicação ao caso, ademais, da Súmula nº 283-STF. Recurso Especial não conhecido (STJ, REsp 35.786 SP, 1993/0016147-4, 4a T. Pub. em: 12/12/1994, DJ p. 34.350, RSTJ vol. 79, p. 238). O referido entendimento prevalece em vários julgados provenientes de outros tribunais:
Agravo de Instrumento. Pedido de Falência. Prova. Inversão na ordem prevista no art. 452 do CPC. Ausência de prejuízo não demonstrado. A ordem estabelecida no art. 452 do CPC para a produção da prova oral não é peremptória, podendo ser invertida se ausente prejuízo às partes. Para que o ato seja invalidado são necessários alegações e demonstrações de que a inversão da ordem causou prejuízo, o que não resta caracterizado. Recurso provido (AI 00392127720138260000 - SP 0039212-77.2013.8.26.0000. 2ª Câmara de Direito Empresarial. Pub. em: 15/07/2013.
Agravo de Instrumento. Decisão monocrática. Ensino particular. Ação de indenização. Colheita de prova testemunhal e pericial. Cabimento do Agravo de Instru-

patibilização da tutela fornecida com os anseios dos cidadãos que clamam por justiça. Todavia, o ajuste de regras processuais se restringia às prerrogativas do órgão julgador, não havendo a possibilidade de as partes dialogarem para, juntas, chegarem a pontos de consenso acerca do modo adequado de determinado litígio ser desenvolvido.

Noutro giro, as experiências vivenciadas pela arbitragem sinalizaram uma alternativa aos problemas enfrentados pelo Poder Judiciário, sobretudo em virtude da crise de efetividade de decisões solipsistas provenientes de um magistrado onisciente e onipresente. A submissão do litígio à jurisdição estatal, com as adequações estabelecidas de maneira negociada, denota a potencialidade para torná-la tão ou mais atrativa do que a arbitragem[26].

A significativa aderência às cortes arbitrais ocorre, entre outros fatores, em razão do sigilo do procedimento, da celeridade no processamento e no julgamento da causa, da boa qualidade das decisões, bem assim face às convenções de regras procedimentais, sendo possível, inclusive, o julgamento por equidade (art. 2º da Lei nº 9.307/96). Sob outro prisma, a escolha da via arbitral sugere notáveis desvantagens: os elevados custos dos serviços, a irrecorribilidade da sentença arbitral, a inexistência do *ius imperium* estatal e a inobservância do duplo grau de jurisdição.

As avenças em matéria de procedimento indicam a possibilidade de se demandar perante o Poder Judiciário com adequações procedimentais mais vantajosas do que a jurisdição estatal ordinária e, ademais, despidas das desvantagens apresentadas pela arbitragem, particularmente no tocante ao alto custo despendido para sua instauração.

Desse modo, as negociações de procedimento consubstanciar-se-iam numa terceira via híbrida, isto é, o acréscimo de regras que alterem o procedimento, com vistas à efetividade remontaria a possibilidade de se valer da liberdade contratual prestigiada pela arbitragem dentro dos próprios limites metodológicos oferecidos pelo Estado. Não há razão para que, num ambiente hermético e gerenciado por um magistrado investido,

mento. Fundamentado no art. 527, II, do CPC, 2ª parte, admissível o recebimento do recurso como Agravo de Instrumento. Possibilidade de decisão monocrática. Com base no art. 557, caput, é possível negar seguimento ao recurso, por decisão monocrática do Relator. Mérito. A ordem do art. 452 do CPC não é peremptória. Assim, nada impede que primeiro seja produzida a prova testemunhal e depois a pericial (AI 70043293117 - RS. Rel. Gelson Rolim Stocker. 5a Câmara Cível. Pub. em: 15/06/2011).

26 ALMEIDA, Diogo Assumpção Rezende. Das convenções processuais no processo civil. Tese de Doutoramento. Universidade Estadual do Rio de Janeiro - UERJ, Rio de Janeiro, 2014, p. 105.

as partes não possam convencionar sobre o modo de direção do feito que considerem mais adequado às idiossincrasias do caso concreto.

Impende destacar que a busca por soluções negociadas, nas quais as partes atuam como agentes condutores de soluções democráticas pautadas no consenso, tem sido utilizada como essência das matrizes jurídicas contemporâneas. O caminho para se chegar a resultados efetivos perpassa, obrigatoriamente, por estratégias de negociação[27].

Ferramentas valiosas, como a conciliação e a mediação, proporcionam resoluções aos conflitos nas situações em que o método é utilizado de modo adequado ao próprio conflito. A transação e o termo de ajustamento de conduta, por exemplo, indicam resultados possíveis pela utilização da via adequada do método disponível. A possibilidade de se transacionar abrange até mesmo situações que versam sobre direito material indisponível, caso restar verificado que a pactuação pode assegurar a efetivação daquele direito merecedor de tutela.

Entretanto, as técnicas autocompositivas não proporcionam soluções mais adequadas em todos os casos, pois existem circunstâncias em que a jurisdição - estatal ou arbitral - pode vir a ser o método mais consentâneo à resolução de determinado tipo de contenda.

Reside, nesse ponto, um sério equívoco acerca dos pactos processuais: não necessariamente a existência do litígio de direito material representa óbice aos ajustes de pontos estratégicos no procedimento.

É importante destacar que o instituto ora examinado não se refere às negociações das partes com o fito de solucionar o conflito. As convenções sobre o direito material aludem ao acerto da questão substancial em litígio, isto é, ao fundo de direito, cuja finalidade corresponde à tentativa de se superar a controvérsia mediante a adoção de ferramentas consensuais, não sendo mais necessária a existência do processo.

Os acordos processuais, por outro lado, não vislumbram pôr fim ao conflito; destinam-se, em verdade, a regulamentar as "regras do jogo" conforme seja acordado pelas partes destinatárias do provimento final. Nesse sentido, Diogo Almeida aduz que o negócio processual é o "instrumento do próprio instrumento"[28], pois implica em atos de disposição das partes sobre o procedimento; não com vistas à disposição do direito material, mas sim do direito processual.

---

27 "Goste ou não, você é um negociador. Negociação é um fato da vida". FISHER, Roger; URY, William; PATTON, Bruce. Como se chegar ao sim: como negociar sem fazer concessões. Tradução: VIEIRA, Ricardo Vasques. 3. ed. Rio de Janeiro: Solomon Editores, 2014, p. 21.

28 ALMEIDA, Diogo Assumpção Rezende. *Das convenções processuais no processo civil.* Op. cit., p. 110.

3.2. Contratualização processual no direito estrangeiro

A possibilidade de a avença ser admitida como fonte do Direito e derrogar espécies normativas impostas pela lei[29] tem sido alvo de teses promissoras redigidas pela doutrina estrangeira, sobretudo no cenário europeu. A explicação para a dedicação ao tema reside na postura da jurisdição mais permeável aos acordos processuais firmados pelas partes - que já figurem, ou que venham a ingressar com a demanda.

Em solo francês, a figura do *contrat de procédure* remonta a possibilidade de os litigantes e seus advogados, corresponsavelmente, efetuarem adequações procedimentais às necessidades do caso. A expressão *contrat de procédure* recebe conotações distintas, em pelo menos três situações: (i) a previsão sobre possíveis acordos entre advogados e juízes para a fixação de calendário processual *de mise en état* - após a promulgação do Decreto nº 1.678, que alterou a redação do artigo 764 do *Nouveau Code de Procédure Civile*; (ii) os protocolos estabelecidos entre as ordens dos advogados *(barreaux)* com os tribunais; (iii) os contratos firmados entre as partes referentes aos ajustes do procedimento ao litígio - *v.g*, cláusula de eleição de foro, distribuição do ônus da prova, determinação de mediação obrigatória, prévia ou incidental[30].

Loïc Cadiet realça que o ajuste de questões procedimentais pelas partes acentua o nível de resignação da sociedade frente à imposição da vontade estatal, potencializando sua índole democrática, legitimadora e de manutenção do equilíbrio social[31]. Neste plano, críticas foram direcionadas ao império do *legicentrismo*, pugnando-se pela contratualização da Justiça como espectro normativo que pode deslocar, pelo consenso extraído de negociações entre os jurisdicionados, a aplicação da regra legislada.

---

29 Para Loïc Cadiet, as convenções relativas ao processo consistem numa tendência de contratualização contemporânea frente ao declínio do centralismo estatal corolário da produção normativa imposta, chamada de legicentrismo. Assim, realça: "Ces conventions relatives au procès s'inscrivent dans une tendance très nette à la contractualisation contemporaine des rapports sociaux, liée au déclin du centralisme ètatique et de son corollaire dans l'ordre de la production normative, le légicentrisme". CADIET, Loïc. Les conventions relatives au procès en droit français. Sur la contractualisation du règlement des litiges. Rivista Trimestrale di Diritto e Procedura Civile. Numero speciale: accordi di parte e processo. Milano: Giuffrè, 2008, p. 8-9.

30 ALMEIDA, Diogo Assumpção Rezende. Das convenções processuais no processo civil. Op. cit., p. 43.

31 CADIET, Loïc. Les conventions relatives au procès em droit français sur la constractualisation du règlement des litiges. Rivista Trimestrale di Diritto e Procedura Civile. Numero speciale: accordi di parte e processo. Op. cit., p. 8-9.

Mesmo na Itália, país que foi receptivo ao modelo epistêmico-ideológico publicista, a edição da Lei nº 69, de 2009, trouxe alterações significativas ao *Codice di Procedura Civile*, como, por exemplo, a previsão da calendarização no artigo 81-*bis* da Lei de "disposições de atuação". De acordo com a atual redação atribuída pela Lei nº 148, de 2011, o referido dispositivo prevê que o juiz poderá fixar o calendário de audiências, sendo ouvidas as partes e levando em consideração a natureza, urgência e complexidade do caso[32].

Federico Carpi traça a distinção entre *accordi nel processo, accordi per il processo* e *accordi nel processo per il processo*. No tocante ao primeiro caso, têm-se os acordos com eficácia substancial, ao passo que o segundo, ao seu turno, alude aos atos praticados para o processo, mediante estipulações em cláusula contratual - por exemplo: convenção sobre o perito, acordo que derrogue a jurisdição, ajustes sobre provas etc.[33] Já a terceira e última hipótese indica a participação das partes na condução da técnica processual, situação ainda incipiente em ares italianos, mas aceita em casos específicos[34] - v.g., a previsão sobre o processo calendário inserido com o advento da reforma supra.

---

32 Observa-se que o artigo 81-bis, inserido pela Lei nº 69/2009, foi alterado pelas Leis nº 130/2011 e nº 148/2011, ganhando a seguinte redação atual: Art. 81-bis (Calendario del processo) "Il giudice, quando provvede sulle richieste istruttorie, sentite le parti e tenuto conto della natura, dell'urgenza e della complessità della causa, fissa, nel rispetto del principio di ragionevole durata del processo, il calendario delle udienze successive, indicando gli incombenti che verranno in ciascuna di esse espletati, compresi quelli di cui all'articolo 189, primo comma. I termini fissati nel calendario possono essere prorogati, anche d'ufficio, quando sussistono gravi motivi sopravvenuti. La proroga deve essere richiesta dalle parti prima della scadenza dei termini. Il mancato rispetto dei termini fissati nel calendario di cui al comma precedente da parte del giudice, del difensore o del consulente tecnico d'ufficio può costituire violazione disciplinare, e può essere considerato ai fini della valutazione di professionalità e della nomina o conferma agli uffici direttivi e semidirettivi" (destacado).

33 CARPI, Federico. Introduzione. Rivista Trimestrale di Diritto e Procedura Civile. Numero speciale: accordi di parte e processo. Milano: Giuffrè, 2008, p. 2-3.

34 Federico Carpi exemplifica algumas situações previstas na lei processual italiana sobre a possibilidades de as partes convencionarem em matéria de procedimento: "Possiamo vedere delle possibili aperture (non esaustive) agli accordi nel processo per il processo nelle seguenti ipotesi: a) l'infelice at. 73-bis dis. att. c.p.c., introdotto dalla riforma del 2005, sulla scelta convenzionale del processo societario anche per il processo ordinário; b) L'art. 11 d.lgs. n. 5 del 2003, processo societário, con listanza congiunta per la fissazione d'udienza, e la richiesta-accordo delle parti trattazione delle pregiudiziali di rito e preliminari di merito; c) L'art. 360, comma 2. c.p.c., ricorso per cassazione omisso medio [...]." CARPI, Federico. Introduzione. Rivista Trimestrale di Diritto e Procedura Civile. Numero speciale: accordi di parte e processo. Op. cit., p. 4.

Destarte, a partir de reflexões publicadas por Remo Caponi[35], depreende-se que, numa rápida comparação entre as experiências provenientes da Alemanha e Itália, o sistema de incentivo às negociações processuais no solo tedesco apresenta maior avanço.

Remo Caponi reforça que os estudos de Peter Schlosser[36] - no qual são sedimentadas certas premissas, como a de que a atividade consensual no processo civil parte da asserção *in dubio pro libertate* no prestígio aos princípios do dispositivo *(Dispositionsgrundsatz)* e do debate *(Verhandlungsgrundsatz)* - e Gerhard Wagner, ambos na Alemanha, revelam preciosas contribuições para o tracejo de uma metodologia no campo dos negócios jurídicos processuais.

Entende Gerhard Wagner que o princípio da autonomia privada exige o estabelecimento de uma distinção fundamental entre duas categorias de acordos processuais. A primeira refere-se às avenças acerca do exercício ou não de poderes processuais (disposição de poder - *Befugnisdisposition*), não esbarrando no âmbito de validade e vigência das normas instrumentais - v.g., *pactum de non petendo, pactum de non exequendo*, acordo de renunciar à ação etc.; já a segunda categoria de convenções concerne à derrogação consensual da norma processual (disposição da norma - *Normdisposition)*, o que demandaria autorização legal expressa: v.g., acordos relativos ao ônus da prova, avenças de derrogação de competência etc.

Em face das questões demonstradas, infere-se que a possibilidade de negociação em matéria processual revela, em maior ou menor propensão, uma tendência mundial. Cada ordenamento persegue o aprimoramento da prestação *iudicante* consoante as defasagens dos sistemas estatais, sob diferentes perspectivas. Observa-se que em França, por exemplo, um dos pontos estranguladores subjaz na morosidade no processamento e julgamento da demanda, bem assim no elevado custo para ser mantido um litígio.

No Brasil, a realidade é distinta. Não podemos nos esquecer da origem autoritária e paternalista do Estado em relação ao povo, principalmente em razão das deficiências políticas, culturais e sociais apresentadas, entre elas, o baixo índice educacional, a hipossuficiência econômica e a falta de credibilidade dos representados em seus representantes.

---

35 CAPONI, Remo. Autonomia privata e processo civile: gli accordi processuali. Rivista Trimestrale di Diritto e Procedura Civile. Numero speciale: accordi di parte e processo. Milano: Giuffrè, 2008, p. 101-102

36 Idem.

Como consequência, as situações jurídicas díspares, a desconfiança das partes em seus procuradores, a relação autoritária entre juiz e jurisdicionado, a desproporção da qualidade técnica e a tendência dos advogados a não se submeterem aos riscos advindos de uma possível negociação, podem ser apontados, por exemplo, como alguns dos fatores culturais inibidores à prática das convenções processuais no cotidiano forense.

A consciência da necessária evolução, com rompimento de determinadas entraves, como estas exemplificadamente elencadas, demandará certo amadurecimento da cultura jurídica brasileira. Por esse prisma, é aconselhável que a análise técnica dos acordos processuais transcorra do contexto revelado pela conjuntura pátria, e não da universalização de critérios que possam suplantar as especificidades de cada ordenamento jurídico.

3.3. Cláusula negocial atípica: algumas premissas metodológicas

É cediço que a figura das convenções processuais desvenda uma realidade pouco explorada no âmbito da prática negocial e forense. Percebe-se notável retração dos contratantes quanto à estipulação de regras de flexibilização procedimental e de acordos atinentes aos ajustes das partes dentro dos limites da atuação do órgão julgador.

O conteúdo normativo veiculado pelo artigo 158 do Código de 1973 - e reproduzido no artigo 200 do Código de 2015 - já previa a possibilidade de os litigantes disporem sobre os seus direitos processuais mediante a fixação de declarações - bilaterais ou unilaterais - de vontade, sem a necessidade de se remeter à homologação para que as enunciações produzissem efeitos imediatos. Outrossim, facilmente se aponta a existência de convenções processuais típicas na legislação de 1973[37], dentre elas: distribuição do ônus da prova (art. 333, parágrafo

37 Nesse sentido elucidou José Carlos Barbosa Moreira em agosto de 1982: "Não tão raras, entretanto, as disposições legais que aludem a atos dessa natureza; e pelo menos a algumas delas é impossível deixar de reconhecer importância prática. Vejam-se, por exemplo, o art. 111 que trata da eleição convencional de foro; os arts. 265, nº II, e 792, referentes a convenções de suspensão do processo; o art. 333, parágrafo único, relativo à convenção sobre distribuição do ônus da prova; o art. 453, nº I, que prevê o adiamento da audiência por convenção das partes; o art. 606, nº I, in fine, atinente à escolha convencional do arbitramento como forma de liquidação de sentença. Mas há outros casos: sem pretensão de exaustividade [...]". Convenção das partes sobre matéria processual. In: Temas de direito processual. 3ª série. São Paulo: Saraiva, 1984, p. 87-88.

único); cláusula de eleição do foro competente (art. 111); suspensão convencional do processo (art. 265, inc. II); adiamento da audiência (art. 453, inc. I); escolha do arbitramento para a liquidação da sentença (art. 606, I, *in fine*); etc.

A partir dessas constatações, o Código de 2015 não inaugura, propriamente, a previsão das pactuações processuais; contudo, outorga-lhes alto potencial de incidência, ampliando o rol das convenções processuais típicas[38] e introduzindo arrojada cláusula negocial geral (art. 190).

Com o advento dos artigos 190 e 191 do Código de Processo de 2015, constata-se que a cláusula geral atípica de negócios processuais não somente estabelece a possibilidade de disposição sobre direitos processuais, como também faculta às partes ditar alterações no procedimento, disciplinando os seus ônus, poderes, deveres e faculdades processuais, com a possibilidade de ser fixado calendário para cadenciar a sequência dos atos que serão praticados.

Nessa perspectiva, observa-se, em primeiro lugar, a possibilidade de as convenções serem estipuladas sem interferir nos poderes do juiz, de modo a não reduzi-los - influenciando apenas as situações jurídico-processuais das partes em litígio.

Em segundo lugar, a norma subjacente ao artigo 190 indica, ainda, a capacidade de as avenças gerarem efetivas repercussões no exercício das prerrogativas do magistrado, dentre elas, o impulso oficial do processo, o exercício dos poderes instrutórios e a modificação de regras de admissibilidade e de valoração das provas para a formação do seu convencimento[39].

---

38 "Em diversos outros dispositivos, o Código faculta que a vontade das partes interfira nos poderes do juiz, como, por exemplo: quando prevê a delimitação consensual dos pontos controvertidos (art. 357, § 2º), que, homologada, "vincula as partes e o juiz"; quando prevê a escolha consensual do perito pelas partes (art. 471), desde que plenamente capazes e a causa possa ser resolvida por autocomposição; ou quando admite que, "de comum acordo, o juiz e as partes" estabeleçam calendário para a prática dos atos processuais, vinculando as partes e o juiz, inclusive na fixação de prazos, e somente podendo ser modificado "em casos excepcionais, devidamente justificados" (art. 191), além de outras que já existiam no Código de 1973, como, por exemplo, sobre a suspensão do processo (CPC de 1973, art. 265, inc. II; CPC de 2015, art. 313, inc. II) e sobre a distribuição de ônus da prova (CPC de 1973, art. 333; CPC de 2015, art. 373, §§ 3º e 4º)". GRECO, Leonardo. O juiz pode ser sujeito de um negócio processual? Palestra proferida no Seminário "Negócios Processuais no Novo CPC" promovido pela Associação dos Advogados de São Paulo/SP - AASP, em 06 de março de 2015.

39 GRECO, Leonardo. O juiz pode ser sujeito de um negócio processual? Palestra proferida no Seminário "Negócios Processuais no Novo CPC" promovido pela Associação dos Advogados de São Paulo/SP - AASP, em 06 de março de 2015.

Da primeira situação, extrai-se a hipótese do acordo apto apenas a afetar direitos subjetivos ou faculdades processuais das partes. No tocante à segunda situação, derivam-se duas hipóteses: a que impõe ao juiz a limitação de seus poderes respaldada por previsão legal - específica ou por analogia com outras legislações[40] - e pela conjugação da vontade das partes; e aquela em que, em razão da falta de autorização legal, demandaria, além do ajuste de vontade dos jurisdicionados, a anuência do juiz como sujeito da negociação.

Assim, identificam-se, com base na doutrina de Leonardo Greco[41], três espécies de convenções processuais: (i) aquelas que afetam apenas a direitos processuais das partes, sem interferir nas prerrogativas do órgão julgador, demonstrando-se, portanto, aptas a produzirem efeitos imediatos; (ii) aquelas que afetam os poderes do juiz, o que é autorizado por lei na hipótese de conjugação de intenção das partes, razão pela qual também produzem efeitos desde a avença[42]; (iii) e as convenções nas quais a conjugação da vontade das partes deve ser somada à concordância do juiz, que fará uma análise da *conveniência e oportunidade* para que o acordo passe a surtir efeitos, haja vista a inexistência de autorização legal para a limitação dos poderes apenas pela conjugação da vontade dos litigantes.

---

40 Leonardo Greco elucida que as convenções de segunda ordem - aquelas que limitam os poderes do juiz mas produzem efeitos de imediato em razão de previsão legal autorizadora - podem ser pactuadas pelas partes e vincular o juiz - sem a necessidade de sua anuência - a partir de aplicação analógica com outros diplomas legais, como, por exemplo, as convenções que autorizem o juiz a decidir por equidade, as convenções de electio juris, escolha da lei aplicável, renúncia ao duplo grau de jurisdição, convenções sobre o custeio ou reembolso de despesas processuais, escolha do juiz - desde que respeitadas as regras de competência absoluta. Já não admite, por violação à ordem pública, a convenção que pretenda impor o segredo de justiça, fora das hipóteses legais, porque a publicidade é uma garantia fundamental indisponível do processo. Instituições de processo civil - introdução ao direito processual civil. 5. ed. Rio de Janeiro: Forense, 2015. v. 1, p. 63.

41 GRECO, Leonardo. O juiz pode ser sujeito de um negócio processual? Palestra proferida no Seminário "Negócios Processuais no Novo CPC" promovido pela Associação dos Advogados de São Paulo/SP - AASP, em 06 de março de 2015.

42 Ainda na esteira do entendimento de Leonardo Greco, são convenções da segunda espécie: a convenção sobre a distribuição do ônus da prova, artigo 373, §§ 3º e 4º (NCPC); suspensão convencional do processo, artigo 313, inciso II (NCPC); a delimitação das questões de fato e de direito no saneamento do processo, artigo 357, § 2º (NCPC); e na escolha consensual do perito, artigo 471 (NCPC) - O juiz pode ser sujeito de um negócio processual? Palestra proferida no Seminário "Negócios Processuais no Novo CPC" promovido pela Associação dos Advogados de São Paulo/SP - AASP, em 06 de março de 2015.

Leonardo Greco[43] pondera que o princípio da autonomia da vontade não pode ser vislumbrado como uma diminuição da autoridade do Estado, pois reflete o exercício do dever de colaboração essencial ao alcance da finalidade direta da função jurisdicional: tutelar os interesses de quem tem razão.

Sob essa ótica, no mesmo ato em que se insere ampla e atípica cláusula de avenças em matéria de procedimento, as disposições da norma em análise destacam que os acordos processuais - adequando-se a quaisquer das espécies acima, independentemente do momento de eficácia - estão diretamente submetidos ao juízo de admissibilidade realizado pelo órgão julgador.

A vinculação do juiz, nos casos em que não houver o comprometimento de suas prerrogativas, ou se a interferência for admitida em virtude de lei, ocorrerá apenas nas situações em que a pactuação das partes no processo for reputada como válida, o que já se pressupõe.

As convenções processuais, portanto, serão conhecidas ou admitidas desde que preenchidos os seguintes requisitos: (i) a possibilidade de autocomposição a respeito do próprio direito material posto em juízo ou a impossibilidade de que a convenção prejudique o direito material indisponível ou a sua tutela; (ii) a celebração por partes plenamente capazes; (iii) o respeito ao equilíbrio entre as partes e à paridade de armas, para que uma delas, em razão de atos de disposição seus ou de seu adversário, não se beneficie de sua particular posição de vantagem em relação à outra quanto ao direito de acesso aos meios de ação e de defesa; e (iv) a preservação da observância dos princípios e garantias fundamentais do processo e da ordem pública processual[44].

O último dos requisitos descritos não se faz sinalizado pelo artigo 190, *caput* e parágrafo único, mas emana de construção doutrinária desenvolvida em torno da acepção de ordem pública processual. A fixação objetiva do seu conteúdo é tarefa árdua que vem sendo amplamente trabalhada na academia[45]. Entende-se, atualmente, que esta abarca os

---

43 GRECO, Leonardo. O juiz pode ser sujeito de um negócio processual? Palestra proferida no Seminário "Negócios Processuais no Novo CPC" promovido pela Associação dos Advogados de São Paulo/SP - AASP, em 06 de março de 2015.

44 GRECO, Leonardo. Instituições de processo civil - Introdução ao direito processual civil. 5. ed. Rio de Janeiro: Forense, 2015. v. 1, p. 61-62.

45 V.: "E, soggiungeva Chiovenda, <non deve porsi la questione così: se cotali contratti siano o meno contrari all`ordine pubblico; altra è la ragione per cui non se ne può chiedere l'osservanza, ed è che essi riguardano un attività altrui (l'attività del giudice), sul regolamento della quale non può influire la volontà delle parti se non quando la legge lo disponga espressamente>." DE NOVA, Giorgio. Accordi delle parti e decisione. Rivista Trimestrale di Diritto e Procedura Civile. Numero

direitos e garantias fundamentais constitucionais aplicados no ambiente processual, e, ademais, os princípios subjacentes ao processo justo, v.g., acesso à Justiça, imparcialidade, juiz natural, isonomia material entre os litigantes, contraditório como direito de influência - participativo, dispositivo, correlação e congruência entre causa de pedir, pedido e sentença, ampla defesa e seus desdobramentos - defesa técnica e autodefesa, intervenção *custos legis* do Ministério Público nas causas que versarem sobre direitos indisponíveis, adequada valoração dos meios de prova e a duração razoável do processo.

Outro aspecto que requer atenção do intérprete se consubstancia na (im)possibilidade de convenção sobre direitos que não admitam a autocomposição, conforme a previsão do artigo 190. Como bem assevera Antônio do Passo Cabral, ainda que haja restrições a certos graus de disponibilidade sobre os direitos materiais envolvidos[46], nem sempre

speciale: accordi di parte e processo. Milano: Giuffrè, 2008, p. 59-60; GRECO, Leonardo. Os atos de disposição processual: primeiras reflexões. In: MEDINA, José Miguel Garcia. Os poderes do juiz e o controle das decisões judiciais: Estudos em homenagem à Professora Teresa Arruda Alvim Wambier. São Paulo: Revista dos Tribunais, 2008; CADIET, Loïc. NORMAND, Jacques; MEKKI, Soraya Amrani. Théorie générale du procès. Paris: PUF, 2010, p. 207: "Les procédures contractuelles ont une vertu déontologique. Dans l'ordre de la solution judiciaire des litiges comme dans celui de la solution conventionelle des différends, un minimum d'équité de procédurale (égaléé ici à la loyauté, fairness) est indispensable à l'équité de la convention comme elle l'est à l'équité du jugement. La nécessite de ces garanties procédurales est d'apparition plus récente et, surtout, elles ne sont pás encore penséés comme príncipes directeures du procès juridictionnel", apud ALMEIDA, Diogo Assumpção Rezende. Das convenções processuais no processo civil. Op. cit., p. 148; Na visão do autor retro, a ordem pública processual refere-se a direitos públicos inafastáveis, que são os seguintes: "(i) a igualdade e a capacidade das partes; (ii) o contraditório e a ampla defesa; (iii) o devido processo legal; (iv) o princípio do juiz natural, a independência e a imparcialidade do julgador; (v) a fundamentação das decisões judiciais; (vii) a busca da verdade; (viii) a celeridade; (ix) a coisa julgada material." Ibidem,, p. 149.

46 Existem margens para a autocomposição até mesmo sobre direitos materiais indisponíveis, v.g., os acordos sobre direitos transindividuais em sede de Termo de Ajustamento de Conduta (TAC), ajustes consensuais em ações coletivas, bem como na esfera penal. V.: CABRAL, Antonio do Passo. A Resolução nº 118 do Conselho Nacional do Ministério Público e as Convenções Processuais. Negócios Processuais - Coleção Grandes Temas do Novo CPC, DIDIER JR., Fredie (Coord.-Geral), CABRAL, Antonio do Passo (Coord.); NOGUEIRA, Pedro Henrique. Salvador: JusPodivm, 2015, p. 550-551.
Sobre a consensualização na esfera penal: PRADO, Geraldo. Justiça penal consensual. In: Diálogos sobre a justiça dialogal. Teses e antíteses sobre os processos de informatização e privatização da justiça penal. Rio de Janeiro: Lumen Juris, 2002.

o caráter não transacionável de um direito substancial - leia-se, direitos indisponíveis que não se submetem à autocomposição - impede a convenção em matéria de procedimento, já que o direito em foco é de natureza material, e a convenção processual não necessariamente implica a sua disposição.

No entanto, existem situações em que os negócios jurídicos processuais podem afetar diretamente o direito substancial posto em juízo, de modo a acarretar, entre outros efeitos, o comprometimento da apuração da verdade dos fatos narrados, como os atos de disposição incidentes no campo probatório. É por essa razão que o primeiro requisito de admissibilidade alude à impossibilidade de que a pactuação prejudique o direito material em certo grau indisponível ou a sua tutela.

Ainda no tocante as duas primeiras espécies descritas, nos casos em que o objeto de ajuste forem direitos ou faculdades processuais das partes, bem assim nas hipóteses em que a lei conferir categoricamente a possibilidade de as partes imporem limitações ao exercício das prerrogativas do magistrado - por exemplo, suspensão do processo ou redistribuição do ônus da prova - o poder fiscalizatório ou o controle de legalidade basear-se-á na observância dos requisitos de admissibilidade acima destacados, somados ao respeito sobre os direitos fundamentais processuais.

Na terceira espécie de acordo processual, a concorrência da vontade do juiz consiste em aspecto fundamental para a eficácia da avença, visto que esta somente se aperfeiçoa dentro dos limites do processo, não surtindo efeitos imediatos após a pactuação extrajudicial, como nas duas primeiras espécies. O magistrado seria parte no acordo, detendo plena capacidade negocial.

Junto com a fiscalização da legalidade, o juiz deve analisar a conveniência e oportunidade do ato processual. Nesse caso, não se pode falar simplesmente em admissibilidade - com base nos requisitos de legalidade do artigo 190, mas também em controle pautado num juízo administrativo.

Já nas duas primeiras espécies, a partir do momento em que são estabelecidos os pontos de consenso pelas partes, as avenças processuais produzem efeitos jurídicos de imediato e vincularão o magistrado - restrito ao controle de legalidade, para que acolha e dê cumprimento ao ajuste.

A terceira e última hipótese receberá tratamento aprofundado no próximo tópico. Serão abordados os principais aspectos do processo calendário previsto no artigo 191 e parágrafos do Código de 2015.

4. O juiz como sujeito de acordos processuais e a calendarização

A terceira espécie de acordo processual indica determinados tipos de avenças em que a conjugação de intenções das partes não é suficiente para a produção imediata dos efeitos dos termos pactuados, exigindo a concorrência da vontade dos jurisdicionados com a fiscalização e aceitação pelo juiz.

Por tratar-se de ato processual subjetivamente complexo[47] que afeta diretamente as prerrogativas do órgão julgador, aquele somente se aperfeiçoará após o juízo de conveniência e oportunidade daquele que figura, nessas circunstâncias, como sujeito do negócio processual[48].

O fenômeno da calendarização, consagrado pelo Código de 2015 no artigo 191 e parágrafos e no artigo 357, § 8º, concretiza claro exemplo de modificação típica do procedimento pertencente ao terceiro grupo de convenções processuais, de acordo com a divisão proposta no capítulo anterior.

Partindo-se do pressuposto de que o calendário processual é um modelo de ajuste procedimental que vislumbra o estabelecimento de um cronograma sobre o procedimento a ser adotado, fixando-se datas limites ao cumprimento dos atos processuais[49], os poderes de gestão outorgados ao órgão julgador abrem espaço ao instituto que possui o escopo de otimizar o tempo e a duração razoável do feito com previsibilidade.

A tão propalada crise do Poder Judiciário atribui o inédito encargo de performance ao magistrado. O juiz deve ostentar características organizacionais, entre elas a fixação e o monitoramento de metas para equilibrar o número de demandas ajuizadas com os autos findos e arquivados, atuando como verdadeiro gerente da vara em que atua (*court management*)[50], bem como *gestor* dos feitos submetidos à sua competência (*case management*).

---

47 GRECO, Leonardo. O juiz pode ser sujeito de um negócio processual? Palestra proferida no Seminário "Negócios Processuais no Novo CPC" promovido pela Associação dos Advogados de São Paulo/SP - AASP, em 06 de março de 2015.

48 Ibidem, p. 1

49 CABRAL, Trícia Navarro. Reflexos das convenções em matéria processual nos atos judiciais. Negócios Processuais - Coleção Grandes Temas do Novo CPC, DIDIER JR., Fredie (Coord.-Geral), CABRAL, Antonio do Passo (Coord.); NOGUEIRA, Pedro Henrique. Salvador: JusPodivm, 2015, p. 231.

50 COSTA, Eduardo José da Fonseca. Calendarização Processual. Negócios Processuais - Coleção Grandes Temas do Novo CPC, DIDIER JR., Fredie (Coord.-Geral), CABRAL, Antonio do Passo (Coord.); NOGUEIRA, Pedro Henrique. Salvador: JusPodivm, 2015, p. 354

As experiências da calendarização anglo-saxônica (*timing of procedural steps*), francesa[51] e italiana[52] obtiveram, em boa hora, guarida no solo brasileiro, sendo entreposta como uma, dentre as várias alternativas de técnica processual negociada, no propósito de se colaborar com o enfrentamento da crise de descompasso entre a duração razoável do feito e a efetividade das decisões judiciais.

Nesse rumo, é previsto, no artigo 191 do novo Código, que, ao juiz e às partes, desde que em comum acordo, será facultada a fixação de calendário para a prática dos atos processuais - vinculando a ambos, sendo os prazos ali previstos modificados apenas em casos excepcionais.

O calendário processual consiste numa importante técnica de gestão compreendida como modelo de governança judicial[53], e reverbera na dispensa dos atos processuais extremamente morosos e burocratizados, como as publicações e intimações das partes para as providências cabíveis ou para o comparecimento em audiências, cujas datas já tiverem sido designadas no calendário.

Importante observar que o legislador não indicou a quem cabe a *iniciativa* de estipular o calendário processual; apenas há o registro de que este poderá ser fixado por ato *conjunto* das partes e do juiz. Medida acertada, e digna de um modelo técnico que parte da premissa consensual de estímulo ao debate entre os sujeitos da demanda.

Cumpre estabelecer, que, da norma sob comento, retiram-se duas derivações: (i) qualquer dos sujeitos processuais poderá ter a iniciativa de propor o modelo de calendário que entender pertinente; e (ii) para que o acordo de calendarização produza efeitos na prática, é necessário que as partes e o juiz integrem a avença, de forma conjunta.

---

51 "A calendarização é técnica de governança privada bastante usual em trabalhos de auditoria, gestão de projetos e produção. O transplante dessa técnica para a esfera pública ocorreu, fundamentalmente, a partir das recomendações de New Public Management, de Mark Moore, tão difundidas nos anos 1980 pelas gestões de Margareth Tatcher e Ronald Reagan". COSTA, Eduardo José da Fonseca. Calendarização processual. Op. cit., p. 358.

52 "Já no sistema italiano, o calendário do processo fixado pelas partes e juiz após a fixação dos pontos controvertidos e definição dos meios de prova, permite antecipadamente uma previsão de duração do processo. Com efeito, o artigo 81-bis prevê o instituto como forma de estabelecer uma previsão temporal para o procedimento". CABRAL, Trícia Navarro. Reflexos das convenções em matéria processual nos atos judiciais. Op. cit., p. 232.
É importante realçar que o artigo 81-bis da Lei 69/2009, com sucessivas alterações realizadas pelas Leis nº 130/2011 e nº 148/2011, prevê que o juiz poderá fixar o calendário processual após ouvidas as partes.

53 COSTA, Eduardo José da Fonseca. Calendarização processual. Op. cit., p. 358.

Das derivações retro surgem outras constatações: as avenças sobre o cronograma processual podem ser realizadas extrajudicialmente, desde que condicionadas à integração judicial; e, se as convenções envolverem atos do órgão judicial, ou seja, o estabelecimento de prazos para o juiz, este necessariamente deverá concordar expressamente com o acordo, e não apenas se limitar ao controle da validade.

Em caso de discordância, o magistrado deve chamar as partes para reformulá-lo, oportunidade em que os litigantes poderão efetuar nova proposta. Por outro lado, se a calendarização partir da iniciativa do órgão jurisdicional, as partes deverão ser intimadas para se manifestarem – ou comparecem à audiência de conciliação, de modo que o desacordo resulta na impossibilidade da convenção.

O ambiente extraprocessual poderá fomentar a negociação, mas é insuficiente quando envolver atos privativos do juiz ou dos quais depender a sua anuência. A eficácia do ato somente se perfaz após a introdução da avença no processo, com o necessário pronunciamento e concordância do órgão julgador[54].

Ao não evidenciar a quem caberá a iniciativa de sugerir a calendarização, a inteligência insculpida na norma caminha na mesma orientação da classificação proposta neste estudo. Assim, tanto se for proveniente de ajuste pelas partes, quanto de iniciativa do magistrado, a eficácia da convenção que estipular datas limites aos atos do processo estará atrelada à adesão de todos, de modo que o juiz, nesse caso, também será sujeito de um negócio processual.

Destarte, as convenções de estipulação de cronogramas podem advir de outros acordos de flexibilização procedimental, mas não forçosamente devem se vincular a eles. Pode ser que as partes não aquiesçam a respeito de novas regras instrumentais, mas estabeleçam, dentro do procedimento ordinarizado, um padrão previsto em lei para a submissão de atos processuais a determinadas datas previstas.

Portanto, poderá existir: (i) calendarização com flexibilização procedimental; e (ii) calendarização sem flexibilização procedimental[55]. E é justamente em razão dessa diferenciação que o novo *Codex* fez a previsão do acordo de procedimento no artigo 190 e a estipulação de regras do processo calendário no artigo 191.

Apesar de a calendarização não estar atrelada, necessariamente, ao ajuste de regras atinentes ao procedimento, esta é espécie de negócios

54 CABRAL, Trícia Navarro. Reflexos das convenções em matéria processual nos atos judiciais. Op. cit., p. 233.

55 COSTA, Eduardo José da Fonseca. Calendarização processual. Op. cit., p. 360.

processuais. Visualiza-se, por outro lado, que o somatório da possibilidade de se redesenhar regras procedimentais - que não a fixação de datas limites - com o procedimento calendarizado, resulta no fortalecimento de ambas, pois, com muito mais eficácia e, sobretudo, previsibilidade, as modificações do procedimento poderão satisfazer aos anseios dos jurisdicionados carentes da adequação do feito às particularidades da contenda. É impossível a previsão do conteúdo da sentença, mas, plenamente previsível a data de sua prolação.

Frisa-se que os prazos fixados no calendário, concernentes aos atos do juiz, continuam sendo impróprios. Esperar o oposto seria um contrassenso, porquanto, se os prazos estabelecidos *ex vi legis* lhe são impróprios, com mais razão se dá aqueles convencionalmente estipulados.

Contudo, é importante ter-se em mente que as ideias de colaboração, lealdade processual[56] e participação plural - tão importantes ao estudo das tendências que prestigiam o ambiente processual dialético - também englobam a atuação do órgão jurisdicional, o qual assume notável função colaborativa, voltado à concretização de procedimentos adequados, eficientes e, acima de tudo, justos.

No que se refere à revogação dos acordos que estabelecem o calendário processual aos quais o juiz anuiu, é certo que a excepcionalidade seja regra. Todavia, pode acontecer de este reexaminar as características organizacionais e as particularidades do caso sob a ótica dos requisitos de oportunidade e conveniência, e, com isso, chegar à conclusão de que as consequências apresentadas não comportam a calendarização outrora delineada.

Sob esse ponto de vista, o juiz poderá revogá-la ou modificá-la unilateralmente, ou a requerimento das partes, caso ocorram os seguintes motivos legítimos: (i) existência de fato relevante posterior ou surgimento de prova superveniente, ou que sobre a sua existência se tornou conhecida somente após a homologação do acordo de calendarização; (ii) para o deferimento de novas provas, seja para contrapô-las às provas já produzidas ou ao exame da veracidade de novas alegações fáticas; (iii) para a admissão de novas provas que possibilitem a apreciação de questão cognoscível de ofício pelo magistrado[57].

---

56 Sobre o tema: FARIA, Márcio Carvalho. A lealdade processual na prestação jurisdicional: em busca de um modelo de juiz leal. Tese de Doutoramento. Universidade Estadual do Rio de Janeiro - UERJ, Rio de Janeiro, 2015.

57 GRECO, Leonardo. O juiz pode ser sujeito de um negócio processual? Palestra proferida no Seminário "Negócios Processuais no Novo CPC" promovido pela Associação dos Advogados de São Paulo/SP - AASP, em 06 de março de 2015.

Em que pese não ser possível, neste artigo, o tratamento das situações excepcionais de revogação das convenções processuais de primeira, segunda e terceira ordens, é importante restar claro que existe a possibilidade de o juiz revogar, unilateralmente, os acordos que resultarem de estipulação do processo calendário, em razão de sua participação preponderante, concorrente e necessária para a atribuição de eficácia ao referido acordo[58].

Além de flagrante técnica vantajosa tanto ao juízo quanto às partes, a calendarização é revelada como notável instrumento de melhoria da qualidade do relacionamento entre o advogado e seu assistido, sendo aquele muitas vezes responsabilizado em razão da morosidade do aparelho jurisdicional. A previsão de datas nas quais serão praticados os atos pode trazer benefícios à prestação do serviço técnico de postulação, haja vista que atribui maior operosidade aos misteres dos procuradores.

Por fim, e não menos importante, o § 2º do art. 191 dispõe sobre a desnecessidade de intimação das partes para a prática de ato processual ou para comparecimento em audiência, cujas datas estão designadas no plano do calendário. A principal consequência de gestão da ferramenta sob comento se consubstancia na prescindibilidade de intimações e publicações, consoante mencionado supra.

Destaca-se que o dispositivo não previu o momento adequado para a fixação dos prazos de forma convencional entre as partes e o juiz. Contudo, não há dúvidas de que o saneamento ganha destaque na nova codificação, frente aos mais diversos mecanismos de flexibilização processual - tanto pelas partes quanto pelo magistrado.

A decisão saneadora é primordial para que, além da delimitação dos pontos controvertidos, da admissão dos meios de prova e de demais questões pendentes para o bom desenvolvimento do feito[59], ocorra também a fixação do cronograma processual, a fim de que a técnica desenvolvida imprima, satisfatoriamente, a eficácia para a qual foi idealizada.

---

58 Entende-se que os atos dispositivos das partes, em todas as três espécies defendidas neste estudo, não estão subordinados à irrestrita irrevogabilidade. Mas, a revogabilidade deve ser interpretada como exceção, e não como uma regra. Para tanto, deve existir um justo motivo que a justifique, observando, ainda, a preservação da eficácia dos atos processuais praticados quando da vigência do ato revogado. É importante esclarecer que a revogação dos acordos processuais de primeira e segunda ordem, como decorrência lógica de todas as questões já abordadas, não são passíveis de revogação de ofício pelo juiz, cuja vontade não interferiu em sua celebração.

59 GRECO, Leonardo. O saneamento do processo e o projeto de novo código de processo civil. In: Revista Eletrônica de Direito Processual - REDP, v. VIII, p. 568-600, disponível em http://www.e-publicacoes.uerj.br/index.php/redp

5. Conclusão

O Código de Processo Civil de 2015 (Lei nº 13.015/2015) consolida a nova formatação do modelo jurisdicional contemporâneo de prestígio e estímulo ao diálogo humanizado, inovando ao trazer cláusula negocial geral, insculpida no artigo 190, além de autorizar a fixação de calendário para a prática dos atos processuais com previsibilidade.

À guisa de se alcançar resultados relevantes, exige-se postura parcimoniosa do operador diante da cláusula geral, de modo a não lhe atribuir interpretação demasiadamente ampliativa. Ademais, acolher a limitação tênue de mera observância dos requisitos de validade e eficácia aplicados aos negócios jurídicos no âmbito do direito privado, seria desconsiderar conquistas caras ao Estado Democrático de Direito e ao Direito Processual Civil garantístico.

Conclui-se que o tratamento das convenções processuais deve estabelecer disciplina atenta acerca do grau de influência que as partes podem exercer junto às prerrogativas do juiz. É imperioso que a doutrina empreenda esforços à sistematização de uma teoria geral da matéria, sob pena de os efeitos colaterais sobrepujarem os benefícios latentes do instituto, considerando-se que o manejo inadequado da cláusula ampla e atípica pode reforçar o poder discricionário do órgão julgador ao não conhecer das avenças, dando margens a subjetivismos. Sobre esse aspecto, a fundamentação analítica deve ser desenvolvida pelo juiz quando se posicionar sobre eventual inadmissibilidade, sendo certo que a validade lhe é pressuposta.

No intuito de se estabelecerem alguns parâmetros racionais metodológicos para que as convenções processuais possam conviver com as conquistas advindas do publicismo, estas foram divididas em três espécies: (i) avenças que concernem apenas aos direitos subjetivos processuais dos litigantes, não interferindo nos poderes do juiz; (ii) convenções que afetam prerrogativas do órgão julgador, mas que por força de lei específica podem ser limitadas pela autonomia da vontade das partes; e (iii) as hipóteses em que o juiz deve concorrer com sua vontade a partir de um juízo de conveniência e oportunidade.

Em relação ao modo mais consentâneo de se compreender o âmbito de incidência da cláusula negocial atípica, urge reconhecer que os requisitos de legalidade ora sugeridos – não se olvidando do respeito às garantias fundamentais aplicadas ao processo, devem ser controlados pelo juiz em todas as três espécies. Por outro lado, a produção de efeitos imediatos – sem a concordância do magistrado – deve ocorrer apenas nas duas primeiras. A terceira, por sua vez, demanda a anuência do órgão julgador para sua eficácia.

Na convicção de que a temática instiga debates doutrinários e jurisprudenciais efervescentes, recomenda-se aos operadores doses equilibradas de coragem e cautela, rumo à imposição de margens sólidas às convenções das partes no processo: "um pulmão aberto à experiência"[60] em prol dos cidadãos dignos de decisões efetivas.

60 CAPONI, Remo. Autonomia privata e processo civile: gli accordi processuali. *Rivista Trimestrale di Diritto e Procedura Civile*. Numero speciale: accordi di parte e processo. Milano: Giuffrè, 2008, p. 119.

Incidente de Resolução de Demandas Repetitivas e Incidente de Assunção de Competência

Erik Navarro Wolkart

Sumário: 1. O *status* da segurança jurídica no novo Código de Processo Civil - NCPC. **2.** O incidente de resolução de demandas repetitivas - IRDR, NCPC, artigos 976 a 987. **2.1.** Origens. **2.2.** Regime jurídico do IRDR no NCPC. **2.3.** Diferenças entres os modelos alemão e brasileiro. **3.** Incidente de Assunção de Competência - NCPC, artigo 947. **3.1** Introdução. **3.2.** Procedimento.

1. O *status* da segurança jurídica no novo Código de Processo Civil - NCPC

A exposição de motivos do anteprojeto do NCPC apresentado no Senado é relevadora do *status* da segurança jurídica no novo Código.

Dentre os cinco objetivos norteadores dos trabalhos da comissão de redação do anteprojeto - todos descritos na exposição de motivos - destacamos o elencado em primeiro lugar: *estabelecer expressa e implicitamente verdadeira sintonia fina com a Constituição Federal*[1].

O que se pretendeu foi clarificar a preocupação de construir um código que atendesse ao *modelo constitucional de processo civil*[2]. Nesse modelo, a segurança tem papel preponderante, e reluz no *caput* do artigo 5º da Constituição da República como direito fundamental. O objetivo fica ainda mais claro quando a mesma exposição de motivos, mais à frente, afirma: "*Todas as normas jurídicas devem tender a dar efetividade às garantias constitucionais, tornando 'segura' a vida dos jurisdicionados, de modo a que estes sejam poupados de 'surpresas', podendo sempre prever, em alto grau, as consequências jurídicas de sua conduta*"[3].

Muitos outros trechos da exposição de motivos poderiam ser reproduzidos aqui. Não o faremos. Mas é de se consignar que, de sua simples leitura, ficam claras (i) a preocupação com a segurança jurídica;

1 Exposição de motivos do anteprojeto do Código de Processo Civil, p. 14.

2 BUENO, Cássio Scarpinella. *Curso sistematizado de direito processual civil.* v. I, p. 87.

3 Exposição de motivos do anteprojeto do Código de Processo Civil, p. 19.

(ii) a estabilização da jurisprudência e o respeito aos precedentes como suas principais técnicas garantidoras[4].

Já no texto do novo Código, inúmeras são as alusões à segurança jurídica e múltiplos são os institutos que foram criados/reformados com o intuito de garanti-la. Dois dos mais importantes são: (i) o incidente de resolução de demandas repetitivas - artigos 976 a 987; e (ii) o incidente de assunção de competência - artigo 947.

Conquanto diferentes, os novos instrumentos têm o mesmo objetivo, qual seja, buscar segurança jurídica a partir da formação de precedentes obrigatórios, evitando ou remediando os efeitos deletérios da dispersão jurisprudencial. O primeiro atua quando da disseminação de conflitos de massa em qualquer das instâncias da Justiça. O segundo instaura-se antes disso, de modo a evitar esse mal. Dizendo o mesmo de modo mais simples, podemos afirmar que o *incidente de resolução de demandas repetitivas - IRDR,* busca remediar o problema, enquanto o *incidente de assunção de competência* intenta evitá-lo.

2. O incidente de resolução de demandas repetitivas – IRDR, NCPC, artigos 976 a 987

2.1. Origens

O IRDR tem sido apontado como a *grande novidade* do novo CPC[5]. Trata-se da opção mais clara e radical no sentido da busca da diminuição do excesso de demandas, reflexo claro da *análise econômica* do processo.

O incidente tem inspiração direta e declarada no processo civil tedesco[6]. Na verdade, em Alemanha, em 16/08/2005, adotou-se no processo civil comum, o chamado *procedimento-modelo* ou *procedimento-padrão - Musterverfahren -* por meio da Lei de introdução do

---

4 As seguintes passagens deixam isso bem claro: "A jurisprudência do STF e dos Tribunais Superiores deve nortear as decisões de todos os Tribunais e Juízos singulares do país, de modo a concretizar plenamente os princípios da legalidade e da isonomia" (p. 250) e "A segurança jurídica fica comprometida com a brusca e integral alteração do entendimento dos tribunais sobre questões de direito" (p. 17).

5 SENADO FEDERAL. Anteprojeto do novo Código de Processo Civil, Disponível em: <http://www.senado.gov.br/senado/novocpc/pdf/anteprojeto.pdf>. Acesso em: 20 ago. 2014.

6 Com os mesmos objetivos, criou-se, com inspiração no Direito alemão, o já referido Incidente de Resolução de Demandas Repetitivas, que consiste na identificação de processos que contenham a mesma questão de direito, que estejam ainda no primeiro grau de jurisdição, para decisão conjunta.

Procedimento-Modelo para os investidores em mercado de capitais - *Gesetz zur Einführung von Kapitalanleger-Musterverfahren,* ou, simplesmente, KapMuG.

Fruto da reação do legislador ao caso *Deutsche Telekom*[7] - que gerou por volta de quinze mil demandas em razão de possíveis fraudes de informação em duas circulares de ofertas de ações da empresa - a técnica foi introduzida como lei experimental em 2005, com prazo de cinco anos, posteriormente prorrogada até 2020.

A regulamentação da tutela coletiva na Alemanha é escassa, havendo poucas leis, sempre pontuais, para qualquer tipo de tutela coletiva[8]. Ainda que o procedimento-modelo tenha sido incorporado *ao ZPO,* sua utilização é rara, até porque a maior parte dos conflitos de massa respeita à esfera administrativa[9], onde são normalmente resolvidos. Aliás, essa é a razão pela qual países como Áustria, Noruega, Suíça e Suécia são carentes na regulamentação da tutela coletiva.

Como sabemos, no Brasil a realidade é outra, pelo que precisamos, e muito, da tutela coletiva. Talvez por isso, o incidente de resolução de demandas repetitivas vá muito além do procedimento-modelo alemão, como veremos.

2.2. Regime jurídico do IRDR no NCPC

De acordo com o *caput* e incisos I e II do artigo 976, é **cabível** a instauração do incidente de resolução de demandas repetitivas quando houver, simultaneamente: (i) efetiva repetição de processos que contenham controvérsia sobre a mesma questão unicamente de direito e (ii) risco de ofensa à isonomia e à segurança jurídica.

Fica clara a **missão** do instituto de atacar a proliferação de demandas repetitivas, desde que tenham como característica uma prevalência

7 NUNES, Dierle; PATRUS Rafael Dilly. *Uma breve notícia sobre o procedimento-modelo alemão e sobre as tendências brasileiras de padronização decisória:* um contributo para o estudo do incidente de resolução de demandas repetitivas brasileiro, p. 477.

8 CABRAL, Antônio do Passo, op. cit., p. 130.

9 NUNES, Dierle. PATRUS Rafael Dilly. Uma breve notícia sobre o procedimento--modelo alemão e sobre as tendências brasileiras de padronização decisória: um contributo para o estudo do incidente de resolução de demandas repetitivas brasileiro. In: FREIRE, Alexandre et al. *Novas tendências do processo civil*: estudos sobre o projeto do novo código de processo civil. Salvador: JusPodivm, 2013.
OLIVEIRA JUNIOR, Zulmar Duarte. *Acautelar ou satisfazer? O "velho problema" no novo CPC.* Disponível em: <http:www..jota.info/acautelar-ou-satisfazer-o-velho-problema-no-novo-cpc>. Acesso em: 3 jun. 2015, p. 481.

da questão de direito que, por ser repetitiva, pode ser solucionada de uma única vez para todos os casos.

Quase sempre, quando houver proliferação de demandas que contenham a mesma questão de direito haverá risco para a isonomia e segurança jurídicas, de modo que o segundo requisito de cabimento decorre do primeiro. A recente experiência brasileira com *esqueletos governamentais* decorrentes de planos econômicos malsucedidos deixa isso bem claro.

Como funciona o novo instrumento? A técnica é simples e consiste na cisão do julgamento de determinada demanda, levando ao tribunal a parte padronizável da lide, suspensas as demandas repetitivas. Ao decidir a demanda eleita, o tribunal gera uma *decisão-modelo,* cabendo à primeira instância aplicá-la de acordo com as peculiaridades de cada caso concreto. Não deve haver uma *aplicação mecânica do julgado*[10].

O tribunal competente para julgar o IRDR aprecia apenas a questão de direito, gerando o precedente cujo respeito será obrigatório no julgamento das demandas suspensas - e das novas demandas também - seja no próprio tribunal seja nas instâncias inferiores, implicando ainda comunicação ao órgão administrativo regulador para fiscalização da efetiva aplicação se o incidente tiver por objeto questão relativa à prestação de serviço concedido, permitido ou autorizado - artigo 985, § 2º. O NCPC prevê ainda a possibilidade de alargamento da eficácia do julgamento do incidente, a ponto de atingir todo o território nacional - artigo 987, § 2º.

Reiteramos que isso não significa que todas as demandas terão o mesmo resultado. O julgamento individual será o resultado da subsunção das circunstâncias fáticas de cada caso ao julgamento da tese fixada no incidente.

Se a tese for desrespeitada, caberá reclamação para o tribunal que a instituiu - artigo 985, § 1º.

Quanto ao **procedimento**, as normas do novo Código são bastante precisas. Passemos a delineá-lo.

Têm **legitimidade** para pedir a instauração do incidente: (i) as partes de quaisquer das demandas repetitivas; (ii) o Ministério Público; (iii) a Defensoria Pública; (iv) o juiz ou o relator do caso repetitivo, de ofício - artigo 977.

Em todos os casos exige-se a instrução do pedido com os documentos necessários à demonstração do preenchimento dos pressupostos para a sua instauração - artigo 977. O pedido será endereçado ao presidente do tribunal respectivo.

10 NUNES, Dierle; PATRUS, Rafael Dilly, op. cit., p. 479.

Por disposição expressa do artigo 985, I, o IRDR poderá ser instaurado também no âmbito dos Juizados Especiais Cíveis, mantendo-se seu **endereçamento** ao presidente do TRF ou TJ respectivo, afastada, em nosso sentir, a competência das Turmas Recursais.

O **juízo de admissibilidade** do incidente divide-se em três etapas: (i) a primeira levada a efeito pelo próprio presidente do tribunal; (ii) a segunda efetivada pelo relator integrante do órgão do tribunal responsável pela uniformização da jurisprudência; (iii) a terceira procedida pelo próprio colegiado que julgará a causa, nos termos do artigo 981. Aliás, a **competência para julgamento do incidente** será sempre do órgão do tribunal designado pelo regimento como responsável pela uniformização de jurisprudência.

Cabe ao relator, após a admissibilidade, tomar as providências do artigo 982, quais sejam, suspender os processos pendentes - no âmbito do foro do seu tribunal, ou seja, em todo o Estado, no caso de TJ, Região, se for TRF, Brasil todo se forem STF ou STJ - requisitar informações e intimar o MP.

A suspensão concretiza-se pelo envio de ofício a todos os órgãos submetidos à sua jurisdição. Naturalmente, caberá ao juiz de cada causa verificar quais são os processos que versam sobre a mesma questão de direito, cumprindo em relação a eles a decisão do relator.

Nesse movimento, pensamos que pode o juiz decidir que determinado caso, ainda que envolva a mesma questão de direito, possua peculiaridades que de imediato indiquem a necessidade de decisão específica, artesanal, fora da unicidade do incidente. Trata-se da aplicação da técnica do *distinguishing,* por meio da qual o juiz compara o caso concreto ao caso paradigma, confrontando não só a questão de direito mas, principalmente, as circunstâncias fáticas, podendo encontrar aí as particularidades autorizadoras de julgamento individualizado. Não há previsão de recurso contra essa decisão[11], pelo que entendemos cabível simples petição de reconsideração e, no limite, mandado de segurança.

De outro lado pode ocorrer o sobrestamento indevido, ou por erro material - sobrestamento claramente equivocado, ou porque o caso concreto possuía as peculiaridades autorizadoras do *distinguishing negativo* que não foi feito pelo magistrado. Também para esse caso não há previsão de recurso[12]. Na mesma linha, entendemos cabível pedido de reconsideração e, se frustrado, o mandado de segurança.

---

11 No projeto da Câmara havia previsão expressa de pedido da parte pela suspensão do processo, dirigido ao órgão julgador, com possibilidade de agravo de instrumento contra essa decisão.

12 No projeto da Câmara, também dessa decisão cabia pedido de revisão pela parte, com agravo de instrumento contra a decisão final.

A verdade é que o procedimento do IRDR delineado no novo Código, conquanto sofisticado, é por demais negligente com as circunstâncias fáticas, quer na definição da tese a ser julgada, quer no sobrestamento dos feitos, ou ainda no julgamento de mérito do incidente ou, por fim, na sua aplicação aos processos individuais.

O intérprete tem de estar atento ao fato de que o fenômeno jurídico e as teses jurídicas não existem descoladas da realidade[13]. O direito existe em razão dos fatos e, mesmo no julgamento do IRDR, para definição da questão predominantemente de direito, os fatos sempre devem ser levados em consideração. Não todos, mas aqueles relevantes ao julgamento da causa.

Alguém poderia objetar que a redação do artigo 976 é bastante clara ao vincular o objeto do IRDR a questões *unicamente de direito*. Em verdade, trata-se de equívoco redacional do legislador. A questão de direito pode sim ser predominante, mas jamais existirá desvinculada dos fatos. Sem os fatos não há lide e, sem lide, não há interesse no ajuizamento de uma ação.

O artigo 979 dispõe que a instauração e o julgamento do incidente serão sucedidos de **ampla divulgação e publicidade**, inclusive com obrigatoriedade de registro eletrônico no Conselho Nacional de Justiça.

Seu § 1º dispõe que os tribunais manterão banco eletrônico de dados atualizados com informações específicas sobre questões de direito submetidas ao incidente, comunicando-o imediatamente ao Conselho Nacional de Justiça para inclusão no cadastro. Já o § 2º estabelece regra para possibilitar a identificação das causas abrangidas pelo incidente, mediante o registro eletrônico das teses jurídicas que deverá contemplar, no mínimo, os fundamentos da decisão e as normas a ela relacionadas. Essa regra, segundo a lei, aplica-se também aos recursos especiais e extraordinários repetitivos.

No entanto, diferentemente do IRDR, não há aqui qualquer previsão de abertura do procedimento para manifestação de *amicus curiae*, ou de terceiros, o que gera um grande déficit democrático para a decisão final, principalmente porque ela será de observância obrigatória em eventuais processos que surjam sobre o tema no foro do tribunal. Talvez a diferença de tratamento decorra da ausência de multiplicidade de processos como requisito para instauração do incidente de assunção de competência. Ainda assim, o equívoco é manifesto.

Se houver urgência para a concessão de tutela em processo suspenso, pode ser pleiteada **tutela provisória** ao próprio órgão onde

13 WAMBIER, Teresa Arruda Alvim. *Embargos de declaração e omissão do juiz*. São Paulo: RT, 2014, p. 214.

tramita o processo suspenso - artigo 982, § 2º. Nesse momento será incabível a tutela provisória de evidência, tendo em vista a discussão da tese jurídica no IRDR.

A extensão da suspensão a todo o território nacional está prevista no § 3º do artigo 982. Pode ser pleiteada por qualquer dos legitimados do artigo 977 ao Tribunal competente para conhecer de recurso extraordinário ou especial. O § 4º estende a legitimidade para as partes de qualquer processo do Brasil em que se discuta o mesmo tema, mesmo que esse processo tramite fora do foro onde originalmente deu-se a instauração do incidente.

Tal dispositivo possibilita a uniformização da jurisprudência em âmbito nacional, já que as questões jurídicas comuns que vierem a ser julgadas pelo STF ou STJ serão aplicáveis a uma multiplicidade de ações em todo o território nacional. Naturalmente, os tribunais superiores decidirão pela extensão da suspensão apenas se a valorarem como necessária à proteção da segurança jurídica no caso concreto.

A **suspensão cessa** sempre que, da decisão do incidente, não for interposto recurso especial ou extraordinário - artigo 982, § 5º. Note-se, portanto, que aqui os recursos excepcionais têm efeito suspensivo, o que difere de seu regime jurídico padrão.

O artigo 983 trata da necessária **abertura do procedimento** antes do julgamento do incidente, de modo a permitir a manifestação do maior número possível de pessoas, para, sem inviabilizar o julgamento, diminuir o déficit democrático necessariamente presente em decisões judiciais cujos efeitos transcendem as partes originais da demanda.

O dispositivo prevê que, além das partes, o relator ouvirá demais interessados no julgamento, o que abrange pessoas, órgãos e entidades com interesse na controvérsia, as quais poderão requerer a juntada de documentos ou postular diligências necessárias para a melhor compreensão da questão de direito controvertida.

O alcance dessa norma será certamente objeto de grande discussão. A tendência dos Tribunais Superiores sempre foi a de vedar a manifestação direta das partes dos feitos sobrestados nos julgamentos de recursos repetitivos[14].

Todavia, a redação da nova norma é bem mais clara e ampla que aquelas equivalentes do CPC/73 - artigos 543-A, § 6º, e 543-C, § 4º, o que nos faz crer que, além dos *amici curiae,* poderão ser ouvidas as partes dos processos sobrestados e quaisquer pessoas que, de alguma

14 STJ. REsp 1.418.593-MS, 2ª Seção, Rel. Min. Luis Felipe Salomão, julgado em 14/05/2014.

forma possam ser atingidas pelos efeitos da decisão - designados no *caput* do artigo 983 como *demais interessados.*

Lembramos que a participação do *amicus curiae* depende da demonstração de *representatividade adequada*[15], enquanto a posição que as partes dos processos sobrestados assumem ao intervir assemelha-se à de assistente simples, visto que seu direito não é diretamente objeto de julgamento do incidente mas, certamente, sofrerá os efeitos jurídicos decorrentes da vinculação à tese jurídica a ser adotada. Dizemos *assemelha-se* porque o julgamento do incidente é objetivo, julga-se a tese jurídica, e não uma causa entre duas ou mais pessoas. Assim, em rigor, temos forma *inominada de intervenção de terceiros,* criada pelo NCPC exclusivamente para a hipótese.

O § 1º do artigo 983 contempla a possibilidade de realização de audiência pública, na qual poderão ser ouvidos *experts* no tema a ser julgado. Trata-se de mais uma faceta da intervenção dos *amici curiae,* agora não para arejar democraticamente o processo, mas sim para fornecer subsídios técnicos para melhor compreensão da matéria de fundo.

O artigo 984 traça procedimentos para o julgamento do incidente. A **sustentação oral** será permitida às partes do processo originário, ao Ministério Público, e aos demais interessados. Um bom argumento para jurisprudência restritiva quanto à participação dos *demais interessados* é o pouquíssimo tempo que todos eles terão para dividir em suas manifestações orais: 30 minutos, ainda que a norma preveja a possibilidade de ampliação - inciso II, *b,* e § 2º. Uma solução seria restringir a manifestação oral apenas aos *amici curiae,* de modo que as partes dos processos originários e outros interessados só poderiam manifestar-se por escrito, juntando documentos, na forma do artigo 983.

Merece destaque o § 2º, que, versando sobre a **fundamentação da decisão**, estabelece a obrigatoriedade de o acórdão abranger a análise de todos os fundamentos suscitados, inclusive daqueles contrários à tese jurídica controvertida, de forma a delimitá-la por completo. Trata-se do necessário aprofundamento cognitivo, a permitir a análise do maior número possível de argumentos, de modo a concretizar o princípio do contraditório em grau elevado e criar um precedente estável e de qualidade.

O artigo 985 versa sobre os **efeitos do julgamento do incidente**, com foco na amplitude da aplicação da tese jurídica nele fixada. De acordo com a norma, a tese será aplicada (i) a todos os feitos individuais ou coletivos que versem sobre idêntica questão de direito e que tramitem na área de jurisdição do respectivo tribunal, inclusive àqueles que

15 STF. RE 597.165/DF, Pleno. Rel. Min. Celso de Melo, julgado em 04/04/2011.

tramitem nos Juizados Especiais do respectivo Estado ou região; (ii) aos casos futuros que versem sobre idêntica questão de direito e que venham a tramitar no território de competência do tribunal, salvo revisão na forma da lei.

Como já ressaltamos, a decisão no incidente alcança os Juizados Especiais. Pela letra do artigo 985 fica claro que se vinculam à decisão não só os feitos sobrestados, mas todos aqueles que tramitem no âmbito da competência territorial do órgão julgador, o que inclui eventuais processos que, por algum motivo, ainda não tenham sido sobrestados. Mais do que isso, a decisão vincula até mesmo processos futuros sobre o mesmo tema.

Neste ponto, duas observações são fundamentais. Em primeiro lugar, a obrigatoriedade de respeitar o julgamento da tese fixada no incidente implica verdadeiro **efeito vinculante**, conclusão que se decalca da própria norma, que prevê a utilização de *reclamação* contra a decisão desrespeitosa - § 1°. Por fim, é fundamental atentar para o fato de que o incidente resolve questão de direito apenas. Trata-se de julgamento de tese jurídica. A aplicação da tese nos múltiplos processos sobrestados e nos novos não necessariamente levará a resultados idênticos para todos, pois os fatos subjacentes a cada uma das causas podem conter peculiaridades que levem a conclusões distintas.

De outro lado, deve sempre estar aberta ao juiz do caso concreto a possibilidade do ***distinguishing negativo,*** para afastar o precedente, demonstrando que o caso merece solução distinta em razão de suas peculiaridades.

No mais, o mérito dos processos individuais só será julgado se presentes os pressupostos processuais e as condições da ação. Para nós, todavia, a existência de precedente vinculante deve estimular a superação dos defeitos formais para julgamento do mérito, estimulando a unidade da jurisprudência e, por consequência, a segurança jurídica decorrente da formação da coisa julgada material. Nessa tarefa caberá ao magistrado ponderar, no caso concreto, os prejuízos decorrentes dos vícios formais detectados com os benefícios do julgamento de mérito decorrente da aplicação do precedente, respeitados, nessa decisão, os parâmetros do artigo 489, § 2º.

A decisão proferida no incidente vinculará também o Poder Executivo, já que, de acordo com o § 2º do artigo 985, se o incidente tiver por objeto questão relativa a prestação de serviço público concedido, permitido ou autorizado, seu resultado deverá ser comunicado ao órgão competente para fins de controle quanto à efetiva aplicação da tese adotada.

O artigo 986 contempla a hipótese de **superação do entendimento** jurídico firmado no incidente, o chamado *overruling*. Regra geral, o *overruling* é de competência da mesma Corte que estabeleceu o precedente, ou de Corte superior. A norma prevê que a revisão obedecerá ao mesmo procedimento do IRDR, com idêntica legitimação ativa. É fundamental que a norma em questão tenha leitura integrada com o artigo 927, § 3º, que dispõe que *na hipótese de alteração de jurisprudência dominante do Supremo Tribunal Federal e dos tribunais superiores ou daquela oriunda de julgamento de casos repetitivos, pode haver modulação dos efeitos da alteração no interesse social e no da segurança jurídica.*

O legislador poderia ter se preocupado mais com a estabilidade dos precedentes, principalmente porque a perenidade da jurisprudência não faz parte de nossa cultura processual. A expectativa é que os tribunais assimilem a lição de culturas judiciárias mais acostumadas com a força normativa dos precedentes, que possuem institutos interessantes de proteção à segurança jurídica quando da - muito rara - modificação do precedente, tais como o *signaling* e as *decisões-alerta,* oriundos respectivamente dos EUA e da Alemanha. Por meio dessas técnicas, com algumas diferenças, os tribunais indicam a mudança de jurisprudência antes de efetivá-la.

Da decisão do incidente cabe recurso extraordinário ou especial, os quais serão dotados de efeito suspensivo - artigo 987, § 1º. Apreciado o mérito do recurso, a tese jurídica adotada pelo STF ou pelo STJ será aplicada em território nacional a todos os processos individuais ou coletivos que versem sobre aquela mesma questão de direito - § 2º.

2.3. Diferenças entres os modelos alemão e brasileiro

No estudo deste novo instituto, uma comparação entre criador e criatura pode ser bastante elucidativa.

No modelo alemão, é notável a preocupação com as garantias processuais. No procedimento alemão: (i) não é possível instauração de ofício do *incidente* pelo tribunal, que tem de ser provocado por uma das partes de uma das demandas repetitivas; (ii) o tribunal pode produzir as provas necessárias à decisão da causa discricionariamente eleita; (iii) qualquer outro demandante poderá atuar no feito, inclusive requerendo a produção de provas; (iv) a decisão final só fará coisa julgada em relação às partes das demandas existentes à época da instauração do procedimento-modelo o que significa que não opera para o futuro[16]. Garante-se, ainda, aos interessados a possibilidade de *escapar* da coisa julgada demonstrando que não puderam influenciar na decisão-modelo.

O item (ii) deixa bastante clara a preocupação do modelo alemão com o contexto fático subjecente à tese a ser decidida.

16 CABRAL, Antônio do Passo, op. cit., p. 141.

Já no modelo brasileiro, as principais caraterísticas são: (i) possibilidade de instauração de ofício pelo tribunal; (ii) possibilidade de instauração do incidente em causas que ainda tramitam na primeira instância; (iii) participação de todos os interessados, incluindo pessoas, órgãos ou entidades, que poderão requerer diligências exclusivamente para a elucidação da questão *de direito* - no modelo brasileiro, questões fáticas parecem não fazer parte do incidente. Será que a jurisprudência realmente *abrirá* o procedimento para além dos *amici curiae*, permitindo a participação de todos que forem parte nos processos suspensos? -; (iv) aplicação da tese jurídica resultante do julgamento a todos os processos suspensos no âmbito do foro do tribunal onde tramita o incidente, *bem como às causas futuras que versarem sobre idêntica questão de direito*[17]; (v) havendo recurso especial ou extraordinário, os efeitos do incidente serão estendidos a todo território nacional; (vi) mesmo que não haja recurso, os legitimados para a instauração do incidente, *visando à garantia da segurança jurídica*, poderão requerer ao STF ou ao STJ a extensão da suspensão a todo o território nacional - mas será que os Tribunais Superiores realmente permitirão e atenderão às manifestações de todas as partes de todos os processos suspensos?

É radical o *procedimento-modelo dos trópicos*, pois tem efeitos inclusive para o futuro - e por isso não permite que os interessados furtem-se à vinculação da decisão final desistindo ou sequer propondo a demanda naquele momento.

Note-se também que não se explicitam, no artigo 985, os limites da aplicação da tese às demandas individuais, deixando-se de prever a necessidade da comparação analítica de casos para que se faça o *distinguishing*[18] - não obstante, o cotejo fático deva realizar-se, ainda que não seja de nossa *cultura jurídica*.

3. Incidente de assunção de competência – NCPC, artigo 947

3.1. Introdução

O incidente de assunção de competência é uma relativa novidade do NCPC. Trata-se, em verdade, de uma evolução do incidente de uniformização de jurisprudência, previsto nos artigos 476 a 479 do CPC/73 e muito pouco utilizado.

Ambos os institutos têm por objetivo compor ou evitar divergências no tribunal, buscando a estabilização da jurisprudência através do

17 Artigo 985, inciso II.

18 NUNES, Dierle; PATRUS, Rafael Dilly, op. cit., p. 483.

deslocamento de competência para julgamento do órgão fracionário original para órgão colegiado mais qualificado.

A principal diferença é que no incidente do CPC/73 havia cisão do julgamento, encaminhando-se ao novo colegiado apenas a matéria de direito para, após, haver o julgamento final pelo órgão fracionário originário, que apreciaria o mérito do recurso, vinculando-se ao decidido no incidente de uniformização.

Já no incidente do NCPC ocorre o deslocamento integral do julgamento do recurso/processo originário/remessa necessária ao colegiado que o regimento indicar. Por fim, como veremos, o novo incidente tem efeitos mais intensos em relação à estabilização e uniformização da jurisprudência que o seu ancestral do CPC/73.

Em resumo, o incidente de assunção de competência é um mecanismo de formação de precedente vinculante, através do deslocamento de competência para órgão colegiado mais robusto no tribunal, que julgará o processo sempre que houver relevante questão de direito, com grande repercussão social, desde que não haja múltipla repetição de processos.

Como afirmamos no item 1, o presente instituto *fecha* o sistema junto com o IRDR, estruturando precedentes vinculantes em razão da relevância jurídica e social da questão de direito, antes que a demanda torne-se repetitiva ou mesmo que o tema não tenha potencial repetitivo. Enquanto o *leitmotiv* do IRDR é o caráter massificado da questão, aqui é a relevância da questão *per si,* sem repetição. Os incidentes são, portanto, excludentes entre si: se cabe um, não cabe o outro.

3.2. Procedimento

A **hipótese de cabimento** deste incidente é a existência de recurso, ação de competência originária ou remessa necessária no tribunal que envolva relevante questão de direito, com grande repercussão social, sem que haja efetiva repetição de processos - artigo 947, *caput.*

Note-se que o § 4º do mesmo dispositivo afirma instaurar-se o incidente *quando ocorrer relevante questão de direito a respeito da qual seja conveniente a prevenção ou a composição de divergência entre câmaras ou turmas do tribunal.* Parte da doutrina vê aqui a presença dos requisitos para que se configure a hipótese de cabimento do *caput*[19].

No entanto, para nós, **trata-se de mais uma hipótese de cabimento**. É dizer: para além das relevantes questões de direito com grande

19 WAMBIER, Teresa Arruda Alvim; WAMBIER, Maria Lúcia Alvim; RIBEIRO, Leonardo Ferres da Silva; MELLO, Rogério Licastro Torres. *Primeiros comentários ao novo código de processo civil, artigo por artigo*, p. 1.345.

repercussão social, também forma-se o incidente quando for conveniente a prevenção ou composição de divergência entre câmaras ou turmas do tribunal. E quando será conveniente a prevenção ou a composição da divergência interna? Sempre que necessária à promoção da segurança jurídica.

Em resumo, a hipótese de cabimento do *caput* tem por referência externa direta a sociedade, que no § 4º é referida apenas indiretamente, visto que seu objetivo imediato é a uniformidade da jurisprudência do próprio tribunal.

Das hipóteses de cabimento decalcamos com facilidade os **requisitos** para instauração.

Na primeira hipótese temos: (i) a existência de recurso, remessa necessária ou ação de competência originária em qualquer tribunal - inclusive nos superiores; (ii) a existência de relevante questão de direito, com grande repercussão social e sem viés repetitivo efetivo.

Na segunda hipótese os requisitos são: (i) a existência de recurso, remessa necessária ou ação de competência originária em qualquer tribunal - inclusive nos superiores; (ii) a possibilidade ou efetiva divergência interna no tribunal a respeito de relevante questão de direito; (iii) a conveniência na composição da divergência.

Os requisitos são sempre cumulativos dentro de cada hipótese. A segunda não exige expressamente a ausência de repetição. Entretanto, entendemos que, mesmo na segunda hipótese, havendo viés repetitivo, é mais adequada a instauração do IRDR, tendo em vista seu caráter acautelatório da segurança jurídica decorrente da suspensão de todos os processos a respeito do tema, efeito que o incidente de assunção de competência não tem.

A **legitimidade** para requerer a instauração é das partes no caso concreto, do Ministério Público ou da Defensoria Pública. Pode ainda o relator do caso concreto propor de ofício a instauração - § 1º.

O **juízo de admissibilidade** divide-se em duas etapas: uma preliminar, feita pelo relator do processo originário, salvo quando ele mesmo propôs a instauração; outra definitiva, de atribuição do colegiado competente para julgamento do incidente. Segundo o § 2º, o colegiado avaliará a presença do interesse público na assunção de competência. Obviamente, na expressão *interesse público* estão presentes todos os requisitos de cada uma das hipóteses de cabimento do incidente. É dizer: presentes os requisitos que autorizam a instauração do incidente, haverá interesse público.

A **competência** para julgamento será do órgão colegiado que o regimento interno do tribunal indicar, podendo ser uma reunião de turmas ou câmaras, o órgão especial, o pleno etc. A ideia é que o órgão competente seja um colegiado mais qualificado que o órgão fracionário original, apto a proferir decisão que tenha autoridade suficiente para uniformizar o entendimento do tribunal sobre o tema.

De acordo com o disposto no § 3º, o julgamento do incidente *vinculará todos os juízes e órgão fracionários, exceto se houver revisão da tese*. A norma trata dos **efeitos da decisão final**, afirmando expressamente serem eles vinculantes no âmbito do foro do próprio tribunal, incluindo a primeira instância.

Valem aqui os comentários feitos à utilização de **reclamação** contra decisões que desrespeitam o decidido no IRDR - item 2.2. A única diferença é que, para a assunção de competência, esse instrumento não está previsto expressamente nas normas que a regulam - artigo 947, mas sim no artigo 988, IV, em capítulo próprio da reclamação.

Por fim, uma última observação. Diferentemente do que ocorre no IRDR - artigo 985, I, pensamos que o incidente de assunção de competência não pode ser instaurado no âmbito dos Juizados Especiais. Além da ausência de referência específica e do claro foco na realidade dos tribunais, a verdade é que os Juizados têm o seu próprio sistema de uniformização de jurisprudência, sejam os Juizados Cíveis, os Federais ou os da Fazenda Pública[20].

20 Nos Juizados Especiais Cíveis: Lei nº 9.099/95 e art. 1º da Resolução nº 12/2009 do STJ. Cabimento de reclamação, quando decisão de Turma Recursal contrariar: (i) jurisprudência do STJ; (ii) súmula do STJ; (iii) orientações decorrentes do julgamento de recursos especiais processados na forma do artigo 543-C

Nos Juizados Especias Federais: Lei nº 10.259/2001, art. 14 § 4º. Cabimento de pedido de uniformização de jurisprudência fundado em: (i) jurisprudência dominante do STJ; (ii) súmula do STJ

Nos Juizados Especiais da Fazenda Pública: Lei nº 12.153/2009, artigos 18 e 19. Cabimento de pedido de uniformização de jurisprudência quando: (i) as Turmas de diferentes Estados derem a lei federal interpretações divergentes; (ii) a decisão proferida estiver em contrariedade com súmula do STJ.

Breve Ensaio sobre o Novo Conspecto Processual da Desconsideração Judicial da Personalidade Jurídica

Michele Pedrosa Paumgartten

Sumário: 1. Introdução. **2.** Personalização da sociedade empresária. **3.** A desconsideração da personalidade jurídica. **4.** A jurisprudência e a necessidade de regulamentação jurídico-processual. **5.** A integração da teoria da desconsideração ao CPC/2015. **6.** Considerações Finais.

1. Introdução

A autonomia patrimonial que protege a distinção entre o patrimônio da pessoa jurídica daquele que pertence aos seus integrantes enquanto sujeito autônomo de direitos e obrigações tem uma finalidade social importante, razão pela qual recebe atenção de diversos ordenamentos jurídicos.

No entanto, a salvaguarda irrestrita deste princípio pode facilitar a prática de conduta fraudulenta pela sociedade empresária que tenha a intenção de se furtar ao adimplemento de obrigações tanto de natureza pública quanto privada. Presenciamos no dia a dia dirigentes de pessoas jurídicas que fecham uma porta e abrem outra com a intenção de deixar para trás um passivo que representa prejuízos para terceiros, desfalcando clientes, fornecedores, empregados e o próprio Estado. Perpetuam os danos, instalando-se em outro lugar, compondo novo *board* societário com outras pessoas, "laranjas". Um ônus que será suportado não apenas por aqueles ligados direta ou indiretamente à empresa, mas por toda a sociedade.

Para coibir tais ilicitudes, uma reavaliação do princípio foi delineada pela jurisprudência autorizando o Poder Judiciário a ignorar a autonomia patrimonial da pessoa jurídica sempre que ela for aproveitada a partir de um comportamento fraudulento. O Código de Defesa do Consumidor consagrou o instituto da despersonalização no artigo 28, seguido pelo Código Civil de 2002 que o descreveu no artigo 50, ao abrigo do pressuposto inafastável da ocorrência de fraude na conduta empresarial.

A desconsideração é, portanto, um instrumento para coibir o mau uso da pessoa jurídica. Por outro lado, a sua efetivação era desprovida de mecanismos processuais, ficando ao encargo da jurisprudência a sua evolução conceitual.

O desenvolvimento e amadurecimento da ciência processual propiciou a produção de diversas obras acadêmicas destinadas a estudar a projeção da desconsideração da personalidade jurídica no processo. O objetivo deste artigo é estudar o movimento integratório do instituto no Código de Processo Civil de 2015 analisando se deste modo será possível a ansiada proteção das garantias constitucionais processuais para a sociedade/sócio cuja autonomia patrimonial foi desconsiderada.

2. Personalização da sociedade empresária

A personalização societária está amparada historicamente pela necessidade de distinção entre a pessoa do sócio e a corporação empresarial. A grande questão referia-se à responsabilidade subsidiária ilimitada, considerada um risco a mais, pois aqueles que possuíam condições de investir elevadas quantias na corporação agiam com demasiada cautela diante da possibilidade de comprometimento do restante do seu patrimônio[1]. Deste modo, ao dotar a sociedade de personalidade jurídica, esta passa a ser capaz de direitos e obrigações, passando a ter uma existência distinta em relação a seus membros[2]. Thadeu Cunha bem posiciona temporalmente esta necessidade:

> Com o advento da Revolução Francesa, a filosofia liberal, o direito individual e a política do liberalismo compõem um universo que produzirá a generalização da personalidade societária, porque a revolução industrial exigia a concentração de grandes capitais para o êxito empresarial, afinal o Estado retirava-se do exercício da atividade econômica e, em função dessa alteração, o capital individual não era suficiente para a nova realidade imposta[3].

Este ser ideal, fictício[4], porém, um sujeito de direitos será tutelado por lei para assegurar à corporação o direito de atuar livremente na

1 JUSTEN FILHO, Marçal. *Desconsideração da personalidade societária no direito brasileiro.* São Paulo: Revista dos Tribunais, 1987, p. 24.

2 CAMPINHO, Sergio. *O direito da empresa. À luz do novo código civil.* 6. ed. Rio de Janeiro: Renovar, 2005, p. 63.

3 CUNHA, Thadeu Andrade da. A dimensão temporal do conceito de pessoa jurídica e sua crise. *Revista de Informação Legislativa.* Brasília, ano 33, n. 132, out./dez., p. 231-244, 1996, p. 234.

4 Thadeu Cunha lembra que a controvérsia *ficção-realidade* da pessoa jurídica tinha como objetivo descobrir o que era a pessoa jurídica e desnudar a sua essência. *Idem.*

atividade escolhida para se dedicar, como se fosse um ser dotado de vontade própria *stricto sensu*[5]. Porém, da mesma forma que a lei outorga personalidade a estes seres ideais, também lhe impõe limitações com o fim de garantir o equilíbrio das relações jurídicas negociais.

Importante salientar que ao intitularmos uma entidade como *pessoa*, não significa que estamos diante de um sujeito de direito. Para Fábio Ulhoa os centros subjetivos de referência de direito ou dever, enfim, tudo aquilo que a ordem jurídica reputa apto a ser titular de direito ou devedor de prestação, é chamado *sujeito de direito*, que é gênero do qual *pessoa* é espécie. Neste sentido, determinadas entidades não são consideradas pessoas (massa falida, nascituro, espólio, p.ex.) e, portanto, despersonalizadas, compõem juntamente com as pessoas o universo dos sujeitos de direito. A sociedade empresária, enquanto pessoa jurídica, é sujeito de direito autorizada, por esta razão, a praticar qualquer ato ou negócio jurídico em relação ao qual inexista proibição expressa[6].

Com o fim de estimular a associação entre os seres humanos para que destinassem seus esforços e concentração de recursos para um fim - o progresso e união cultural e econômico - o Estado atribuiu um regime jurídico particularmente benéfico para essa consociação voltada a realização de uma atividade econômica. A atribuição de uma personalidade jurídica é convenientemente inserida no ambiente jurídico e passa a refletir um conteúdo normativo com consequências jurídicas[7].

As consequências da personalização das sociedades empresariais são a proteção da: i. titularidade negocial; ii. titularidade processual; iii. incomunicabilidade entre o patrimônio corporativo e o de seus sócios e com isso, a limitação ou supressão da responsabilidade individual; iv. nacionalidade, nome e domicílio.

Além disso, o Código Civil brasileiro garante às pessoas jurídicas a proteção dos direitos da personalidade de que gozam as pessoas naturais[8]. Ao conferir esse tratamento, teve o legislador precipuamente o objetivo de resguardar os direitos econômicos ligados ao nome comercial e à imagem das pessoas jurídicas de direito privado garantindo-lhes

---

5 MATIELLO, Fabrício Zamprogna. *Código civil comentado*. São Paulo: LTr, 2009, p. 54.

6 COELHO, Fabio Ulhoa. *Manual de direito comercial*. 21. ed. São Paulo: Saraiva, 2009, p. 112-113.

7 CUNHA, Thadeu Andrade da, op. cit., p. 240.

8 No dizer de Maria Helena Diniz: "as pessoas jurídicas têm direitos da personalidade, como direito ao nome, à marca, à honra objetiva, à imagem, ao segredo etc., por serem entes dotados de personalidade pelo ordenamento jurídico-positivo, e podem sofrer dano moral [...]." DINIZ, Maria Helena. *Código civil anotado*. 9. ed. São Paulo: LTr, 2003, p. 71.

proteção contra agressão injusta equivalente à defesa da moralidade da pessoa natural.

No entanto, apesar de todo amparo, a constatação do abuso ou uso anormal da personalidade jurídica em um processo judicial autoriza o julgador a desconsiderar temporariamente a existência da personalidade jurídica, com o objetivo de alcançar as pessoas físicas que a compõem, fazendo-as responder com seu patrimônio individual pelos danos e prejuízos causados a terceiros que buscam a reparação através da tutela jurisdicional. O mandamento legal civilista pretende impedir acertadamente que a personalidade jurídica seja utilizada como um anteparo para a fraude, autorizando a busca pelos bens da pessoa física que se esconde atrás da pessoa jurídica irregularmente utilizada para lesar terceiros[9].

3. A desconsideração da personalidade jurídica

A entidade personificada é manifestação do direito de propriedade, mas que também deve obedecer a sua função social. Para Eros Roberto Grau a propriedade dotada de função social é aquela que está relacionada à exploração de bens de produção - bens e serviços necessários à produção de outros bens e serviços[10] -, ou seja, há a uma destinação economicamente útil da propriedade em nome do interesse público[11]. Deduz Fabio Comparato sobre esta questão que "em se tratando de bens de produção, o poder-dever do proprietário de dar à coisa uma destinação compatível com o interesse da coletividade transmuda-se, quando tais bens são incorporados a uma exploração empresarial, em poder-dever do titular do controle de dirigir a empresa para a realização dos interesses coletivos"[12].

A empresa é um meio através do qual seus membros concretizam suas vontades individuais e para fomentar esse interesse, já mencionamos que a autonomia patrimonial e, consequentemente, a limitação da responsabilidade dos sócios foi fundamental para o desenvolvimento progressivo da atividade econômica.

9 MATIELLO, Fabrício Zamprogna, op. cit., p. 55

10 GRAU, Eros Roberto. *A ordem econômica na Constituição de 1988.* 7. ed. São Paulo: Malheiros, 2002, p. 274.

11 BULOS, Uado Lammêgo. *Curso de direito constitucional.* São Paulo: Saraiva, 2007, p. 469.

12 COMPARATO, Fábio Konder. *Função social da propriedade de bens de produção.* Direito Empresarial. São Paulo: Saraiva, 1995, p. 34.

No entanto, percebeu-se que de instrumento de proteção, a personalização jurídica começou a ser utilizada como um instrumento para a consecução de objetivos antijurídicos, abusivos e não raras vezes fraudulentos, desviando-se da função social e societária, tornando proveitosa a separação entre o patrimônio da sociedade e do sócio. Justen Filho referindo-se à ótica de Lamartine Correa de Oliveira, considera este fenômeno representativo de uma crise da personalização jurídica, pois um mecanismo que seria a solução jurídica para incentivar a associação de esforços entre pessoas e estimular a produção de riqueza, com redução dos riscos para o investidor, passou a garantir a intangibilidade do patrimônio particular dos membros sociais mesmo quando a atividade societária era desvirtuada:

> O segundo ângulo da crise reside, segundo Lamartine, na incompatibilidade, por vezes, entre os fins do Direito e a conduta específica e concreta de agrupamentos personificados. Haveria uma espécie de "desnaturação" da sociedade personificada, conduzindo a atingir-se resultado imoral ou antijurídico através da aplicação das regras sobre pessoas jurídica[13].

Para evitar o *problema* que começou a se notar e que tinha a separação patrimonial como pano de fundo, nasceu a teoria da deconsideração da personalidade jurídica, cuja característica fundamental é estender a responsabilidade dos atos praticados pela pessoa jurídica ao patrimônio dos sócios, desde que a sociedade não tenha sido utilizada, sobretudo, em conformidade com a função social da sociedade empresarial.

Arrimado em Robert Alexy, Inocêncio Coelho conclui que por se tratar de um princípio jurídico e não uma regra de direito, a implementação da função social da propriedade insere-se no "jogo concertado de complementações e restrições recíprocas em que consiste o processo de aplicação/concretização dessas pautas axiológicas - por natureza abertas, indeterminadas e plurissignificativas - enquanto mandatos de otimização". Por isso, trata-se de um tipo de norma que não se implementa em termos absolutos, mas opera na dependência de condições fáticas impostas pela realidade extranormativa[14]. Deste modo, não existindo na Constituição de 1988 qualquer hierarquia entre os valores consubstanciados no direito da propriedade e na sua função social, Inocêncio arremata que restará ao julgador uma avaliação à luz do caso

---

13 JUSTEN FILHO, Marçal, op. cit., p. 16-17.

14 MENDES, Gilmar Ferreira; COELHO, Inocêncio Mártires; BRANCO, Paulo Gustavo Gonet. *Curso de direito constitucional*. 4. ed. São Paulo: Saraiva, 2009, p. 1.408.

concreto, ponderando com o fim de optar por aquele valor cuja prevalência conduzirá a uma decisão mais correta e justa[15].

Para José Afonso da Silva a função social se aplica a todas as espécies de propriedade, configurando sua direta implicação com a propriedade dos bens de produção. Assevera que os princípios gerais da atividade econômica são instrumentos para a realização da justiça social, através da contemplação dos direitos sociais, pois:

> Se ela [iniciativa econômica privada] se implementa na atuação empresarial, e esta se subordina ao princípio da função social, para realizar ao mesmo tempo o desenvolvimento nacional, assegurada a existência digna de todos, conforme ditames da justiça social, bem se vê que a liberdade de iniciativa só se legitima quando voltada à efetiva consecução desses fundamentos, fins e valores da ordem econômica[16].

Para se ter uma ideia da importância que o princípio da função social assumiu no mundo, Inocêncio Mártires Coelho lembra que na Constituição alemã a propriedade *obriga,* configurando um postulado que se contrapõe ao dogma individualista que reputava sagrado o direito de usar a propriedade e assegurava ao seu titular, de modo absoluto, o direito de usar, gozar e dispor de seus bens sem nenhuma preocupação de caráter social[17].

A teoria da desconsideração, por sua vez, floresceu com o intuito de coibir a consumação de conduta ilícita por sócios ou administradores que praticam atos fraudulentos ou abuso de direito por meio da personalidade jurídica da sociedade que lhes serve de anteparo, escudados justamente pela personalidade societária criada para protegê-los[18].

Qual a condição que este sócio deve ocupar na corporação para ser passível de responsabilização patrimonial? Deverá deter controle acionário majoritário para ser responsabilizado pessoalmente? E se for ex-sócio? Também poderá sofrer constrição em seu patrimônio particular?

---

15 *Idem.*, p. 1.409.

16 SILVA, José Afonso da. *Curso de direito constitucional positivo.* 19. ed. São Paulo: Malheiros, 2003, p. 288.

17 "Não por acaso, foi a Constituição de Weimar a primeira a conter um bloco normativo especificamente destinado a regular a atividade econômica, no que veio a ser imitada por diversas cartas políticas que lhe seguiram, como a nossa Constituição de 1934". MENDES, Gilmar Ferreira; COELHO, Inocêncio Mártires; BRANCO, Paulo Gustavo Gonet, op. cit., p. 1.407.

18 A teoria foi concebida originariamente na jurisprudência inglesa, no final do século XIX, a partir do *leading* case conhecido como *"Salomon vs. Salomon & Co."* CAMPINHO, Sergio, op. cit., p. 65-66.

As decisões proferidas na Justiça do Trabalho admitem em sua maioria a responsabilidade de sócio minoritário por crédito trabalhista não satisfeito. Se não integrar mais a sociedade, e mesmo que tenha sido minoritário ao tempo do contrato de trabalho do credor, poderá sofrer a execução de seus bens particulares, quando desconsiderada a personalidade jurídica, sob o argumento de que beneficiou-se da força de trabalho do empregado[19]. Na esfera cível, o entendimento não é pacífico pelo que extraímos dos arestos a seguir:

> EXCEÇÃO DE PRÉ-EXECUTIVIDADE REJEITADA. DESCONSIDERAÇÃO DA PERSONALIDADE JURÍDICA DE EMPRESA. PRECLUSÃO. LEGITIMIDADE PASSIVA DOS SÓCIOS NA FASE EXECUTIVA. A alegação de ilegitimidade passiva, na hipótese, tem como requisito necessário a prévia desconstituição da decisão que desconsiderou a personalidade jurídica da empresa na qual a agravante possui o *status* de sócia, mas que, entretanto, não foi oportunamente atacada pela via recursal adequada. Verifica-se, assim, a sua preclusão temporal, o que implica na legitimidade da embargante para figurar no polo passivo da fase executiva do feito principal. Compulsando-se os autos, podem ser notados indícios de abuso da personalidade jurídica por parte dos sócios e violação de dispositivo legal. *A condição de sócio minoritário, isoladamente, não torna a parte imune de ser alcançada pelos efeitos da decisão que desconsidera a personalidade jurídica da sociedade por ele integrada. Os sócios respondem independentemente da condição de gerentes, sendo indiferente a forma de atuação de cada um deles na sociedade.* Nega-se provimento ao recurso (TJRJ. 1ª Câmara Cível. AI 0055977-84.2014.8.19.0000. Rel.ª Des.ª Maria Augusta Vaz. Pub. em: 13/01/2015).

> PROCESSUAL CIVIL. EXECUÇÃO. DESCONSIDERAÇÃO DA PERSONALIDADE JURÍDICA. AUSÊNCIA DE BENS DA EXECUTADA. REDIRECIONAMENTO DA EXECUÇÃO CONTRA SÓCIO MINORITÁRIO QUE NUNCA EXERCEU A GESTÃO DA EMPRESA. IMPOSSIBILIDADE. *O redirecionamento da execução, em casos de desconsideração da personalidade jurídica, não deve recair sobre o sócio minoritário, que nunca exerceu atos de gestão da empresa.* No caso em tela, conforme consta no estatuto social, a empresa executada era gerida unicamente pelo outro sócio, que detinha 99% das cotas sociais, enquanto a agravada detinha apenas 1%. Precedentes do Superior Tribunal de Justiça. Recurso improvido (TJRJ. 16ª Câmara Cível. AI 0044502-68.2013.8.19.0000. Rel. Des. Lindolpho Moraes Marinho. Pub. em: 26/08/2014).

Além desta formulação mais corrente na doutrina e que dá relevo ao elemento subjetivo, Fábio Comparato considera ainda como pressuposto para a desconsideração a existência de elementos objetivos,

19 Cf. TRT - 1ª Região. 6ª T. AP 0171800-90.2006.5.01.0048. Pub. em: 20/05/2015 e TRT - 1ª Região. 10ª T. RTord 0000016-06.2010.5.01.0048. Pub. em: 03/09/2014.

como a confusão patrimonial ou o desaparecimento do objeto social[20], formulação adotada, inclusive, pelo Código Civil em 2002.

Importante ressaltar que a solução encontrada - ruptura da autonomia patrimonial - não tem o condão de declarar ou decretar a nulidade da personalidade, mas torná-la episodicamente ineficaz a partir da comprovação da ilicitude de determinados atos praticados por seus sócios, ou seja, a separação patrimonial entre a sociedade e os sócios não produziria efeito naquela decisão judicial referente àquele específico ato objeto atingido pela atitude fraudulenta[21]. Não se nega a autonomia da personalidade jurídica, mas ao contrário, a preserva e reafirma o princípio, pois o pressuposto para adoção da teoria é a prática de atos ilícitos.

Além disso, a hipótese da despersonalização apenas será casuisticamente aplicada quando estamos diante de uma administração ruinosa, pautada em meios fraudulentos, envolvendo dilapidação patrimonial que acarreta a insolvabilidade societária, não devendo ser aplicada em casos de notada incompetência administrativa. Esta ressalva merece atenção especialmente em virtude da previsão contida no artigo 28 do Código de Defesa do Consumidor que permite a desconsideração quando a pessoa jurídica entrar em estado de insolvência ou ocorrer falência, encerramento ou inatividade provocados por *má administração*[22]. Esta expressão deve ser avaliada com cuidado para que não sejam cometidas injustiças e abalo indevido ao patrimônio individual dos sócios. Outra observação que merece ser feita, refere-se ao tipo de sociedade que se pretende desconsiderar e a possibilidade de individualização da prática do ato fraudulento. Quando o ilícito cometido pode ser identificado como ato praticado diretamemente pelo sócio não há necessidade de superar a personalidade jurídica, pois a responsabilização dos administradores e sócios nessas situações é diretamente realizada em virtude do comportamento desvirtuado. Se a imputação da responsabilidade aos sócios pode ser direta, pois a existência da pessoa jurídica não é obstáculo a comprometer o sócio, controlador ou seu representante legal (conforme o regime patrimonial da sociedade, se limitada ou ilimitada, p.ex.), também não há por que cogitar a superação da autonomia.

A teoria da desconsideração foi adotada normativamente no Brasil primeiramente no artigo 28 do Código de Defesa do Consumidor (Lei nº

20 COMPARATO, Fábio Konder, op. cit., p. 35.

21 COELHO, Fabio Ulhoa, op. cit., p. 127.

22 Para Sergio Campinho o conceito de má administração encontra-se sintonizado com aqueles que fazem presumir a falência do empresário, elencados no artigo 94, inciso III, *a* e *b*, da Lei nº 11.101/2005, embora a eles não se limite. CAMPINHO, Sergio, op. cit., p. 69.

8.078/90), em seguida no artigo 4ª da Lei de Proteção ao Meio Ambiente (Lei nº 9.605/98), no artigo 50 do Código Civil (Lei nº 10.406/2002) e no artigo 34 da Lei Antitruste (Lei nº 12.529/2011).

As previsões contidas na lei consumerista e na lei antitruste (percebemos facilmente a identidade de elementos nas duas legislações) até hoje recebem severas críticas da doutrina, sobretudo, quanto à falta de precisão conceitual[23].

Apesar de materialmente positivada, muito ainda se discute quanto à aplicação processual da desconsideração judicial da personalidade jurídica e o respeito à garantia do devido processo legal.

O grande celeuma subsistia devido à ausência de regulamentação processual que garantisse o contraditório nas hipóteses de desconsideração judicial da personalidade jurídica, o que o Código de Processo Civil publicado em 2015 pretende acalentar, pois o § 4º do artigo 795 é bem claro ao determinar a obrigatoriedade da observância normativa referente ao *incidente* previsto no Código para que seja processada a desconsideração da personalidade jurídica.

Urge destacar que a previsão contida no artigo 788, II, do CPC/2015 e que encontra identidade àquela prevista no artigo 592, II, do CPC/73 se refere à responsabilidade patrimonial dos sócios, que varia conforme o regime jurídico da sociedade da qual o sócio pertence e nada tem a ver com a desconsideração da personalidade jurídica cuja decretação deve respeitar as hipóteses e pressupostos determinados por lei (art. 50, CC).

4. A JURISPRUDÊNCIA E A NECESSIDADE DE REGULAMENTAÇÃO JURÍDICO-PROCESSUAL

A ausência de previsão jurídico-processual ensejou durante longo período, um tratamento totalmente disforme à desconsideração da personalidade jurídica pelos Tribunais, ora causando empecilhos à atividade econômica, e em outras ocasiões, até mesmo incentivando a prática ilícita no meio empresarial. Além disso, a informalidade que se nota quan-

23 As críticas são apontadas em todo o dispositivo consumerista: não há uma definição objetiva sobre o que seria uma administração com *má-fé;* ocorrendo o encerramento ou inatividade, sem que se passe por regular procedimento de dissolução e liquidação, a hipótese será de dissolução irregular da sociedade, geradora de responsabilidade para todos os sócios, não perfazendo tecnicamente caso de desconsideração da personalidade jurídica. O § 5º também possui uma redação severamente criticada e segundo a melhor doutrina deve ser analisada como uma forma de sanção ao empresário por descumprimento de norma protetiva ao consumidor, ou seja, com isso, será penalizada a burla aos preceitos da legislação consumerista. CAMPINHO, Sergio, op. cit., p. 70-71.

to à sua aplicação é inaceitável, pois a ausência de critérios objetivos a respeito da prática de qualquer ato judicial pode acarretar o sempre indesejável desrespeito ao devido processo legal.

Manifestamente a jurisprudência pátria sobre a teoria começou a nascer quando a possibilidade de desconsideração da personalidade jurídica foi prevista no Código de Defesa do Consumidor. Naquele instante, e mesmo após a publicação do Código Civil em 2002, as questões que passaram a buscar salvaguarda nos Tribunais diziam respeito: i. aos fundamentos e pressupostos para a sua determinação; ii. à qualidade da prova exigida; iii. à necessidade de ação autônoma ou simples pedido nos autos do processo; iv. à possibilidade de concessão *ex officio*; v. ao privilégio da celeridade em detrimento da segurança jurídica.

Os questionamentos e as divergências jurisprudenciais só existiam devido à ausência de um guia processual que determinasse a técnica de aplicação da teoria, garantindo, por conseguinte, maior atenção às garantias processuais constitucionais.

Apenas para ilustrar, trasladam-se abaixo algumas decisões que demonstram a variedade de decisões proferidas a partir do pedido de desconsideração formulado em casos nos quais a intenção do credor é alcançar os bens dos sócios quando se percebe que a pessoa jurídica não possui bens suficientes para safisfazer a obrigação, ou seja, extrapolam as hipóteses legais:

> Agravo de instrumento. Desconsideração da personalidade jurídica da empresa. Dificuldade na localização de bens e de intimação da devedora. Requisitos não autorizativos do emprego do remédio jurídico buscado. Recurso desprovido.
> 1. Para a desconsideração da personalidade jurídica da empresa, há de se demonstrar a presença das hipóteses previstas no artigo 50 do Código Civil (desvio de finalidade ou confusão patrimonial).
> 2. A dificuldade na localização da executada e a ausência de bens em nome da empresa não autorizam a aplicação do remédio jurídico buscado.
> (TJ-DF, Agravo de Instrumento AI 0018438-25.2011.807.0000. Pub. em: 12/03/2012).

> Processo Civil. Agravo de Instrumento. Execução. Relação equiparada a consumo. Aplicação do artigo 28 do CDC. Desconsideração da pessoa jurídica. Necessidade. Recurso conhecido e provido.
> Nos casos que envolvem relação de consumo por equiparação faz-se necessária a aplicação do artigo 28 do CDC , tornando-se desnecessária a comprovação da má-fé do devedor para a desconsideração da pessoa jurídica. Assim, havendo necessidade apenas da prova da insolvência e estando a mesma comprovada neste caso, na ausência de bens em nome da empresa agravada, claro que o adimplemento da dívida só ocorrerá através do patrimônio dos sócios da empresa. Recurso conhecido e provido para manter a suspensividade anteriormente deferida.
> (TJ-BA, Agravo de Instrumento AI 0305491-80.2012.8.05.0000. Pub. em: 16/11/2012).

Agravo de Instrumento. Ação de cobrança em fase de cumprimento de sentença. Desconsideração da personalidade jurídica. Artigo 50 do Código Civil. Mudança de endereço sem comunicação à Junta Comercial. Ausência de bens em nome da empresa devedora. Desinteresse pelo processo. A personalidade jurídica da sociedade pode ser desconsiderada, nos termos do artigo 50 do Código Civil , se, além de demonstrar desinteresse pelo processo e não possuir bens passíveis de penhora, sua dissolução irregular for presumida. Recurso provido.
(TJ-PR - Agravo de Instrumento AI 0654533-7. Pub. em: 21/07/2010).

Agravo de instrumento. Ação de indenização em fase de cumprimento de sentença. Ausência de bens em nome da empresa devedora. Pleito de desconsideração da personalidade jurídica. Possibilidade. Inércia da devedora. Desnecessidade de aguardar o esgotamento todos os meios de levantamento dos bens. Inclusão irrestrita de todos os que um dia foram sócios da empresano pólo passivo. Impossibilidade. Artigo 1.003, parágrafo único, do Código Civil . Responsabilidade dos antigos sócios pelo prazo de 02 (dois) anos da averbação da modificação contratual. Decisão parcialmente reformada. Recurso parcialmente provido.
1. A lei possibilita a desconsideração da personalidade jurídica em caso de abuso, caracterizado pelo desvio de sua finalidade social ou confusão patrimonial. Se a pessoa jurídica não tem lastro financeiro para suportar a execução ou quando nenhum bem é encontrado em seu nome, a penhora recairá sobre os bens dos sócios que a integram.
2. A moderna jurisprudência estende os efeitos da Teoria da Desconsideração aos casos em que a pessoa jurídica demonstra desinteresse pelo processo condenatório ou executório, utilizando-se da circunstância de não possuir bens que respondam pela dívida, embora os sócios os tenham.
3. Diante da comprovação da retirada dos ora agravantes do quadro societário da empresa executada em período superior a 02 (dois) anos da demanda inicial, deve ser realizada a exclusão de seus nomes do polo passivo da presente lide.
(TJ-PR - Agravo de Instrumento AI 0757928-0. Pub. em: 19/05/2011).

Mesmo se tratando de uma medida excepcional, percebemos que os posicionamentos são variados.

Nesse contexto de decisões judiciais díspares, a utilização da teoria pela Justiça do Trabalho merece melhor análise.

Prática que vem encontrando cada vez mais adesão nos Tribunais do Trabalho a utilização da desconsideração, especialmente na fase de execução, tem sido indiscriminadamente utilizada, transmudando-a de medida de natureza excepcional para regra inconteste sob o fundamento de que o caráter da verba trabalhista é alimentar e contra a qual não poderia resistir qualquer tipo de organização societária. Alguns arestos foram listados para que possamos analisar os *critérios* utilizados pela Justiça Especializada para a decretação da desconsideração:

No Direito do Trabalho, abre-se uma exceção ao princípio da responsabilidade limitada do sócio, aplicando-se a teoria da desconsideração da personalidade jurídica (*disregard of legal entity*) para que o empregado possa, verificada a insuficiência do patrimônio societário, sujeitar a execução os bens de qualquer dos sócios individualmente considerados, solidária e ilimitadamente, visando impedir a consumação de fraudes e abusos de direito e proteger o hipossuficiente, sendo possível a aplicação de tal teoria mesmo após a extinção do processo de conhecimento, já na fase de execução, razão pela qual se mostra desnecessário que o sócio executado tenha participado da relação processual e conste do título executivo. TRT, 1ª Região, 9ª Turma, AP 01423003920055010201, Rel. Antônio Carlos de Azevedo Rodrigues, pub. em: 08/05/2007. Ademais, a discussão ora travada, quanto à possibilidade da execução ser direcionada aos bens dos sócios, hoje é relativamente pacificada na doutrina e jurisprudência trabalhista. Este entendimento, consagrado pela doutrina inglesa *disregard of legal entity*, hoje perfeitamente aplicada no Direito pátrio Trabalhista, permite a desconsideração da personalidade jurídica das sociedades de capitais, para excutir diretamente os bens dos sócios, com o intuito de impedir ou até mesmo dificultar as fraudes contra créditos trabalhistas. [...] Na hipótese dos autos, trata-se de Diretor de Sociedade Anônima eleito em Assembleia Geral, cuja coincidência no nome "Badra" tanto na razão social da empresa quanto no nome do Recorrente, indica a natureza familiar do empreendimento, sendo que o executado exerceu, inclusive, o mandato durante período do contrato de trabalho da Reclamante. Têm-se ainda que, no processo de execução definitiva, não foram localizados bens passíveis de despertar interesse em hasta pública. *Assim, não comprovado nos autos pelo executado a existência de bens da sociedade anônima livres e desembaraçados para satisfazer a execução, legítima é a penhora de bens do diretor, tendo em vista que o descaso da sociedade para com o seu passivo trabalhista demonstra a sua má gestão, o que autoriza a sua responsabilização, por caracterizada a culpa ao longo do contrato de trabalho.* Da mesma forma, nas sociedades por cotas de responsabilidade limitada, cada cotista ou sócio entra com uma parcela do capital social (art. 1.055 do Código Civil), ficando responsável, diretamente, pela integralização da cota que subscreveu e, indiretamente ou subsidiariamente, pela integralização das cotas subscritas por todos os outros sócios (art. 1.052 do Código Civil). Uma vez integralizadas as cotas de todos os sócios, nenhum deles pode mais ser chamado para responder com os seus bens particulares pelas dívidas da sociedade. A responsabilidade, portanto, se exaure no limite do valor do capital social.

*Todavia, em sede do Direito do Trabalho, esta regra não é aplicável, tendo em conta a sobreposição da teoria da desconsideração da personalidade jurídica (*disregard of legal entity*) para que o empregado possa, verificando a insuficiência do patrimônio societário, quer seja por fraude à legislação trabalhista ou pela má-administração do empreendimento, excutir os bens dos sócios individualmente considerados, de forma solidária e ilimitadamente, até o pagamento integral dos créditos dos empregados. Isso porque o crédito trabalhista, pela sua natureza alimentar, mereceu por parte da doutrina e da jurisprudência tratamento especial.* A positivação legal de tal entendimento se verificou por meio do artigo 28 da Lei 8.078/90 (Código de Defesa do Consumidor), que dispõe: "O juiz poderá desconsiderar a personalidade jurídica da sociedade quando, em detrimento do consumidor, houver abuso de direito, excesso de poder, infração da lei, fato ou ato ilícito ou violação dos estatutos ou contrato social. A desconsideração também será efetivada quando houver falência, estado de insolvência, encerramento ou inatividade da pessoa jurídica provocados por má administração." Registre-se que, independentemente do preceito do CDC, retrocitado, essa desconsideração societária deriva da própria leitrabalhista, diretamente, uma vez que a CLT considera irrelevante o tipo jurídico da figura do empregador para fins de responsabilização, enfatizando a despersonalização da pessoa jurídica empresarial (*caput* do art. 2º, CLT: empregador como entidade empresarial, qualquer que seja sua forma jurídica). TST - AIRR 2.024/2005-071-02-40.7, pub. em: 22/10/2008. Nos termos da Teoria Menor, o pressuposto para a desconsideração da personalidade jurídica consiste simplesmente na ausência de satisfação de crédito, em razão da insolvabilidade ou falência da sociedade. *Assim, se o ente abstrato não possui patrimônio para saldar seus débitos, porém os sócios possuem, então estes devem, independentemente de abuso ou fraude, ser responsabilizados pelas obrigações sociais.* Recurso a que se nega provimento. Note-se que a aplicação da teoria da desconsideração da personalidade jurídica é hoje autorizada tão somente em face da inexistência, no patrimônio da sociedade executada, de bens suficientes para satisfazer o crédito trabalhista. Nesse sentido orienta-se a Teoria Menor da desconsideração. *Não obstante, tratando-se de relação em que uma das partes é hipossuficiente, como se dá no Direito do Trabalho e no Direito do Consumidor, o dispositivo do Código Civil mostra-se inadequado para regular o instituto da desconsideração, já que um dos polos da relação processual merece tutela especial por parte do Direito.* Conclui-se que os bens dos sócios da sociedade executada responderão pelos créditos trabalhistas sempre que verificada a insuficiência do patrimônio social. Sendo certo que a responsabilidade dos sócios, em regra, é subsidiária, na medida em que a execução, primeiramente, deverá ser direcionada contra quem se tornou inadimplente, ou seja, a sociedade empregadora. Somente depois de verificada a frustração da execução ou constatada a insolvência da sociedade é que serão executados os bens particulares dos sócios, exatamente como no caso dos autos. Note-se que o dispositivo legal acima transcrito dispõe que todos os sócios são igualmente responsáveis pelos créditos trabalhistas, podendo ser indistintamente cobrados pelo valor da dívida. *Os créditos trabalhistas possuem natureza alimentar e por tal razão carecem de ampla proteção por parte do ordenamento jurídico.* Assim afigura-se correta a decisão de primeiro grau. TRT, 1ª Região, 7ª Turma, AP 00371000720065010040, Rel. Paulo Marcelo de Miranda Serrano, pub. em: 09/05/2013. A teoria da desconsideração da personalidade jurídica é aplicada quando a empresa não tem meios para arcar com a execução. Em tais hipóteses, afasta-se a pessoa jurídica para alcançar o patrimônio do sócio, que se beneficiou. Sabemos que a citada tese apresenta-se em duas vertentes: aquela denominada Teoria Maior da Desconsideração, que exige a configuração de fraude praticada pela sociedade empresarial, e a Teoria Menor, cujo único pressuposto é o desatendimento do crédito do exequente. É esta última que é aplicada na esfera trabalhista. Como ensina Fábio Ulhoa Coelho, esta segunda formulação consiste num questionamento da pertinência da pessoa jurídica como instituto jurídico (op. cit., p. 46). *De fato, há situações em que a distinção entre as pessoas do sócio e da sociedade servem como óbice injustificado à satisfação dos créditos do trabalhador. Por oportuno, registre-*

> *-se que a inclusão da pessoa do sócio na fase de execução não fere o direito à ampla defesa, uma vez que a personalidade jurídica é apenas uma ficção do direito para justificar a existência da sociedade distinta da pessoa dos sócios.* Com efeito, são estes que praticam os atos pela empresa e decidem os rumos do negócio (TRT, 1ª Região, 10ª Turma, AP 01309004120085010001, Rel. Flavio Ernesto Rodrigues Silva, pub. em: 13/12/2014.

Observamos que a premissa que repousa sobre o caráter alimentar da verba trabalhista orienta as decisões da Justiça do Trabalho quanto à decretação da desconsideração da personalidade jurídica. Aplica-se, em regra, a teoria por analogia ao § 5º do artigo 28 do CDC à execução trabalhista em vista da hipossuficiência dos credores (trabalhador e consumidor). Ainda que se supere a ideia de que seja possível a aplicação de regra prevista no CDC, é imprescindível que o juiz laboral observe os requisitos mínimos prescritos pelo artigo 50 do CC, o qual exige a comprovação do desvio de finalidade e abuso da personalidade. No entanto, observamos que a desconsideração é decretada simplesmente quando se constata que a empresa não tem meios de arcar com a execução. É um argumento que privilegia o exequente por ocasião de sua presumida hipossuficiência, no entanto, a aplicação da teoria, por sua excepcionalidade e natureza sancionatória exige respeito a critérios legais até porque atingirá o patrimônio de outra pessoa física.

Notamos, portanto, que o microssistema da desconsideração da personalidade jurídica é perfilado de nuances e demanda enfrentamento jurídico-processual conforme a complexidade que lhe é inerente, mas que não havia sido arrostado até a publicação do Código de Processo Civil em 2015, o que tem gerado episódios de desrespeito ao rol de direitos processuais garantidos verificado, particularmente, em graves violações ao contraditório.

5, A INTEGRAÇÃO DA TEORIA DA DESCONSIDERAÇÃO AO CPC/2015

A grande questão que vem sendo debatida nos Tribunais refere-se ao respeito da garantia do devido processo legal a partir do instante em que se decreta a despersonalização jurídica.

As recentes decisões dos Tribunais Trabalhistas têm seguido a orientação contida na Subseção II da Consolidação dos Provimentos da Corregedoria-Geral da Justiça do Trabalho que orientam os juízes nos casos em que há determinação da desconsideração da personalidade jurídica:

> Subseção II - Desconsideração da Personalidade Jurídica
> Art. 68. Ao aplicar a teoria da desconsideração da personalidade jurídica, por meio de decisão fundamentada, cumpre ao juiz que preside a execução trabalhista adotar as seguintes providências:

> I - determinar a reautuação do processo, a fim de fazer constar dos registros informatizados e da capa dos autos o nome da pessoa física que responderá pelo débito trabalhista;
> II - comunicar imediatamente ao setor responsável pela expedição de certidões no Judiciário do Trabalho a inclusão do sócio no polo passivo da execução, para inscrição no cadastro das pessoas com reclamações ou execuções trabalhistas em curso;
> III - *determinar a citação do sócio para que, no prazo de 48 (quarenta e oito) horas, indique bens da sociedade (art. 596 do CPC) ou, não os havendo, garanta a execução, sob pena de penhora, com o fim de habilitá-lo à via dos embargos à execução para imprimir, inclusive, discussão sobre a existência ou não da sua responsabilidade executiva secundária.*
> Art. 69. Comprovada a inexistência de responsabilidade patrimonial do sócio por dívida da sociedade, mediante decisão transitada em julgado, o juiz que preside a execução determinará ao setor competente, imediatamente, o cancelamento da inscrição no cadastro das pessoas com reclamações ou execuções trabalhistas em curso.

Outro aspecto processual cujo entendimento foi recentemente modificado no STJ, refere-se à possibilidade de a empresa impugnar a decisão que desconsidera a personalidade jurídica para atingir o patrimônio dos sócios. Na decisão proferida em 12/05/2015 no REsp 1.208.852, na relatoria do Ministro Luiz Felipe Salomão, a Quarta Turma da Corte Superior passou a admitir que a pessoa jurídica possui legitimidade para impugnar a desconsideração da sua personalidade jurídica. Para o Ministro Salomão, nem sempre a impugnação apresentada terá como fundamento a defesa do patrimônio dos sócios atingidos pela medida excepcional. Se o fundamento utilizado para desconsiderar a personalidade jurídica significar também ofensa à honra da pessoa jurídica, por exemplo, não há razão para concluir pela ilegitimidade da empresa para impugnar a decisão.

Apesar de a jurisprudência trabalhista afastar a autonomia empresarial quando o elenco de bens da sociedade não é suficiente para suprir o montante em execução pelas razões já expostas, no processo comum a teoria deve ser aplicada apenas quando encontrados os pressupostos previstos no artigo 50 do CC. Por esta razão, o benefício de ordem previsto no § 1º do artigo 793 do CPC/2015 não se aplica para contestar a desconsideração decretada. Para o juiz decretá-la não há qualquer exigência de que os bens da pessoa jurídica se esgotem em primeiro lugar, porque a decisão será tomada em virtude da comprovação de que o ato praticado pelo sócio foi fraudulento maculando o próprio complexo societário. Fredie Didier lembra que o benefício de ordem previsto no artigo em comento, aplica-se aos casos em que o sócio, juntamente com a pessoa jurídica, é também responsável pela obrigação, limitada ou ilimitadamente, dependendo do regime societário da sociedade que integra[24]. Neste caso, a responsabilidade do sócio decorre diretamente de sua condição societária e não em virtude da teoria da desconsideração. Deste modo, uma vez executado o sócio, ele poderá requerer que sejam excutidos primeiramente os bens da sociedade, e que a partir da constatação da insuficiência, seus bens fiquem sujeitos à execução.

A questão que certamente mais ecoa nos recursos interpostos nos Tribunais refere-se ao cumprimento da garantia do contraditório e de produção probatória. Já foram mencionados algumas iniciativas judiciais no sentido de garantir o contraditório dos envolvidos quando a personalidade jurídica é desconsiderada, mas a necessidade era mais profunda.

Já entendemos que a desconsideração da personalidade jurídica é uma sanção aplicada aos sócios de uma sociedade empresária que agem de modo fraudulento e que sem esta medida excepcional sairiam ilesos, por estarem amparados pelo véu da estrutura abstrata criada para lhes conferir tal proteção, deixando, porém, um rastro de prejuízos a terceiros, clientes e empregados.

Perfazendo sanção, deve ser garantido o contraditório à pessoa jurídica e aos sócios. Assim preceitua o novo Código de Processo Civil, que passamos a analisar.

Desconsiderar a personalidade de uma sociedade empresária em determinada situação é um poder outorgado ao juiz, mas condicionado ao requerimeto da parte ou do Ministério Público quando lhe couber intervir no processo, cuja aplicação implicará a constituição de novas situações jurídicas, contudo, não atingirá situações processuais já constituídas (art. 133, CPC).

Questão bastante debatida até a publicação do novel repositório processual era quanto à necessidade da propositura de um processo autônomo para pleitear a desconsideração da personalidade jurídica, como meio de garantir o contraditório e a ampla defesa. Contra, existiam vozes a dizer que tal exigência poderia permitir que o patrimônio do sócio fosse dilapidado, por exemplo, por não ser uma medida célere. No entanto, tal preocupação não merece prosperar, pois se há urgência e perigo na demora, existe todo um rol de medidas de urgência que podem ser utilizadas para garantir a eficácia da decisão.

O Código Processual aprovado autoriza que o pedido de desconsideração seja feito na petição inicial ou seja deduzido de modo incidental ao processo (art. 133 e ss. c/c art. 792, § 4º, CPC) e será cabível em

24 DIDIER, Fredie. *Aspectos processuais da desconsideração da personalidade jurídica*. Disponível em: <http://www.frediedidier.com.br/wp-content/uploads/2012/02/aspectos-processuais-da-desconside racao-da-personalidade-juridica.pdf>. Acesso em: 04/06/2015.

todas as fases do processo de conhecimento, cumprimento de sentença e na execução fundada em título executivo extrajudicial, sendo que neste caso, a teoria será aplicada como fundamento da causa de pedir[25] e a defesa do sócio ou da sociedade deverá ser naturalmente respeitada. Operando-se a desconsideração em fase de cumprimento de sentença, deverá ser garantida a ampla defesa do sócio ou da sociedade, devendo o julgador estar atento para o fato de que o atingido pela medida não participou do processo de conhecimento. O ideal é que a desconsideração seja decretada na fase inicial do processo de modo a permitir amplitude na defesa.

Fredie Didier faz algumas ponderações quanto ao pedido de desconsideração formulado na petição inicial, admitindo a existência de um litisconsórcio facultativo que permite seja atacado apenas e tão somente o patrimônio pessoal dos sócios, quando for impossível liquidar o débito por intermédio do capital social da pessoa jurídica. Considera que, na medida em que se poderá desconsiderar a personalidade de uma sociedade empresária quando, consequentemente, será instaurada a busca pelo patrimônio de seus sócios e de bens para a satisfação da obrigação, "nada mais razoável, assim, que sejam, citados, *ab ovo*, os sócios, ou outra sociedade do mesmo grupo, já que, com a desconsideração, poderão ser tomadas medidas que acarretem a excussão dos seus patrimônios para a satisfação das pretensões de direito material postas em juízo"[26].

Uma distinção merece ser feita. Apesar de ser autorizado ao Ministério Público a instauração do incidente de desconsideração quando lhe couber intervir no processo, a sua intervenção como fiscal da lei no incidente de desconsideração só será obrigatória nas hipóteses previstas no artigo 178 do CPC[27].

25 FERNANDES, Giuliano Gianechini. Um ensaio sobre a teoria da desconsideração da personalidade jurídica inserida no projeto do novo código de processo civil brasileiro. Disponível em: <http://www.tex.pro.br/home/artigos/174-artigos-ago-2013/4745>. Acesso em: 1º/06/2015.

26 DIDIER, Fredie, op. cit., p. 12.

27 "Art. 178. O Ministério Público será intimado para, no prazo de 30 (trinta) dias, intervir como fiscal da ordem jurídica nas hipóteses previstas em lei ou na Constituição Federal e nos processos que envolvam:
I - interesse público ou social;
II - interesse de incapaz;
III - litígios coletivos pela posse de terra rural ou urbana.
Parágrafo único. A participação da Fazenda Pública não configura, por si só, hipótese de intervenção do Ministério Público."

Instaurado o incidente o distribuidor deverá ser imediatamente comunicado para que efetue as anotações devidas.

O procedimento para a desconsideração passa a ser regulado em capítulo próprio, trazendo algumas concepções que vão além daquelas oportunamente previstas no Código Civil (como a necessidade de ser requerida pela parte ou Ministério Público). Aliás, a exigência de *pedido* de desconsideração pelo interessado é questão que ainda encontra alguma resistência na doutrina e jurisprudência. Na doutrina há quem defenda que deveria ter sido prevista no novo Código a possibilidade de decretação de desconsideração de ofício[28]. Na jurisprudência, especialmente na Justiça do Trabalho, encontramos quem entenda ser possível a sua decretação de ofício, conforme esposado no aresto colacionado a seguir:

> Ilegitimidade. Sócio minoritário. Redirecionamento da execução. A inexistência de bens disponíveis da sociedade para honrar seus passivos trabalhistas justifica o redirecionamento da execução contra seus sócios (desconsideração da personalidade jurídica da reclamada) - até mesmo de ofício - em face da natureza alimentar desse crédito, da hipossuficiência do trabalhador e também porque o risco do empreendimento cabe ao empregador. Irrelevante, ainda, o fato de ser sócio minoritário ou de não ter participado de atos de gestão. Apelo desprovido.
> (TRT, 4ª Região, Seção Especializada em Execução, AP 0032300-49.1997.5.04.0821, pub. em: 05/06/2012).

De acordo com a nova legislação o pedido deverá ser deduzido na petição inicial, quando será facultado ao juiz a citação da pessoa jurídica (empresa) ou da física (sócio), ou *a posteriori,* por meio de incidente no processo, quando provocará a suspensão deste até que o incidente seja resolvido (art. 134, § 3º, CPC). O mesmo se aplicará ao processo do trabalho, por força da previsão contida no artigo 15 do CPC[29] e também

---

28 Cf. LOVATO, Luiz Gustavo. A personalidade jurídica e sua desconsideração e previsões do novo CPC. *Revista da ESMESC,* Santa Catarina, v. 21, n. 27, p. 229-268, 2014.

29 O artigo 15 do CPC enuncia que; "Na ausência de normas que regulem processos eleitorais, trabalhistas ou administrativos, as disposições deste Código lhes serão aplicadas supletiva e subsidiariamente". Diante da confusão doutrinária que sempre existiu na doutrina trabalhista quanto à utilização subsidiária do processo comum prevista no art. 769 CLT, é necessário fazer uma distinção entre a aplicação subsidiária e a supletiva ditada pelo novo CPC. Haverá utilização supletiva da legislação processual comum ao processo do trabalho quando neste houver lacuna normativa sobre a questão; será subsidiária, quando não há omissão, mas existe a possibilidade de enriquecimento de um dispositivo, da leitura por outro viés. Existem duas possibilidades de omissões possíveis: quando há lacuna ontológica,

aos processos que tramitam perante os Juizados Especiais em conformidade com o que preceitua o artigo 1.062 do CPC[30].

O pedido de desconsideração deverá observar os pressupostos previstos em lei (material) que regulam a matéria para fundamentar o pedido.

É admitida pelo novo Código a aplicação inversa da desconsideração da personalidade jurídica. Como já salientado, a teoria é aplicada quando apesar de a obrigação ter sido contraída pela sociedade empresária, constata-se a existência de prática fraudulenta ou abuso de direito por parte dos sócios ou representante legal da pessoa jurídica. Assim, a personalidade criada para assegurar a autonomia patrimonial entre a pessoa jurídica e a física que a compõem é rompida episodicamente quando esta barreira é aproveitada para ocultar atos fraudulentos.

Esta mesma teoria pode ser aplicada de modo inverso. Desconsidera-se a autonomia patrimonial de uma pessoa jurídica para que esta seja responsabilizada por obrigação contraída por sócio ou seu representante legal originariamente, mas que utiliza a sociedade para receber seus bens apesar de continuar a usufruir pessoalmente dos mesmos. É o que o Código Civil define no artigo 50 como *confusão patrimonial*. A intenção da pessoa física é alterar a titularidade dos seus bens para que assim fiquem protegidos e não sejam alcançados pelos credores no cumprimento de obrigação de sua responsabilidade individual, pois a execução ficará limitada ao regime jurídico da sociedade empresária.

É uma técnica bastante utilizada em processos trabalhistas, quando, por exemplo, a empregadora doméstica transfere seus bens para uma sociedade empresária a que pertence em detrimento da execução trabalhista ou em processos relacionados à Direito de Família em que o alimentante se utiliza do mesmo expediente para se furtar à execução dos alimentos que deve.

---

ou seja, em casos de existência de lei envelhecida e incompatível com a realidade e respectivos valores sociais, políticos e econômicos; ou quando há lacuna axiológica, ou seja, a aplicação da lei existente se revela manifestamente injusta para a solução do caso.

Neste sentido, conferir o Enunciado nº 124 do Forum Permanente de Processualistas Civis (Vitória, 1, 2 e 3 de maio de 2015): "124. (art. 133; art. 15) A desconsideração da personalidade jurídica no processo do trabalho deve ser processada na forma dos artigos 133 a 137, podendo o incidente ser resolvido em decisão interlocutória ou na sentença".

---

30 A possibilidade já estava contida no Enunciado nº 60 do Forum Nacional de Juizados Especiais (Fonaje): "Enunciado nº 60 – É cabível a aplicação da desconsideração da personalidade jurídica, inclusive na fase de execução (redação alterada no XIII encontro – Campo Grande/MS)".

O novo Código passou a reputar a desconsideração da personalidade jurídica como uma modalidade de intervenção de terceiros ao contrário do que algumas vozes na doutrina esperavam, que fosse tratada alinhada à fraude de execução. Isso significa que admitida essa nova modalidade de intervenção de terceiros, haverá a alteração subjetiva do polo passivo da demanda, seja em substituição ou em acréscimo à parte[31].

No entanto, como salienta Humberto Dalla, os autores que tratam do tema dizem que as figuras da intervenção de terceiro não são cabíveis na execução porque normalmente estão relacionadas a se declarar ou não a existência de um direito[32]. Por outro lado, o incidente de desconsideração da personalidade jurídica poderá ser instaurado em qualquer fase do processo do conhecimento, cumprimento de sentença e na execução fundada em título executivo extrajudicial, como já salientado anteriormente. Continua o processualista alertando que na fase executória (ou de cumprimento de sentença) não há atividade cognitiva e sim atividade executiva, por já existir sentença transitada em julgado.

Contudo, mesmo diante do tradicional entendimento quanto ao instituto da intervenção de terceiros, especialmente na modalidade *intervenção provocada,* Luiz Rodrigues Wambier e Eduardo Talamini entendem que para um terceiro ingressar em um processo alheio há necessidade de previsão legal[33] e a nova modalidade foi assim estabelecida pelo novo Código.

A questão não deve ser abordada sob viés estritamente positivista. O que se pretende com a norma processual é garantir a ampla defesa daquele que vê seu arcabouço patrimonial atingido para suportar um crédito. Impregnar a fase executória com atividade típica da fase cognitiva exigirá modificação de paradigmas sedimentados, que não foram considerados pelo legislador ao incluir a desconsideração no rol das intervenções de terceiros.

Deduzida a pretensão na petição inicial ou em incidente processual, o sócio ou administrador responsável pela fraude ou abuso será citado e a sociedade empresária em um primeiro instante figura como terceiro, após, desconsiderada a personalidade jurídica, passará a integrar o polo passivo da lide, como terceiro interventor.

---

31 ARAÚJO CINTRA, Antônio Carlos de; GRINOVER, Ada Pelegrini; DINAMARCO, Cândido Rangel. *Teoria geral do processo.* 23. ed. São Paulo: Malheiros, 2007, p. 315.

32 PINHO, Humberto Dalla Bernardina de. *Direito processual civil contemporâneo.* v. 2. São Paulo: Saraiva, 2012, p. 873.

33 WAMBIER, Luiz Rodrigues; TALAMINI, Eduardo. *Curso avançado de processo civil. Teoria geral do processo e processo de conhecimento.* 13. ed. rev. e atual. São Paulo: RT, 2013. v. 1, p. 319.

O § 4º do artigo 134 do CPC exige que o requerimento de desconsideração feito na petição inicial ou sob a forma incidental deverá demonstrar o preenchimento dos pressupostos legais específicos para o seu deferimento. Nesse sentido, caberá ao requente o ônus probatório quanto a existência dos pressupostos previstos no artigo 50 do CC (ato fraudulento, abuso de direito ou confusão patrimonial) para que a teoria seja aplicada. Importante salientar neste ponto que no processo trabalhista os pressupostos contidos no Código Civil são postos de lado, aderindo o juiz laboral à *teoria menor* contida no Código de Defesa do Consumidor[34] devido à correlação subjetiva (hipossuficiência do consumidor e do trabalhador) e à natureza alimentar do crédito trabalhista *autorizando* que os bens dos sócios sejam excutidos mesmo sem a demonstração de existência dos pressupostos citados, mas apenas pela insuficiência de bens da sociedade empresária.

O artigo 135 do CPC abarca uma garantia muitas vezes ignorada pelos Tribunais quando da aplicação da teoria da desconsideração. Quando o pedido é formulado na petição inicial não há dúvidas, mas mesmo em sede incidental, quando instaurado, deverá ser garantido o contraditório ao sócio ou à pessoa jurídica que será citado para manifestar-se sobre o pedido e para requerer as provas que entender cabíveis no prazo de quinze dias.

Trata-se de um dispositivo bastante relevante, que exige o atendimento a um devido processo legal muitas vezes rechaçado nos Tribunais. No entanto, devemos lembrar que a aplicação da teoria importa em uma sanção e sua aplicação indevida poderá causar danos tão severos à pessoa física sócio quanto à pessoa física credor quando não recebe o que tem direito.

A oportunidade do contraditório possibilita ao sócio contradizer a suposta fraude, abuso de direito, má administração ou a acusação de confusão patrimonial.

Além de ser possível a dedução do pleito em exordial ou com a instauração de incidente nas fases processuais de primeira instância, o artigo 932 do CPC autoriza a formulação de pedido incidental no Tribunal quando a causa for originária desta instância[35].

Concluída a instrução e resolvida a desconsideração na sentença caberá apelação; quando necessário, o incidente será resolvido por de-

34 Cf. PINHEIRO, Paulo Cezar Pinheiro Carneiro. Diálogos entre o código de defesa do consumidor e o projeto do novo código de processo civil. *Revista Eletrônica de Direito Processual UERJ*, v. XIV, n. 1, p. 473-484, 2014.

35 "Art. 932. Incumbe ao relator: [...] VI. decidir o incidente de desconsideração da personalidade jurídica quando este for instaurado originariamente perante o Tribunal."

cisão interlocutória, atacável por meio de agravo de instrumento (art. 1.015, IV, CPC). Se a decisão em incidente for proferida por relator, deverá ser impugnada por agravo interno (art. 136, parágrafo único, CPC). Percebemos que as decisões só serão revestidas de caráter interlocutório quando exaradas pelos juízos de primeira instância. No processo do trabalho inexiste decisão interlocutória, portanto, da decisão que resolver o incidente de desconsideração em fase de execução caberá agravo de petição, recurso próprio da sistemática processual trabalhista, dispensado o preparo[36]; se determinada por sentença caberá recurso ordinário, ou mandado de segurança, quando decidido incidente em fase de conhecimento.

Acolhido o pedido de desconsideração, os bens do responsável patrimonial de fato (empresa ou sócio) estarão sujeitos à execução. Qualquer alienação ou oneração de bens havida em tentativa de fraudar a execução será ineficaz em relação ao requerente (art. 137, CPC). É importante conjugar este dispositivo com o artigo 792 do CPC que ditará a partir de qual momento a alienação ou oneração de bens será considerada fraude à execução. O § 3º do mencionado artigo revela que em caso de desconsideração, a fraude à execução será verificada a partir da citação da parte cuja personalidade se pretende desconsiderar. A jurisprudência majoritária já vem se alinhando a esse entendimento considerando que a alienação de bem de sócio antes de decretada a desconsideração da personalidade jurídica da empresa executada e o consequente redirecionamento da execução para seus bens particulares não configuraria fraude à execução.

Aquele que sofrer constrição judicialmente de seus bens por força de desconsideração de personalidade jurídica, de cujo incidente não integrou poderá interpor embargos de terceiro (art. 674, § 2º, III, CPC).

1. Considerações finais

Finalizando este breve ensaio, percebemos que o estudo jurídico-processual do instituto da personalidade jurídica será mais intensificado especialmente a partir de 17 de março de 2015 quando o novo Código de Processo entrará em vigor.

Prevista no direito material, mas até o momento desprovida de regramento processual específico, a teoria da desconsideração da personalidade jurídica é uma realidade constantemente utilizada pelos Tribunais. No entanto, a deficiência normativa enseja as disparidades

36 Conforme Enunciado nº 126 do Fórum Permanente de Processualistas Civis (Vitória 1, 2 e 3 de maio de 2015).

jurisprudenciais que encontramos ao longo do tempo quando da aplicação da teoria.

A novel previsão confere uma natureza jurídica ao instituto, legitimados para o seu requerimento, a garantia do contraditório, efeitos gerados, recurso cabível, enfim, confere-lhe uma forma processual por tanto tempo anseada pelos operadores do Direito.

Litisconsórcio e Intervenção de Terceiros no Novo CPC

Luiz Paulo da Silva Araújo Filho

I. Litisconsórcio

1. Introdução

O tema *litisconsórcio* deve ser tratado, pelo processualista brasileiro, com especial atenção, pois coube a José Carlos Barbosa Moreira, ainda sob a vigência do CPC de 1939, em obra fundamental,[1] desvendar para o mundo as peculiaridades e a autonomia do litisconsórcio unitário, às vezes imbricado pelo litisconsórcio necessário. Não bastasse, em 1984 veio a lume o profundo trabalho de Cândido Rangel Dinamarco, empreendendo estudo sistemático do litisconsórcio, com base na teoria geral do processo.[2] Sólidos, portanto, são os nossos alicerces.

Barbosa Moreira, aliás, chegou a redigir emenda substitutiva ao capítulo do Anteprojeto Buzaid que cuidava do litisconsórcio, texto que, embora encaminhado ao Ministro da Justiça pela Comissão Revisora do Anteprojeto de Código de Processo Civil (de 1973),[3] não foi, infelizmente, aproveitado. A douta Comissão de Juristas que elaborou o

---

1 *Litisconsórcio unitário*. Rio de janeiro: Forense, 1972.

2 *Litisconsórcio*: um estudo sobre o litisconsórcio comum, unitário, necessário, facultativo: doutrina e jurisprudência. São Paulo: Revista dos Tribunais, 1984. Esse livro, agora editado pela Malheiros, já está em sua 8ª edição (2009).

3 Os artigos que compuseram a emenda estão publicados no *Litisconsórcio unitário*, p. 243-244.

Anteprojeto do novo CPC, manteve, na redação dos artigos 102 e 103, em substância, o teor dos artigos 56 e 58 propostos pelo dileto Mestre, mas após a tramitação no Congresso, apenas o novo artigo 115 segue o precioso modelo.

2. Admissibilidade

Passando à análise dos novos dispositivos, que compõem o Título II (Do Litisconsórcio) do Livro III (Dos Sujeitos do Processo) da Parte Geral do CPC/2015, vê-se que o *caput* do artigo 113 conservou a redação do artigo 46, *caput*, atual ("Duas ou mais pessoas podem litigar, no mesmo processo, em conjunto, ativa ou passivamente, quando:"), mas foram aprimorados os incisos, e reduzidos a apenas três: "I - entre elas houver comunhão de direitos ou de obrigações relativamente à lide; II - entre as causas houver conexão pelo pedido ou pela causa de pedir; III - ocorrer afinidade de questões por ponto comum de fato ou de direito."

Como salienta a doutrina, o inciso II do artigo 46 é supérfluo, porquanto está compreendido, a rigor, no inciso III, pois se "os direitos ou as obrigações derivarem *do mesmo fundamento* de fato ou de direito", haverá conexão entre as causas, pela *causa petendi*.[4] Bem fez o novo Código, portanto, em pôr fim à redundância.

Fala-se, então, sucintamente, em litisconsórcio por *comunhão* (inc. I), que abrange hipóteses de cotitularidade (ex.: anulação ou declaração de nulidade de contrato; solidariedade ativa ou passiva), em litisconsórcio por *conexidade* (inc. II, ex.: alegadas vítimas do mesmo acidente automobilístico), ou em litisconsórcio por *afinidade* (inc. III, ex.: servidores públicos pleiteando determinada vantagem funcional).[5] Este último (ainda previsto no inc. IV do art. 46) também é chamado de *litisconsórcio impróprio*.

Estabelecem os três incisos do artigo 113, claramente, uma "escala decrescente de ligações entre as causas, caminhando da hipótese de maior intensidade (*comunhão*) à de ligação mais tênue (*mera afinidade*)".[6] Destarte, é na hipótese do inciso I, que prevê a comunhão de direitos ou de obrigações relativamente à lide, que podem ocorrer

4 V. Cândido Dinamarco. *Litisconsórcio*. São Paulo: Revista dos Tribunais, 1984, p. 60-61; ou *Instituições de direito processual civil*. 4. ed. São Paulo: Malheiros, 2004. v. II, p. 337.

5 Os exemplos são inspirados em Dinamarco, nas obras citadas na nota anterior, respectivamente, p. 53 et seq.; e p. 336 et seq.

6 DINAMARCO. *Instituições de direito processual civil*. 4. ed. São Paulo: Malheiros, 2004. v. II, p. 335 - grifado no original, que complementa: "A rigor, no entanto, todas elas revelam algum grau de conexidade entre as causas".

casos de litisconsórcio *unitário* (ex.: anulação ou declaração de nulidade de contrato) ou de litisconsórcio *comum* (ex.: solidariedade), restando aos incisos II e III, que tratam da conexão entre as causas pelo pedido ou pela causa de pedir e da mera afinidade de questões por ponto comum de fato ou de direito, apenas casos de litisconsórcio comum.[7] Já a *necessariedade* ou *facultatividade* do litisconsórcio é fixada a partir do artigo 114 do NCPC.

3. Limitação do número de litisconsortes

O § 1º do artigo 113 deixa claro que "o juiz poderá limitar o litisconsórcio *facultativo* [não, evidentemente, o necessário] quanto ao número de litigantes na fase de conhecimento, na liquidação de sentença ou na execução, quando este comprometer a rápida solução do litígio ou dificultar a defesa ou o cumprimento da sentença". Não pode haver dúvida, por conseguinte, de que a restrição do litisconsórcio facultativo também pode ocorrer *na liquidação de sentença* ou *na execução*, e não apenas "na fase de conhecimento". Melhor teria sido, entretanto, mencionar "na fase de conhecimento, inclusive de liquidação de sentença, ou na execução", pois a fase de liquidação de sentença também tem natureza *cognitiva*.

Na fase de conhecimento, incluída a liquidação de sentença, consoante o § 1º, a limitação do número de litisconsortes visa a evitar (*i*) o comprometimento da rápida solução do litígio ou (*ii*) a dificuldade da defesa, em atenção à celeridade processual e ao amplo exercício do direito de defesa. A aplicação da norma deverá variar, consequentemente, de acordo com a modalidade do litisconsórcio, na medida em que, no litisconsórcio por comunhão, à vista da cotitularidade, impõe-se evitar tratamento diferenciado, devendo subsistir o litisconsórcio; no litisconsórcio por conexão, a sua vez, a *economia processual* e a *harmonia dos julgados* justificam sua admissibilidade; no litisconsórcio por mera afinidade, enfim, "é a economia razão praticamente exclusiva para que a lei o admita".[8]

---

7 É constante a alusão a litisconsórcio simples ou comum, como sinônimos, mas "há muito maior 'simplicidade' (no sentido de *íntima unidade*) no litisconsórcio *unitário* do que naquele que não o é" (BARBOSA MOREIRA, José Carlos. *Litisconsórcio unitário*. Rio de janeiro: Forense, 1972, p. 129, nota 25). Com efeito: o chamado litisconsórcio simples é, em si, múltiplo... Por isso, mencionamos apenas litisconsórcio *comum*.

8 DINAMARCO. *Litisconsórcio*. São Paulo: Revista dos Tribunais, 1984, p. 37.

Assim[9], no último caso (art. 113, III), considerando que o tênue liame entre as causas - ponto comum de fato ou de direito - não reclama proteção efetiva *quanto à harmonia dos julgados*, o controle da formação do litisconsórcio pelo juiz obedecerá integralmente à celeridade e à facilitação da defesa, mas na hipótese de litisconsórcio por conexidade (art. 113, II), quando deve o juiz formar convicção acerca *de um mesmo* contexto fático-jurídico, é ponderável o interesse em evitar decisões contraditórias, sendo necessário sopesar os interesses em jogo. Logo, nesta hipótese, será concebível algum sacrifício da celeridade processual - nunca, porém, da ampla defesa -, mas apenas no limite do estritamente razoável para a obtenção de julgados em harmonia. Com relação à defesa, para evitar-lhe prejuízo, pode o juiz, inclusive, "dilatar os prazos processuais", com base no artigo 139, inciso VI, do NCPC.[10]

Na execução, especificamente, nos termos do § 1º do artigo 113, o juiz poderá limitar o litisconsórcio, quanto ao número de litigantes, quando este comprometer "o cumprimento da sentença". É curioso que o dispositivo menciona, de início, "na execução", que pode também abranger, em tese, o *processo* de execução (Parte Especial, Livro II, arts. 771 et seq.), para depois aludir a "cumprimento da sentença". Ainda que se afigure excepcional, em princípio, a multiplicidade de credores ou devedores e, destarte, o excessivo número de litisconsortes em se tratando de títulos executivos extrajudiciais, o novo CPC ampliou o rol desses títulos, prevendo, por exemplo, "o crédito referente às contribuições ordinárias ou extraordinárias de condomínio edilício, previstas na respectiva convenção ou aprovadas em assembleia geral, desde que documentalmente comprovadas" (art. 784, X). Assim, atendendo à *ratio legis* e aos princípios de ordem pública que a inspiram (art. 5º, XXXV e LXXVIII, da CF e art. 4º do NCPC), convém concluir pela admissibilidade do controle judicial do número de litisconsortes no *processo de execução*, e não apenas na fase de execução ou de cumprimento da sentença (arts. 513 et seq.)[11].

---

9 As ideias expostas, a seguir, no texto, correspondem, em breve medida, à síntese do que escrevemos sobre o parágrafo único do artigo 46 do CPC ainda em vigor, acrescentado pela Lei nº 8.952/94, no estudo Considerações sobre algumas das reformas do Código de Processo Civil. *Revista de Processo*, São Paulo, ano 20, n. 77, p. 70-103, jan./mar. 1995, espec. p. 78-81.

10 Consoante o Enunciado nº 116 do FPPC: "Quando a formação do litisconsórcio multitudinário for prejudicial à defesa, o juiz poderá substituir a sua limitação pela ampliação de prazos, sem prejuízo da possibilidade de desmembramento na fase de cumprimento de sentença". A hipótese não se restringe, porém, evidentemente, ao excepcional litisconsórcio *multitudinário*.

11 Nesse sentido BUENO, Cassio Scarpinella. *Novo código de processo civil anotado*. São Paulo: Saraiva, 2015, p. 121.

O requerimento de limitação do litisconsórcio, como dispõe o § 2º do artigo 113, em redação didática, "*interrompe* o prazo para manifestação ou resposta, que recomeçará da intimação da decisão que o solucionar"[12].

A regra não afasta, decerto, o controle judicial *ex officio*[13], pois a rápida solução do litígio e a garantia de ampla defesa são matérias de ordem pública (cf. art. 5º, LV e LXXVIII, da CF e arts. 4º, 7º e 139, II, do NCPC).

Apesar das referências à interrupção do prazo para manifestação ou resposta (§ 2º), e à pluralidade de exequentes (§ 1º do art. 534), não há por que restringir a limitação do litisconsórcio ao polo ativo, conquanto seja a hipótese mais usual. Ao revés: atendendo à *mens legis*, também o litisconsórcio *passivo* pode ser controlado quanto ao número de litisconsortes, quando este comprometer a rápida solução do litígio ou dificultar a defesa ou o cumprimento da sentença[14].

Não prevaleceram no novo Código de Processo Civil, todavia, as regras dos §§ 3º a 7º que constavam do artigo 113 do Substitutivo da Câmara dos Deputados, normas que disciplinavam o incidente de limitação do litisconsórcio e estabeleciam o desmembramento do feito, com a "distribuição por dependência" de "cópias da petição inicial originária" e documentos... Persiste, por conseguinte, à luz do novo Código, a controvérsia sobre o modo de realizar a delimitação[15].

Em estudo anterior, sobre o parágrafo único do artigo 46, sustentamos que o desmembramento do processo teria lugar nas hipóteses de limitação *superveniente* do número de litisconsortes, quando, já em trâmite regular o processo, fosse verificado que a continuação da reunião de causas *retardaria ou tornaria mais oneroso o processo*, seguindo,

12 Segundo o § 1º do artigo 534: "Havendo pluralidade de exequentes, cada um deverá apresentar o seu próprio demonstrativo, aplicando-se à hipótese, se for o caso, o disposto nos §§ 1º e 2º do artigo 113."

13 CÂMARA, Alexandre Freitas. *Lições de direito processual civil*. 24. ed. São Paulo: Atlas, 2013. v. 1, p. 196-197. Sobre o novo CPC, NEVES, Daniel Amorim Assumpção. *Novo código de processo civil*. Rio de Janeiro: Forense; São Paulo: Método, 2015, p. 113.

14 Prevê o artigo 7º do NCPC: "É assegurada *às partes* paridade de tratamento em relação ao exercício de direitos e faculdades processuais, aos meios de defesa, aos ônus, aos deveres e à aplicação de sanções processuais, competindo ao juiz zelar pelo efetivo contraditório" (sem grifo no original).

15 "Com seu não prevalecimento no novo CPC, as perguntas continuarão a ser formuladas, ao lado de tantas outras que, certamente, surgirão, ainda a procura de suas soluções", afirma BUENO, Cassio Scarpinella. *Novo código de processo civil anotado*. São Paulo: Saraiva, 2015, p. 121.

neste ponto, lição de Cândido Dinamarco[16], pois aqui o desmembramento, a par de velar pela rápida solução do litígio, também atenderia aos princípios gerais de nosso direito processual, infenso à repetição de atos processuais (ainda que fossem nulos, v. arts. 249, § 1º, e 250, parágrafo único, do CPC/73, ou arts. 282, § 1º, e 283, parágrafo único, do NCPC). No caso de limitação no despacho liminar ou após requerimento, no prazo de defesa, todavia, parece mais consentânea à *mens legis* a simples e direta exclusão do processo dos litisconsortes excedentes, porquanto o desmembramento do processo gera um incidente não raro complexo, com a necessidade de fornecimento de várias cópias pela parte, desentranhamento e acertamento de procurações e documentos, repetidas verificações do recolhimento de custas, sem falar em eventuais recursos, pedidos de reconsideração etc., o que, como demonstra a praxe forense, normalmente exige tempo muito maior do que razoavelmente seria imaginado[17]. No Superior Tribunal de Justiça, entretanto, predomina a orientação do desmembramento[18].

Constavam ainda do Projeto Aprovado no Senado (art. 112, § 3º) e do Substitutivo da Câmara dos Deputados (art. 113, § 7º) regras prevendo que: "Do indeferimento do pedido de limitação de litisconsórcio cabe agravo de instrumento", mas o novo CPC apenas dispôs de forma semelhante no artigo 1.015, inciso VIII: "Cabe agravo de instrumento contra as decisões interlocutórias que versarem sobre: [...] rejeição do pedido de limitação do litisconsórcio".

Afigura-se, portanto, pelo menos à primeira vista, que apenas cabe agravo de instrumento contra a decisão que *rejeitar* o requerimento de limitação do litisconsórcio; não, porém, contra a decisão que acolher a limitação. Mas a matéria despertará, com certeza, controvérsia: basta ler

---

16 Assevera o doutíssimo jurista: "Podemos considerar inerente ao nosso sistema de direito positivo, conquanto não escrita, a norma que está contida no artigo 103, 2ª parte, do Código italiano, permissiva do desmembramento do processo e separação das diversas causas nele contidas, '*quando la continuazione della loro riunione ritarderebbe o renderebbe più gravoso il processo*'" (*Litisconsórcio*. p. 274).

17 Nesse sentido: CÂMARA, Alexandre Freitas, que ensina: "Os inconvenientes do desmembramento do processo, como a necessidade de se formarem novos autos, de se discutir qual seria o juízo competente para os novos processos que se formassem, entre outros, fariam com que o processo acabasse por ter seu encerramento ainda mais retardado, o que somente se evitaria com a exclusão" (*Lições de direito processual civil*. 24. ed. São Paulo: Atlas, 2013. v. 1, p. 197).

18 2ª T. AgRg no AgRg no REsp 1.452.805/PR, Rel. Min. Humberto Martins, DJe 09/02/2015; 3ª T. REsp 855.574/MG, Rel.ª Min.ª Nancy Andrighi, DJe 02/12/2009; 4ª T. AgRg no Ag 697.586/MG, Rel. Min. Fernando Gonçalves, DJ 14/11/2005, p. 337.

o inciso VII do artigo 1.015, que admite o agravo de instrumento contra as decisões interlocutórias que versarem sobre "exclusão de litisconsorte". A rigor, embora em sentido menos amplo, decisão que defere a limitação (mesmo que determine o desmembramento do feito) é decisão que *exclui* os litisconsortes do processo originário...

Como observa Cassio Scarpinella Bueno, examinando o artigo 1.015, "vale a pena verificar [...] se o rol que acabou por prevalecer no novo CPC [...] corresponde, e em que medida, às necessidades do dia a dia do foro e se a doutrina e a jurisprudência tenderão a uma interpretação restritiva ou ampliativa [...] das hipóteses indicadas." E conclui, com perfeição:

> Apenas para ilustrar a pertinência da afirmação: cabe agravo de instrumento da decisão que *exclui* litisconsorte (inciso VII) ou da que *rejeita* o pedido de limitação do litisconsorte (inciso VIII). O que dizer da decisão que aceita a intervenção do litisconsorte ou da que aceita o desmembramento?[19]

Melhor teria sido, portanto, em nossa opinião, manter as hipóteses previstas nos incisos VII e VIII do artigo 969 do Projeto do Senado, que admitiam o agravo de instrumento contra as decisões interlocutórias que versassem sobre "exclusão de litisconsorte por ilegitimidade" ou sobre "a limitação de litisconsórcio", seja porque essa redação não deixa dúvida, seja porque o acolhimento da limitação litisconsorcial também parece merecer, em princípio, o recurso de agravo de instrumento.

4. Litisconsórcios necessário e unitário

O novo CPC trata do litisconsórcio necessário no artigo 114: "O litisconsórcio será necessário por disposição de lei ou quando, pela natureza da relação jurídica controvertida, a eficácia de a sentença depender da citação de todos que devam ser litisconsortes." A redação sugerida pela douta Comissão de Juristas[20], forte na já mencionada emenda substitutiva elaborada por José Carlos Barbosa Moreira[21], era mais nítida: "Será necessário o litisconsórcio: I - quando, em razão da natureza *do pedido*, a decisão de mérito somente puder produzir *resultado prático* se proferida em face de duas ou mais pessoas; II - nos outros casos expressos em lei."

---

19 *Novo código de processo civil anotado*. São Paulo: Saraiva, 2015, p. 653 - grifado no original.

20 Cf. artigo 102 do Anteprojeto.

21 Item 1.1 *supra*, espec. artigo 56 (*Litisconsórcio unitário*, p. 243).

O inciso I corresponde à máxima, algumas vezes mencionada pelo Mestre, em relação ao litisconsórcio unitário, de que: "É preciso que a regra jurídica concreta formulada na sentença *não possa operar praticamente* senão quando aplicada às várias posições individuais"[22]. E mais: "O eixo de referência é sempre o resultado prático a que tende o processo, à vista do *pedido* e da *causa petendi*"[23]. Essa ideia, portanto, deve inspirar a interpretação do artigo 114 do novo Código de Processo Civil, até mesmo porque, como veremos em breve, a correta concepção da realidade do fenômeno será importante para a interpretação do artigo 115.

Questão interessante, suscitada por Fredie Didier Jr., que deve ser amadurecida, concerne à instituição de litisconsórcio necessário por convenção processual, com base no artigo 190 do NCPC[24], o que seria útil "sobretudo quando se elaboram instrumentos aptos a regrar as inúmeras relações jurídicas entre diversos sujeitos"[25]. Em Portugal, aliás, o artigo 33º, nº 1, do novo CPC de 2013 (*ad instar* do CPC anterior, art. 28º, nº 1) admite o litisconsórcio necessário por lei ou negócio, e a doutrina portuguesa concebe o litisconsórcio necessário convencional *ativo* ou *passivo*, como se vê em Jorge Augusto Pais de Amaral:

> Quando, por exemplo, duas ou mais pessoas efetuam um depósito, podem convencionar que a coisa só por todos os depositantes em conjunto possa ser levantada. Em virtude desta *convenção* (negócio jurídico) deve ser proposta por todos os depositantes a ação em que se pede a restituição da coisa depositada. A falta de qualquer dos interessados origina a ilegitimidade dos restantes[26].

Resolveu o legislador, além disso, conceituar o litisconsórcio unitário no artigo 116: "O litisconsórcio será unitário quando, pela natureza da relação jurídica, o juiz tiver de decidir o mérito de modo uniforme para todos os litisconsortes." O dispositivo era desnecessário, e acaba por representar certa sobreposição com a definição do artigo 114.

22 *Litisconsórcio unitário*, p. 144.

23 *Ibidem*, p. 146.

24 NEVES, Daniel Amorim Assumpção, afirma que o advento do negócio jurídico processual não é tão amplo, "tanto que o próprio art. 190 do novo CPC prevê o acordo somente com relação às situações jurídicas das partes e ao procedimento" (*Novo código de processo civil*. Rio de Janeiro: Forense, São Paulo: Método, 2015, p. 115).

25 *Curso de direito processual civil*. 17. ed. Salvador: JusPodivm, 2015. v. 1, p. 464.

26 *Direito processual civil*. 12. ed. Coimbra: Almedina, 2015. Edição Kindle, Posição 2.413.

5. Sentença proferida sem integração do contraditório

O artigo 115 do novo CPC, aproveitando, mais uma vez, a emenda de José Carlos Barbosa Moreira[27] dispõe: "A sentença de mérito, quando proferida sem a integração do contraditório, será: I - nula, se a decisão deveria ser uniforme em relação a todos que deveriam ter integrado o processo; II - ineficaz, nos outros casos, apenas para os que não foram citados."

O inciso I abrange, como se vê do seu claro teor, o litisconsórcio necessário unitário, e as referências a sentença "proferida sem a integração do contraditório" (*caput*) e a "todos que deveriam ter integrado o processo" deixam certo que se trata de nulidade *transrescisória*, consoante termo em voga, pois se trata de genuína *falta de citação* daqueles que deveriam ter integrado o processo. O próprio artigo 114, aliás, menciona depender "a eficácia da sentença da *citação* de todos que devam ser litisconsortes".

Na verdade, se a regra jurídica concreta formulada na sentença *não pode operar praticamente* senão quando aplicada às várias posições individuais, cujos cointeressados deveriam ter sido citados como litisconsortes, a sentença proferida é, aqui sim, *inutiliter data*. Veja-se o que escreve Barbosa Moreira: "Nula a sentença, ter-se-ia de aguardar a instauração de outro feito, com regular integração do contraditório, para disciplinar validamente a situação litigiosa, mesmo quanto aos que houvessem participado do processo anterior"[28].

Cândido Rangel Dinamarco ressalta, para começar, que "o sistema das nulidades processuais não explica suficientemente o fenômeno da sentença de mérito proferida sem a presença de todos os colegitimados indispensáveis"[29], e sustenta, embora sob a perspectiva da *eficácia*, que as situações jurídicas que dão lugar ao litisconsórcio necessário unitário, "são situações que não comportam dualidade ou heterogeneidade de tratamento: elas são *incindíveis*. Da incindibilidade da situação deflui que ou ela é disciplinada (e de modo uniforme) quanto a todos os titulares, ou não pode ser objeto de provimento algum"[30]. Em verdade, a noção de ineficácia *absoluta* da sentença, no caso (exclusivo) da não

27 *Litisconsórcio unitário*, p. 244.

28 *Litisconsórcio unitário*, p. 233.

29 *Litisconsórcio*. São Paulo: Revista dos Tribunais, 1984, p. 196.

30 E exemplifica com a sentença proferida em ação de nulidade de casamento promovida pelo Ministério Público, sem que a mulher tivesse sido parte no processo: "que 'vínculo' remanesceria, envolvendo só a mulher?" (*Ibidem*, p. 221-222).

integração do contraditório em litisconsórcio necessário *unitário*, atualmente é compartilhada por vários doutrinadores[31].

O inciso II, por sua vez, cuida do litisconsórcio necessário *comum*, ou seja, aquele que, conquanto de formação determinada por lei, admite decisão de mérito *diferente* para cada litisconsorte. Lembre-se, por exemplo, o litisconsórcio passivo previsto no artigo 942 do CPC, na "ação de usucapião", entre aquele em cujo nome estiver registrado o imóvel usucapiendo e os confinantes (cf. art. 246, § 3º, do NCPC). Nesses casos, como a sorte de cada litisconsorte independe da sorte dos demais, sendo cabíveis, consequentemente, decisões de mérito desuniformes, preceitua o dispositivo que a sentença de mérito, quando proferida sem a integração do contraditório, será ineficaz *apenas para os que não foram citados*, mas eficaz para as partes do processo. Trata-se, assim, de ineficácia relativa[32].

Como dispõe o parágrafo único do artigo 115: "Nos casos de litisconsórcio passivo necessário, o juiz determinará ao autor que requeira a citação de todos que devam ser litisconsortes, dentro do prazo que assinar, sob pena de extinção do processo", *sem resolução do mérito* (art. 267, VI, do CPC/73; art. 485, VI, do NCPC), evidentemente, pois nos casos de litisconsórcio *necessário* a lei impõe a legitimação *conjunta*, ou seja, sem a presença de todos, faltará legitimidade *ad causam*[33].

Para os doutrinadores que sustentam a inexistência de litisconsórcio necessário *ativo*, em razão, basicamente, do direito fundamental de ação (art. 5º, XXXV, da CF), a referência a "nos casos de litisconsórcio passivo necessário" do parágrafo único do artigo 115 certamente viria a reforçar a tese,[34] embora, a nosso ver, o acréscimo não seja significativo para a solução de tão tormentosa questão, que extrapola os lindes deste breve trabalho.

---

31 Vejam-se, p. ex.: CÂMARA, Alexandre Freitas. *Lições de direito processual civil*. 24. ed. São Paulo: Atlas, 2013. v. 1, p. 190 (percebe-se que o insigne autor se refere ao litisconsórcio necessário *unitário* pelo exemplo formulado, ou seja, anulação de casamento ajuizada pelo MP); BEDAQUE, José Roberto dos Santos. *Efetividade do processo e técnica processual*. São Paulo: Malheiros, 2006, p. 381; WAMBIER, Luiz Rodrigues; TALAMINI, Eduardo. *Curso avançado de processo civil*. 14. ed. São Paulo: Revista dos Tribunais, 2014. v. 1, p. 321.

32 Em contraposição à ineficácia absoluta, que ocorreria no caso de litisconsórcio necessário unitário, ao ver dos autores citados na nota anterior.

33 Como ensina Dinamarco, "dizer que o litisconsórcio é necessário significa negar a legitimidade de uma só pessoa para demandar ou para ser demandada..." (*Litisconsórcio*, p. 41).

34 Assim, p. ex., DIDIER JR., Fredie. *Curso de direito processual civil*. 17. ed. Salvador: JusPodivm, 2015. v. 1, p. 456.

Não pode o juiz, todavia, de ofício, *sponte propria*, determinar a citação daqueles que entenda litisconsortes necessários, porquanto cabe ao autor o direito de ação e, portanto, de escolher *se* quer litigar e *em face de quem* quer ajuizar a demanda... Ao juiz somente toca determinar "ao autor que requeira a citação", e eventualmente extinguir o processo, até para permitir que a matéria seja objeto de recurso...

6. Regime do litisconsórcio

No que se refere ao regime do litisconsórcio, enfim, para terminar este primeiro item, o novo Código de Processo Civil não aproveitou a chance de completar e sistematizar a matéria. Com efeito: dispôs sobre o *regime comum* na primeira parte do artigo 117 ("Os litisconsortes serão considerados, em suas relações com a parte adversa, como litigantes distintos") e no artigo 118 ("Cada litisconsorte tem o direito de promover o andamento do processo, e todos devem ser intimados dos respectivos atos"), adotando o tradicional *princípio da autonomia dos litisconsortes*.

O relevante *regime especial* (que impõe o *princípio da interdependência entre os litisconsortes*) foi previsto, de forma lacônica, em simples variação da parte final do artigo 48 ainda em vigor, que estabelece o antitético princípio da autonomia (*verbis*: "Salvo disposição em contrário, os litisconsortes serão considerados, em suas relações com a parte adversa, como litigantes distintos; *os atos e as omissões de um não prejudicarão nem beneficiarão os outros*"), na segunda parte do artigo 117: "Exceto no litisconsórcio unitário, caso em que os atos e as omissões de um não prejudicarão os outros, mas os poderão beneficiar".

A referência a atos ou omissões prejudiciais ou benéficos, algo equívoca,[35] foi conservada. Além disso, o legislador deslembrou que, ao regime especial, para assegurar a uniformidade da decisão de mérito, importam não apenas os atos ou omissões *dos litisconsortes*, mas também os atos ou omissões da parte contrária *em relação* a algum (ou alguns) dos litisconsortes.

35 "[...] nem sempre é fácil caracterizar como 'favorável' ou 'desfavorável' o comportamento determinante. Num mesmo comportamento determinante podem coexistir aspectos 'favoráveis' e aspectos 'desfavoráveis' a quem o adote: basta lembrar o caso da transação" (BARBOSA MOREIRA, José Carlos. *Litisconsórcio unitário*. Rio de janeiro: Forense, 1972, p. 175). *Comportamento determinante* é "aquele a que a lei confere influência *decisiva* no desfecho do pleito" (p. 161 – grifado no original).

De qualquer forma, as falhas dos dispositivos pertinentes - ainda que possam gerar dúvidas -, não impedem a correta interpretação, desde que se tenha em mente, como ensina Barbosa Moreira, que "a disciplina do litisconsórcio unitário é *meio*, e como todo meio deve proporcionar-se ao *fim* a que serve", cabe ao intérprete "descobrir, atravessando a superfície do texto, o que a lei realmente *quis* dizer, à luz do que ela *precisava* dizer".[36]

Dessa forma, o princípio geral que deve orientar a interpretação do art. 117, segunda parte, do NCPC, na lição do Mestre, é o seguinte: *No litisconsórcio unitário, os comportamentos determinantes só produzem seus efeitos típicos quando manifestados pela totalidade dos litisconsortes, ou pela parte contrária em face dessa totalidade.*[37]

Em se tratando de litisconsórcio unitário, portanto, o reconhecimento da procedência do pedido, a renúncia à pretensão ou a transação, só produzirão seus efeitos típicos[38], ensejando a homologação judicial (art. 487, inc. III, do NCPC), quando realizados pela totalidade dos litisconsortes, ou pela parte contrária em face dessa totalidade.

Além dos artigos 113 a 118, insertos no Título específico (Título II do Livro III da Parte Geral), outros dispositivos próprios do litisconsórcio permanecem esparsos no novo Código. Assim, por exemplo, de especial importância, o artigo 1.005, reprodução, inclusive no parágrafo único, do artigo 509 do Código atual, que trata da extensão subjetiva dos efeitos do recurso interposto por algum (ou alguns) dos litisconsortes. O *caput* do dispositivo ("O recurso interposto por um dos litisconsortes a todos aproveita, salvo se distintos ou opostos os seus interesses.") merecia aperfeiçoamento, pois passa a falsa impressão de que a extensão dos efeitos é a regra, quando, na verdade, é rara exceção. O aparente desvio, sugerido pela preposição "salvo", caracteriza exatamente o litisconsórcio *comum*, afeito, como visto, ao princípio da *autonomia* dos litisconsortes. Todavia: "Ao litisconsórcio *unitário*, e somente a ele, deve aplicar-se o disposto no artigo 509 [agora 1.005], *caput*, porque a extensão dos efeitos do recurso aos colitigantes omissos não tem senão uma

36 *Ibidem*, p. 166 - grifado no original.

37 *Ibidem*, p. 174. Pouco antes é esclarecido que o princípio se aplica "tanto aos comportamentos determinantes *omissivos* quanto aos comportamentos determinantes *comissivos*" (p. 173 - grifado no original).

38 Outros efeitos, que não permitam a quebra da uniformidade da decisão, poderiam, eventualmente ser produzidos, como, p. ex., em relação à condenação ao remanescente das custas e honorários de advogado.

razão de ser, que é precisamente a de impedir a quebra da uniformidade da disciplina da situação litigiosa[39].

O parágrafo único do artigo 1.005 estabelece, particularmente, a extensão dos efeitos do recurso, interposto pelo devedor solidário, quando as defesas opostas ao credor lhes forem comuns, porque a solidariedade *não* caracteriza litisconsórcio unitário. Seguindo ainda a lição de Barbosa Moreira, "a solidariedade, por si, não faz necessariamente impossível, do *ponto de vista prático* - que é o relevante para a identificação do litisconsórcio unitário -, a variedade das soluções que se deem ao litígio, no tocante às partes coligadas..." [40]

A norma do artigo 345, inciso I, do NCPC, simílima à do artigo 320, I, do CPC/73 (foi apenas corrigido *induz* por *produz*, e acrescentado "art. 344 se"), que afasta a presunção de veracidade das alegações de fato formuladas pelo autor, em caso de revelia, se, havendo pluralidade de réus, algum deles contestar a ação (*rectius*: o pedido), a rigor, somente deveria incidir nas hipóteses de litisconsórcio unitário, a fim de evitar a possível desuniformidade da decisão de mérito.[41] No entanto, até mesmo em razão desse drástico efeito da revelia, prevaleceu em doutrina a interpretação extensiva do atual inciso I do artigo 320, para concluir que a regra se aplica "a todos os casos de litisconsórcio unitário e também ao comum, sempre que a defesa apresentada em contestação seja útil a todos"[42].

II. Intervenção de terceiros

1. Sistema do NCPC

O novo Código de Processo Civil, no mesmo Livro III da Parte Geral,[43] cuidou da Intervenção de Terceiros em seu Título III, na seguinte ordem: Da Assistência (Capítulo I), Da Denunciação da Lide

---

39 BARBOSA MOREIRA, José Carlos. *Comentários ao código de processo civil.* 16. ed. Rio de Janeiro: Forense, 2012. v. V, p. 381.

40 *Ibidem*, p. 382 - grifado no original.

41 Cf. BARBOSA MOREIRA. *Litisconsórcio unitário.* Rio de janeiro: Forense, 1972, p. 222-223.

42 DINAMARCO. *Instituições de direito processual civil.* 4. ed. São Paulo: Malheiros, 2004. v. II, p. 347. V. também *Instituições de direito processual civil.* 4. ed. São Paulo: Malheiros, 2001. v. III, p. 539-540.

43 O Anteprojeto tratava da intervenção de terceiros, de forma bem diversa, no Livro II ("Do Processo de Conhecimento"), Título I ("Do Processo de Conhecimento"), Capítulo V.

(Capítulo II), Do Chamamento ao Processo (Capítulo III), Do Incidente de Desconsideração da Personalidade Jurídica (Capítulo IV) e Do *Amicus Curiae* (Capítulo V). A inclusão da assistência no Título destinado à intervenção de terceiros veio para corrigir, consoante observações da doutrina, erro do Código de 1973, que a tratava, juntamente com o litisconsórcio, em Capítulo à parte[44], embora a assistência seja hipótese típica de intervenção espontânea de terceiro.

No que concerne à *recorribilidade*, o artigo 1.015 do NCPC admite o *agravo de instrumento* contra as decisões interlocutórias que versarem sobre "incidente de desconsideração da personalidade jurídica" (inc. IV) e, de forma geral, sobre "admissão ou inadmissão de intervenção de terceiros" (inc. IX). Todavia, como dispõe o próprio Código no artigo 138, é *irrecorrível* a decisão que solicitar ou admitir a participação de *amicus curiae*.

A oposição, que não constava do Anteprojeto nem do Projeto do Senado, no CPC/2015 é tratada, a partir do Substitutivo da Câmara dos Deputados, como procedimento especial (Parte Especial, Título III, Capítulo VIII, arts. 682 a 686), embora tenham sido mantidas, basicamente, normas semelhantes às dos artigos 56 a 61 do CPC atual, inclusive, no *caput* do artigo 685, à do artigo 59, que prevê a oposição *interventiva*, a par da oposição *autônoma* disposta no artigo 60. Era necessário, nessas circunstâncias, adotar textos claros, específicos, para deixar estreme de dúvida que a oposição não é mais intervenção de terceiro, em nenhuma das hipóteses previstas no artigo 685 e parágrafo único do NCPC. Mas o legislador, ao revés, adotou, no parágrafo único do artigo 685, redação confusa, mais tênue que a do atual artigo 60, aludindo, quando a oposição for proposta após o início da audiência de instrução, à suspensão do "curso do processo ao fim da produção das provas, salvo se concluir [o juiz] que a unidade da instrução atende melhor ao princípio da duração razoável do processo", e dando realmente a impressão, pelo menos à primeira vista, como afirmou Cássio Scarpinella, que "a distinção, bem aceita pela doutrina, entre 'oposição *interventiva*' e 'oposição *autônoma*', [...] é mantida pelo novo CPC"[45].

---

44 O CPC em vigor trata no Livro I, Título II, Capítulo V, do Litisconsórcio (Seção I) e da Assistência (Seção II), mas no Capítulo VI, da Intervenção de Terceiros.

45 *Novo código de processo civil anotado.* São Paulo: Saraiva, 2015, p. 431 – grifado no original. Ricardo de Carvalho Aprigliano, curiosamente, afirma: "Se o ajuizamento se dá quando a ação original ainda se encontra em suas fases iniciais, diz-se oposição interventiva, nomenclatura que segue atual, na medida em que se trata de demanda autônoma, mas com aptidão a influir no procedimento da ação principal" (WAMBIER, Teresa Arruda Alvim *et alii.* (Coord.). *Breves comentários ao novo código de processo civil.* São Paulo: Revista dos Tribunais, 2015, p. 1.590).

Já a nomeação à autoria, muito criticada pela doutrina, em razão de sua desastrada disciplina no Código atual, que sujeita a exclusão do nomeante do processo (ou *extromissão* da parte)[46] e o ingresso do nomeado ao reconhecimento, por este, da qualidade que lhe foi atribuída por aquele (cf. art. 66), conquanto não mais prevista como modalidade de intervenção de terceiros, teve sua finalidade preservada (e ampliada) pelos artigos 338 e 339 do novo CPC, ao prescrever o primeiro que: "Alegando o réu, na contestação, ser parte ilegítima ou não ser o responsável pelo prejuízo invocado, o juiz facultará ao autor, em 15 (quinze) dias, a alteração da petição inicial para substituição do réu" □, enquanto o segundo dispositivo estabelece o dever de o "réu indicar o sujeito passivo da relação jurídica discutida sempre que tiver conhecimento, sob pena de arcar com as despesas processuais e de indenizar o autor pelos prejuízos decorrentes da falta de indicação". Todavia, as hipóteses de nomeação à autoria no CPC/73 são exclusivas (arts. 62 e 63)[47] e justificam, por assim dizer, o erro do autor[48], daí o correspondente dever de o réu nomear o(s) verdadeiro(s) legitimado(s). A generalização desse dever, no entanto, parece demasia, porque, ressalvadas hipóteses assim excepcionais, em que a própria relação havida entre réu e terceiro permite ao primeiro conhecer evidentemente o real legitimado, não é razoável impor ao réu o dever jurídico de "indicar o sujeito passivo da relação jurídica discutida", até porque, normalmente, ninguém melhor do que o próprio autor para conhecer as relações jurídicas de que é parte... Dessa forma, a expressão "sempre que tiver conhecimento" utilizada no artigo 339 deve ser interpretada estritamente, no sentido de

---

46 THEODORO JÚNIOR, Humberto. *Curso de direito processual civil.* 52. ed. Rio de Janeiro: Forense, 2011. v. I, p. 135.

47 "Aquele que detiver a coisa em nome alheio, sendo-lhe demandada em nome próprio [...]" (art. 62); e "[...] ação de indenização, intentada pelo proprietário ou pelo titular de um direito sobre a coisa, toda vez que o responsável pelos prejuízos alegar que praticou o ato por ordem, ou em cumprimento de instruções de terceiro" (art. 63).

48 Como ensina Alexandre Câmara, com sua didática habitual, "seria de extremo rigor" a extinção, nesses casos, do processo sem resolução do mérito (*Lições de direito processual civil.* 24. ed. São Paulo: Atlas, 2013. v. 1, p. 215).

haver *inequívoco* conhecimento pelo réu, para justificar-se o seu dever jurídico e consequente responsabilidade *objetiva*[49]/[50].

2. Entes públicos federais e competência

Por outro lado, ao tratar das *Disposições Gerais* (Seção I) da *Competência* (Capítulo I do Título III do Livro II da Parte Geral), o novo CPC dispõe expressamente no artigo 45, com relação à intervenção processual dos *entes públicos federais*, que: "Tramitando o processo perante outro juízo, os autos serão remetidos ao juízo federal competente se nele intervier a União, suas empresas públicas, entidades autárquicas e fundações, ou conselho de fiscalização de atividade profissional, na qualidade de parte ou de terceiro interveniente, exceto as ações: I - de recuperação judicial, falência, insolvência civil e acidente de trabalho; II - sujeitas à justiça eleitoral e à justiça do trabalho." As exceções enumeradas nos incisos I e II repetem a segunda parte do inciso I do artigo 109 da Constituição Federal,[51] salvo quanto à recuperação judicial e à insolvência civil, que foram acrescentadas em razão das afinidades com a falência, como se percebe, por exemplo, dos artigos 73, 74 e 95 da Lei de Recuperação Judicial (Lei nº 11.101/2005) e da natureza também universal da insolvência civil, que ensejou, inclusive, há muitas décadas, o Verbete nº 244 da Súmula da Jurisprudência Predominante do extinto Tribunal Federal de Recursos,[52] ainda hoje invocado pelo Superior Tribunal de Justiça[53].

---

49 O entendimento hoje predominante é que a responsabilidade do réu (art. 69) é objetiva (v., p. ex., DINAMARCO. *Instituições de direito processual civil*. 4. ed. São Paulo: Malheiros, 2004. v. II, p. 396; BEDAQUE. *Código de processo civil interpretado*. Antonio Carlos Marcato (Coord.). 3. ed. São Paulo: Atlas, 2008, p. 146; CARNEIRO, Athos Gusmão. *Intervenção de terceiros*. 15. ed. São Paulo: Saraiva, 2003, p. 91).

50 No entanto, talvez por causa da aparente generalização do dever de "indicar o sujeito passivo", consta do Enunciado nº 44 do FPPC: "A responsabilidade a que se refere o art. 340 [agora art. 339] é subjetiva", o que, todavia, com a devida vênia, não se mostra inteiramente consentâneo com a *ratio legis*.

51 "Art. 109. Aos juízes federais compete processar e julgar: I - as causas em que a União, entidade autárquica ou empresa pública federal forem interessadas na condição de autoras, rés, assistentes ou oponentes, exceto as de falência, as de acidentes de trabalho e as sujeitas à Justiça Eleitoral e à Justiça do Trabalho".

52 V. Salomão Viana. WAMBIER, Teresa Arruda Alvim *et alii*. (Coords.). *Breves comentários ao novo código de processo civil*. São Paulo: Revista dos Tribunais, 2015, p. 178.

53 Cf. 1ª Seção, CC nº 117.210/AL, Rel. Min. Mauro Campbell Marques, DJe 18/11/2011.

Consoante o § 3º do artigo 45: "O juízo federal restituirá os autos ao juízo estadual sem suscitar conflito se o ente federal cuja presença ensejou a remessa for excluído do processo." As normas do *caput* e do § 3º consagram a orientação assentada nos enunciados n°s 150[54] e 224[55] da Súmula da Jurisprudência Predominante do Superior Tribunal de Justiça, que também estabeleceu, no verbete nº 254: "A decisão do Juízo Federal que exclui da relação processual ente federal não pode ser reexaminada no Juízo Estadual."

Nesse contexto, "outro juízo" perante o qual tramite o processo, como afirmado no *caput* do artigo 45, deve ser compreendido, obviamente, como juízo da Justiça Comum Estadual.

Esses preceitos incidem, evidentemente, por identidade de razões, não apenas quando os entes federais intervierem (*rectius*: requererem intervenção) no processo, mas também quando for requerida, por alguma parte originária, a intervenção forçada da União, suas empresas públicas, entidades autárquicas e fundações, ou conselho de fiscalização de atividade profissional. A rigor, aliás, ao *intervir* no feito o ente público federal passa a ser parte do processo, deixando, portanto, de ser "terceiro interveniente".

Mesmo no caso da *intervenção anômala* prevista no parágrafo único do artigo 5º da Lei nº 9.469/97[56]/[57], que independe de interesse

---

54 "Compete à Justiça Federal decidir sobre a existência de interesse jurídico que justifique a presença, no processo, da União, suas autarquias ou empresas públicas."

55 "Excluído do feito o ente federal, cuja presença levara o Juiz Estadual a declinar da competência, deve o Juiz Federal restituir os autos e não suscitar conflito."

56 "Art. 5º A União poderá intervir nas causas em que figurarem, como autoras ou rés, autarquias, fundações públicas, sociedades de economia mista e empresas públicas federais.
Parágrafo único. As pessoas jurídicas de direito público poderão, nas causas cuja decisão possa ter reflexos, ainda que indiretos, de natureza econômica, intervir, independentemente da demonstração de interesse jurídico, para esclarecer questões de fato e de direito, podendo juntar documentos e memoriais reputados úteis ao exame da matéria e, se for o caso, recorrer, hipótese em que, para fins de deslocamento de competência, serão consideradas partes."

57 MARINONI; ARENHART; MITIDIERO afirmam que a intervenção anômala, "por não ter sido repetida pelo CPC, foi implicitamente revogada" (*Novo código de processo civil comentado*. São Paulo: Revista dos Tribunais, 2015, p. 135-136). Ainda que fosse extremamente salutar a adoção desse entendimento, parece que o parágrafo único do art. 5º da Lei nº 9.469/97 pode ser interpretado como *regra especial* em relação às normas do NCPC (art. 2°, § 2º, da LINDB).

jurídico e caracteriza, como sustentamos em monografia específica[58], simples intervenção *incidental* ou *temporária*, limitada ao curto incidente de apresentação de esclarecimentos sobre "questões de fato e de direito, podendo juntar documentos e memoriais reputados úteis ao exame da matéria", a União é *parte do incidente*, embora não se torne parte efetiva e permanente do processo, como acorreria se interviesse como assistente, demonstrando seu interesse jurídico. A intervenção anômala, todavia, *não desloca* a competência para a Justiça Federal[59]. A jurisprudência do STJ consigna que o mero interesse econômico da União - fundado no artigo 5º, parágrafo único, da Lei nº 9.469/97 - não é suficiente para atrair a incidência do artigo 109, I, da Constituição Federal. Há que ser demonstrado o evidente **interesse jurídico.** Precedentes: REsp 1.306.828/PI, Rel. Min. Humberto Martins, Segunda Turma, DJe 13/10/2014; EDcl no AgRg no CC 89.783/RS, Rel. Min. Mauro Campbell Marques, Primeira Seção, Dje 18/6/2010; AgRg no REsp 1.045.692/DF, Rel. Min. Marco Buzzi, Quarta Turma, julgado em 21/6/2012, DJe 29/6/2012[60].

Os §§ 1º e 2º do artigo 45, embora substancialmente respaldados no Verbete nº 170 da *Súmula* do STJ[61], exigem certo cuidado de interpretação. Com efeito: ao instituírem que "os autos não serão remetidos [ao juízo federal] se houver pedido cuja apreciação seja de competência do juízo perante o qual foi proposta a ação", e que, nesta hipótese, "o juiz, ao não admitir a cumulação de pedidos em razão da incompetência para apreciar qualquer deles, não examinará o mérito daquele em que exista interesse da União, de suas entidades autárquicas ou de suas empresas públicas", podem parecer, à primeira vista, que impediriam a intervenção quando ela representasse formulação de pedido em face do ente público federal, como ocorre na denunciação da lide, ou inclusão do ente no polo passivo da demanda, como no chamamento ao processo. Mas o § 2° alude expressamente a *não admitir a cumulação de pedidos*, o que extrapola os casos de denunciação da lide ou chamamento ao processo. Destarte, para não concluir por tamanha restrição à intervenção de terceiros, impende compreender que os §§ 1º e 2º se

58 *Assistência e intervenção da União*. Rio de Janeiro: Forense, 2006, p. 195 et seq.

59 Sobre o novo CPC, NEVES, Daniel Amorim Assumpção. *Novo código de processo civil*. Rio de Janeiro: Forense; São Paulo: Método, 2015, p. 71.

60 STJ, 2ª T. AgRg na MC 23.856/SP, Rel. Min. Humberto Martins, unânime, DJe 13/03/2015.

61 "Compete ao juízo onde primeiro for intentada a ação envolvendo acumulação de pedidos, trabalhista e estatutário, decidi-la nos limites da sua jurisdição, sem prejuízo do ajuizamento de nova causa, com o pedido remanescente, no juízo próprio."

referem mesmo à cumulação de pedidos, seja originária (quando, rigorosamente, não haveria *intervenção*), seja superveniente.

3. Intervenção negocial

Enfim, com o advento do artigo 190 do NCPC, afirma Fredie Didier Jr.: "Em princípio, entendemos possível a criação de uma intervenção de terceiro negocial, uma vez preenchidos os pressupostos do artigo 190 do CPC", que constituiria "intervenção de terceiro *atípica*"[62].

Leonardo Carneiro da Cunha vai além:

> Segundo Marina França Santos, é possível no novo CPC, haver duas modalidades de intervenção de terceiro negociada: a negociação de intervenções atípicas, e a negociação de regras previstas para as intervenções típicas. É possível admitir uma intervenção *atípica*, como a de um terceiro que não tenha interesse jurídico para assistir uma das partes. Mas também é possível negociar regras de uma intervenção *típica*[63].

Logo após a citação doutrinária, no entanto, saliente que, em qualquer hipótese, "a intervenção será *atípica*, pois alterar uma regra ou um aspecto específico de uma intervenção típica consiste em desqualificá-la e torná-la atípica[64].

4. Assistência

4.1. Disposições gerais

O novo CPC, ao tratar da assistência (arts. 119 a 124), instituiu três Seções, sob as rubricas "Disposições Comuns" (I), "Da Assistência Simples" (II) e "Da Assistência Litisconsorcial" (III), o que, sem dúvida, facilita o exame da matéria, mas não aproveitou a oportunidade, como veremos a seguir, para resolver questões intrincadas que mereciam exame sistemático.

O artigo 119, para começar, reproduz, com pequenos ajustes redacionais, o artigo 50 do CPC/73: assim, p. ex., o *caput* menciona "terceiro

---

62 *Curso de direito processual civil*. 17. ed. Salvador: JusPodivm, 2015. v. 1, p. 478 - sem grifo no original.

63 *A assistência no projeto do novo código de processo civil*. Disponível em: <http://www.academia.edu/9253866/A_ASSIST%C3%8ANCIA_NO_PROJETO_DO_NOVO_C%C3%93DIGO_PROCESSO_CIVIL_BRASILEIRO>. Acesso em: 25/05/2015.

64 *Idem* - grifado no original.

juridicamente interessado", ao passo que o artigo 50 alude a "terceiro *que tiver interesse jurídico"*, sendo mínimas as alterações do parágrafo único.

Inovação advêm do novo artigo 120: "Não havendo impugnação no prazo de *15 (quinze) dias*, o pedido do assistente será deferido, *salvo se for caso de rejeição liminar"*. Como se percebe dos trechos por nós destacados, em itálico, o prazo de impugnação foi aumentado para quinze dias, e a parte final deixa claro que, mesmo inexistindo impugnação, o juiz deverá rejeitar liminarmente a assistência, quando ausentes os seus requisitos.

O parágrafo único do artigo 120, por sua vez, simplificou o incidente de admissão, ou não, da assistência, pondo fim ao "desentranhamento da petição e da impugnação, a fim de serem autuadas em apenso", como previsto no inciso I do artigo 51, ao estabelecer, simplesmente: "Se qualquer parte alegar que falta ao requerente interesse jurídico para intervir, o juiz decidirá o incidente, sem suspensão do processo", e nos próprios autos, em elogiável agilização.

O novo dispositivo não menciona, nem precisava mencionar, como faz o artigo 51, inciso II, que o juiz poderá autorizar "a produção de provas", porquanto, mesmo sendo excepcional, se houver necessidade de provas, elas deverão ser permitidas, pois se o Código reconhece a intervenção do terceiro como assistente, *a fortiori* deve assegurar ao terceiro o direito de provar que preenche os requisitos para a intervenção.

4.2. Assistência simples

Fez muito bem o CPC/2015, não há dúvida, em reunir, em seção própria, as regras pertinentes à assistência simples. A determinação dos limites de atuação processual do *assistente*, agora sem dúvida, *simples*, decorre, basicamente, do confronto dos artigos 121, *caput*, e 122, uma vez que o assistente "exercerá os mesmos poderes e sujeitar-se-á aos mesmos ônus processuais que o assistido" (art. 121, *caput*), mas, não sendo titular da *res in iudicium deducta* nem da relação processual, "a assistência simples não obsta a que a parte principal reconheça a procedência do pedido, desista da ação, renuncie ao direito sobre que se funda a ação ou transija sobre direitos controvertidos" (art. 122)[65].

Assim, pode o assistente, *parte acessória* ou *secundária*, que auxilia a *parte principal*[66], em princípio, praticar os mesmos atos processuais que

---

65 O artigo 122 incluiu expressamente a *renúncia ao direito sobre o qual se funda a ação*, que se considerava implícita no artigo 53.

66 Há autores, porém, que negam essa qualidade. V., p. ex.: "O *assistente* ingressa no processo não como parte, mas apenas como coadjuvante da parte (é 'parte

o assistido, desde que *não contrarie* a vontade por este manifestada[67]; não pode, todavia, dispor da relação jurídica deduzida em juízo (da qual não é titular), nem da relação jurídica processual (que não instaurou)[68]. Além disso, a assistência não impede que o assistido, verdadeiro titular da *res in iudicium deducta* e parte principal do processo, pratique atos dispositivos daquela ou deste (art. 122).

Pode o assistente simples, por conseguinte, recorrer das decisões, mesmo que não recorra o assistido (exceto se este praticar qualquer ato dispositivo ou incompatível com o recurso[69], como renunciar ao direito de recorrer, desistir do recurso interposto, aceitar, expressa ou tacitamente, a decisão), bem como requerer e produzir provas (salvo se o assistido expressamente dispensou a prova).[70] Ademais, em linha geral, pode o assistente simples arguir tudo aquilo que ao juiz é dado conhecer de ofício, independentemente da vontade do assistido, como, por exemplo: a incompetência absoluta (art. 64, § 1º)[71]; a decadência e a prescrição (art. 487, II)[72]; a participação do *amicus curiae* (art. 138); as preliminares enumeradas no art. 337 ("excetuadas a convenção de arbitragem e a incompetência relativa", § 5º); a ocorrência de fatos supervenientes (art. 493)[73]; a existência de inexatidões materiais ou erros

secundária', segundo alguns)", CARNEIRO. Athos Gusmão (*Intervenção de terceiros*. 15. ed. São Paulo: Saraiva, 2003, p. 75); "o único que não é e nunca passa a ser parte, porque nunca pede e nunca nada contra ele é pedido diretamente, é o assistente". BUENO. Cassio Scarpinella (*Partes e terceiros no processo civil brasileiro*. São Paulo: Saraiva, 2003, p. 12).

67 DINAMARCO. *Instituições de direito processual civil*. 4. ed. São Paulo: Malheiros, 2004. v. 2, p. 392. "[...] o assistente simples 'não pode praticar nenhum ato processual que esteja em oposição com a atividade processual do assistido" (CARNEIRO, Athos Gusmão. *Intervenção de terceiros*. 15. ed. São Paulo: Saraiva, 2003, p. 178).

68 Cf. DINAMARCO, Cândido Rangel. *Ibidem*, p. 388.

69 Apenas os atos do assistente simples, "*em contraste com a vontade manifesta do assistido*", não têm eficácia, na precisa lição de DINAMARCO (*Ibidem*, p. 392 - grifado no original).

70 Nesse sentido: DINAMARCO, Cândido Rangel. *Ibidem*, p. 392; CARNEIRO, Athos Gusmão. Op. cit., p. 177.

71 Os dispositivos a seguir mencionados no texto, sem qualquer especificação, são do novo CPC.

72 Nos termos, porém, do parágrafo único do artigo 487: "Ressalvada a hipótese do § 1º do art. 332, a prescrição e a decadência não serão reconhecidas sem que antes seja dada às partes oportunidade de manifestar-se."

73 Ressalva, no entanto, o parágrafo único: "Se constatar de ofício o fato novo, o juiz ouvirá as partes sobre ele antes de decidir."

de cálculo na sentença (art. 494, I). Da mesma forma, por se tratar de matéria de ordem pública, pode o assistente simples arguir o impedimento do juiz (art. 144).

O parágrafo único do artigo 121, por seu turno, estabelece: "Sendo revel ou, de qualquer outro modo, omisso o assistido, o assistente será considerado seu substituto processual." Foi corrigida, destarte, a equívoca menção a "gestor de negócios" do parágrafo único do artigo 52, referindo-se o novo dispositivo, como sugeria a doutrina, a *substituto processual*[74]. O acréscimo "ou, de qualquer outro modo, omisso o assistido", no entanto, que teria o mérito de superar orientação incorreta do Superior Tribunal de Justiça, em dissenso com a *communis opinio doctorum*, no sentido da inadmissibilidade do recurso do assistente diante da inércia do assistido[75], não significa, de forma absoluta, que o assistente simples poderá suprir toda e qualquer omissão do assistido. Pense-se, por exemplo, na incompetência relativa, ordinariamente determinada por normas que visam a beneficiar a parte (principal). Não pode o assistente simples, portanto, impugnar sozinho a incompetência relativa.

Na lição de Fredie Didier Jr., apesar da nova regra do parágrafo único do artigo 121, "o assistente não pode suprir a omissão do assistido se ela for uma omissão negocial", como, por exemplo, na supramencionada prorrogação da competência relativa pela não alegação da incompetência pelo réu (art. 65), na ausência de alegação da existência de convenção de arbitragem (art. 337, § 6º), ou na aceitação tácita da decisão (art. 1.000, parágrafo único)[76], muito embora, em verdade, neste último caso, a aceitação tácita decorra "*de ato* incompatível com a vontade de recorrer".

Não incide aqui, convém ressaltar, a regra geral do artigo 18, parágrafo único, do NCPC, de que "havendo substituição processual, o substituído poderá intervir como assistente litisconsorcial", que se mostra incompatível com esta hipótese específica da *assistência simples*. Com efeito: apesar da finalidade de ampliação da liberdade de atuação *processual* do assistente, no caso de revelia ou omissão do assistido, inclusive porque não há possibilidade de contradição com os atos e declarações da parte principal, *não deixa* o assistido de ser parte principal do processo, e passando a atuar *efetivamente* no feito, cessa imediatamente a "substituição" e o assistente *simples* agirá sem qualquer

---

74 Mas substituição em termos, pois o assistido, citado, é parte principal do processo.

75 Cf. NEVES, Daniel Amorim Assumpção (*Novo código de processo civil*. Rio de Janeiro: Forense; São Paulo: Método, 2015, p. 125); DIDIER JR., Fredie (*Curso de direito processual civil*. 17. ed. Salvador: JusPodivm, 2015. v. 1, p. 485).

76 *Curso de direito processual civil*. 17. ed. Salvador: JusPodivm, 2015. v. 1, p. 486.

diferenciação. Embora o artigo 346, parágrafo único, do NCPC (*ad instar* do art. 322, parágrafo único, do CPC/73) disponha que "o revel poderá intervir no processo em qualquer fase, recebendo-o no estado em que se encontrar", não se cuida, *tecnicamente*, na realidade, de verdadeira intervenção no processo, pois o assistido revel *já é parte* do feito, *desde a citação*, e, por conseguinte, nele não pode intervir. Significativamente, Calmon de Passos alude ao *comparecimento tardio* do revel[77].

Da eficácia preclusiva da assistência, cuida o artigo 123 do NCPC, ainda na Seção II, seguindo o entendimento predominante na doutrina de que esse regime específico se aplica ao assistente simples, ao passo que o assistente litisconsorcial submete-se à própria coisa julgada material[78]. Reza o artigo: "Transitada em julgado a sentença no processo em que interveio o assistente, este não poderá, em processo posterior, discutir a justiça da decisão, salvo se alegar e provar que: I - pelo estado em que recebeu o processo ou pelas declarações e pelos atos do assistido, foi impedido de produzir provas suscetíveis de influir na sentença; II - desconhecia a existência de alegações ou de provas das quais o assistido, por dolo ou culpa, não se valeu."

A eficácia preclusiva da assistência, portanto, abrange a *justiça da decisão*, que, segundo a doutrina, se refere aos *motivos* da sentença transitada em julgado[79]. Apenas a questão *principal*, definida pelo pedido, e que será realmente julgada no dispositivo da sentença, pode constituir a *res iudicata* em sentido material. Por isso, o assistente simples, que intervém no processo para defender interesse derivado de *outra* relação jurídica, havida com alguma das partes principais - que não é, consequentemente, a relação deduzida em juízo -, não fica submetido à *auctoritas rei iudicatae*, porque é estranho à questão apreciada *principaliter*.

---

77 *Comentários ao código de processo civil*. 8. ed. Rio de Janeiro: Forense, 1998. v. III, p. 388, item 256. Cândido Dinamarco assevera que "o revel tem sempre a faculdade de comparecer e passar a participar" (*Instituições de direito processual civil*. 4. ed. São Paulo: Malheiros, 2001. v. III, p. 458).

78 Para o exame completo da distinção, com profunda análise da doutrina, remetemos o leitor ao nosso livro *Assistência e intervenção da União*. Rio de Janeiro: Forense, 2006, p. 136 et seq.

79 Cf. ALVIM, Arruda. *Manual de direito processual civil*. 11. ed. São Paulo: Revista dos Tribunais, 2007. v. 2, p. 134; ALVIM, Eduardo Arruda. *Direito processual civil*. 5. ed. São Paulo: Revista dos Tribunais, 2013, p. 260; BARBI, Celso Agrícola. *Comentários ao código de processo civil*. 14. ed. Rio de Janeiro: Forense, 2010. v. I, p. 229-230; BEDAQUE, José Roberto dos Santos. *Código de processo civil interpretado*. Antonio Carlos Marcato (Coord.). 3. ed. São Paulo: Atlas, 2008, p. 130-131; MIRANDA, Pontes de. *Comentários ao código de processo civil*. Rio de Janeiro: Forense, 1974. t. II, p. 82.

O assistente litisconsorcial, ao contrário, como será visto no próximo item, é titular da relação jurídica deduzida em juízo, e fica submetido à autoridade da coisa julgada material, não havendo razão para a incidência da eficácia preclusiva da assistência.

4.3. Assistência litisconsorcial

Com relação, enfim, à "assistência litisconsorcial" ou qualificada, o novo CPC, na Seção III, dispõe em apenas um dispositivo: "Art. 124. Considera-se litisconsorte da parte principal o assistente sempre que a sentença influir na relação jurídica entre ele e o adversário do assistido." A fórmula é criticada, por sua vaga alusão a *influir* na relação jurídica do assistente, desde o artigo 93 do CPC de 1939, mas subsiste no artigo 54 do CPC de 1973, e ainda gerará controvérsias à luz do CPC de 2015. Ora, se para intervir no processo como assistente é necessário ter interesse jurídico (v. art. 119), a decisão proferida no processo sempre será apta a influir na relação jurídica do assistente... Como ensinou Pontes de Miranda, "o legislador não atendeu a que 'influir' não tem conteúdo absoluto. Há influência de diferentes graus"[80].

Assim, se a sentença sempre será capaz, em tese, de influir na relação jurídica do assistente, pode parecer que o artigo 124 tenha estabelecido como elemento caracterizador da assistência litisconsorcial exclusivamente o fato de a relação jurídica alcançável pela sentença ser entre o assistente e o adversário do assistido. A conclusão, porém, não é correta, porque, na verdade, a existência de relação entre o assistente e o adversário do assistido, embora seja condição necessária para a caracterização da assistência litisconsorcial, não é condição suficiente.

Vale dizer: se a relação for entre assistente e assistido, a assistência será simples e *tollitur quaestio*, à vista do artigo 124, que exige a relação jurídica entre o assistente e o *adversário do assistido*. São exemplos de assistência simples, portanto, além do tradicional caso do sublocatário, que intervém como assistente do locatário-sublocador na ação de despejo movida pelo locador, o do subempreiteiro que intervém na ação em que o empreiteiro discute sobre a validade da empreitada[81]; ou o do tabelião que intervém, como assistente do contratante, na ação anulatória da escritura por vício de forma[82]. A recíproca, contudo, não é

80 *Comentários ao código de processo civil*. Rio de Janeiro: Forense, 1974. t. II, p. 72.

81 FUX, Luiz. *Intervenção de terceiros*: aspectos do instituto. São Paulo: Saraiva, 1990, p. 10; e *Curso de direito processual civil*. 2. ed. Rio de Janeiro: Forense, 2004, p. 279.

82 CARNEIRO, Athos Gusmão. *Intervenção de terceiros*. 15. ed. São Paulo: Saraiva, 2003, p. 167).

verdadeira, e não basta a relação jurídica entre assistente e adversário do assistido para que a assistência seja qualificada[83].

Para a caracterização da assistência litisconsorcial, na realidade, a expressão "sempre que a sentença influir" deve ser interpretada no sentido da *obrigatoriedade da influência*, na medida em que a relação jurídica litigiosa entre assistente e adversário do assistido será apreciada pela sentença e abrangida pela *auctoritas rei iudicatae*.

A doutrina brasileira, de forma absolutamente predominante, adotou, em substância, esse entendimento, professando que "a assistência diz-se litisconsorcial quando o assistente intervém para discutir a relação jurídica já deduzida, que também lhe pertence"[84], ou seja, que a "relação jurídica, referida no artigo 54 [agora art. 124], não é outra senão a própria *res in iudicium deducta*"[85], e, por isso, "a relação jurídica do assistente litisconsorcial com o adversário do assistido será, *ainda que não tenha sido assistente*, sem dúvida, atingida pela coisa julgada material"[86]. Reconhecem, dessa forma, que apenas haverá assistência litisconsorcial quando a decisão da causa influir *direta e imediatamente* na relação litigiosa do assistente com o adversário do assistido (ou, melhor, quando a decisão da causa *julgar* esta relação litigiosa), sujeitando o assistente à autoridade da coisa julgada material.

Assim, quando a decisão da causa puder influir de modo apenas *indireto e reflexo* na relação jurídica do assistente, ainda que a relação seja com o adversário do assistido, a assistência será *simples*. Lembre-se o exemplo do fiador que intervém na ação de cobrança proposta pelo credor em face do devedor-afiançado. A relação do fiador é com o credor (adversário do assistido), decorrente do contrato de fiança, mas a obrigação acessória não integra a *res in iudicium deducta* e não será objeto do julgamento. Logo, a potencial influência da decisão da causa na relação jurídica (que ainda não se fez litigiosa) do fiador será indireta e reflexa, não havendo sujeição à coisa julgada material. Trata-se, por conseguinte, de assistência simples, e não litisconsorcial.

---

83 "Importante é destacar que não satisfaz, como norteador, no exame da assistência litisconsorcial, a mera relação do assistente com a parte contrária à assistida" (ALBERTON, Genacéia da Silva. *Assistência litisconsorcial*. São Paulo: Revista dos Tribunais, 1994, p. 102).

84 FUX, Luiz. *Intervenção de terceiros*. São Paulo: Saraiva, 1990, p. 10, e *Curso de direito processual civil*. 2. ed. Rio de Janeiro: Forense, 2004, p. 279.

85 CÂMARA, Alexandre Freitas. *Lições de direito processual civil*. 24. ed. São Paulo: Atlas, 2013. v. 1, p. 208.

86 ALVIM, Arruda. *Manual de direito processual civil*. 11. ed. São Paulo: Revista dos Tribunais, 2007. v. 2, p. 134 – grifado no original.

Por "sempre que a sentença influir na relação jurídica entre ele [assistente] e o adversário do assistido" (art. 124), aliás, deve ser compreendido que a sentença haverá necessariamente "de influir no '*conflito de interesses*' entre o assistente e o adversário do assistido"[87]. Assim, v.g., o exemplo do adquirente da coisa litigiosa que, não havendo consentimento da parte contrária para que ingresse no processo "substituindo o" (*rectius*: sucedendo ao) alienante, intervém como assistente litisconsorcial deste (art. 42, § 2º, CPC ou art. 109, § 2º, NCPC). Nesta hipótese, há relação jurídica entre alienante e adquirente, fruto do negócio jurídico havido entre eles, negócio jurídico este que tornou o adquirente parte da relação jurídica substancial deduzida em juizo, i.e., da relação litigiosa. A relação que justifica a assistência litisconsorcial é esta, a *relação litigiosa*, do assistente com o adversário do assistido, e não a relação remota de alienação[88].

Não constou do novo CPC, por outro lado, regra semelhante à do parágrafo único do artigo 124 do Projeto da Câmara dos Deputados, que previa: "A intervenção do colegitimado dar-se-á na qualidade de assistente litisconsorcial." A norma tomava posição no sentido, que não nos parece correto, mas que atrai a maior parte da doutrina, de que os colegitimados intervêm como assistentes litisconsorciais (v., p. ex., o caso dos condôminos ou dos coerdeiros, nos termos dos arts. 1.314 e 1.791, parágrafo único, do CC)[89], e não como genuínos litisconsortes, em *intervenção litisconsorcial voluntária*.

Seguindo a orientação de José Carlos Barbosa Moreira[90] e de Cândido Rangel Dinamarco[91], que sustentam haver autêntica *intervenção litisconsorcial voluntária* na hipótese de ingresso posterior de cole-

---

87 CARNEIRO, Atos Gusmão. *Intervenção de terceiros*. 15. ed. São Paulo: Saraiva, 2003, p. 176 – grifado no original. No mesmo sentido, Arruda Alvim, *Manual de direito processual civil*. 11. ed. São Paulo: Revista dos Tribunais, 2007. v. 2, p. 124.

88 Para a completa análise da matéria, remetemos o leitor, mais uma vez, à nossa obra *Assistência e intervenção da União*. Rio de Janeiro: Forense, 2006, p. 92 et seq.

89 Cf. THEODORO JÚNIOR, Humberto. *Curso de direito processual civil*. 52. ed. Rio de Janeiro: Forense, 2011. v. I, p. 156-157; ALVIM, Arruda. *Manual de direito processual civil*. 11. ed. São Paulo: Revista dos Tribunais, 2007. v. 2, p. 118 e 119; BARBI, Celso Agrícola. *Comentários ao código de processo civil*. 14. ed. Rio de Janeiro: Forense, 2010. v. I, p. 213.

90 Intervenção litisconsorcial voluntária. In: *Direito processual civil*: ensaios e pareceres. Rio de Janeiro: Borsoi, 1971, p. 21-38, espec. p. 25, nota 6.

91 *Instituições de direito processual civil*. 4. ed. São Paulo: Malheiros, 2004. v. 2, p. 381, n. 595; *Litisconsórcio*. 7. ed. São Paulo: Malheiros, 2002, p. 54 et seq., n. 14 e 15, e p. 333 et seq., n. 72; *Intervenção de terceiros*. 3. ed. São Paulo: Malheiros, 2002, p. 23, nota 36.

gitimados no processo, em outro trabalho, ao comentar o artigo 94 do CDC, salientamos que "só pode ser autêntico litisconsorte quem poderia propor a ação originariamente [...]; e quem poderia ser litisconsorte, na propositura da ação, não se torna mero assistente qualificado apenas porque interveio supervenientemente no processo"[92].

5. Denunciação da lide

O Anteprojeto do novo Código de Processo Civil, elaborado pela douta Comissão de Juristas, no Capítulo destinado à Intervenção de Terceiros (Livro II, Título I, Capítulo V), cuidava apenas do *amicus curiae* (Seção I, art. 320), da assistência (Seção II, arts. 321-326) e do chamamento (Seção III, arts. 327-332). Sob esta nova rubrica, o Anteprojeto, no artigo 327, disciplinava o *chamamento ao processo*, requerido pelo réu, do afiançado, dos demais fiadores ou dos outros devedores solidários, ao passo que, no artigo 330, regulava o *chamamento em garantia*, promovido por qualquer das partes, do alienante, na ação em que é reivindicada coisa cujo domínio foi por este transferido à parte, ou daquele que estiver obrigado por lei ou por contrato a indenizar, em ação regressiva, o prejuízo da parte vencida. Seguia o Anteprojeto, portanto, de certo modo, o direito italiano, cujo artigo 106 do CPC, ao prever o *intervento su istanza di parte*, dispõe que cada uma das partes pode chamar ao processo um terceiro ao qual entende ser comum a causa pendente *ou* do qual pretende ser garantida[93].

Depois, no Projeto do Senado foi prevista a "denunciação em garantia" (arts. 314-318) e o "chamamento ao processo" (arts. 319-321), sendo restabelecido o *nomen iuris* "denunciação da lide", a par do "chamamento ao processo", no Projeto da Câmara, como veio a ser basicamente disposto, em seguida, no novo Código de Processo Civil.

5.1. Admissibilidade

O artigo 125 do NCPC, eliminando a equívoca referência à "obrigatória" constante do artigo 70 do CPC/73, prescreve, em redação aprimorada, ser "admissível a denunciação da lide, promovida por qualquer das partes: (i) ao alienante imediato, no processo relativo à coisa cujo domínio foi transferido ao denunciante, a fim de que possa exercer os

92 ARAÚJO FILHO, Luiz Paulo da Silva. *Comentários ao código de defesa do consumidor*: direito processual. 2. ed. São Paulo: Saraiva, 2006, p. 132.

93 *"Ciascuna parte può chiamare nel processo un terzo al quale ritiene comune la causa o dal quale pretende essere garantita."*

direitos que da evicção lhe resultam, (ii) àquele que estiver obrigado, por lei ou pelo contrato, a indenizar, em ação regressiva, o prejuízo de quem for vencido no processo."

Além de excluir a menção à *obrigatória* do texto do artigo 125, o novo CPC revogou, expressamente, no artigo 1.072, inciso II, o artigo 456 do Código Civil, que, ao tratar da evicção, estabelece: "Para poder exercitar o direito que da evicção lhe resulta, o adquirente notificará do litígio o alienante imediato, ou qualquer dos anteriores, quando e como lhe determinarem as leis do processo". Como deixa claro o parágrafo único do artigo 456, o *notificará* como determinarem as leis do processo significa *denunciará a lide ao alienante*. Destarte, com a entrada em vigor do novo CPC, nem mesmo no caso da evicção será indispensável a denunciação da lide, no sentido de que a sua não utilização importe em perda do direito material[94].

De qualquer forma, é evidente que, para aproveitar a vantagem de pleitear desde logo seu alegado direito de regresso, no mesmo processo, a parte deverá propor a denunciação da lide nos termos dos artigos 125 et seq. Do contrário, como determina o § 1º do artigo 125, "o direito regressivo será exercido por ação autônoma quando a denunciação da lide for indeferida, *deixar de ser promovida* ou não for permitida".

Não bastasse a revogação do artigo 456 do CC, que alude à denunciação da lide ao "alienante imediato, *ou qualquer dos anteriores*", o inciso I do artigo 125 é expresso ao afirmar que a denunciação da lide é admissível ao alienante *imediato*, deixando manifesta a inviabilidade da denominada denunciação *per saltum*[95], ou seja, efetuada com relação a qualquer *outro* integrante da cadeia negocial, mas com o qual o denunciante não tem relação jurídica direta substancial.

Além disso, o § 2º do artigo 125 restringiu a "uma única" a *denunciação sucessiva,*[96] i.é., "promovida pelo denunciado, contra seu antecessor

---

94 Mesmo *de lege lata*, aliás, já decidiu o STJ que: "O exercício do direito oriundo da evicção independe da denunciação da lide ao alienante na ação em que terceiro reivindica a coisa, sendo certo que tal omissão apenas acarretará para o réu a perda da pretensão regressiva, privando-lhe da imediata obtenção do título executivo contra o obrigado regressivamente, restando-lhe, ainda, o ajuizamento de demanda autônoma" (4ª T. REsp nº 1.332.112/GO, Rel. Min. Luis Felipe Salomão, unânime, DJe 17/04/2013).

95 V. MARINONI, Luiz Guilherme; ARENHART, Sérgio Cruz; MITIDIERO, Daniel. *Novo código de processo civil comentado*. São Paulo: Revista dos Tribunais, 2015, p. 202-203.

96 Em termos amplos, prevê o artigo 73 do CPC/73: "Para os fins do disposto no art. 70, o denunciado, por sua vez, intimará do litígio o alienante, o proprietário, o possuidor indireto ou o responsável pela indenização e, assim, sucessivamente, observando-se, quanto aos prazos, o disposto no artigo antecedente."

imediato na cadeia dominial ou quem seja responsável por indenizá-lo, não podendo o denunciado sucessivo promover nova denunciação, hipótese em que eventual direito de regresso será exercido por ação autônoma". Mostra-se evidente que a preocupação do legislador foi evitar delongas no processo, mercê de sucessivas litisdenunciações... Mas a delimitação de *uma única* vez, com a devida licença, soa algo arbitrária, pois a realização de mais de uma denunciação sucessiva, por vezes, pode não representar considerável entrave à celeridade e economia processuais, atendendo, ao contrário, à efetividade do processo, que poderia esgotar a matéria litigiosa. Melhor teria sido, portanto, a nosso ver, que o NCPC apenas salientasse, consoante forte entendimento, que as denunciações sucessivas não devem ser admitidas quando signifiquem "demasiada demora no andamento do feito, com manifesto prejuízo a parte autora"[97], permitindo assim o controle judicial no caso concreto.

Não é admissível no sistema do NCPC, outrossim, como se vê do inciso I e do § 2º do artigo 125, a denominada *denunciação coletiva*, que abrangeria, na conceituação de Athos Gusmão Carneiro, o "*conjunto* de todos os anteriores proprietários, e não apenas o chamamento *gradual* previsto" no artigo 73 do CPC ainda em vigor.[98]

O novo CPC não repetiu o inciso II do artigo 70 do Código de 1973, que se refere, exemplificativamente, "ao proprietário ou ao possuidor indireto quando, por força de obrigação ou direito, em casos como o do usufrutuário, do credor pignoratício, do locatário, o réu, citado em nome próprio, exerça a posse direta da coisa demandada". Todavia, nesses casos a litisdenunciação continua admissível, em tese, por força do genérico inciso II do artigo 125, que menciona a obrigação de indenizar, por lei ou pelo contrato.[99]

O inciso II do artigo 125 reproduz, com ligeira alteração redacional, o inciso III do artigo 70 do CPC/73, que suscita graves dissensões doutrinárias e jurisprudenciais, tornando assaz conturbada a admissibilidade da denunciação da lide. Na verdade, seria muito útil se o novo CPC, a partir das várias teses adotadas,[100] tivesse tomado clara posição com relação aos limites de aplicação do dispositivo.

---

97 STJ, 4ª T. REsp 9.876/SP, Rel. Min. Athos Carneiro, *RSTJ* v. 24, p. 466.

98 *Intervenção de terceiros*. 15. ed. São Paulo: Saraiva, 2003, p. 131, item 53.2 - grifado no original.

99 Vejam-se os artigos 566, II, e 568; 1.394; 1.431 e 1.433, I, todos do Código Civil.

100 WAMBIER, Teresa A. A.; CONCEIÇÃO, Maria L. L.; RIBEIRO, Leonardo F. S.; e MELLO, Rogerio L. T., ensinam haver, "fundamentalmente, três correntes de pensamento a respeito", que denominam *restritiva, intermediária* e *ampliativa* (*Primeiros comentários ao novo código de processo civil*. são Paulo: Revista dos Tribunais, 2015, p. 226-229).

Não obstante, persistiu a fórmula indeterminada, que afirma ser admissível a denunciação da lide "àquele que estiver obrigado, por lei ou pelo contrato, a indenizar, em ação regressiva, o prejuízo de quem for vencido no processo". Os termos amplos da norma, como já foi dito, permitiram profunda divergência jurisprudencial, inclusive no próprio Superior Tribunal de Justiça. Assim, encontram-se precedentes ora afirmando, de forma muito restritiva, ser vedado "introduzir-se fundamento novo no feito, estranho à lide principal"[101], ora aceitando, sem qualquer ressalva, ampla denunciação da lide, em "ação movida contra o cirurgião chefe geral da equipe médica, que denunciou a lide ao hospital público e à médica responsável pela cirurgia do doador".[102]

Deve prevalecer, no entanto, em respeito à menção do inciso II a estar obrigado o terceiro, "por lei ou pelo contrato, a indenizar, *em ação regressiva*, o prejuízo de quem for vencido no processo", o entendimento intermediário de que a denunciação "supõe que a ação de regresso contra o terceiro decorra de *texto expresso de lei ou de previsão contratual*"[103]. Assim, por exemplo, os artigos 735, 930 e 1.481, § 4º, do Código Civil, bem como o artigo 37, § 6º, da Constituição da República. Não deve ser admitida, contudo, quando a pretensão decorrer de simples alegação do dever do terceiro reparar o dano (p. ex., art. 927 do CC).

5.2. Procedimento

O novo Código, por outro lado, simplificou o procedimento da litisdenunciação, dispondo, para começar, que "a citação do denunciado será requerida na petição inicial, se o denunciante for autor, ou *na contestação*, se o denunciante for réu" (art. 126), o que permite que o réu faça a denunciação na própria contestação, e não mais "no prazo para contestar", sugerindo peça autônoma, como prevê o artigo 71 do CPC/73.

Mesmo sendo efetuada na própria contestação, entretanto, é certo que o réu, à semelhança do autor na petição inicial, deverá observar,

---

101 4ª T. REsp 701.868/PR, Rel. Min. Raul Araújo, DJe 19/02/2014. Mas a denunciação da lide, por caracterizar a imediata propositura de ação de regresso no processo, sempre provocará a extensão do objeto litigioso, com a inserção de nova demanda e, *ipso facto*, novo *thema decidendum*.

102 3ª T. REsp 1327632/SP, Rel. Min. Sidnei Beneti, DJe 22/09/2014.

103 CARNEIRO, Athos Gusmão. *Intervenção de terceiros*. 15. ed. São Paulo: Saraiva, 2003, p. 111 - grifado no original. Acrescenta o autor, em relação a contrato, que a previsão "poderá ser expressa ou *decorrer implicitamente do caráter e dos propósitos* da avença firmada entre denunciante e denunciado".

em essência, os requisitos da petição inicial, qualificando o denunciado e, precipuamente, indicando "o fato e os fundamentos jurídicos do pedido", bem como "o pedido [de regresso] com as suas especificações" (art. 319, II a IV, do NCPC), porquanto a denunciação da lide encerra *nova demanda*[104].

Em razão, inclusive, da "ampliação objetiva do processo", na dicção do parágrafo único do artigo 286 do NCPC, "o juiz, de ofício, mandará proceder à respectiva anotação pelo distribuidor".

A finalidade do artigo 126, certamente, foi simplificar a denunciação da lide pelo réu, e deve ser admitido, portanto, em princípio, o oferecimento da denunciação em petição autônoma, no prazo da contestação[105], por tratar-se de mera irregularidade[106].

A citação do denunciado, porém, tanto no caso de litisdenunciação pleiteada pelo autor como pelo réu, deverá "ser realizada na forma e nos prazos previstos no artigo 131" (art. 126, *in fine*, do NCPC), isto é, "no prazo de 30 (trinta) dias" ou, se o denunciado "residir em outra comarca, seção ou subseção judiciárias, ou em lugar incerto, o prazo será de 2 (dois) meses", sob pena de ficar sem efeito a denunciação (art. 131 e parágrafo único) - *se* a demora puder ser imputada à conduta do denunciante -[107], o que não impede eventual ação autônoma de regresso (§ 1º do art. 125 do NCPC).

O artigo 126, além de manter a linha constante de ampliação de prazos (o § 1º do art. 72 previa prazos de dez e trinta dias), não se referiu à *suspensão* do processo, como faz o *caput* do artigo 72 ainda em vigor. Todavia, ainda que não haja efetiva suspensão, é certo que a litisdenunciação poderá provocar certa paralisação do processo, como na hipótese da denunciação pleiteada pelo autor, quando o denunciado poderá "acrescentar novos argumentos à petição inicial, procedendo-se *em seguida* à citação do réu" (art. 127). Mesmo na denunciação realizada pelo réu, em verdade, a leitura do artigo 128 sugere ser melhor passar à fase de "providências preliminares e saneamento", apenas de-

---

104 "Chama-se *demanda* ao ato pelo qual alguém pede ao Estado a prestação de atividade jurisdicional" (BARBOSA MOREIRA, José Carlos. *O novo processo civil brasileiro*. 29. ed. Rio de Janeiro: Forense, 2012, p. 11 - grifado no original).

105 Nesse sentido, WAMBIER, Teresa Arruda Alvim *et alii*. *Primeiros comentários ao novo código de processo civil*. São Paulo: Revista dos Tribunais, 2015, p. 232-233.

106 Ressalve-se, porém, a hipótese de já ter sido anteriormente apresentada contestação e o processo ter passado à nova fase, quando haveria preclusão.

107 MARINONI, Luiz Guilherme; ARENHART, Sérgio Cruz; MITIDIERO, Daniel. *Novo código de processo civil comentado*. São Paulo: Revista dos Tribunais, 2015, p. 203. Cf. Verbete nº 106 da Súmula do STJ.

pois da citação do denunciado (v., p. ex., art. 128, I, c/c. art. 350 ou art. 351 do NCPC). Nesse contexto, Cassio Scarpinella Bueno sustenta que, embora o dispositivo não seja claro, "as redações dos arts. 127 e 128 parecem pressupor que, com a denunciação, fica o processo suspenso até que o denunciado manifeste-se ou deixe de se manifestar"[108].

Feita a denunciação pelo autor, prescreve o artigo 127 do NCPC, "o denunciado poderá assumir a posição de litisconsorte do denunciante e acrescentar novos argumentos à petição inicial, procedendo-se em seguida à citação do réu". A litisdenunciação pelo autor, rigorosamente, não é hipótese de genuína intervenção de terceiros, porque o autor "está ao mesmo tempo aforando demanda em face de dois réus, com preferência pela que move a um deles; o litisdenunciado é parte originária, não *inter-vem,* uma vez que figura na própria demanda"[109].

Continua o artigo 127, como faz o artigo 74 ainda em vigor, a mencionar que o denunciado poderá assumir "a posição de *litisconsorte* do denunciante", o que gera polêmica doutrinária, havendo fortes entendimentos de que se trata de "assistência litisconsorcial"[110] ou, como nos parece melhor, de "assistência simples"[111], porque, em suma, "no plano jurídico material, o denunciado não mantém relação jurídica com o adversário do denunciante".[112] Seja como for, no entanto, e superada a incorreção técnica, a lei considera o denunciado, na ação principal[113], litisconsorte do denunciante, e como tal, *ex auctoritate legis,* mas sem qualquer eficácia no plano substancial[114], ele deve ser tratado, inclusive em relação ao cômputo dos prazos em dobro (art. 229 do NCPC)[115].

---

108 *Novo código de processo civil anotado.* São Paulo: Saraiva, 2015, p. 129.

109 DINAMARCO. *Litisconsórcio.* 7. ed. São Paulo: Malheiros, 2002, p. 30; e *Instituições de direito processual civil.* 4. ed. São Paulo: Malheiros, 2004. v. II, p. 405.

110 DINAMARCO. *Instituições...* v. II, p. 398 e 405.

111 V., sobre o NCPC, NERY JUNIOR, Nelson; NERY, Rosa Maria de Andrade. *Comentários ao código de processo civil*: novo CPC. São Paulo: Revista dos Tribunais, 2015, p. 557; e, sobre o CPC/73, p. ex., BEDAQUE, José Roberto dos Santos. *Código de processo civil interpretado.* Antonio Carlos Marcato (Coord.). 3. ed. São Paulo: Atlas, 2008, p. 162 e 164; CÂMARA, Alexandre Freitas. *Lições de direito processual civil.* 24. ed. São Paulo: Atlas, 2013. v. 1, p. 230.

112 BEDAQUE. *Ibidem,* p. 162.

113 Como ensina CÂMARA, "o litisdenunciado é sempre réu na demanda incidental de garantia contida na denunciação da lide" (Op. cit., p. 230).

114 BEDAQUE, op. cit., p. 164.

115 Cf. WAMBIER, Teresa Arruda Alvim *et alii. Primeiros comentários ao novo código de processo civil.* São Paulo: Revista dos Tribunais, 2015, p. 236; MARINONI; ARENHART; MITIDIERO. *Novo código de processo civil comentado.* São Paulo: Revista dos Tribunais, 2015, p. 203-204.

Não obstante, o artigo 127, significativamente, não se refere mais a poder o denunciado "aditar a petição inicial", como faz o artigo 74, mas sim a poder "acrescentar *novos argumentos* à petição inicial", deixando claro, a nosso ver, que o denunciado, que não mantém relação jurídica material com o adversário do denunciante, naturalmente não pode deduzir nova *causa petendi* nem formular novo pedido, ou seja, acrescer nova demanda, mas somente adicionar novos argumentos[116].

No que se refere à litisdenunciação pelo réu, de forma incompleta[117] (e, em si, desnecessária), busca o artigo 128 do NCPC disciplinar o seu comportamento, a partir das atitudes do denunciado, e afirma que: "I - se o denunciado contestar o pedido formulado pelo autor, o processo prosseguirá tendo, na ação principal, em litisconsórcio, denunciante e denunciado", ainda que o denunciado conteste *também* a denunciação da lide; "II - se o denunciado for revel, o denunciante pode deixar de prosseguir com sua defesa, eventualmente oferecida, e abster-se de recorrer, restringindo sua atuação à ação regressiva", parecendo para tanto suficiente que se trate de revelia na ação incidental de litisdenunciação (mas se o denunciado "contestar o pedido formulado pelo autor", e deixar o denunciante de prosseguir em sua defesa na ação originária, ficaria estranho imaginar o litisconsórcio entre este e aquele); não há mais cogitar, porém, em ônus de o denunciante "prosseguir na defesa até final", como menciona o inciso II do artigo 75. O grande mérito do novo Código, nesses dois incisos, foi escoimar as errôneas referências dos incisos I e II do artigo 75 do CPC/73 a "aceitar" o denunciado a litisdenunciação, e "negar a qualidade que lhe foi atribuída", porquanto

116 Athos Gusmão Carneiro assevera que o *aditamento* pode consistir em acrescentar o denunciado, "como litisconsorte do autor, nova *causa petendi*, ou em trazer mais elementos e argumentos de fato ou de direito à petição inicial [...]. Mas não pode o denunciado, porque não é *dominus litis*, alterar substancialmente o próprio pedido formulado pelo denunciante, ou cumular pedidos outros" (*Intervenção de terceiros*. 15. ed. São Paulo: Saraiva, 2003, p. 124). *Data maxima venia*, porém, acrescentar nova causa de pedir também é cumular ações, *ad instar* da cumulação de pedidos (v. BARBOSA MOREIRA, José Carlos. Julgamento colegiado e pluralidade de causas de pedir. In: *Temas de direito processual*: terceira série. São Paulo: Saraiva, 1984, p. 131/135. espec. p. 131).

117 Lembra DINAMARCO que o artigo 75 do CPC/73, fonte a partir da qual operou o NCPC, "limitou-se a transcrever ou apenas adaptar formalmente algumas disposições que estavam no Código anterior, sem se aperceber da grande diferença substancial e de estrutura entre a disciplina do instituto nos dois Códigos, a saber, a inclusão, na denunciação da lide, da demanda de condenação do terceiro a ressarcir (*ação de garantia*), que no velho chamamento à autoria era excluída de modo expresso (CPC-39, art. 100)" (*Instituições de direito processual civil*. 4. ed. São Paulo: Malheiros, 2004. v. II, p. 407 - grifado no original).

a denunciação da lide é espécie de intervenção *forçada* ou *coacta*, e basta a citação do denunciado para incorporá-lo ao processo, sem haver possibilidade de ele não aceitar ou negar essa qualidade.

Enfim, o inciso III do artigo 128 dispõe: "Se o denunciado confessar os fatos alegados pelo autor na ação principal, o denunciante poderá prosseguir com sua defesa ou, aderindo a tal reconhecimento, pedir apenas a procedência da ação de regresso", mas, de ordinário, a confissão de qualquer litisconsorte não pode prejudicar os outros (art. 391 do CPC)[118], e basta que um "impugne as alegações do adversário, sem confessar, que sempre o adversário comum terá o ônus de provar o que alegou"[119]. É curioso, aliás, que autorizadíssima doutrina, ao examinar o inciso III do artigo 75 do CPC/73, sustenta que "o Código pretendeu, nesse dispositivo, cuidar do *reconhecimento do pedido*, e não da *confissão*", conquanto conclua, com a precisão habitual, que "no litígio entre duas pessoas, carece totalmente de eficácia o ato dispositivo consistente em reconhecer o pedido, quando realizado por outra pessoa - no caso, pelo litisdenunciado"[120], com relação a quem, relembre-se, nada foi efetivamente pedido pelo autor. Ao que parece por mera coincidência, o inciso III do artigo 128, após afirmar, à semelhança do inciso III do artigo 75, que "se o denunciado confessar os fatos alegados pelo autor na ação principal, o denunciante poderá prosseguir com sua defesa", completou, em sua segunda parte, "ou, *aderindo* a tal *reconhecimento*, pedir apenas a procedência da ação de regresso". *Aderir* se afigura compatível com um *negócio jurídico* processual, como seria o *reconhecimento da procedência do pedido*, e não com simples ato processual em sentido estrito, como é a confissão... De qualquer forma, o dispositivo, a rigor, seria dispensável, pois confessando o denunciado, decerto poderia o denunciante prosseguir com sua defesa na ação principal; confessando o denunciante, pedir apenas a procedência da ação de regresso afigura-se mero consectário[121].

Atendendo ao reclamo de parte da doutrina, forte em que "a prática judiciária revelou em inúmeros julgados da injustiça gerada pela impossibilidade de conceber-se uma relação direta entre o denunciado e o

118 V. DIDIER JR., Fredie. *Curso de direito processual civil*. 17. ed. Salvador: JusPodivm, 2015. v. 1, p. 507.

119 DINAMARCO. *Instituições de direito processual civil*. 4. ed. São Paulo: Malheiros, 2004. v. II, p. 409.

120 *Idem* - grifado no original.

121 Se o denunciante reconhecer a procedência do pedido da ação originária (com relação a ele formulado), cabe ao juiz homologar o reconhecimento (art. 487, III, a, do NCPC).

adversário do denunciante"[122], o parágrafo único do artigo 128 estabelece: "Procedente o pedido da ação principal, pode o autor, se for o caso, requerer o cumprimento da sentença também contra o denunciado, nos limites da condenação deste na ação regressiva". A ressalva (*se for o caso*) se justifica, por exemplo, em ação reivindicatória proposta em face do réu/denunciante, que mantém a posse do bem. Nesse caso, conforme lição doutrinária, "o cumprimento da sentença deve ser promovido, necessariamente, contra o denunciante, que poderá voltar-se contra o denunciado, para reaver o valor do bem e receber a indenização fixada na sentença condenatória"[123].

Segundo o Enunciado nº 121 do Fórum Permanente de Processualistas Civis: "O cumprimento da sentença diretamente contra o denunciado é admissível em qualquer hipótese de denunciação da lide fundada no inciso II do artigo 125".

5.3. A sentença na denunciação da lide

Como a eventual condenação do denunciado, na ação regressiva, pressupõe sair-se vencido o denunciante na ação originária, prevê o artigo 129, *caput*, do NCPC, de forma geral, corrigindo o equívoco do artigo 76 do CPC/73[124], que "se o denunciante for vencido na ação principal, o juiz passará ao julgamento da denunciação da lide". Para completar, reza o parágrafo único: "Se o denunciante for vencedor, a ação de denunciação não terá o seu pedido examinado, sem prejuízo da condenação do denunciante ao pagamento das verbas de sucumbência em favor do denunciado". Nessa linha, também no caso de extinção do processo da ação primitiva *sem resolução do mérito*, não havendo interesse para o julgamento da denunciação da lide, caberá a condenação do denunciante ao pagamento das verbas de sucumbência em favor do denunciado.

Por outro lado, o Superior Tribunal de Justiça entende que, inexistindo resistência do denunciado à pretensão regressiva do denunciante, mesmo havendo sucumbência deste na ação originária, não tem cabimento a condenação daquele a pagar honorários advocatícios ao de-

---

122 FUX, Luiz. *Curso de direito processual civil*. 2. ed. Rio de Janeiro: Forense, 2004, p. 295.

123 WAMBIER, Teresa Arruda Alvim *et alii*. *Primeiros comentários ao novo código de processo civil*. São Paulo: Revista dos Tribunais, 2015, p. 239.

124 O artigo 76 menciona a sentença "que *julgar procedente* a ação", olvidando que também o autor pode denunciar a lide (arts. 71 e 74 do CPC/73), e o julgamento da ação regressiva dependerá da *improcedência* do pedido formulado pelo autor na ação primitiva.

nunciante.[125] Nesse sentido, inclusive, o Enunciado nº 122 do Fórum Permanente de Processualistas Civis: "Vencido o denunciante na ação principal e não tendo havido resistência à denunciação da lide, não cabe a condenação do denunciado nas verbas de sucumbência".

6. Chamamento ao processo

Acabou por prevalecer, no novo CPC, a disciplina destacada da denunciação da lide e do chamamento ao processo, apesar do tênue discrímen entre ambos. O próprio Anteprojeto do novo Código de Processo Civil, como já foi visto, tratava dos dois institutos sob a denominação comum de chamamento[126].

O NCPC trata do chamamento ao processo nos artigos 130 a 132, e deixou claro no *caput* do artigo 130 que apenas "o réu" pode requerê-lo. No mais, o dispositivo mantém, com aperfeiçoamentos técnico-redacionais, as hipóteses de admissibilidade previstas no artigo 77 do CPC/73. Assim, é admissível o chamamento ao processo, requerido pelo réu, do afiançado, na ação em que o fiador for réu; dos demais fiadores, na ação proposta contra um ou alguns deles; dos demais devedores solidários, quando o credor exigir de um ou de alguns o pagamento da dívida comum".

Na verdade, como reconhece a doutrina, o chamamento ao processo, na hipótese de solidariedade passiva, representa certa antinomia do sistema, pois se o artigo 275 do Código Civil estabelece que o credor tem direito a exigir de um ou de alguns dos devedores solidários a dívida comum, o CPC fragiliza o exercício desse direito do credor ao permitir que o devedor em face do qual (ou dos quais) foi proposta a ação de cobrança chame(m) ao processo os demais devedores solidários[127]. Não obstante, muitos autores ressaltam "as boas razões para que assim disponha a lei"[128].

---

125 Cf. 3ª T. REsp 285.723/RS, DJU de 08/04/2002; 4ª T. REsp 579.386-RJ, DJU de 19/12/2005; 4ª T. AgRg no Ag 733.386/RS, DJ 15/05/2006, p. 229; 4ª T. AgRg no AREsp 486.348/SC, DJe 22/05/2014.

126 V. subitem 5, *supra*.

127 Segundo José Carlos Barbosa Moreira, referindo-se ao então novo CPC/73, "o legislador processual está retirando com a mão esquerda aquilo que o legislador material deu ao credor com a direita, suprimindo, na prática, o benefício que a lei civil lhe concede" (Substituição das partes, litisconsórcio, assistência e intervenção de terceiros. In: *Estudos sobre o novo código de processo civil*. Rio de Janeiro: Liber Juris, 1974, p. 68-91. espec. p. 89).

128 DINAMARCO, Cândido R. *Instituições de direito processual civil*. 4. ed. São Paulo: Malheiros, 2004. v. II, p. 412, nota 32. Esclarece o insigne autor: "A utilidade do chamamento ao processo é evitar a necessidade de novo processo de conhecimento destinado a produzir a condenação do terceiro a reembolsar total ou parcialmente o que o réu vier a despender em razão da sentença" (*ibidem*, p. 417).

Seja como for, se o credor tem de suportar as delongas e a complexidade do chamamento ao processo, com a instituição (ou ampliação) do genuíno litisconsórcio passivo ulterior (*comum*) por ato do(s) réu(s), deve ser admitido que ele possa, depois, executar a sentença condenatória com relação a qualquer dos devedores, seja(m) o(s) chamante(s), seja(m) o(s) chamado(s).

No particular, a redação do artigo 80 do CPC/73 é mais clara, ainda que não expressa: "A sentença, que julgar procedente a ação, *condenando os devedores*, valerá como título executivo, em favor [também] do que satisfizer a dívida, para exigi-la, por inteiro, do devedor principal, ou de cada um dos codevedores a sua quota, na proporção que lhes tocar". O artigo 132 do NCPC omite a oração em itálico, dispondo simplesmente que "a sentença de procedência valerá como título executivo em favor do réu que satisfizer a dívida, a fim de que possa exigi-la, por inteiro, do devedor principal, ou, de cada um dos codevedores, a sua quota, na proporção que lhes tocar".

Não obstante, a interpretação sistemática do artigo 132 leva, de qualquer forma, à conclusão predominante na doutrina de que "serão condenados *todos os devedores* que estiverem na relação processual como litisconsortes passivos, a saber: o réu, ou réus, indicados na petição inicial do processo, mais os que houverem sido chamados a este"[129]. Nesse sentido, já comentando o artigo 132 do NCPC: "Dessa forma, caso venha a ser proferida sentença de procedência, o autor poderá exigir o pagamento da dívida não só do réu originário (o chamante), mas também dos chamados (os codevedores)"[130].

Como foi analisado no item anterior[131], em relação à denunciação da lide, o artigo 131 do NCPC determina que a citação daqueles que devam figurar em litisconsórcio passivo deve ser requerida, pelo réu, na contestação. A alusão à *contestação* não quer significar, entretanto,

---

129 DINAMARCO, Cândido Rangel. *Instituições de direito processual civil*. 4. ed. São Paulo: Malheiros, 2004. v. II, p. 418.

130 WAMBIER, Teresa Arruda Alvim et alii. *Primeiros comentários ao novo código de processo civil*. São Paulo: Revista dos Tribunais, 2015, p. 243. Ainda no mesmo sentido: MARINONI; ARENHART; MITIDIERO. *Novo código de processo civil comentado*. São Paulo: Revista dos Tribunais, 2015, p. 207; BUENO, Cassio Scarpinella. *Novo código de processo civil anotado*. São Paulo: Saraiva, 2015, p. 132. *Aliter*, considerando que o chamamento ao processo caracteriza ação secundária proposta pelo chamante em face do(s) chamado(s), que não é(são) parte(s) na relação processual principal, e mantendo sua anterior orientação, NERY JUNIOR, Nelson; NERY, Rosa Maria de Andrade. *Comentários ao código de processo civil*: novo CPC. São Paulo: Revista dos Tribunais, 2015, p. 569-570.

131 Subitem 5.2.

que para chamar ao processo o devedor principal ou os codevedores o réu deverá contestar, pois a norma simplesmente menciona *id quod plerumque accidit*, e não há motivo para impor ao réu a contestação. Destarte, é certo que ele poderá se valer tão somente do chamamento ao processo, sendo revel na ação de cobrança.

Além disso, estabelece o artigo 131 que a citação "deve ser promovida no prazo de 30 (trinta) dias, sob pena de ficar sem efeito o chamamento", ou no prazo de 2 (dois) meses, "se o chamado residir em outra comarca, seção ou subseção judiciárias, ou em lugar incerto" (parágrafo único). Repita-se que, como mencionado em relação à denunciação da lide, a ineficácia do chamamento ao processo somente ocorrerá se a demora puder ser imputada à conduta do chamante; do contrário, quando decorrer de "motivos inerentes ao mecanismo da justiça", na linha preconizada pelo Verbete nº 106 da *Súmula* do STJ, não poderá o réu ser prejudicado[132].

Conquanto o artigo 131 não faça referência à suspensão do processo, como faz o artigo 79 do CPC/73, parece correta a conclusão de que "o processo fica suspenso durante as diligências citatórias até para viabilizar que os chamados possam atuar como litisconsortes passivos em sua plenitude"[133].

7. *Amicus curiae*

O novo Código de Processo Civil, no Capítulo V do Título destinado à "Intervenção de Terceiros" (III), generalizou a possibilidade de participação de *amicus curiae* no processo, de início limitada a casos excepcionais, previstos na legislação extravagante, como, por exemplo, artigo 31 da Lei nº 6.385/76, em relação à Comissão de Valores Mobiliários (CVM); artigo 7º, § 2º, da Lei nº 9.868/99, na ação direta de inconstitucionalidade e na ação declaratória de constitucionalidade perante o Supremo Tribunal Federal; artigo 6º, § 1º, da Lei nº 9.882/99, na arguição de descumprimento de preceito fundamental (ADPF); artigo 14, § 7º, da Lei nº 10.259/2001, na uniformização de interpretação nos Juizados Especiais Federais; artigo 3º, § 2º, da Lei nº 11.417/2006, no procedimento de edição, revisão ou cancelamento de enunciado

---

132 Cf. MARINONI; ARENHART; MITIDIERO. *Novo código de processo civil comentado*. São Paulo: Revista dos Tribunais, 2015, p. 203. WAMBIER, Teresa Arruda Alvim et alii. *Primeiros comentários ao novo código de processo civil*. São Paulo: Revista dos Tribunais, 2015, p. 249.

133 BUENO, Cassio Scarpinella. *Novo código de processo civil anotado*. São Paulo: Saraiva, 2015, p. 131.

da súmula vinculante; artigo 118 da Lei nº 12.529/2011 (a despeito da incorreta alusão a "assistente"), sobre o Conselho Administrativo de Defesa Econômica (CADE). O CPC de 1973 não continha, *ab origine*, regras desse feitio, mas, posteriormente, surgiram o artigo 482, § 3º, no incidente de declaração de inconstitucionalidade; artigo 543-A, § 6º, na análise da repercussão geral em recurso extraordinário; artigo 543-C, § 4º, em recursos especiais repetitivos.

Como se percebe desses exemplos, e do próprio nome do instituto, o *amicus curiae* ingressa no processo não por ser (ainda que apenas alegadamente) titular da relação jurídica litigiosa ou titular de relação jurídica conexa que possa sofrer, juridicamente, a influência da decisão da causa (hipóteses que permitiriam exclusivamente a intervenção como assistente, qualificado ou simples)[134], mas sim para *colaborar* com a Corte, no sentido de trazer elementos e conhecimentos para a discussão e análise do *thema decidendum*, contribuindo, assim, para um julgamento mais consentâneo às lídimas aspirações sociais. "O interesse defendido pelo *amicus curiae* é da sociedade ou de um segmento da sociedade"[135], e ele não intervém para defender *direito subjetivo* (*lato sensu*) próprio. O auxílio que pode prestar ao juiz, como ensina Eduardo Talamini, abrange inclusive subsídios técnicos jurídicos (embora também possa envolver informações técnicas de outras áreas, relevantes para os dados jurídicos)[136].

Nos termos do artigo 138 do NCPC: "O juiz ou o relator, considerando a relevância da matéria, a especificidade do tema objeto da demanda ou a repercussão social da controvérsia, poderá, por decisão irrecorrível, de ofício ou a requerimento das partes ou de quem pretenda manifestar-se, solicitar ou admitir a participação de pessoa natural ou jurídica, órgão ou entidade especializada, com representatividade adequada, no prazo de 15 (quinze) dias de sua intimação".

Seguindo a orientação de outros dispositivos vigentes entre nós (v. art. 7º, § 2º, da Lei 9.868/99; art. 3º, § 2º, da Lei 11.417/2006; art. 482, § 3º, do CPC/73), o artigo 138 estabelece que é *irrecorrível* a decisão

---

134 Cf. DIDIER JR. *Curso de direito processual civil*. 17. ed. Salvador: JusPodivm, 2015. v. 1, p. 524-525.

135 WAMBIER, Teresa Arruda Alvim *et alii*. *Primeiros comentários ao novo código de processo civil*. São Paulo: Revista dos Tribunais, 2015, p. 258. Como bem afirmam, pouco antes, os eminentes autores, "é imprescindível que a figura não se transforme numa via para intervenção de um terceiro que não pode ingressar no processo pelas vias tradicionais" (p. 257).

136 WAMBIER, Teresa Arruda Alvim et al. (Coords.). *Breves comentários ao novo código de processo civil*. São Paulo: Revista dos Tribunais, 2015, p. 439.

sobre o ingresso do *amicus curiae* no processo, excetuando a regra geral do inciso IX do artigo 1.015. Nada obsta, entretanto, por ser inadmissível o agravo de instrumento, que a parte (não o *amicus*, que *não pode* apelar: art. 138, § 1º) suscite a questão em preliminar de apelação ou contrarrazões, podendo o relator permitir a intervenção ou rejeitá-la (art. 1.009, § 1º, do NCPC), *"mas sem a repetição dos atos processuais de primeiro grau"*[137].

Podem participar do processo como *amici curiae*, de forma ampla, pessoas naturais, pessoas jurídicas (de direito público ou privado), órgãos ou entidades especializadas (públicas ou privadas), "com representatividade adequada", no sentido da idoneidade para levar a juízo elementos úteis ao esclarecimento e, pois, julgamento da causa, além do *"interesse institucional*, que justifique sua atuação no processo"[138]. Não raro, pela natureza e/ou complexidade da causa, várias pessoas, órgãos ou entidades especializadas, estarão aptas a ingressar no processo, sustentando pontos de vista e opiniões diferentes, todas com legitimidade, a partir do pluralismo democrático.

Em princípio, pela própria natureza e finalidade da atuação do *amicus curiae*, não precisará ele ser representado por advogado[139], salvo quando a situação especial o exigir, como, por exemplo, para manifestar-se na análise da repercussão geral em recurso extraordinário (art. 1.035, § 4º, do NCPC: "subscrita por procurador habilitado"), ou recorrer, ainda que nos estritos limites dos embargos de declaração e da decisão que julgar o incidente de resolução de demandas repetitivas (art. 138, § 1º)[140].

A participação do *amicus curiae* é cabível, segundo o artigo 138, "considerando a relevância da matéria, a especificidade do tema objeto da demanda ou a repercussão social da controvérsia". São requisitos

137 Eduardo Talamini, WAMBIER, Teresa Arruda Alvim *et alii.* (Coords.). *Breves comentários ao novo código de processo civil.* São Paulo: Revista dos Tribunais, 2015, p. 444 - sem grifo no original.

138 WAMBIER, Teresa Arruda Alvim *et alii. Primeiros comentários ao novo código de processo civil.* São Paulo: Revista dos Tribunais, 2015, p. 257 - grifado no original; BUENO, Cassio Scarpinella. *Novo código de processo civil anotado.* São Paulo: Saraiva, 2015, p. 135.

139 *Aliter* Nelson Nery Junior e Rosa Maria de Andrade Nery: "Bem como deverá ser representado por advogado (o que se depreende do CPC 138 *caput*, quando exige a representatividade adequada do *amicus curiae* para que possa se manifestar nos autos" (*Comentários ao código de processo civil*: novo CPC: Lei 13.105/2015. São Paulo: Revista dos Tribunais, 2015, p. 577).

140 Cf. DIDIER JR., Fredie. *Curso de direito processual civil.* 17. ed. Salvador: JusPodivm, 2015. v. 1, p. 524.

independentes (como indica, com perfeição, a conjunção alternativa *ou*), e não cumulativos[141], bastando a verificação de qualquer uma das três hipóteses (que denotam a transcendência *ultra partes* da matéria), para permitir a intervenção. Nada impede, no entanto, como já foi muito bem ressaltado, que nos casos em que os requisitos "não se põem isoladamente de modo tão intenso, podem ser somados, considerados conjuntamente, a fim de viabilizar a admissão do *amicus*"[142].

O juiz ou o relator poderá, "de ofício ou a requerimento das partes ou de quem pretenda manifestar-se, *solicitar* ou *admitir* a participação" do terceiro, mas *não há* dever de atuar, e o juiz ou relator não pode, seja de ofício ou por requerimento da(s) parte(s), *determinar* a participação da pessoa, órgão ou entidade especializada. Na lição de Talamini: "O dever de o terceiro colaborar com a jurisdição concerne a intervenções pontuais para fins instrutórios (CPC/2015, arts. 378 e 380)", exceto, entretanto, se a obrigatoriedade de atuar como *amicus curiae* advier "do regramento específico a que esteja submetido o terceiro: por exemplo, o Cade tem o dever de zelar pela observância da Lei nº 12.529/2011 e responder a consultas sobre matéria de sua competência".[143] Nessas hipóteses, inclusive, pode até ser cabível eventual ação rescisória, consoante o artigo 967, IV, do NCPC[144].

Muito embora o novo CPC tenha tratado do assunto como espécie de "intervenção de terceiros", é certo que o *amicus curiae* "não assume, nem subsidiariamente, os poderes processuais inerentes às partes"[145], e, por isso, suporta evidentes limitações em sua atuação, como se vê do § 1º do artigo 138[146], expresso no sentido de que a intervenção do

141 WAMBIER, Teresa Arruda Alvim *et alii*. *Primeiros comentários ao novo código de processo civil*. São Paulo: Revista dos Tribunais, 2015, p. 256.

142 Eduardo Talamini, WAMBIER, Teresa Arruda Alvim *et alii*. (Coords.). *Breves comentários ao novo código de processo civil*. São Paulo: Revista dos Tribunais, 2015, p. 441.

143 WAMBIER, Teresa Arruda Alvim *et alii*. (Coords.). *Breves comentários ao novo código de processo civil*. São Paulo: Revista dos Tribunais, 2015, p. 443-444.

144 Enunciado nº 339 do FPPC: "O Cade e a CVM, caso não tenham sido intimados, quando obrigatório, para participar do processo (art. 118, Lei nº 12.529/2011; art. 31, Lei nº 6.385/76), têm legitimidade para propor ação rescisória contra a decisão ali proferida, nos termos do inciso IV do artigo 967".

145 Eduardo Talamini, WAMBIER, Teresa Arruda Alvim *et alii*. (Coords.). *Breves comentários ao novo código de processo civil*. São Paulo: Revista dos Tribunais, 2015, p. 445.

146 De modo enfático, colhe-se na doutrina: "Justamente porque o *amicus curiae* é figura que não se assemelha em nada e por nada às partes, é que sua intervenção no processo não gera alteração de competência" (WAMBIER, Teresa Arruda Alvim

amicus não provoca "alteração de competência nem autoriza a interposição de recursos, ressalvadas a oposição de embargos de declaração e a hipótese do § 3º", relativa a "recorrer da decisão que julgar o incidente de resolução de demandas repetitivas".

Além disso, ex *vi* do § 2º do artigo 138, "caberá ao juiz ou ao relator, na decisão que solicitar ou admitir a intervenção, definir os poderes do *amicus curiae*", de modo a propiciar proveitosa participação, "mas sua atuação não pode tumultuar o processo: por isso, deu-se ao juiz, na nova lei, poderes para moldar, desenhar, limitar a atuação deste personagem"[147].

Os dados postos pelo *amicus curiae*, contudo, evidentemente devem, em princípio, ser apreciados pela Corte, sendo adequado o Enunciado nº 128 do FPPC: "No processo em que há intervenção do *amicus curiae*, a decisão deve enfrentar as alegações por ele apresentadas, nos termos do inciso IV do § 1º do artigo 489", mas sem esquecer, como se depreende do próprio artigo 489, § 1º, inciso IV (argumentos "capazes de, em tese, infirmar a conclusão adotada pelo julgador"), que apenas "alegações" *pertinentes* e *relevantes* precisam ser enfrentadas.

et alii. *Primeiros comentários ao novo código de processo civil*. São Paulo: Revista dos Tribunais, 2015, p. 259).

147 *Ibidem*, p, 260.

O *Amicus Curiae* e a sua Função como Agente Contraditório

Antônio Augusto Pires Brandão

1. Introdução

Não é mais nenhuma grande novidade que o papel do Judiciário no pós-guerra, máxime nas últimas décadas, ganhou relevância no que toca ao protagonismo frente às mudanças sociais, ou de outra forma, se antes era provocado por questões puramente individuais e patrimoniais, hoje a jurisdição é despertada pelas mais variadas causas, incluindo as de grande estima pela sociedade.

Diz-se isto por vários motivos. O primeiro e mais óbvio deles está ligado ao fato de o Direito ter se desvencilhado definitivamente do positivismo clássico. Percebeu-se que a ideia de ordenamento jurídico composto por normas gerais e abstratas, dotadas de certeza e previsibilidade, criaria distorções práticas, fechando-se para a realidade externa do ordenamento. Além disso, havia possibilidade de se criarem leis discriminatórias e preconceituosas[1].

Desta forma, a história mostrou que o fetiche pela legalidade (ótica do império da lei) era capaz de atropelar os direitos fundamentais, deixando uma grande parcela da população sem nenhum amparo do Direito. Os resultados da última grande guerra são conhecidos de modo insofismável.

Foi neste contexto que emergiu o constitucionalismo, procurando tutelar os valores humanos. As Cartas Políticas passaram a inserir esta substância, ao mesmo tempo em que se tornavam mais rígidas e ganhavam eficácia normativa.

---

1 Esta ideia é bem desenvolvida por Luiz Guilherme Marinoni em seu livro que trata dos precedentes judiciais. MARINONI, Luiz Guilherme. *A ética dos precedentes*. 1. ed. São Paulo: Editora Revista dos Tribunais, 2014.

Sem divagar muito, pois este não é o objeto de nosso estudo, fica claro que houve uma intensa proliferação de novos direitos, ao ponto de falar-se em diversas gerações de direitos[2]. É perspícuo que outro problema adviria desta implementação. A sua real efetivação. Assim, para que as normas não passassem de normas-programa, o Judiciário foi instado a se manifestar acerca de diversos problemas que envolviam o homem e a sociedade.

Por outro lado, a complexidade e a instantaneidade das relações sociais dos últimos anos esbarraram em um estorvo estatal, a burocracia legislativa. Em um mundo globalizado em que tempo é dinheiro, os acontecimentos e as mudanças que transformam as relações jurídicas exigem uma resposta mais breve possível do Estado, mormente no que diz respeito à interpretação final de normas abertas e abstratas contidas no ordenamento, bem como na solução de litígios em que a regra da subsunção é insuficiente para pacificar os contendores.

Nesta senda, o processo legislativo encontra-se emperrado pela burocracia, carecendo de uma celeridade apta a dar respostas às mutações sociais, regulando juridicamente as novas relações. O que se quer dizer com isto é que a feitura das leis não acompanha o ritmo das modificações perpetradas no interior da sociedade. Prova cabal disto é o recém-sancionado novo Código de Processo Civil, cujo embrião data de 2010 aproximadamente, mas demorou cinco anos até ser inserido no ordenamento. Embora se reconheça a complexidade e a importância deste diploma, o que termina por exigir análise minuciosa do projeto na Casa Legislativa, esperar cinco anos para que um novo Código legal seja sancionado representa uma morosidade não condizente com as atuais exigências dos cidadãos.

Assim, dada a pouca eficiência legislativa, o Judiciário é a porta aberta do Estado para onde fogem grandes dilemas da sociedade. Ora, pela cláusula constitucional em que não se deixará de apreciar lesão ou ameaça a direito, bem como não se permite o *non liquet*, a Justiça deve dar aos cidadãos respostas paras estas grandes questões[3].

---

2 As gerações de direito são muito bem desenvolvidas por autores do Direito Público, em especial Ingo Sarlet, Paulo Bonavides, entre outros. SARLET, Ingo Wolfgang. A eficácia dos direitos fundamentais. Porto Alegre: Livraria do Advogado, 2007. BONAVIDES, Paulo. curso de direito constitucional. São Paulo: Malheiros, 2006.

3 Para o aprofundamento do tema, recomenda-se a leitura de Boaventura Souza Santos, sociólogo português que analisa o funcionamento das Cortes e seu diálogo com a sociedade, enfrentando questões como o acesso à Justiça. Para ele: "A concepção da administração da justiça como instância política foi inicialmente propugnada pelos cientistas políticos que viram nos tribunais um subsistema do

Toda esta incursão contextual nos serve a uma premissa: as decisões judiciais possuem cada vez mais forte impacto nas relações sociais. Desta feita, se os institutos processuais clássicos foram formulados para uma solução de litígio individual e de caráter patrimonial, não restam dúvidas que este, para não falir perante a sociedade contemporânea, precisa se reinventar. O diálogo com a sociedade é imprescindível para suprir a falta de legitimidade democrática deste terceiro poder do Estado.

Não se pode olvidar ainda que há uma crescente tendência de aproximação com o sistema da *common law* de vinculação de precedentes. Desta forma, nada mais justo que o processo abra espaço para discussão de diferentes teses jurídicas a respeito de uma questão de direito que pode se tornar paradigma para novas relações jurídicas.

Em um momento de valorização do aspecto publicista do direito processual, transcendente à questão individual, os tradicionais institutos processuais ou se reformulam ou se tornam obsoletos.

O processo, portanto, ganha uma feição pública e, na medida que se desvencilha de seu antigo caráter técnico-formal, passando a exigir concordância com os princípios constitucionais dinâmicos, sua legitimidade é aferida através de uma formação racional do provimento[4], o que provavelmente melhor se realiza através de uma participação democrática.

A participação da sociedade civil na construção das decisões que possuem grande impacto na comunidade é um mister que, para nosso alento, foi observado na sistematização do novo Código de Processo Civil. Trata-se do instituto chamado de *amicus curiae*, instrumento processual que permite o ingresso de legítimos representantes de determinada classe de cidadãos em processo cuja relevância necessita de elementos que não se esgotam com a atuação das partes.

sistema político global, partilhando com este a característica de processarem uma série de *inputs* externos constituídos por estímulos, pressões, exigências sociais e políticas e de, através de mecanismos de conversão, produziram *outputs* (as decisões) portadoras elas próprias de um impacto social e político nesses subsistemas." SANTOS, Boaventura de Souza. *Pela mão de Alice*: o social e o político na pós-modernidade. 11. ed. São Paulo: Cortez, 2006.

4 ALMEIDA, Marcelo Pereira de Almeida. A intervenção do *amicus curiae* em demandas seriais de interesse da administração pública. *Revista Legis Augustus*. Rio de Janeiro, v. 03, n. 02, p. 67-91, 2012.

2. Breves considerações sobre *amicus curiae*

2.1. Natureza jurídica

Já faz algum tempo que a literatura jurídica brasileira procura modelar este instituto. Entretanto, deve-se frisar que, até o advento do novo CPC, não havia diploma legal referindo-se diretamente ao "amigo da Corte"[5] (forma vernacular do vocábulo), sendo sua delimitação, portanto, um esforço da doutrina e da jurisprudência.

Mesmo agora, com a sua inserção no novel diploma processual, ainda não foi possível chegar a um denominador comum de suas implicações. É por isto que desenvolver o tema sob sua perspectiva teleológica de influir na decisão pode ajudar a esclarecer algumas questões.

Seu ingresso no universo processual se dá para fins de apresentar ao juízo informações inéditas, elementos úteis para a formação de um provimento judicial com qualidade. Sua interferência pode ser voluntária ou mediante provocação. Fornece, pois, mais substância à contenda.

Inicialmente é necessário fazer uma abordagem acerca da natureza jurídica do *amicus*. Parecia pacífico na doutrina que era uma espécie de intervenção de terceiro *sui generis*, pois o CPC/73 considerava que para que terceiro pudesse intervir no processo era necessário provar interesse jurídico no litígio. O mero interesse econômico ou social, e.g., não justificava o ingresso de quem quer que fosse. Obviamente este posicionamento encontra-se superado, uma vez que o "colaborador da Corte" achou seu Canaã no rol de terceiros interveniente no processo. É, pois, um terceiro interventor *ope legis*[6]. Ressalta-se que a anterior clas-

---

5 Necessária a menção ao art. 23, § 1º, da Resolução nº 390/2004 do Conselho da Justiça Federal que o menciona diretamente, na forma e expressão latina. Observe: "Art. 23. As partes poderão apresentar memoriais e fazer sustentação oral por dez minutos, prorrogáveis por até mais dez, a critério do presidente. § 1º O mesmo se permite a eventuais interessados, a entidades de classe, associações, organizações não governamentais, etc., na função de "*amicus curiae*", cabendo ao presidente decidir sobre o tempo de sustentação oral."

6 Para Cabral, entretanto, há ainda mais um fator que o diferencia do terceiro "ordinário", pois este vem a integrar a relação processual ora para substituir autor e réu, ora para acrescentar-lhes. O terceiro tradicional, ao final torna-se parte. Já o *amicus* não viria a integrar a relação processual, pois seu interesse decorre do direito de participação no processo. A nosso sentir esta é uma avaliação correta, mas dada a postura do novo CPC em estabelecer novos parâmetros para definir o que é terceiro, o amigo da Corte pode entrar nesta classificação ordinária de não parte interveniente. CABRAL, Antônio do Passo. Pelas asas de Hermes: a intervenção do *amicus curiae*, um terceiro especial. *Revista de Processo*. São Paulo, v. 28, n. 117, 2004. No encalço do que se advoga, Eduardo Cambi o considera um terceiro extraordinário porque

sificação não era menos correta, pois a imagem do *amicus* inexistia para o ordenamento pátrio. Em boa hora foi mitigada a necessidade de demonstração de relação jurídica com alguma das partes para que terceiro viesse a ingressar no processo.

Note-se que ainda se deixa influenciar pela clássica separação entre partes e terceiros, cujo expoente máximo é Chiovenda. Para este, parte é quem pede e em face de quem se pede, terceiros são todos aqueles que, por exclusão, não são partes do processo.

2.2. Origem histórica

Necessário um breve resgate histórico[7] para possibilitar situá-lo no contexto brasileiro. Pois bem, muito se fala que o amigo da Corte tem suas origens no Direito romano, tendo sido requisitada sua intervenção quando a causa exigia conhecimentos específicos, não necessariamente jurídicos. Era uma figura neutra, podendo o magistrado romano valer-se ou não de suas informações trazidas a juízo segundo o livre convencimento e os princípios do Direito.

Já no medieval Direito inglês, a quem se imputa maior desenvolvimento desta ferramenta, sua atuação estava vinculada às ações com interesses do Estado, cabendo a este a tarefa de indicar aqueles precedentes e/ou leis que eram ignorados pelo juiz. Eram costumeiramente chamados de *attorneys-general*. Os seus tribunais possuíam ampla liberdade para aceitar ou rejeitar sua intervenção, bem como definir os limites da sua atuação. Ainda hoje parece haver limitação no uso deste instrumento por lá, cuja atuação parece versar apenas em casos de interesse públicos ou interesses da Coroa inglesa.

No Direito norte-americano, largamente influenciado pelo Direito inglês, provavelmente local onde os juristas brasileiros foram achar inspiração, é possível definir a data de surgimento do colaborador da Corte. Data do ano de 1812, quando o *attorney-general* ingressou em um pro-

se distancia das figuras dos intervenientes do diploma processual brasileiro, centrados em torno do interesse jurídico: "A referida doutrina busca dissociar a noção de terceiro juridicamente interessado, inerentes às figuras tradicionais de intervenção reguladas no CPC (LGL/73)." CAMBI, Eduardo. *Amicus curiae* e processo coletivo: uma proposta democrática. *Revista de processo*. São Paulo, v. 192, p. 13-45, 2011.

7 Para análise histórica mais pormenorizada, v. SCARPINELLA BUENO, Cassio. *Amicus curiae no processo civil brasileiro*: um terceiro enigmático. 3. ed. São Paulo: Saraiva, 2012.

cesso para discutir um caso que envolvia a marinha estadunidense, conhecido como "*The Schooner exchange v. McFaddon*[8].

Durante algum tempo o *amicus* era admitido apenas em casos que envolviam a Administração Federal, ou causas em que se discutia algo relacionado ao federalismo, devendo a intervenção versar nestas últimas situações sobre a vigência e aplicação de determinada lei (se federal ou estadual).

No século posterior, contudo, a situação mudou, passando as Cortes americanas a receber o "colaborador" em litígios privados. Vale ressaltar que a figura do *attorney-general* ainda era utilizada concomitantemente, mas apenas naquelas que envolviam interesse de Estado.

Com o crescente ingresso de terceiros em processos, foi instituída no ano de 1938 a *Rule 27*, dispositivo que regula a atuação do amigo da Corte nos tribunais daquele país.

Oportuno assinalar que no Direito americano, em virtude da diferenciação do *amicus* para Direito Privado, apareceram dois grandes grupos de intervenção. Os chamados *amici* governamentais (*attorney-general*) e os *amici* privados. Há uma diferenciação quanto aos poderes e quanto à necessidade de consentimento das partes. Para os primeiros é prescindível a autorização dos contendores, além de possuírem maiores poderes de atuação. Para o segundo, deixa a cargo das partes a autorização para ingresso no processo, assim como possuem faculdades de juízo limitadas.

Há autores alhures afirmando a inclinação da intervenção para amparar uma das partes, quando não até mesmo forte interesse pessoal. Assim, é sintomático perceber neste país que na recente evolução desta ferramenta de influência do magistrado, há uma nítida tendência de o amigo da Corte tornar-se um "*amicus litigantis*" penetrando no feito muito mais para defender interesses próprios e mais afeitos a uma das partes do que necessariamente fornecer subsídios para aprimorar o provimento jurisdicional[9].

Ora, nos Estados Unidos não há qualquer outra forma de intervenção de terceiro, devendo aquele que possui relação jurídica com uma das partes integrantes da lide integrar o feito na condição de colaborador, haja vista a impossibilidade por outra via. É neste sentido, a nosso juízo, que os *amici litigantis* adentram nas *lawsuits* para amparar uma das partes. Ademais é até pueril creditar ao instituto uma imparcialidade

8 SCARPINELLA BUENO, Cassio. Op. cit., p. 112.

9 ALMEIDA, Marcelo Pereira de Almeida. A intervenção do *amicus curiae* em demandas seriais de interesse da administração pública. *Revista Legis Augustus*. Rio de Janeiro, v. 03, n. 02, p. 67-91, 2012.

extrema, não reconhecendo seus interesses ao tentar influir na decisão final.

Com esta breve inserção histórica, fica evidente que a tradição histórica do instituto e seu desenvolvimento em outros ordenamentos é não só apta a importá-lo na sistematização processual brasileira, mas necessário para fins de melhorias qualitativas na prestação jurisdicional.

3. O amigo da corte no ordenamento brasileiro

3.1. Antes do novo CPC

Inicialmente, impende salientar que, embora de construção eminentemente doutrinária e jurisprudencial no Brasil, a intervenção deste terceiro já encontrava guarida em algumas leis, sem ter sua menção *ipsis litteris*, conforme citado alguns parágrafos acima.

Há quem afirme que o ingresso de outras pessoas em processo que não é parte, apenas para fornecer elementos de convicção para os julgadores e sem interesse jurídico, foi legalmente instituído pela primeira vez com a Lei nº 6.385/76 (art. 31), que criou a Comissão de Valores Mobiliários. Não há grandes motivos para discordar disso, pois esta parece ser a versão que se aproxima de forma bastante clara do amigo da Corte[10]. Neste comando legislativo havia a possibilidade de esta comissão emitir pareceres, laudos técnicos em processos que tivessem por objeto o mercado de valores.

Outro importante diploma legal que preconiza o *amicus*, em teoria, é o que torna autarquia o Conselho Administrativo de Defesa Econômica (Cade). No artigo 89 da lei, ainda que fale de assistência, o referido conselho interfere no processo para trazer a lume informações que servem ao magistrado no momento de sua decisão. Desta forma, sem um cristalino interesse jurídico para com as partes, mais colaborador da Corte do que propriamente da assistência.

Mas foi definitivamente com a Lei nº 9.868/99 que a ideia do amigo da Corte foi comprada e incorporada com esta intenção democratizante, ainda que sem a expressão *in verbis* do instituto. Destina-se a

---

10 Fredie Didier Jr., contudo, contesta essa análise, aludindo ao Decreto imperial nº 2.684/1875, *verbis*: "O § 2º do art. 6º nomeou (em lista *numerus clausus*) o Instituto da Ordem dos Advogados, os Tribunais do Comércio e os jurisconsultos da 'melhor nota' como eventuais *amici curiae* do Supremo Tribunal de justiça, nos procedimentos de tomada de assento sobre interpretação de leis de relevante conteúdo". DIDIER JR., Fredie e SOUZA, Marcus Seixas. Formação de precedente e *amicus curiae* no direito imperial brasileiro: o interessante dec. 6.142/1876. *Revista de Processo*. São Paulo, v. 220, p. 407-421, 2013.

lei a regulamentar as ações diretas de inconstitucionalidade e as ações declaratórias de constitucionalidade. Note-se que há vedação expressa da intervenção de terceiros em seu artigo 7º. Ocorre que no parágrafo segundo deste mesmo dispositivo, considerando a relevância da matéria (geralmente as ações de constitucionalidade intrinsecamente a possuem) e a representatividade dos postulantes, é possível que outros órgãos e entidades se manifestem neste tipo de ação[11]. Perceba a Justiça abrindo os colchetes para que a sociedade participe do processo, trazendo elementos novos e inéditos para deslinde de causa de considerável importância.

Interessante perceber que para elaborar a redação do novel Código processual, o legislador economizou bastante e utilizou-se praticamente do artigo 7º, § 2º, desta lei, acrescentando alguns poucos pontos, deixando outros ainda obscuros. Assim, passa-se a uma análise de alguns pontos acerca do amigo da Corte no novo CPC.

3.2. O *amicus curiae* no novo CPC

Em nosso sentir, albergar o instituto do *amicus curiae* foi uma feliz e acertada decisão da comissão de juristas que se encarregou da organização do novo Código. É um importante passo para a melhoria da prestação da tutela jurisdicional do ponto de vista qualitativo, pois abre o processo para participação democrática, fazendo com que a sociedade civil participe, ainda que indiretamente, da formação das decisões jurídicas de impacto na comunidade. O processo tem que assumir seu caráter instrumental da democracia.

Consoante o que já tivemos oportunidade de escrever, o amigo da Corte encontra-se no artigo 138 da Lei nº 13.105 (NCPC), no Título III, que trata das intervenções de terceiros. Pois bem, segundo redação do comando de lei é possível extrair um requisito intrínseco e outros quatro (alternativos) extrínsecos ao próprio *amicus curiae*. O primeiro diz respeito à necessidade de representatividade. Os outros requisitos, independentes da qualidade do colaborador, são: relevância da matéria,

11 Na verdade a vedação de terceiros diz respeito àqueles consagrados no CPC/73, Código no qual a figura do colaborador da Corte não havia sido contemplada. O seu parágrafo segundo, entretanto abre a ampla possibilidade de participação democrática neste tipo de ação. Observe:
"Art. 7º Não se admitirá intervenção de terceiros no processo de ação direta de inconstitucionalidade. [...]
§ 2º O relator, considerando a relevância da matéria e a representatividade dos postulantes, poderá, por despacho irrecorrível, admitir, observado o prazo fixado no parágrafo anterior, a manifestação de outros órgãos ou entidades."

especificidade do tema, objeto da demanda ou repercussão social da demanda.

É necessário problematizar a sua literalidade para aprimorar a sua aplicação como terceiro interventor. Quanto à condição de representatividade pode-se mencionar dois problemas.

O primeiro advém do fato de que o amigo da Corte não ingressa em juízo pleiteando ou defendendo em nome próprio direito alheio, mas sim o direito de mera participação no processo.

Diz-se que a representação adequada embarcou na esfera de influência norte-americana que preconiza em sua *Rule 23*, que dispõe sobre *class actions*, a *adequacy of representation*, evitando que aquele que não participou do processo seja prejudicado por uma má substituição processual[12]. Assim, propugnamos por uma versão mitigada desta exigência, devendo sempre considerar a capacidade da pessoa, física ou jurídica, de trazer novos elementos para o diálogo processual. Isto porque o quesito não parece estar harmonizado com a ideia do instituto, que é influir e levar a juízo subsídios para se chegar ao melhor provimento final.

Por outro lado, haveria a possibilidade de alguém, cumprindo com a "representatividade adequada", vendo fracassar sua tentativa de ingressar na lide como assistente, tentar a via colaborativa para defender interesse próprio. É o que sustenta Del Prá[13], sem muita ressonância na melhor doutrina.

Registra-se agora a modéstia com que o dispositivo foi elaborado. Era um importante momento para legislar acerca de inquietantes problemas na atuação do *amicus*, todavia o legislador terminou relegando à faculdade do juiz da causa a extensão dos poderes deste instituto. Evitou-se o tratamento de sustentações orais[14], momento pro-

12 Para o autor, nem mesmo nas mais antigas leis que incorporam o amigo da Corte inexiste a "representatividade adequada". CABRAL, Antônio do Passo. Op. cit., p. 21, 2004.

13 Aliás, este autor faz uma ácida crítica a esta forma de redação, referindo-se inclusive aos requisitos extrínsecos como insuficientes e problemáticos quando for interpretado. DEL PRÁ, Carlos Gustavo Rodrigues. Primeiras impressões sobre a participação do *amicus curiae* segundo o projeto de novo código de processo civil. *Revista de Processo*. São Paulo, v. 194, p. 307-316, 2011.

14 Superando ponto de vista anterior, o STF admitiu pela primeira vez a sustentação oral pelo colaborador da Corte. ADIn 2.777/2003, Rel. Min. Cézar Peluso. Decisão publicada em 15/12/2003. Disponível em: <http://www.stf.jus.br/portal/processo/verProcessoAndamento.asp?numero=2777&classe=ADI&origem=AP&recurso=0&tipoJulgamento=M>. Acesso em: 09 mai. 2015. Desde então esta tem sido a praxe.

cessual adequado para intervenção[15] e até mesmo a publicidade para matérias de grande relevância social. Deixando estas escolhas a cargo do magistrado, há grande risco de distorções do instituto, gerando grave insegurança quanto a sua aplicação.

Assim, parece que caberá à jurisprudência a tarefa de balizar precisamente os limites deste tipo de intervenção de terceiro. A pujança democrática do *amicus* exigia mais acuidade legislativa.

Não se pode olvidar da admissibilidade da intervenção. O artigo 138 é bastante claro quanto à irrecorribilidade da decisão que aceita a entrada do amigo da Corte no jogo processual. Em outro sentido, o dispositivo permanece inerte no que tange ao indeferimento da intervenção. Contudo, o artigo 1.015, inciso IX, não suscita maiores incertezas porque deixa claro cabimento do agravo de instrumento para atacar inadmissão de intervenção de terceiro. Embora este recurso se refira também à recorribilidade da admissão de terceiro, no *amicus curiae*, por ter tido a lei o preciosismo em cuidar da irrecorribilidade do despacho, este inciso não deve ser aplicado quando o juiz acolher pedido de participação.

Em outra perspectiva, salienta-se a *mens legislatoris* do artigo 983 do Código de Fux. Trata da possibilidade de intervenção em incidente de resolução demandas repetitivas (IRDR). Como é sabido, segundo este instituto, os processos que possuem identidade de questão de direito são suspensos, havendo um processo, chamado causa-piloto, que será o representativo da controvérsia. Ora, se os demais permanecem suspensos, como possibilitar ampla influência no julgamento da causa representativa se a grande maioria das partes se encontra excluída do procedimento?

Procurando ampliar as possibilidades de participação democrática de autores e réus excluídos do procedimento padrão, tal comando legal estatui que o relator incumbido do julgamento de questão de direito ouvirá as partes e demais interessados na questão.

A doutrina processual se divide entre aqueles que consideram isto uma assistência e entre aqueles convictos em ser este um caso de *ami-*

15 Em ADIn paradigmática que cuidou da matéria entendeu-se que o momento processual é apenas o da instrução, tendo sido vencidos os Ministros Carlos Veloso, Ilmar Galvão (relator) e Sepúlveda pertence. ADIn 2.238/2002. Decisão publicada em 19/02/2003. Disponível em: http://www.stf.jus.br/portal/processo/verProcessoAndamento.asp?numero=2777&classe=ADI&origem=AP&recurso=0&tipoJulgamento=M>. Acesso em: 09 mai. 2015.

cus curiae. Tomando partido, a interpretação de que isto seja participação do "amigo da Corte" parece ser a mais sensata[16]. Por dois motivos.

O primeiro se dá pela própria sistematização do Código, que previu em seu § 3º do artigo 138 que o *amicus curiae* poderia recorrer das decisões em IRDR, já presumindo sua ampla utilização no procedimento padrão. Tal foi sua importância que decidiu por bem positivar, para dirimir eventuais dúvidas, a possibilidade de manejo recursal. O colaborador da Corte é um "quase parte", pois diante da impossibilidade fática de estar presente diretamente no procedimento padrão, influi no convencimento judicial através desta intervenção.

Em segundo lugar, não há como creditar-lhe intervenção assistencial porque, embora torça pelo triunfo de uma das teses jurídicas, não deseja sucumbência de nenhum contendor diretamente. Aliás, no referido incidente ocorre o que a doutrina pátria batizou de criação de microssistema para fixação de uma tese jurídica. Não ocorre uma resolução conflitiva em massa no incidente, pois apenas se dirime controvérsia judicial. Pode inclusive haver incidente para apaziguar dúvida processual, o que afasta ainda mais da figura assistencial, já que em muitos destes casos não há qualquer identificação dos interessados com uma das partes.

O processo sofre, pois, um corte na sua marcha processual e as partes permanecem no processo apenas para defender determinada tese referente a questão de Direito. Há uma discussão de Direito na forma mais genérica possível. O que está em jogo é uma controvérsia que tem como consequência efeitos reflexos para determinado terceiro (aquele que permaneceu fora do incidente). O IRDR resolve, pois, teses *in abstracto*, sendo o eventual interventor (aquele cujo processo foi sobrestado, mas não foi escolhido como representativo), um terceiro com desejo de influir no provimento final, levando ao juízo conhecimentos que presumivelmente não se levaria apenas pelas partes escolhidas do procedimento. Ora, tal inserção processual muito mais se assemelha ao *amicus curiae* do que à assistência.

A assistência possui um viés mais patrimonialista e tradicional do processo, elaborado para os fins do processo clássico, ainda fechado a incursões democráticas. O colaborador da Corte possui uma moldura

16 Consoante tal interpretação processual, v. brilhante exposição de Andrea Carla Barbosa. BARBOSA, Andrea Carla & CANTOARIO, Diego Martinez Fervenza. O incidente de demandas repetitivas no projeto de código de processo civil: apontamentos iniciais. In: FUX, Luiz. *O novo código de processo civil brasileiro - o direito em expectativa*. Rio de Janeiro, Forense: 2011.

mais adequada ao IRDR e harmoniza-se com a contemporânea noção da potencialidade democrática da jurisdição.

Pondera-se que este é apenas um esboço de discussão que gira em torno da participação de não partes no procedimento de IRDR. Como mais novo e festejado instituto importado, a prudência recomenda não tomar como definitiva a assertiva de que tal participação seja do amigo da Corte, até porque não existem ainda grandes debates em torno da problemática[17].

Assomam-se ainda alguns aspectos relevantes do colaborador da Corte. As acepções a seguir esposadas são fruto do V Fórum Permanente de Processualistas Civis[18]. Na linha de entendimento de que os recursos repetitivos guardam intensa similitude com o IRDR, a doutrina caminha no sentido de admitir de modo análogo a possibilidade de recurso naqueles procedimentos repetitivos.

Em outra via, reconhece-se que as partes não poderão estabelecer convenção processual para evitar este terceiro interveniente. Veja que se procura tutelar a influência da sociedade no rumo das decisões jurídicas, até como forma a qualificar o embate processual.

Em arremate, os procedimentos de revisão, cancelamento e edição de enunciados sumulares não só podem aceitar como são imprescindíveis para injetar fôlego nas discussões acerca do objeto do precedente.

Exibidas as grandes questões do *amicus curiae* no novo Código, necessário um aprofundamento quanto ao seu sentido teleológico, mormente no que diz respeito ao contraditório como direito de influência.

4. Concepção contemporânea de contraditório

Embora tenha sofrido grande esvaziamento axiológico pelo positivismo do século XIX, ficando refém de uma mera regra formal de aplicação estática, no pós-guerra, com a superação dos regimes autoritários, o Estado Democrático de Direito emergiu colocando no centro de seu ordenamento a dignidade da pessoa humana, primando pela eficácia concreta de seus direitos fundamentais.

---

17 Escreve sobre o novel incidente o professor Aluísio Mendes em recente artigo na *Revista de Processo*, colocando a questão da intervenção de interessado de modo marginal, mas procurando suscitar o debate. MENDES, Aluísio Gonçalves de Castro & TEMER, Sofia. O incidente de resolução de demandas repetitivas no novo código de processo civil. *Revista de Processo*, v. 243, p. 283-331, 2015.

18 O Fórum aconteceu na cidade de Vitória-ES e foram aprovados enunciados para melhor gerir e interpretar o novo CPC. Ressalta-se que é necessária a unanimidade para se aprovar um enunciado, referendando a postura interpretativa dos enunciados. Enunciados nºs 391, 392 e 393. A publicação está no prelo.

O contraditório, neste contexto, passa a ser positivado nas diversas Constituições dos Estados, mudando sua qualidade de princípio para garantia fundamental, carecendo, no entanto, de eficácia prática[19].

Desta forma, impõe-se que não só as partes tenham amplas faculdades para que possam provar seus direitos, mas exige-se também do juiz uma postura menos inerte e passiva de analisador dos dados da contenda. Assim, o magistrado é chamado à zona de gravitação do contraditório, sendo ele o agente capaz de promover a marcha processual com diálogo e humanidade. Às partes não se garante apenas a possibilidade de manifestação, mas sim a fiança de que seus argumentos vão ser levados em consideração. Não se oportuniza apenas voz, mas também ouvidos.

É tão intensa essa garantia que com a constitucionalização do Direito Processual, observando princípios fundamentais, hoje chega-se a afirmar sem medo que há uma mitigação até do próprio sentido da correlação (princípio da demanda). Consoante *pas de nullité sans grief*, não se pode inferir qualquer vício processual quando, desrespeitada a correlação, oportuniza-se satisfatoriamente contraditório[20].

É o melhoramento do que a doutrina costuma chamar de direito à informação-reação das partes. Embora, não se pretenda desmerecê-la, a abordagem almejada neste tópico consiste em uma visão ainda mais contemporânea e atualizada do contraditório, completamente desvinculada das ideias patrimonialistas e individualistas, bem como da concepção de processo como se fosse matéria privativa das partes. O binômio formado pela informação-reação não deve esgotar a garantia do contraditório.

Na esteira de uma visão publicista do processo, enquanto há uma noção funcional da jurisdição, ou melhor, a jurisdição como um serviço estatal, os fins e os objetivos perseguidos pelo Estado devem ser atingidos com o próprio exercício da função jurisdicional[21].

---

19 GRECO, Leonardo. O princípio do contraditório. In: *Estudos de Direito Processual*. Faculdade de Direito de Campos, 2005, p. 08.

20 Trafega nesta via o ínclito processualista da USP, José Roberto Bedaque: "[...] eventual transgressão entre demanda e provimento somente deve ser considerada fator de nulidade do processo se impedir a realização plena do contraditório." BEDAQUE, José Roberto dos Santos. Os elementos objetivos da demanda examinados à luz do contraditório. In: TUCCI, J. R. C; BEDAQUE, J. R. S (Coords.). *Causa de pedir e pedido no processo civil*: questões polêmicas. São Paulo: Revista dos Tribunais, 2002.

21 A ideia é muito bem colocada por Antônio Cabral: "Se o poder do Estado é uno, pode-se manifestar de diversas formas. A jurisdição é uma das faces ou funções do poder estatal. Esta perspectiva funcional da jurisdição, que todo ilumina o

Ora, se se vive em uma época em que a democracia representativa é insuficiente para dar resposta aos desideratos da população, implora-se pelo aperfeiçoamento de mecanismos que possibilitem a inclusão da comunidade na tomada de decisões estatais. O processo, enquanto protagonista de muitos vetores de mudanças deve fomentar a atuação de entidades da sociedade civil para oxigenar o debate de questões com grande relevância.

Com estas premissas, facilmente se conclui que o direito de influência pelo contraditório representa uma tão propugnada alternativa para se assestar a democracia deliberativa. O processo se torna um dos meios pelo qual a sociedade entra no diálogo com o Estado, estruturando uma argumentação discursiva apta a influir eficazmente no provimento final do juiz. A garantia fundamental ao contraditório corporifica este procedimento dialogal[22].

Costuma-se dizer que o contraditório é a própria projeção da dignidade da pessoa humana[23]. Ora, com tal importância, nada mais natural que se assegure a possibilidade de influência nas decisões judiciais, sendo isto conseguido da melhor forma quando se abre o processo para o diálogo entre o juiz e todos os sujeitos do processo, sejam eles partes, peritos ou terceiros interessados.

Ademais, para que o estabelecimento deste diálogo seja aplicado com máximo aproveitamento, natural que o processo se abra para uma extensa participação democrática, recebendo influência da própria sociedade civil. O ingresso da comunidade vem a suprir a falta de legitimidade democrática das decisões judiciais, mormente no Brasil, onde os juízes exercem seus cargos por quesitos meramente técnicos, dissociados da população.

5. Aproximação entre *amicus curiae* e contraditório

Em harmonia com o que foi posto, nota-se que o ambiente processual é um campo dialético, isto é, um ambiente em que há formulação de pretensões pelas partes, autor e réu, cabendo ao julgador acolher

movimento da instrumentalidade, importa a consagração do exercício da jurisdição também como caminho para obtenção dos escopos políticos do Estado democrático de Direito. CABRAL, Antônio do Passo. Contraditório. In: TORRES, Sílvia Faber (Org.). *Dicionário de princípios jurídicos*. Rio de Janeiro: Campus Editora, 2011.

22 CABRAL, Antônio do Passo. Contraditório... *Idem*, p. 200.

23 GRECO, Leonardo. *Idem*.

uma das teses desenvolvidas, rejeitando a outra através de uma argumentação racional e objetiva.

Na vigência do Estado Democrático de Direito, é imprescindível que as partes participem do processo de forma a persuadir o magistrado. Ainda, a ciência de todos as etapas processuais é uma consequência óbvia para a obtenção da garantia do contraditório, perene em todo o *iter* processual.

Com a evolução desta perspectiva de atuação das partes no jogo processual, fala-se em colaboração. Os atores do procedimento prestam informações e reagem de forma dinâmica, cabendo ao magistrado observar eventuais condutas de má-fé, bem como aquelas atentatórias à dignidade da justiça. Não se exige a colaboração *inter partes,* mas sim uma colaboração para um provimento final justo.

Mas não é só. Com arrimo nos parágrafos acima, a garantia fundamental se presta a um papel que extrapola às partes no processo, servindo também como um dos escopos políticos do serviço estatal da jurisdição[24]. O legislador, ao inserir no tecido dos direitos fundamentais a expressão deste princípio, revelou que a jurisdição, enquanto prestada pelo Estado, deverá servir também à participação popular na messe processual.

Reclama-se, por isto, o fim público do processo, sendo necessária a observância de certas garantias que não se prendem à seara individual, reconhecendo-se a necessidade de aumentar a capacidade de audição do processo. Os argumentos da sociedade devem reverberar no procedimento de forma a vibrar o tímpano do magistrado.

Por outro lado, se há na contextura do ordenamento brasileiro uma nítida guinada em direção à eficácia vinculativa dos precedentes, o processo deve tomar mais cuidado ainda com os argumentos que lhe são trazidos, máxime do ponto de vista qualitativo, observando-se a motivação de suas decisões.

Neste passo, a sentença deve sempre refletir a melhor solução do litígio. Presumivelmente assume-se que todas as teses jurídicas foram investigadas. Ora, quanto maior o número de argumentos jurídicos trazidos ao campo processual, mais rica será a discussão em torno da matéria. Por isto, o silogismo não deixa dúvidas de que isto clama pela maior participação da população no processo, conectando realidade social e poder Judiciário. Misantropia processual já saiu da moda doutrinária há muito!

Outrossim, se a Justiça é instada, cada vez mais, a se pronunciar frente a grandes dilemas da sociedade, mais razão há para se desobstruir

---

24 DINAMARCO, Cândido Rangel. *A instrumentalidade do processo.* 15. ed. São Paulo: Malheiros Editores, 2012.

o ingresso de terceiros nos processos judiciais. Repisa-se, este protagonismo judicial se dá por dois motivos: inclusão de direitos de segunda e terceira geração nas Leis Fundamentais e morosidade do processo legislativo para acompanhar as mutações sociais.

Nesta trilha, enquanto a Justiça brasileira é demandada para solucionar conflitos que atingem uma gama populacional, clama-se por um rasgo no procedimento processual, antes fechado e avesso a interferências exteriores, fazendo-o sentir a influência externa. A incisão, contudo, não prescinde de precisão cirúrgica e, portanto, deve ser balizada dentro dos parâmetros legais. Vislumbra-se o *amicus curiae* como vetor mais capaz de atingir esta possibilidade.

Ora, a moderna concepção de contraditório transborda aos limites da ação-reação das partes. Adquire uma moldura colaborativa e de influência no embate processual, ganhando um importante destaque dentro da democracia deliberativa, cuja participação do cidadão nos rumos do Estado não se limita à representação política, pois o aperfeiçoamento da prática democrática exigiu mecanismos mais diretos de participação popular.

O *amicus curiae*, como um verdadeiro auxiliador do juízo, vem a calhar na concepção de participação democrática no processo, injetando qualidade nas discussões no bojo processual. Indubitavelmente é agente daquilo que atualmente se entende por contraditório, sendo apto a conferir maior legitimidade às decisões judiciais. Veja que, consoante Cabral, "o contraditório é o princípio processual que materializa este procedimento dialógico, abrindo o palco jurisdicional para o debate pluralista e participativo"[25].

Assim, a abertura das comportas do processo permite a importação das queixas sociais, avivando o contraditório na sua acepção de influência na decisão, conferindo elevação qualitativa da prestação jurisdicional. É hoje um instituto imprescindível para que o processo atinja seus fins políticos e sociais.

6. Conclusão

Colocado o instituto do *amicus curiae* no alvo dos holofotes críticos da doutrina jurídica, procura-se um desfecho que faça jus à sua importância na constelação "processo-constitucional".

Apercebeu-se que o papel do Judiciário frente à positivação de direitos de segunda e terceira geração, à tendência de utilização de precedentes vinculativos, bem como à democracia deliberativa, que exige mais participação da comunidade nas decisões políticas, exigia também

25 CABRAL, Antônio do Passo. O contraditório... *Idem, ibidem.*

a renovação da doutrina processual, reclamando mecanismos que fomentassem a participação pluralista no processo.

Visto que já figurava nas Cortes brasileiras, através de uma construção legal precária e por uma sensibilidade jurisprudencial, esta modalidade de intervenção de terceiro não foi olvidada quando da feitura do novo diploma de processo civil brasileiro.

Consagrado no artigo 138 do novel CPC, o legislador atualizou o capítulo dos sujeitos processuais para positivar o amigo da Corte como verdadeiro terceiro interventor, deixando de lado as concepções patrimonialistas e individualistas do processo.

Embora se sinta a brisa da inovação que traz consignado na lei o instituto, não se pode deixar de anotar a desambição legislativa no tratamento de questões mais controversas, v.g., possibilidade de sustentação oral, extensão dos poderes etc. Deu ampla margem ao magistrado para modular esta intervenção, sendo possível haver comprometimento da segurança jurídica e do devido processo.

Por outro lado, o colaborador da Corte encontra justificação na revisitada concepção de contraditório. Outrora como regra técnica e agora como garantia fundamental, a expressão do contraditório alude a uma noção que transborda a ação-reação no processo. O magistrado passa a integrar este campo gravitacional da garantia, adotando uma postura dialética e colaborativa com as partes.

O direito de influenciar na decisão exsurge da concretização do princípio-garantia em questão. Enquanto cabe ao magistrado ouvir as partes para melhor resolver o litígio, tal conflito não pode ser apaziguado de modo satisfatório senão perante uma maior quantidade de argumentos e teses jurídicas, quando se tratar de conflito transcendente à esfera individual.

Veja que a intervenção do *amicus curiae* se conforma a estas exigências contemporâneas do processo. É um instrumento de participação da comunidade na jurisdição, ao mesmo tempo em que enriquece o debate processual trazendo diferentes perspectivas à contenda.

Por isso, o amigo da Corte adentra no palco processual para oxigenar o debate, prometendo um direito de influência e materializando uma das acepções do contraditório. Ora, se o Judiciário parece ter ficado à margem da população, com seu tecnicismo e com seu profissionalismo que por muito tempo deixou de se influenciar pelos movimentos sociais, por outro lado, no contexto em que o Judiciário reclama participação popular, em boa hora um instituto que amplia substancialmente a matéria das decisões jurídicas é positivado.

Perfaz-se como um instrumento pelo qual a sociedade civil pode fazer uso, participando ativamente das mudanças ocorridas na estrutura do Estado. Assim, reconhece-se em essência uma intervenção processual qualificada para aperfeiçoar e fortalecer os laços democráticos da comunidade, conferindo legitimidade à decisão judicial, outrora carente de participação popular. Todavia, não é apenas isto, já que traz argumentos inovadores e imprescindíveis ao juízo, para que o provimento final seja a melhor solução da contenda.

Não pode ser outra a adjetivação do *amicus curiae* senão um mecanismo de participação democrática, um verdadeiro agente do contraditório. É preciso ter sempre em mente o potencial democratizante da jurisdição.

A Tutela Provisória como Instrumento de Efetividade da Jurisdição: Principais Inovações Introduzidas pelo Novo Código de Processo Civil

Tatiana Machado Alves

1. Introdução

No Estado Democrático de Direito, o devido processo legal, ou processo justo, assume importante papel de instrumento de promoção da eficácia concreta dos direitos e garantias fundamentais. Essa função pode ser compreendida em dupla dimensão: ao mesmo tempo em que o processo é um meio para a efetivação dos direitos fundamentais de natureza material[1], ele próprio deve observar, na sua estruturação e no seu desenvolvimento, o cumprimento das garantias fundamentais processuais.

Como consequência, entende-se que o princípio da inafastabilidade da jurisdição (art. 5º, XXXV, da Constituição Federal de 1988) engloba não só o acesso formal ao Poder Judiciário, mas também, e principalmente, o direito a uma tutela jurisdicional que seja tempestiva, adequada e efetiva.

---

1 Enquanto no sincretismo o processo era visto como mero apêndice do direito material, e na fase autonomista havia uma preocupação excessiva com a observância das regras processuais, de modo que a efetivação do direito material acabava sendo relegada a segundo plano, o instrumentalismo promove a conscientização a respeito dos escopos do processo, recuperando a importância da entrega de um resultado efetivo através do processo, e atribuindo a este a função de instrumento para a realização do direito material (BEDAQUE, José Roberto dos Santos. *Efetividade do processo e técnica processual*. 3. ed. São Paulo: Malheiros, 2010, p. 20).

A efetividade pode ser definida como a capacidade do processo de produzir os efeitos fáticos e jurídicos que resultam do reconhecimento judicial do direito material[2]. De nada adiantaria que o Judiciário proclamasse, em uma sentença de mérito, o direito da parte, mas, em razão do decurso do tempo, a prestação jurisdicional tivesse perdido a sua utilidade, ou o bem da vida que era buscado tivesse perecido.

Nessa dimensão, a demora do processo é certamente um dos grandes obstáculos à efetividade. Ocorre que para que se possa atender de forma satisfatória as demais garantias fundamentais processuais (i.é., contraditório, ampla defesa, segurança jurídica), é necessário que o procedimento comporte certas fases e etapas que permitam às partes exporem suas razões e produzirem as provas necessárias para corroborar as suas alegações, e ao juiz conhecer de forma plena e exauriente o *meritum causae*.

Contudo, o tempo necessário para a realização do processo[3] pode trazer danos tanto para o processo em si como para o próprio direito material que está sendo postulado em Juízo.

Por outro lado, a efetividade não está atrelada apenas à ideia de celeridade, de modo que não basta "acelerar" o processo para que ele se torne efetivo. Como qualquer outro princípio constitucional, as garantias processuais são mandados de otimização e, portanto, "devem ser realizad[a]s na maior intensidade possível, à vista dos demais elementos jurídicos presentes na hipótese"[4].

Dessa forma, ao estabelecer técnicas adequadas para garantir que o processo atinja as suas finalidades é importante atentar para o equi-

---

2 José Roberto dos Santos Bedaque define a efetividade como a "aptidão [do processo] para produzir concretamente os resultados dele esperados" (*Ibidem*, p. 32).

3 Muitos autores abordam a problemática da demora do processo pela ótica não só do tempo natural que se leva para exercer a jurisdição, como também da morosidade do Poder Judiciário (nesse sentido, José Roberto dos Santos Bedaque aponta como causas da morosidade o número insuficiente de magistrados, a deficiência estrutural do Poder Judiciário brasileiro, a elevada produção de normas legais, e o aumento excessivo do número de demandas (*ibidem*, p. 46-47). Para o presente trabalho, iremos levar em consideração somente a morosidade do processo em si, pois entendemos que, mesmo em "condições normais de temperatura e pressão", com um Poder Judiciário bem aparelhado e eficiente, capaz de dar conta das demandas que são postas perante ele, a adoção de mecanismos aptos a mitigarem os efeitos danosos do tempo no processo ainda seria necessária.

4 BARROSO, Luís Roberto. *Curso de direito constitucional contemporâneo:* os conceitos fundamentais e a construção do novo modelo. São Paulo: Saraiva, 2009, p. 208.

líbrio que deve existir entre os valores da segurança e da celeridade[5]. Ambos são valores fundamentais do processo e, por isso, devem ser protegidos em seu núcleo mínimo. Não é possível consagrar a celeridade como valor absoluto e desconsiderar totalmente a segurança jurídica.

O novo Código de Processo Civil (CPC/2015), sancionado em 16 de março de 2015, manifesta sensível preocupação com os problemas da demora do processo, da efetividade da tutela jurisdicional, e da eficiência do sistema processual. Nesse sentido, são muitas as novidades trazidas pelo novo Código com o objetivo de promover a concretização desses valores fundamentais, e resolver, ou ao menos amenizar, os problemas relacionados à falta de efetividade do processo civil.

Dentre essas inovações, sobressaem as alterações implementadas na disciplina da tutela provisória, um importante mecanismo de proteção do direito material e do processo contra os males do tempo. Assim, a unificação do tratamento da tutela antecipada e da tutela cautelar; a previsão da possibilidade de concessão de tutela antecipada em caráter antecedente; a estabilização da tutela antecipada; a sistematização da tutela da evidência, e a admissão do cumprimento provisório das *astreintes*, podem ser vistas como uma resposta do ordenamento jurídico ao problema da excessiva demora dos processos, visando assegurar a efetividade do provimento jurisdicional, mas sem comprometer as demais garantias processuais constitucionais.

2. A técnica de sumarização da cognição

A efetividade do processo pode ser afetada de diversas formas e, por isso, pode ser assegurada por diferentes meios. Leonardo Greco aponta, por exemplo, três mecanismos aptos a garanti-la: o adequado cumprimento de sentenças, a tutela específica do direito material, e a proteção das situações jurídicas contra os riscos da demora do processo[6].

Com relação a essa última, e que é o foco do presente trabalho, a doutrina costuma apontar duas técnicas distintas para a sua efetivação: a sumarização do procedimento (formal) e a sumarização da cognição (material).

O procedimento sumário, ou tutela sumária, é caracterizado pela "simplificação e redução das suas fases, dos requisitos, da forma e dos

5 "Processo efetivo é aquele que, observado o equilíbrio entre os valores segurança e celeridade, proporciona às partes o resultado desejado pelo direito material" (In: BEDAQUE, José Roberto dos Santos. Op. cit., p. 49).

6 GRECO, Leonardo. *Estudos de direito processual*. Campos dos Goytacazes: Ed. Faculdade de Direito de Campos, 2005, p. 261.

prazos dos atos processuais"[7]. Busca-se, com isso, eliminar atos ou fases processuais inúteis para a resolução de certas causas, tornando o procedimento mais simples e, ao menos em tese, mais célere.

A simplificação do procedimento, via de regra, afeta apenas a estrutura formal do processo, e não implica a redução da atividade cognitiva do juiz, que continua sendo plena e exauriente[8]. É o caso, por exemplo, do procedimento sumário previsto nos artigos 275 e ss. do Código de Processo Civil de 1973 (CPC/73), e que foi extinto no CPC/2015, que prevê apenas o procedimento comum.

Carlos Alberto Alvaro de Oliveira, partindo da elaboração dogmática de Hans Karl Briegleb, trazia uma crítica à atribuição do nome "processo sumário" ao procedimento previsto nos referidos artigos do CPC/73, afirmando que este consistiria, na realidade, em uma "aceleração do procedimento ordinário (sumariedade formal)"[9]. Assim, em vista da lição de Hans Karl Briegleb, segundo a qual o processo verdadeiramente sumário é caracterizado pela incompletude material da cognição, com a exclusão de meios de defesa, seria um equívoco chamar o procedimento do artigo 275 do CPC/73 de sumário, uma vez que este possui cognição exauriente. Um *nomen iuris* mais adequado, dentro dessa concepção, seria o de procedimento acelerado[10].

Sob o aspecto subjetivo, a simplificação do procedimento pode ser realizada pelo legislador, pelo juiz, ou, até mesmo, pelas partes. Leonardo Greco adverte que, conquanto alguns ordenamentos jurídicos, como o inglês, confiram ao juiz o poder de sumarizar o procedimento, adaptando-o às necessidades do caso concreto, é recomendável que o procedimento esteja predeterminado na lei, de modo a não surpreender as partes, e preservar a previsibilidade e a segurança jurídica

---

7 GRECO, Leonardo. Cognição sumária e coisa julgada. *Revista Eletrônica de Direito Processual,* v. X. Disponível em: <http://www.http://www.e-publicacoes.uerj.br/index.php/redp>. Acesso em: 21 mai. 2015.

8 MOREIRA, José Carlos Barbosa. *Temas de direito processual*: Oitava Série. São Paulo: Saraiva, 2004, p. 88.

9 OLIVEIRA, Carlos Alberto Alvaro de. *Perfil dogmático da tutela de urgência*. Academia Brasileira de Direito Processual Civil. Disponível em: <http://www.abdpc.org.br/abdpc/artigos/Carlos%20A%20A%20de%20Oliveira%20%287%29%20-formatado.pdf>. Acesso em: 21 mai. 2015.

10 Bruno Vinícius da Rós Bodart apresenta uma crítica a essa denominação, qual seja, o fato de, muitas vezes, o procedimento sumário do CPC/73 ser mais demorado do que o próprio procedimento ordinário, uma vez que a contestação deve ser oferecida na audiência obrigatória, a qual costuma demorar muitos meses para ser marcada (In: FUX, Luiz. *O novo processo civil brasileiro - direito em expectativa*. Rio de Janeiro: Forense, 2011, p. 77).

no processo[11]. Admite, contudo, a concessão de uma margem razoável de flexibilidade.

A preocupação de Leonardo Greco parece ser principalmente com a possibilidade de, ao sumarizar o procedimento, o juiz acabar por afetar a cognição, mediante a limitação dos poderes processuais das partes que haviam sido conferidos por lei.

O Anteprojeto do novo Código de Processo Civil brasileiro atribuía ao magistrado, em seu artigo 107, V, um amplo poder-dever para flexibilizar o procedimento, "adequa[ndo] as fases e os atos processuais às especificações do conflito, de modo a conferir maior efetividade à tutela do bem jurídico, respeitando sempre o contraditório e a ampla defesa".

Contudo, durante a tramitação do Projeto do novo Código no Congresso Nacional, esse dispositivo recebeu uma nova redação. Assim, o artigo 139, VI, da versão promulgada, estabelece que o juiz poderá apenas "dilatar os prazos processuais e alterar a ordem de produção dos meios de prova adequando-os às necessidades do conflito, de modo a conferir maior efetividade à tutela do bem jurídico".

Essa redação do dispositivo confere ao magistrado menos poderes do que aquela do Anteprojeto, mas ainda representa um grande avanço com relação ao sistema do Código de Processo Civil de 1973.

O novo Código também atribuiu poder de flexibilização procedimental às partes, mais extenso, inclusive, do que foi atribuído aos juízes. No caso, o artigo 190 do CPC/2015 prevê as denominadas "convenções processuais", verdadeiros negócios jurídicos processuais que são celebrados entre as partes, antes ou durante o processo, com o objetivo de alterar o procedimento para adequá-lo às especificidades da causa, podendo as partes convencionarem sobre os seus ônus, poderes, faculdades e deveres processuais.

As limitações estabelecidas pelo Código para essas convenções processuais são que elas somente podem ser celebradas em processos que versem sobre direitos que admitam auto composição[12], e que elas sejam submetidas ao controle jurisdicional sobre a sua validade. Assim o juiz poderá, de ofício ou a requerimento, recusar a aplicação da con-

---

11 GRECO, Leonardo. *Estudos*, op. cit., p. 278-279.

12 Via de regra, os direitos que admitem autocomposição são os direitos disponíveis, mas também pode se referir aos direitos indisponíveis transacionáveis. A ideia de direitos indisponíveis transacionáveis, ou seja, que admitem transação, está presente na Lei n° 13.140/2015, que trata da mediação entre particulares como meio de solução de conflitos. Segundo o artigo 3º, § 2º, do projeto de lei, o acordo entre as partes sobre esses direitos precisaria ser homologado em juízo com a oitiva do Ministério Público.

venção sempre que ela for nula, resultar de uma cláusula abusiva inserta em contrato de adesão, ou quando uma das partes se encontrar em situação de vulnerabilidade.

A segunda técnica adotada como remédio para o problema da demora do processo é a sumarização da cognição. Segundo Leonardo Greco, ela deve necessariamente decorrer da lei[13], uma vez que afeta a própria cognição do órgão jurisdicional, o qual fica eximido da necessidade de um exame profundo da matéria litigiosa para proferir uma decisão[14].

Adotando a mesma cautela, José Roberto dos Santos Bedaque defende que a sumarização da cognição deve ser vista como hipótese excepcional, uma vez que, ao mesmo tempo em que ela atende à celeridade e à duração razoável do processo, ela representa um risco para a segurança jurídica e para o contraditório[15].

Por esses motivos, uma das características da cognição sumária é a provisoriedade, o que significa dizer que, via de regra, o provimento judicial proferido sem extensão cognitiva não irá formar coisa julgada. Leonardo Greco explica que isso decorre justamente dos conceitos de devido processo legal e de tutela jurisdicional efetiva, na medida em que deve ser facultado às partes a possibilidade ampla de influir na formação do convencimento final e definitivo do magistrado, produzindo provas, deduzindo suas alegações e, de modo geral, fazendo uso de todos os mecanismos possíveis para demonstrar o seu direito. Mais do que ser apenas um dever do magistrado, é verdadeiro direito da parte que o órgão jurisdicional aprecie a sua causa de forma profunda[16].

A cognição sumária também pode ser marcada pela *postecipação*, ou *postergação*, do contraditório, na medida em que o juiz pode proferir uma decisão antes da oitiva do réu, e somente depois instaurar o contraditório. Nesse ponto Humberto Theodoro Júnior e Érico Andrade afirmam que a legislação brasileira, mesmo quando admite essa hipótese, não fixa critérios objetivos para a forma de realização do contraditório, pelo que seria possível falar aqui em uma "discricionariedade judicial" na determinação desse aspecto formal[17].

---

13 GRECO, Leonardo. Op. cit., p. 279.

14 MOREIRA, José Carlos Barbosa. Op. cit., p. 88.

15 BEDAQUE, José Roberto dos Santos. Op. cit., p. 48.

16 A distinção entre a cognição sumária e a cognição exauriente é estabelecida justamente em função da profundidade da cognição, que está relacionada com a existência ou não de limitações à perquirição dos fatos pelo juiz (WATANABE, Kazuo. *Da cognição no processo civil.* 4. ed. São Paulo: Saraiva, 2012).

17 THEDORO JR., Humberto; ANDRADE, Érico. A autonomização e a estabilização da tutela de urgência no Projeto de CPC. *Revista de Processo*, v. 205, p. 13-59, abr. 2012.

Há diversas formas e mecanismos através dos quais é possível sumarizar a cognição. José Carlos Barbosa Moreira cita, por exemplo, a ação monitória[18-19], prevista no artigo 1102-A e ss. do CPC/73; a limitação da matéria suscetível de exame pelo juiz[20]; a exclusão de certos meios de prova, como no caso do mandado de segurança[21]; e a antecipação dos efeitos da tutela. Esta, em razão do seu amplo espectro objetivo, que permite que ela seja usada em praticamente qualquer procedimento, é a mais comum das modalidades de sumarização da cognição.

A tutela antecipada representa, portanto, um importante instrumento de promoção e garantia da efetividade da jurisdição, que, fazendo uso da técnica da sumarização da cognição, permite que a parte que é capaz de demonstrar maior probabilidade *prima facie* do seu direito, e o risco de dano na demora do processo, goze de plano dos resultados fáticos e jurídicos que resultarão do reconhecimento judicial em uma sentença de mérito.

3. A tutela antecipada e a tutela cautelar no Código de Processo Civil de 1973: semelhanças e diferenças

Quando falamos em preservação da efetividade, podemos ter em mente dois objetos: o processo em si ou a tutela jurisdicional. Nesse sentido, a tutela antecipada não é o único mecanismo reconhecido pelo

---

18 No caso da monitória, o crédito do autor somente será discutido em juízo se o réu opuser embargos. Caso contrário, o autor obterá de pronto o título executivo judicial buscado (In: MOREIRA, José Carlos Barbosa. Op. cit., p. 93).

19 Em sentido contrário, Kazuo Watanabe entende que a cognição na ação monitória será sempre exauriente: se o réu opor embargos, será plena e exauriente; se não, será limitada e exauriente. Nessa concepção, embora a extensão da cognição possa ser afetada, ela sempre será profunda (In: WATANABE, Kazuo. Op. cit.).

20 José Carlos Barbosa Moreira cita como exemplo nesse caso o Decreto-Lei nº 3.365/41, que dispõe sobre desapropriações por utilidade pública, e dispõe em seu artigo 20, que a "contestação só poderá versar sobre vício do processo judicial ou impugnação do preço", devendo qualquer outra questão ser decidida em sede de ação direta (In: MOREIRA, José Carlos Barbosa. Op. cit., p. 94). Entendemos, contudo, que melhores exemplos de casos de limitação da matéria suscetível de exame pelo juiz, à luz das garantias processuais constitucionais, são os dos embargos à execução (art. 917 do CPC/2015) e da impugnação ao cumprimento de sentença (art. 525, § 1º, do CPC/2015), pois, nesses casos, já havendo coisa julgada material a limitação da matéria suscetível de exame pelo juiz não implicaria uma violação ao devido processo legal e à ampla defesa.

21 Novamente em sentido contrário, Kazuo Watanabe afirma que no caso do mandado de segurança há uma cognição plena e exauriente *secundum eventum probationis*, e não sumária (In: WATANABE, Kazuo. Op. cit.).

direito processual como apto a evitar o impacto que a demora do processo pode ter sobre a sua efetividade (em sentido amplo). Em verdade, na redação original do Código de Processo Civil de 1973, apenas a tutela cautelar continha previsão expressa, enquanto mecanismo de proteção contra os males do tempo[22].

Os procedimentos cautelares atípicos (arts. 796 a 812) e os procedimentos cautelares típicos ou específicos (arts. 813 a 889), encontram previsão no Livro III do CPC/73, intitulado "Do Processo Cautelar".

A doutrina costuma definir a tutela cautelar como aquela que tem por finalidade *imediata* evitar a concretização de danos *ao processo*[23]. Um exemplo clássico é o da testemunha que está à beira da morte, de modo que não seria possível esperar até a audiência de instrução e julgamento para ouvi-la. Assim, para evitar o dano que poderia ser causado de forma imediata ao processo, que se veria privado de uma prova potencialmente importante, e de forma mediata ao próprio direito material, que talvez deixasse de ser tutelado pelo Judiciário em razão da falta dessa prova, há a possibilidade de se antecipar o depoimento, através da cautelar de produção antecipada de provas (art. 846 e ss. do CPC/73).

Da mesma forma, identificado que o réu-devedor em uma ação de cobrança está se desfazendo do seu patrimônio, torna-se imperioso buscar meios para garantir uma futura execução, sob pena de a prestação jurisdicional reconhecendo a existência da obrigação de pagar ao final do processo resultar inócua, prejudicando a realização do direito material. Para isso, o legislador em 1973 previu, por exemplo, a figura do arresto (art. 813 e ss.).

Esses são apenas dois exemplos. A previsão de um rol extenso de cautelares específicas no CPC/73 convive com o "poder geral de cautela" do magistrado, que vinha previsto no artigo 798 do referido diploma legal, e que consistia no poder do juiz de determinar quaisquer medidas que fossem adequadas para assegurar a efetividade do processo.

O que se discutia, contudo, tanto na doutrina como na jurisprudência, era a possibilidade de concessão de "cautelares satisfativas", que

22 Fredie Didier Jr. defende que a tutela cautelar é concedida em sede de cognição exauriente, e não em cognição sumária, como a tutela antecipada (In: *Curso de direito processual civil*. Salvador: JusPodivm, 2012. v. 2).

23 Embora a finalidade *imediata* da tutela cautelar seja a de evitar a concretização de danos ao processo, é inegável que ela também possui uma finalidade *mediata* de evitar a ocorrência de dano irreparável ou de difícil reparação ao direito da parte. Até mesmo porque, conforme já dito, o processo nada mais é do que um instrumento de proteção e efetividade do direito material. A proteção do processo somente se justifica na medida em que ela poderia afetar o próprio direito material.

tivessem como finalidade não salvaguardar o processo, mas sim proporcionar ao autor a satisfação antecipada do direito material.

José Carlos Barbosa Moreira apontava que mesmo antes da alteração legislativa que, em 1994, introduziu a figura da "tutela antecipada" no CPC/73 (art. 273), já havia a previsão no ordenamento brasileiro de liminares capazes de minimizarem, ou até mesmo evitarem, os danos causados de forma direta ao proveito do direito material pela demora do processo, em casos de urgência[24].

Um exemplo de liminar satisfativa prevista no ordenamento jurídico antes de 1994 era o artigo 7º, II, da Lei nº 1.533 de 1951,[25] que dispunha sobre o mandado de segurança. Com efeito, a suspensão do "ato que deu motivo ao pedido" corresponde justamente a uma antecipação da prestação jurisdicional que é buscada pela parte no processo, qual seja, a anulação do ato administrativo que viola direito líquido e certo.

Contudo, ainda segundo José Carlos Barbosa Moreira, essas hipóteses de liminares satisfativas eram limitadas àquelas previstas expressamente em lei. Somente a partir da alteração promovida pela Lei nº 8.952, de 1994, passou a se prever no Direito brasileiro uma espécie de "poder geral de antecipação", semelhante ao poder geral de cautela, autorizando o juiz a conceder liminares satisfativas atípicas.

No mesmo sentido, Cândido Rangel Dinamarco cita alguns casos que se convencionou chamar de "medidas cautelares", mas que representam uma verdadeira antecipação de uma decisão final de mérito[26].

Seja como for, com o advento da alteração legislativa de 1994, restou pacificada a possibilidade de concessão de medidas satisfativas, através da figura da tutela antecipada.

A principal diferença da tutela antecipada com relação à tutela cautelar residiria no fato de ela não ter a finalidade de ser instrumental ao processo, mas sim de proporcionar ao autor a fruição imediata do bem

24 MOREIRA, José Carlos Barbosa. Op. cit., p. 104.

25 A Lei nº 1.533, de 1951, foi revogada pela Lei nº 12.016, de 2009, que manteve a previsão de concessão de medida liminar em seu artigo 7º, III.

26 É o caso dos alimentos provisionais, que consistem na antecipação dos alimentos que o alimentando pretende obter ao final da ação, e da sustação do protesto cambial, que também visa a oferecer na vida da parte o provimento que ela pretende obter ao final do processo (In: DINAMARCO, Cândido Rangel. *Nova era do processo civil*. 3. ed. Malheiros: São Paulo, 2009, p. 66).

da vida que ele pretende obter com o processo[27]. Em outras palavras, de antecipar os efeitos da tutela jurisdicional[28].

Por outro lado, a tutela antecipada e a tutela cautelar se assemelham na medida em que ambas têm por objetivo neutralizar os males causados pela demora do processo. Assim, enquanto a tutela cautelar busca evitar/minimizar os danos causados, de forma imediata, *ao processo* em si pelo decurso do tempo, a tutela antecipada se volta para os danos causados *ao próprio direito material* em razão da demora na entrega da prestação jurisdicional[29]. Como consequência, ambas exercem o papel de assegurar a *efetividade* - seja do processo (tutela cautelar), seja da tutela jurisdicional (tutela antecipada).

Outro elemento comum entre essas duas figuras é o seu caráter eminentemente provisório, decorrente do fato de elas serem proferidas no curso do processo, antes que haja uma decisão transitada em julgado. Assim, tendo em vista que ao conceder a antecipação dos efeitos da tutela ou a medida cautelar, o magistrado se baseia em um juízo de probabilidade e não tem diante de si um contexto fático-probatório completo, não há, nesse caso, preclusão, de tal forma que a tutela antecipada ou cautelar pode ser revogada ou modificada a qualquer tempo.

José Roberto dos Santos Bedaque também aponta, como fundamento para a provisoriedade das tutelas antecipada e cautelar, o fato de elas não terem a finalidade de resolver definitivamente a crise do direito material, mas de evitar o dano que poderia ser causado pela demora do processo[30].

---

27 Na definição de Cândido Rangel Dinamarco, "são cautelares as medidas com que a ordem jurídica visa a evitar que o passar do tempo prive o *processo* de algum meio exterior que poderia ser útil ao correto exercício da jurisdição e consequente produção, no futuro, de resultados úteis e justos; e são *antecipações de tutela* aquelas que vão diretamente à vida das pessoas e, antes do julgamento final da causa, oferecem a algum dos sujeitos em litígio o próprio bem pelo qual ele pugna ou algum benefício que a obtenção do bem poderá proporcionar-lhe" (*ibidem*, p. 67).

28 Carlos Alberto Alvaro de Oliveira aponta, todavia, que o juiz não deve antecipar todos os efeitos da sentença final de mérito, mas apenas, e de forma provisória, evidentemente, aqueles efeitos que bastem para prevenir o dano, de modo que a decisão antecipatória deva ter um escopo menor do que o resultado prático final (op. cit., p. 4).

29 Nessa dimensão, Cândido Rangel Dinamarco aponta o papel que a tutela cautelar e a tutela antecipada exercem na concretização da garantia da duração razoável do processo (art. 5º, LXXVIII, da Constituição Federal de 1988): "Desencadear medidas contra esse inimigo [o tempo] é um modo de cumprir a promessa, solenemente formulada na Constituição Federal, de oferecer aos litigantes uma tutela jurisdicional *em prazo razoável*" (*ibidem*, p. 65).

30 BEDAQUE, José Roberto dos Santos. Op. cit., p. 47.

Como a provisoriedade é uma característica geral, aplicável a outros mecanismos de sumarização da cognição, boa parte da doutrina escolheu o elemento da urgência como a nota identificadora da tutela antecipada e da tutela cautelar, passando a classificá-las como espécies do gênero "tutela de urgência"[31].

Cândido Rangel Dinamarco, por sua vez, prefere o termo "medidas aceleratórias de tutela jurisdicional" para a categoria sob a qual se agrupam as tutelas cautelar e antecipada. Isso porque, segundo ele, nem sempre o fundamento para a concessão da tutela cautelar ou antecipada será a urgência.

Com efeito, o Código de Processo Civil de 1973 traz no artigo 273 outras duas hipóteses de tutela antecipada que não têm como fundamento a urgência: a que decorre do abuso de direito de defesa ou do manifesto propósito protelatório do réu (art. 273, II), e a que é concedida quando houver pedido, ou parcela de pedido, incontroverso (art. 273, § 6º).

O novo Código de Processo Civil optou pela terminologia adotada pela maioria da doutrina, e unificou a regulamentação da tutela antecipada concedida com base na urgência (risco de dano irreparável ou de difícil reparação), e da tutela cautelar, na categoria da "tutela de urgência", prevista no Título II do Livro I do CPC/2015 (art. 300 e ss.). Com relação à ressalva apontada por Cândido Rangel Dinamarco, entendemos que ela não se aplica aqui, na medida em que as duas hipóteses de tutela antecipada do CPC/73 que dispensam a urgência foram deslocadas para a tutela da evidência e para o julgamento antecipado parcial do mérito, respectivamente.

4. As tutelas provisórias no Código de Processo Civil de 2015: disposições gerais, inovações e questões polêmicas

José Carlos Barbosa Moreira já afirmava que, não obstante as diferenças que existem entre a tutela antecipada e a tutela cautelar, há que se reconhecer as suas afinidades, e, principalmente, a existência de "zonas cinzentas", as quais dificultam a identificação da espécie que está sendo requerida no caso concreto. Por esse motivo, recomendava a adoção de um tratamento comum, e a admissão da fungibilidade entre essas modalidades, afirmando ser inútil e até mesmo improdutiva a

31 Nesse sentido: Loc. cit.; MOREIRA, José Carlos Barbosa. Op. cit., p. 105; OLIVEIRA, Carlos Alberto Alvaro. Op. cit., p. 5.

obsessão pela fixação de "marcos de perfeita nitidez" entre as diversas tutelas de urgência[32].

Embora o artigo 273, § 7º, do CPC/73, previsse a fungibilidade entre a tutela antecipada e a cautelar, fato é que a previsão dos dois institutos em livros distintos do Código trazia alguns problemas para a sua aplicação.

Em boa hora, o Código de Processo Civil de 2015 unificou o tratamento da tutela antecipada concedida com base na urgência (risco de dano) e da tutela cautelar, reunindo-as sob a figura da *tutela de urgência*.

Além disso, o novo Código ampliou as hipóteses de tutelas concedidas em sede de cognição sumária, introduzindo a *tutela da evidência*, que, embora já fosse discutida em sede doutrinária, carecia de uma disciplina sistematizada.

A tutela de urgência e a tutela da evidência estão conectadas pelo elemento comum da provisoriedade, em razão de ambas serem mecanismos de sumarização da cognição. Por esse motivo, o legislador optou pela adoção do nome *tutela provisória* para designar o gênero do qual são espécies essas duas modalidades, e que vem previsto no Livro V da Parte Geral do CPC/2015[33].

De modo geral, algumas regras para a concessão da tutela provisória em caráter incidental foram mantidas no novo Código, tais como a possibilidade de sua revogação ou modificação a qualquer tempo (art. 296, *caput*); a manutenção da eficácia da tutela provisória em caso de suspensão do processo, salvo decisão em contrário (art. 296, parágrafo único); a competência do juízo da causa para conhecer o pedido de tutela provisória (art. 299, *caput*, primeira parte, e parágrafo único); o "poder geral de cautela" do magistrado para determinar as medidas que considerar adequadas para a efetivação da tutela provisória (art. 297, *caput*); e a aplicação das normas referentes ao cumprimento provisório de sentença para a efetivação da tutela provisória (art. 297, parágrafo único).

---

32 MOREIRA, José Carlos Barbosa. Op. cit., p. 104.

33 Segundo Leonardo Greco, a não exaustividade da cognição não é a única característica representativa da categoria "tutela provisória", uma vez que existem outros procedimentos que comportam provimentos de cognição sumária e, por isso, podem ser também considerados provisórios. Sendo assim, afirma que na noção de "tutela provisória" do novo Código há que se restaurar "a ideia de provisoriedade difundida por Calamandrei, como intrínseca à instrumentalidade, ou seja, como uma função normalmente acessória da jurisdição de conhecimento e de execução, que se destina a servir a um processo principal, do qual é antecedente ou incidente" (In: A tutela da urgência e a tutela da evidência no código de processo civil de 2014/2015. *Revista Eletrônica de Direito Processual*, v. XIV, jul./dez. 2014, p. 298).

Nas disposições gerais da tutela provisória não houve, portanto, nenhuma novidade em relação ao regime jurídico anterior.

No que tange ao tratamento dispensado especificamente à tutela de urgência, certas disposições também foram mantidas, tais como a possibilidade de exigência de caução real ou fidejussória para a concessão da tutela de urgência (art. 300, § 1º); a possibilidade de concessão liminar ou após justificação prévia (art. 300, § 2º); a impossibilidade de concessão da tutela de urgência quando houver perigo de irreversibilidade dos efeitos da decisão (art. 300, § 3º); e a responsabilidade objetiva da parte requerente pelo prejuízo que a efetivação da tutela de urgência causar à outra parte (art. 302)[34].

Com relação ao requisito da ausência de perigo de irreversibilidade da decisão, José Carlos Barbosa Moreira ressalta que a irreversibilidade pode ocorrer também quando a medida for negada, caso no qual a tutela jurisdicional tornar-se-á inútil. Dessa forma, caberia ao julgador proceder a uma "valoração comparativa dos riscos", com base no princípio da proporcionalidade, para ver qual risco é maior e, portanto, deve ser preferencialmente evitado[35].

O requisito da ausência de perigo de irreversibilidade não estava presente no Anteprojeto do novo Código, e nem na versão aprovada pelo Senado, tendo sido reincluído na Câmara dos Deputados.

O novo Código trouxe ainda uma significativa inovação nas disposições gerais da tutela de urgência, qual seja, a harmonização dos requisitos para a sua concessão.

Sob a égide do CPC/73, a doutrina diferenciava os requisitos para a concessão da tutela cautelar e da tutela antecipada. Assim, enquanto para a primeira se exigia a demonstração do *fumus boni iuris* ("fumaça do bom direito") e do *periculum in mora*, a segunda tinha como pressupostos a existência de prova inequívoca que convença o juiz da verossimilhança das alegações autorais, e o receio de dano irreparável ou de difícil reparação (art. 273, *caput* e inc. I, do CPC/73)[36].

34 As hipóteses nas quais haverá o dever de reparação são as mesmas do artigo 811 do CPC/73, a saber: ser proferida sentença desfavorável à parte que requereu a tutela de urgência; deixar de propor a citação do requerido no prazo de 5 (cinco) dias quando a medida for requerida em caráter antecedente; ocorrer a cessação da eficácia da medida em qualquer hipótese legal; ou o juiz acolher alegação de prescrição ou decadência da pretensão do autor.

35 MOREIRA, José Carlos Barbosa. Op. cit., p. 83.

36 Como estamos tratando nesse momento da tutela de urgência, não iremos mencionar aqui a hipótese do inciso II do artigo 273 – tutela antecipada em razão do abuso do direito de defesa ou manifesto intuito protelatório do réu.

Muitos entendiam, portanto, que para a concessão da tutela antecipada era exigido um "a mais" com relação aos requisitos da tutela cautelar, uma vez que o conceito de verossimilhança transmite uma mensagem mais forte de probabilidade de direito do que a expressão do *fumus boni iuris*, que se contenta com a "mera" aparência do bom direito.

Grande controvérsia sempre houve quanto ao significado da exigência de "prova inequívoca" para a concessão da tutela antecipada. Segundo Cândido Dinamarco, caso essa locução fosse levada ao pé da letra, a significar prova segura que garante a certeza dos fatos, seria praticamente impossível a concessão de tutelas antecipadas no tempo adequado[37], esvaziando o instituto.

Por esse motivo, Cândido Dinamarco optou por definir a prova inequívoca como a "prova convergente ao reconhecimento dos fatos pertinentes, ainda que superficial e não dotada de muita segurança, desde que não abalada seriamente por outros elementos probatórios em sentido oposto"[38].

José Carlos Barbosa Moreira também apontava a contradição existente entre as locuções "prova inequívoca" e "verossimilhança das alegações", mas definiu a "prova inequívoca" como aquela à qual somente possa ser atribuído um sentido, não admitindo interpretação em sentido diverso sobre ela[39]. Afasta-se, com isso, da ideia de que "inequívoca" se refere à força persuasiva da prova, como fez Cândido Dinamarco.

Feliz, portanto, o legislador infraconstitucional ao deixar a expressão "prova inequívoca" de fora do novo Código de Processo Civil, estabelecendo, ademais, como requisitos comuns tanto para a tutela antecipada como para a tutela cautelar a existência de *elementos* que evidenciam a *probabilidade do direito* e o *perigo de dano ou o risco ao resultado útil do processo* (art. 300 do CPC/2015). Os termos escolhidos pelo legislador, embora continuem abertos (como não poderia deixar de ser), parecem se adequar mais ao conceito de provisoriedade que permeia a tutela de urgência, não havendo sentido em se falar em certeza, e nem em prova segura e indene de dúvidas nesse momento processual.

Uma última observação importante sobre as disposições gerais da tutela provisória e da tutela de urgência é a ausência no novo Código de Processo Civil de uma regulamentação analítica e específica do procedimento de cada uma das espécies de tutela cautelar, que passa a ser caracterizada pela atipicidade dos seus meios de efetivação.

37 DINAMARCO, Cândido. Op. cit., p. 73.

38 Loc. cit.

39 MOREIRA, José Carlos Barbosa. Op. cit., p. 78.

O CPC/73 trazia previsão de quinze procedimentos cautelares específicos, cada um com suas regras próprias, ao lado do "poder geral de cautela", que autorizava a concessão de medidas atípicas. O CPC/2015 inova ao trazer apenas uma previsão do poder geral de cautela e mencionar, a título meramente exemplificativo, algumas formas de efetivação da tutela de urgência de natureza cautelar, tais como arresto, sequestro, arrolamento de bens, e registro de protesto contra alienação de bem (art. 301)[40].

Feita a exposição inicial do tema das tutelas provisórias, cabe agora analisar quais foram as principais inovações introduzidas pelo novo Código de Processo Civil, e levantar algumas questões polêmicas que possivelmente irão surgir da aplicação desses novos dispositivos. Para o presente artigo, iremos apresentar um panorama das seguintes novidades:

a)possibilidade de concessão da tutela de urgência em caráter antecedente;

b) estabilização da tutela antecipada;

c) tutela da evidência;

d) cumprimento provisório das *astreintes*.

4.1. Possibilidade de concessão da tutela de urgência em caráter antecedente

O Código de Processo Civil de 1973 prevê expressamente a hipótese de concessão da tutela cautelar antes do processo principal, como forma de evitar o dano iminente (art. 796). Muito já se discutiu em sede doutrinária e jurisprudencial sobre a concessão de tutela antecipada satisfativa em caráter antecedente, tal como era possível fazer com a tutela cautelar.

Alguns autores, como Cândido Dinamarco, admitiam essa possibilidade, adotando como premissa a própria finalidade da antecipação dos

---

40 Algumas figuras que no Código de Processo Civil de 1973 eram consideradas modalidades de tutela cautelar estão sendo tratadas no capítulo das provas no Código de 2015. É o caso da produção antecipada de provas (arts. 381 a 383), do arrolamento de bens que tenha por finalidade apenas a realização de documentação (art. 381, § 1º), da justificação (art. 381, § 5º), e da exibição de documento ou coisa. Não há muitas alterações nos respectivos procedimentos a serem notadas nesse artigo. A maior novidade talvez seja a introdução de duas novas hipóteses nas quais pode ser requerida a produção antecipada de provas, além do receio de que a verificação do fato venha a se tornar impossível ou muito difícil: a possibilidade de a prova produzida viabilizar a autocomposição ou outro meio adequado de solução de conflito, e a necessidade de prévio conhecimento de determinados fatos para justificar ou evitar o ajuizamento da ação (art. 381, incs. II e III).

efeitos da tutela de evitar o dano causado ao direito material em razão do decurso do tempo, de modo que, em atendimento à garantia constitucional do acesso à Justiça (art. 5º, XXXV, da Constituição Federal), os juízes deveriam poder conceder a tutela antecipada tanto em caráter incidental, como em caráter preparatório[41]. Não era, todavia, uma questão pacífica.

Nessa dimensão, o Código de Processo Civil de 2015 traz uma importante evolução no tratamento da matéria, introduzindo o procedimento de tutela antecipada requerida em caráter antecedente, que tem cabimento quando a urgência for contemporânea à propositura da ação (art. 303). Nesse caso, a petição inicial poderá trazer apenas o requerimento de tutela antecipada e a indicação do pedido de tutela final, acompanhados da exposição da lide e do preenchimento dos requisitos para a concessão da tutela antecipada (i.e., probabilidade do direito e perigo de dano ou de risco ao resultado útil do processo).

Caso a tutela antecipada seja concedida, o autor deverá aditar a petição inicial, complementando a sua argumentação, juntando novos documentos e confirmando o pedido de tutela final, no prazo de 15 (quinze) dias ou outro maior a ser fixado pelo juiz (art. 303, § 1º, inc. I).

Feito isso, o réu será citado e intimado para comparecer à audiência de conciliação ou de mediação, após a qual, não havendo autocomposição, começará a correr o prazo para contestação (art. 303, § 1º, incs. II e III, art. 334 e art. 335).

Se o autor deixar de fazer o aditamento da petição inicial no prazo determinado para tanto, o processo será extinto sem resolução do mérito. Com isso, a tutela antecipada que havia sido concedida será revogada, e, sendo o caso, caberá a responsabilização do autor na forma do artigo 302, I, do CPC/2015, pelos danos que a efetivação da tutela antecipada eventualmente tiver causado à outra parte no intervalo de tempo entre a sua concessão e a prolação da sentença terminativa.

O artigo 303, § 5º, do CPC/2015, estabelece uma importante questão formal, relativa à exigência de que o autor indique, na petição inicial, que ele "pretende valer-se do benefício previsto no *caput* deste artigo", ou seja, que está propondo um procedimento de tutela antecipada requerida em caráter antecedente. Isso porque, caso contrário, o juiz poderia entender que a petição inicial era inepta.

Na hipótese de o julgador *negar* a tutela antecipada, será determinada a emenda da petição inicial no prazo de até 5 (cinco) dias, sob pena de indeferimento da inicial e extinção do processo

41 DINAMARCO, Cândido Rangel. Op. cit., p. 82-83.

sem resolução do mérito (art. 303, § 6º). Isso porque não obstante o juiz tenha entendido que não estão presentes os elementos para a concessão da tutela antecipada, o autor ainda pode ter interesse na tutela definitiva e final.

Aqui cabem duas observações interessantes: em primeiro lugar, enquanto o termo usado para a hipótese de a tutela antecipada ter sido concedida é de *aditamento* da petição inicial; no caso de denegação da tutela, o legislador refere-se à sua *emenda*, indicando se tratarem de duas figuras diferentes. Para entender melhor o que isso significa, cumpre analisar brevemente as hipóteses de emenda e de aditamento da petição inicial previstas no CPC/73 e reproduzidas no CPC/2015.

Como bem se sabe, a petição inicial deve atender a determinados requisitos legais para que ela seja aceita pelo juiz. No CPC/73, tais requisitos estão elencados no artigo 282, o qual foi basicamente repetido no artigo 319 do novo Código. A exceção é o inciso VII do artigo 282 do Código de 1973, o qual previa que a petição inicial deveria incluir um requerimento para citação do réu. O novo Código, contudo, estabelece que o autor deverá apenas indicar na inicial a sua opção pela realização ou não de audiência de conciliação ou de mediação[42].

Caso algum desses requisitos não seja atendido, o artigo 320 do CPC/2015, reproduzindo o que já previa o artigo 284 do CPC/73, estabelece que o juiz deve determinar que o autor, no prazo de 15 (quinze) dias, *emende* ou complete a petição inicial, mediante indicação precisa do que deve ser corrigido ou completado, sob pena de *indeferimento da petição inicial*, nos termos do artigo 330 do CPC/2015.

Vê-se, portanto, que a *emenda* da petição inicial está atrelada à ideia de um "defeito" originário da sua elaboração/formação, de forma que algum requisito essencial para a sua admissão não tenha sido atendido, devendo tal defeito ser corrigido sob pena de impedir o desenvolvimento do processo.

Por sua vez, a hipótese de *aditamento* da petição inicial, no procedimento comum, está prevista no artigo 329 do CPC/2015, o qual admite que o autor *adite* ou altere o pedido ou a causa de pedir, independentemente ou não do consentimento do réu, a depender do momento processual em que se pretenda realizar tal aditamento.

42 Essa alteração se justifica pela mudança implementada no procedimento pelo Código de Processo Civil de 2015, segundo o qual, nos termos do artigo 334, o réu agora é citado para comparecer à audiência de conciliação e mediação, e não para contestar a ação. Dessa forma, se justifica a necessidade de informação por parte do autor sobre seu interesse, ou não, na realização da audiência.

Evidente, portanto, que não há aqui um "defeito" propriamente dito na petição inicial, mas sim a identificação, por parte do autor, da necessidade de adequar esta à sua verdadeira pretensão, promovendo alguma mudança no pedido ou na causa de pedir.

No caso do procedimento da tutela antecipada requerida em caráter antecedente, quando esta for concedida, haverá a constatação do preenchimento dos requisitos legais, inclusive daqueles exigidos para a concessão da tutela de urgência. Nesse caso, é possível afirmar que o autor observou o procedimento do art. 303, cabendo agora, apenas, adequar a petição inicial à sua pretensão, para que essa possa ser atendida de forma definitiva ao final do processo. Por esse motivo fala-se aqui em *aditamento* da petição inicial.

Por outro lado, quando a tutela antecipada requerida em caráter antecedente é denegada pode-se dizer que o autor não preencheu os requisitos legais do artigo 303 uma vez que ele não fazia jus, segundo a avaliação do juiz, a esse procedimento diferenciado. Há aqui, portanto, um "defeito" na elaboração da petição inicial, o qual justificaria a determinação da sua *emenda*, sob pena de indeferimento e extinção do processo sem resolução do mérito.

Tendo em vista que em ambos os casos a consequência da não realização do aditamento ou da emenda será a extinção sem resolução do mérito, poder-se-ia questionar qual a pertinência da ressalva da distinção terminológica.

Ocorre que o Código de Processo Civil de 2015 estabelece no artigo 303 *prazos diferentes* para cada uma dessas hipóteses - quinze dias quando for caso de aditamento (§ 1°, inc. I) e cinco dias para a emenda (§ 6°) - que parecem se justificar pela distinção acima explicada.

Além disso, enquanto o § 1°, inciso I, do artigo 303, prevê expressamente a possibilidade de o magistrado conceder prazo maior do que quinze dias para a realização da emenda, o § 6° não traz essa previsão expressa. Temos aqui, portanto, a segunda observação relevante: seria possível que o juiz, na hipótese de haver denegado a tutela antecipada requerida em caráter antecedente, concedesse prazo superior a cinco dias para a emenda da petição inicial?

À primeira vista, parece que sim. Se não com base no próprio artigo 303, então através da incidência do artigo 139, VI, que confere ao juiz o poder de "dilatar os prazos processuais" em qualquer hipótese.

Com relação ao procedimento da tutela *cautelar* requerida em caráter antecedente, a única novidade trazida pelo novo CPC com relação ao diploma de 1973 é o fato de o pedido principal agora ter que ser formulado nos mesmos autos em que fora deduzido o pedido de tutela cautelar (art. 308), não havendo mais a necessidade de propor uma nova demanda.

4.2. Estabilização da tutela antecipada

Uma vez concedida a tutela antecipada em caráter antecedente, o Código de Processo Civil de 2015 prevê a possibilidade de ela se tornar *estável* se não for interposto recurso contra a decisão que a concedeu (art. 304, *caput*).

A estabilização da tutela antecipada acarreta a extinção do processo (§ 1°), sendo ressalvada, contudo, a possibilidade de qualquer das partes propor nova demanda para rever, reformar ou invalidar a tutela antecipada estabilizada (§ 2°). Enquanto não houver tal iniciativa, a tutela antecipada conservará seus efeitos (§ 3°).

O Código estabelece ainda a prevenção do juízo que concedeu a tutela antecipada para conhecer da nova ação, cuja petição inicial deverá ser instruída com cópia dos autos em que a medida foi concedida. Por esse motivo, o CPC/2015 prevê que qualquer das partes poderá requerer o desarquivamento dos autos do processo extinto (§ 4°)[43].

O exercício do direito de revisão, reforma ou invalidação da tutela antecipada, segundo o § 5° do artigo 304, se extingue após 2 (dois) anos, contados da data da ciência da decisão que extinguiu o processo. Por outro lado, o § 6° do mesmo artigo afirma que a decisão que concede a tutela antecipada não fará coisa julgada, mas a sua estabilidade somente poderá ser afastada por decisão de mérito, proferida em uma nova ação, que reveja, reforme ou invalide a tutela antecipada.

A estabilização da tutela antecipada se justifica dentro de uma perspectiva de que, se o réu não manifestou a sua oposição a pretensão autoral e a tutela antecipada já satisfaz o direito do autor, não haveria razão para dar continuidade ao processo, sendo suficiente a existência de uma tutela estável, embora não imutável na medida em que ela não faz coisa julgada, que seja capaz de dar segurança ao autor, permitindo-lhe fruir do seu direito. Assim, restando o réu inerte, a estabilização da tutela antecipada concedida e não impugnada beneficiaria a todos os envolvidos no processo.

43 Nesse sentido, Daniel Mitidiero observa com precisão que "[e]mbora o art. 304, § 4º, dê a entender que se trata de uma faculdade da parte, é fundamental que a petição inicial e a decisão anterior instruam o processo para fins de aferição dos limites do debate e da eficácia da decisão anterior" (In: WAMBIER, Teresa Arruda Alvim *et alii.* (Coord.). *Breves comentários ao novo código de processo civil.* são Paulo: Revista dos Tribunais, 2015, p. 790).

A tendência da tutela provisória para adquirir estabilidade equiparável à que teria a solução final já era apontada por José Carlos Barbosa Moreira antes mesmo do processo de elaboração do novo Código ter se iniciado[44], e segue a linha do que já é adotado em diversos outros ordenamentos jurídicos.

Com efeito, é possível encontrar no Direito comparado alguns exemplos de estabilização da antecipação da tutela em casos nos quais as partes não se opõem a ela, dispensando assim a necessidade de desenvolvimento do processo e de prolação de sentença final de mérito[45].

É o caso do *référé* francês e do belga. Na França, as *ordonnances de référé* tradicionalmente apresentavam como principais características o pressuposto da urgência, o caráter provisório e a ausência de efeito vinculativo para o juiz incumbido da causa principal. Porém, com o passar do tempo, a importância do pressuposto da urgência foi reduzida, ou relativizada, na medida em que a lei passou a presumi-la em certos casos e dispensá-la por completo em outros[46].

Uma dessas modalidades de *référé* na qual é dispensada a perquirição sobre a urgência da medida é o denominado *référé-provision*, comumente utilizado em casos de responsabilidade civil, e que tem como fundamento a evidência do direito da parte[47]. O *référé-provision* corresponde efetivamente à tutela buscada pelo autor da ação, podendo apresentar conteúdo igual ao da sentença, razão pela qual José Carlos Barbosa Moreira afirma que ele possui "fisionomia de julgamento definitivo, senão de direito, pelo menos de fato"[48].

Quanto ao procedimento do *référé* de modo geral, algumas características interessantes que merecem ser apontadas são o respeito ao contraditório; a possibilidade de propositura da demanda requerendo o provimento provisório antes da causa principal; a provisoriedade; e a inaptidão do alcance da autoridade da coisa julgada[49].

Com relação a essas duas últimas características, Bruno Vinícius da Rós Bodart informa que o juiz pode modificar ou revogar a decisão que concedeu o *référé* quando for alegado fato novo superveniente;

---

44 MOREIRA, José Carlos Barbosa. Op. cit., p. 100.

45 GRINOVER, Ada Pellegrini. Tutela jurisdicional diferenciada: a antecipação e sua estabilização. *Revista de Processo*, v. 121, p. 11-37, mar. 2005.

46 MOREIRA, José Carlos Barbosa. Op. cit., p. 96.

47 BODART, Bruno Vinícius da Rós. Simplificação e adaptabilidade no anteprojeto do novo CPC brasileiro. In: FUX, Luiz. *O novo processo civil brasileiro - direito em expectativa*. Rio de Janeiro: Forense, 2011, p. 84.

48 MOREIRA, José Carlos Barbosa. Op. cit., p. 97.

49 BODART, Bruno Vinícius da Rós. Op. cit., p. 85.

caso contrário, o *référé* adquire certa estabilidade[50]. Além disso, não há uma obrigatoriedade de propositura de uma ação para discutir o mérito após a concessão da medida, nem a fixação de um prazo para que ela produza efeitos[51].

Aqui residem, portanto, duas diferenças entre o *référé* francês e o procedimento brasileiro de tutela antecipada requerida em caráter antecedente. A primeira delas é que, no *référé*, a tutela provisória (com aptidão para estabilização) é requerida em um procedimento autônomo, de modo que a análise do mérito depende da propositura de uma segunda ação (pelo autor ou pelo réu); já no procedimento brasileiro, tendo o réu recorrido da decisão que concede a tutela antecipada em caráter antecedente, e considerando que o autor aditou a petição inicial, o exame do mérito será realizado nos mesmo autos em que concedida da medida, sem necessidade da propositura de uma nova ação. Esta, vale lembrar, somente será necessária caso o réu tenha deixado de recorrer da decisão que concedeu a tutela antecipada.

A segunda diferença entre os dois procedimentos está na fixação de um prazo para que o réu possa se insurgir contra a tutela provisória, requerendo a sua revogação. No modelo francês não há prazo estabelecido para o exercício dessa faculdade. Nesse sentido, Bruno Vinícius da Rós Bodart afirma que esse é provavelmente o motivo do sucesso do instituto, uma vez que o fato de não ter sido fixado um prazo faz com que o réu não se veja "forçado" a propor uma nova ação apenas para não deixar escoar o prazo. Por outro lado, argumenta que nesse caso incidirão as regras referentes à prescrição da pretensão material ou decadência do direito potestativo, conferindo assim segurança jurídica à situação[52].

No modelo brasileiro, conforme já visto, o Código de Processo Civil de 2015 fixa um prazo de dois anos para a propositura da ação de revisão, reforma ou invalidação da decisão que concedeu a tutela antecipada.

Algumas questões polêmicas podem ser levantadas com relação à estabilização da tutela antecipada na forma como prevista no novo CPC.

Primeiramente, não obstante o artigo 304, § 1º, não defina se a extinção do processo é com ou sem resolução do mérito, é forçoso concluir, em razão da possibilidade de propositura de uma ação de revisão, reforma ou modificação da tutela, e à luz do § 6º, que afirma que a

50 Loc. cit.

51 Loc. cit.

52 Loc. cit.

decisão antecipatória não faz coisa julgada, que se trata de hipótese de extinção do processo *sem resolução do mérito*[53].

Nesse sentido, outras questões que se colocam dizem respeito à (não) formação de coisa julgada e ao prazo de dois anos[54] para a propositura da ação de revisão, reforma ou invalidação da decisão antecipatória dos efeitos da tutela satisfativa. Essa ação não deve ser confundida com a ação rescisória, que tem por finalidade desconstituir uma sentença transitada em julgado, pelo simples fato de elas terem o mesmo prazo.

Por outro lado, poder-se-ia cogitar se, tendo em vista a extinção do direito de rever, reformar ou invalidar a tutela antecipada após o referido prazo de dois anos, a decisão que concede a tutela antecipada finalmente poderia formar coisa julgada material ou se ela permaneceria em um estado de perene *estabilidade*, agora de caráter imutável.

Caso se admitisse que, após o prazo, a decisão que concede a tutela antecipada fizesse coisa julgada material, seria, ao menos em tese, possível a propositura de ação rescisória visando a desconstituí-la, pelo que o réu ganharia com isso um novo prazo de dois anos, contados do *trânsito em julgado* da decisão (art. 975 do CPC/2015).

Érico Andrade e Dierle Nunes defendem que após o decurso do prazo de dois anos não haverá formação da coisa julgada, uma vez que ela sempre demandaria a cognição exauriente. No caso da tutela antecipada concedida em caráter antecedente, os autores defendem que, passados os dois anos da prolação da decisão, ela apenas adquiria uma estabilidade mais forte ou definitiva[55].

Com relação a esse ponto, Daniel Mitidiero pondera a força que é atribuída pelo legislador à estabilidade adquirida por essa decisão que

53 Em sentido contrário, Daniel Mitidiero já afirmou que a extinção do processo ocorre "com resolução do mérito favorável ao demandante", mas sem maiores considerações sobre esse ponto (In: Autonomização e estabilização da antecipação da tutela no novo código de processo civil, *Revista Magister de Direito Civil e Processual Civil*, ano XI, n. 63, nov./dez. 2014, p. 26).

54 Quanto à natureza do prazo, Érico Andrade e Dierle Nunes afirmam que tudo indica se tratar de um prazo decadencial (ANDRADE, Érico; NUNES, Dierle. Os contornos da estabilização da tutela provisória de urgência antecipatória no novo CPC e o "mistério" da ausência de formação da coisa julgada. In.: FREIRE, Alexandre; BARROS, Lucas Buril de Macedo; PEIXOTO, Ravi. *Coletânea novo CPC: Doutrina Selecionada*. Salvador: JusPodivm, 2015. Disponível em: <https://www.academia.edu/12103602/%C3%89rico_Andrade_e_Dierle_Nunes_-_Os_contornos_ da_esta biliza%C3%A7%C3%A3o_da_tutela_provis%C3%B3ria_de_urg%C3%AAncia_antecipat% C3%B3ria_no_novo_CPC_e_o_mist%C3%A9rio_da_aus%C3%AAncia_de_forma%C3%A7%C3%A3o_da_coisa_julgada>. Acesso em: 20 ago. 2015).

55 Loc. cit.

concede a tutela antecipada em caráter antecedente[56]. Isso porque a se admitir que passado o prazo de dois anos ela não pode mais ser alterada, a decisão estaria adquirindo, em verdade, o mesmo *status* da coisa julgada material[57].

Partindo dessa premissa, Daniel Mitidiero ressalta "que é de duvidosa legitimidade constitucional [...] equiparar os efeitos do procedimento comum - realizado contraditório, com ampla defesa e direito à prova - com os efeitos de um procedimento cuja sumariedade formal e material é extremamente acentuada"[58]. Assim sendo, seria indiferente o fato de o legislador ter afirmado que a decisão que concede a tutela antecipada em caráter antecedente não faz coisa julgada material, mas tem aptidão apenas para se tornar estável, uma vez que tal estabilidade é rigorosamente equiparada aos efeitos da coisa julgada material (passados os dois anos de prazo).

O autor pontua, ainda, que uma melhor solução para o tratamento da matéria teria sido estabelecer que "[p]assado o prazo de dois anos, continua sendo possível o exaurimento da cognição até que os prazos previstos no direito material para a estabilização das situações jurídicas atuem sobre a esfera jurídica das partes"[59].

Outro ponto interessante diz respeito à consequência atribuída à ausência de interposição de recurso contra a decisão que concede a tutela antecipada. O artigo 1.015, inciso I, do CPC/2015, prevê o cabimento do recurso de agravo de instrumento contra a decisão interlocutória que versar sobre tutela provisória, incluída aí, evidentemente, a tutela antecipada concedida em caráter antecedente. Dessa forma, nos termos do artigo 304, *caput*, não sendo interposto o recurso de agravo de instrumento, a tutela antecipada tornar-se-á estável.

Todavia, não seria impossível imaginar uma hipótese na qual o réu deixa de interpor o recurso, por qualquer razão, mas apresenta contestação no mesmo prazo, manifestando com isso a sua oposição à pretensão do autor. O Código, nesse ponto, parece reduzir demasiadamente as opções do réu para expressar sua insurgência, e impõe a ele o ônus excessivo de, pelo fato de não ter interposto recurso (sem qualquer consideração sobre a apresentação ou não de contestação), ser obrigado a

56 MITIDIERO, Daniel. In: WAMBIER, Teresa Arruda Alvim *et alii*. (Coords.). Op. cit., p. 790.

57 Loc. cit.

58 Loc. cit.

59 Loc. cit.

propor uma nova demanda para rediscutir o mérito daquela decisão que concedeu a tutela antecipada.

Nesse sentido, Daniel Mitidiero defende que a apresentação de contestação pelo réu tem o mesmo efeito que a interposição do recurso de agravo de instrumento para evitar a estabilização da tutela antecipada, ressaltando a vantagem desse entendimento na medida em que economiza o recurso de agravo, contribuindo para desafogar os Tribunais, e valoriza a manifestação do réu que indica a sua vontade de prosseguir na discussão do mérito[60].

4.3. Tutela da evidência

Ao lado da tutela de urgência, o Código de Processo Civil de 2015 prevê uma segunda espécie de tutela provisória, dotada de certas particularidades: a tutela da evidência.

Como o próprio nome diz, a tutela da evidência tem lugar nas situações nas quais o direito da parte se revela *evidente* para o julgador, que, diante dos elementos dos autos, se torna convencido da probabilidade do direito da parte, em um grau mais elevado do que o da tutela de urgência. Nesse sentido, afirma Luiz Fux que o direito será evidente quando "a prova dos fatos sobre os quais incide revela-os inconstestáveis ou ao menos impassíveis de contestação séria"[61].

Nesses casos, diante da evidência do direito de uma parte e da elevada probabilidade de que ela sairá vencedora ao final da ação, opta o legislador por inverter o ônus pelo tempo do processo, uma vez que a parte que tem o direito evidente provavelmente seria mais prejudicada em caso de demora para a entrega da prestação jurisdicional[62].

Uma característica fundamental dessa espécie de tutela provisória é a dispensa da demonstração de risco de dano para que ela seja concedida. Isso não significa dizer que não há risco de dano para a parte, até mesmo porque a tutela da evidência busca, através da inversão do ônus da espera pelo provimento final, afastar eventuais danos que poderiam advir da demora do processo. Além disso, tampouco a tutela da evidência se presta a dar uma solução definitiva ao conflito de interesses; tanto é assim que ela também é classificada como espécie do gênero tutela *provisória*.

---

60 *Ibidem*, p. 789.

61 FUX, Luiz. *Tutela de segurança e tutela da evidência*: fundamentos da tutela antecipada. São Paulo: Saraiva, 1996, p. 313.

62 BODART, Bruno Vinícius da Rós. Op. cit., p. 80.

Ocorre que, para a concessão da tutela da evidência, o legislador não exige que a parte requerente demonstre a existência de perigo de dano ou de risco ao resultado útil ao processo, satisfazendo-se com a demonstração da evidência do direito.

A tutela da evidência não é propriamente uma novidade do novo Código. Com efeito, embora o uso da locução "tutela da evidência" não fosse comum até então, o Código de Processo Civil de 1973 já previa duas modalidades de tutela antecipada que poderiam ser classificadas como tutela da evidência: quando há abuso de direito de defesa ou manifesto intuito protelatório do réu (art. 273, inc. II), e quando um dos pedidos, ou uma parcela do pedido, se revelar incontroversa (art. 273, § 6º).

No Código de Processo Civil de 2015 são previstas quatro hipóteses nas quais a tutela da evidência seria cabível (art. 311), a saber: abuso do direito de defesa ou manifesto propósito protelatório da *parte* (inc. I); alegações de fato puderem ser comprovadas apenas documentalmente e houver tese firmada em julgamento de casos repetitivos ou em súmula vinculante (inc. II); pedido reipersecutório fundado em prova documental adequada do contrato de depósito (inc. III); ou petição inicial instruída com prova documental suficiente dos fatos constitutivos do direito do autor, a que o réu não oponha prova capaz de gerar dúvida (inc. IV).

A primeira hipótese é a única das quatro previstas que não é uma novidade, pois já estava presente artigo 273, inciso II, do CPC/73. A inovação nesse ponto está na ampliação, pelo novo Código, do seu espectro subjetivo. Enquanto no CPC/73 apenas o autor tinha direito a requerer a tutela antecipada com esse fundamento, uma vez que ele previa o seu cabimento somente na hipótese de criação de imbróglios pelo *réu*; o CPC/2015 fala em abuso do direito de defesa ou manifesto propósito protelatório da *parte*, de tal forma que também o réu passa a ter direito a pleitear a tutela da evidência quando ficar constatado que o autor está imbuído de intuito protelatório.

Por sua vez, o inciso II do artigo 311 do CPC/2015 traz uma significativa inovação na matéria, introduzindo a tutela da evidência quando as alegações de fato puderem ser comprovadas apenas documentalmente (i.e., for dispensada a produção de outras provas), e a questão jurídica for objeto de tese firmada em julgamento de casos repetitivos ou em súmula vinculante. Esse dispositivo está em perfeita consonância com a ideia que permeia o novo Código de valorização do precedente judicial, e de busca de maior segurança jurídica e estabilidade no Direito.

A decisão aqui não será definitiva porque, em respeito ao contraditório e à ampla defesa, deve ser dada ao réu a oportunidade de demonstrar, por exemplo, porque aquela tese jurídica não se aplica ao caso concreto, ou de produzir prova dos fatos impeditivos, extintivos ou modificativos do direito do autor.

Isso se torna ainda mais necessário quando a tutela da evidência na forma desse dispositivo é concedida liminarmente, ou seja, sem a oitiva do réu, como admite o parágrafo único do artigo 311.

O inciso III do artigo 311 vem a substituir a ação de depósito, prevista nos artigos 901 a 906 do CPC/73[63], e estabelece que quando se tratar de pedido reipersecutório e o autor apresentar a prova documental adequada do contrato de depósito será decretada a ordem de entrega do objeto custodiado, sob cominação de multa. Assim como no inciso II, o juiz nessa hipótese também pode decidir liminarmente, consoante o parágrafo único do artigo 311.

Dessa forma, no regime do novo Código de Processo Civil, a ação que tem como objeto recuperar a coisa depositada não observará mais um procedimento especial, com prazos diferenciados. Além disso, o novo Código não exige mais que na petição inicial o autor indique a estimativa de valor da coisa depositada, o que se justifica provavelmente em razão da exclusão da possibilidade, prevista no Código de 1973, de o réu consignar em juízo o valor equivalente da coisa em dinheiro[64].

Já o inciso IV do artigo 311 trata da hipótese em que "a petição inicial foi instruída com prova documental suficiente dos fatos constitutivos do direito do autor, a que o réu não oponha prova capaz de gerar dúvida razoável". Diferentemente do inciso I, não há aqui a exigência de que não haja necessidade de produção de outras provas, servindo a prova documental apenas como evidência *prima facie* para a concessão da tutela da evidência.

Esse dispositivo passou por algumas alterações em sua redação durante a tramitação no Congresso Nacional que serviram para melhorar - e muito - a sua clareza. Na redação do Anteprojeto do novo Código, falava-se em a inicial ter sido "instruída com prova documental *irrefutável* do direito alegado pelo autor a que o réu não oponha prova *inequívoca*".

Bruno da Silva da Rós Bodart criticava essa redação, sob o argumento de que o conceito de prova irrefutável é de prova que "não pode ser afastada por nenhuma outra - algo impensável num sistema de livre convencimento motivado no que tange à análise do material probatório"[65].

Outra crítica que pode ser suscitada com relação a essa primeira redação do dispositivo diz respeito à locução "prova inequívoca", fazendo

63 *Ibidem*, p. 89.

64 Loc. cit.

65 *Ibidem*, p. 81.

referência aos argumentos já levantados nesse trabalho sobre a dificuldade de definição do significado dessa expressão. Por esse motivo, feliz foi o legislador em excluir qualquer menção a ela, e à "prova irrefutável", da redação final do Código. De fato, não há nenhum sentido em usar termos que denotam certeza em um momento processual em que está se discutindo apenas probabilidades.

Ao falar em "prova documental *suficiente* dos fatos constitutivos do direito do autor, a que o réu não oponha prova *capaz de gerar dúvida razoável*" (redação adotada para a versão final do Código), o legislador foi mais técnico e preciso, deixando claro que basta que a prova apresentada pelo autor seja *suficiente* para, nesse momento processual, demonstrar a evidência do seu direito, e que o réu não apresente prova que seja capaz de gerar dúvida simplesmente *razoável*, tendo em vista que não seria prudente impor ao réu o ônus de produzir uma prova inequívoca. De fato, se o réu é capaz de ao menos gerar dúvida razoável sobre a probabilidade do direito do autor, melhor seria esperar a produção de novas provas e a realização de uma cognição exauriente.

A tutela da evidência, diversamente da tutela de urgência, não admite a possibilidade de concessão em caráter antecedente, e não pode se estabilizar, tal como a tutela antecipada. O Anteprojeto do novo Código trazia essas previsões, atribuindo o mesmo tratamento as duas espécies de tutela provisória. Contudo, na versão final do Código, a tutela da evidência ficou limitada à concessão em caráter incidental e sem possibilidade de estabilização.

Por fim, no Código de Processo Civil de 2015, a hipótese de pedido ou parcela de pedido incontroverso deixou de ser causa para a concessão de tutela antecipada, como era previsto no § 6º do artigo 273 do CPC/73, para se tornar fundamento para a prolação de decisão parcial de mérito que já decida, desde logo, sobre esse pedido ou parcela de pedido que não foi contestado pelo réu.

Logo se vê que essa alteração parte da premissa de que, sob a égide do novo Código, serão admitidas as decisões parciais de mérito, questão bastante controvertida tanto na doutrina como na jurisprudência diante da ausência de previsão no Código de 1973 e do conceito de unidade da sentença.

4.4. Cumprimento provisório das *astreintes*

Questão muito polêmica na doutrina e na jurisprudência, a possibilidade de cumprimento (ou execução) provisória das *astreintes* parece ter sido pacificada pelo novo Código de Processo Civil de 2015, curiosamente em sentido contrário ao que vinha sendo o entendimento majoritário da jurisprudência do Superior Tribunal de Justiça.

Com efeito, a Corte já havia afirmado por diversas vezes que:

> A multa diária prevista no § 4º do art. 461 do CPC, devida desde o dia em que configurado o descumprimento, quando fixada em antecipação de tutela, *somente poderá ser objeto de execução provisória após a sua confirmação pela sentença de mérito* e desde que o recurso eventualmente interposto não seja recebido com efeito suspensivo"[66].

Em sentido contrário a esse entendimento, argumentava-se que sem a possibilidade de determinar desde logo o cumprimento provisório da multa imposta para incentivar o devedor ao cumprimento da obrigação, ela perderia a sua efetividade.

O novo Código prevê, em seu artigo 537, que a multa que tem como finalidade a efetivação da tutela específica "poderá ser aplicada [...] em tutela provisória" (*caput*), e que "a decisão que fixa a multa é passível de *cumprimento provisório*, devendo ser depositada em juízo, permitido o levantamento do valor após o trânsito em julgado da sentença favorável à parte"[67] (§ 3º).

Assim, verificado o descumprimento da obrigação de fazer ou de não fazer, e tendo sido fixada multa pela decisão judicial, será possível desde logo requerer que a parte seja intimada a depositar em juízo o valor acumulado da multa, garantindo assim que, ao final do processo, a outra parte, beneficiada pela tutela provisória, e caso esta seja confirmada por decisão final de mérito, receberá o valor devido pelo descumprimento da obrigação.

Por outra parte, ao determinar que o cumprimento provisório da *astreinte* seja feito pela via do depósito judicial, assegura-se a proteção da parte a quem fora imposta a obrigação de fazer ou de não fazer, caso a tutela provisória venha a ser revogada e a parte por ela beneficiada tenha que reparar danos causados pela medida.

---

66 Brasil. Superior Tribunal de Justiça. Recurso Especial 1.200.856/RS. Corte Especial. Rel. Min. Sidnei Beneti. Publicado no DJe em 17/09/2014.

67 A redação original do CPC/2015 estabelecia que a multa depositada em juízo poderia ser levantada também quando pendente o agravo fundado nos incisos II ou III do artigo 1.042, que se referem, respectivamente, ao agravo interposto contra decisão do presidente ou vice-presidente de tribunal que inadmitir recurso especial ou extraordinário sob o fundamento de que o acórdão recorrido coincide com a orientação do tribunal superior, ou que inadmitir recurso extraordinário sob o fundamento de que o Supremo Tribunal Federal reconheceu a inexistência de repercussão geral da questão constitucional discutida. Esse trecho do dispositivo foi, todavia, retirado pelo Projeto de Lei nº 168, de 2015.

5. Conclusão

Partindo da premissa de que o processo é um instrumento que se presta à realização, à efetivação e à satisfação do direito material, é inexorável a conclusão de que um processo incapaz de entregar uma prestação jurisdicional que seja adequada, efetiva e tempestiva não está atendendo à sua finalidade.

A efetividade do processo pode ser afetada de diversas formas e, por isso mesmo, pode ser garantida através de diferentes meios. É, portanto, essencial que o legislador e o intérprete estejam sempre buscando um equilíbrio, um ponto ótimo (ou algo próximo a isso), entre as garantias fundamentais do processo que permeiam a busca da efetividade. Acreditar que a demora do processo é o único obstáculo à efetividade pode trazer danos imensuráveis, na medida em que pode significar o sacrifico de outras importantes garantias, como a segurança jurídica, o contraditório e a ampla defesa. O efeito colateral seria, curiosamente, tornar o processo ineficaz.

Das técnicas que buscam garantir a efetividade do processo, a sumarização da cognição é a que possui potencial de atingir o mais amplo espectro de procedimentos e relações jurídicas processuais. Nessa dimensão, a tutela provisória vem sendo adotada como um importante mecanismo de minimização dos danos causados pela demora do processo, invertendo os ônus da espera quando for possível identificar a probabilidade do direito da parte, em maior ou em menor grau, e, neste último caso, quando também houver um perigo de dano ou risco ao resultado útil do processo.

O novo Código de Processo Civil implementou diversas inovações no tratamento da matéria, sempre tendo em vista o aprimoramento do instituto, de modo a torná-lo mais eficaz e ampliar os instrumentos aptos a proteger o direito dos males do decurso do tempo, proporcionando, ainda, à parte, a fruição do seu direito.

Embora o novo diploma legal ainda não tenha entrado em vigor, algumas discussões já vem sendo travadas em sede doutrinária a respeito da aplicação desses novos dispositivos. Assim, na tentativa de contribuir para o debate, esperamos ter logrado expor de forma clara e explicativa as principais novidades do tema das tutelas provisórias. Temos a certeza de que não obstante as questões polêmicas que surgirão ao longo dos próximos anos sob a égide do novo CPC, o aprimoramento legislativo do tratamento da matéria contribuirá - e muito - para assegurar, com cada vez mais eficiência, a efetividade do processo.

Os Meios Adequados de Solução de Conflitos e o Novo Código de Processo Civil: a Conciliação, a Mediação e a Arbitragem

Humberto Dalla Bernardina de Pinho
Paula Menna Barreto Marques

Sumário: 1. Introdução. **2.** Antecedentes históricos. **3.** Conciliação, mediação e arbitragem - principais diferenças. **4.** A mediação e a conciliação no NCPC. **5.** Arbitragem no NCPC.

1. Introdução

No presente trabalho, buscaremos analisar, de forma objetiva, as modificações trazidas pela nova lei processual na dinâmica dos chamados meios adequados de resolução de conflito (ADR), em específico na conciliação, na mediação e na arbitragem.

Inicialmente, faremos breve incursão nos antecedentes históricos dos institutos, apresentando as suas principais diferenças, para, ao final, examinar as inovações dispostas no novo Código de Processo Civil (NCPC), artigo por artigo.

2. Antecedentes históricos

Os meios adequados, a partir da segunda metade do século XX, vêm como verdadeira solução à problemática da morosidade e ausência de efetividade das decisões estatais[1].

No que se refere à conciliação, suas primeiras aparições legislativas datam de 1934, com a edição da Consolidação das Leis do Trabalho,

1 Mauro Cappelletti, sobre o tema, defende que os meios alternativos de solução de conflito se inseririam como resposta ao obstáculo processual do acesso à Justiça, enquadrando-se nos casos em que o processo litigioso tradicional poderia não ser a forma mais indicada para a vindicação efetiva de direitos. CAPPELLETTI, Mauro [s/ indicação de tradutor], Os métodos alternativos de solução de conflitos no quadro do movimento universal de acesso à justiça, *Revista de Processo*, v. 74, São Paulo: Revista dos Tribunais, 1994, p. 82-97.

tendo sido instauradas as Juntas de Conciliação e Julgamento, posteriormente extintas pela EC nº 24/99.

Com os Juizados Especiais a conciliação ganhou força, prevendo o antigo Juizado Especial de Pequenas Causas, em seu artigo 2º, que se buscaria, sempre que possível, a conciliação[2].

Posteriormente a Constituição previu a criação dos Juizados Especiais, os quais seriam competentes para conciliar em causas de menor complexidade.

Em 1994, com a edição da Lei nº 8.952/94, alterou-se o CPC/73 para incluir a conciliação entre os deveres do juiz e inseri-la como uma das finalidades da audiência preliminar.

Passados mais de 70 anos de seu primeiro registro legislativo, hoje já é realidade a Semana da Conciliação, estimulada pelo Conselho Nacional de Justiça, realizada anualmente, em todos os tribunais brasileiros. Os resultados são publicados no site do CNJ, o qual mantém estatísticas de acordos realizados[3].

No caso específico da mediação, os primeiros esforços no sentido de positivá-la em nosso ordenamento datam do fim do século passado.

Por aqui, a primeira iniciativa legislativa ganhou forma com o Projeto de Lei nº 4.827/98, oriundo de proposta da Deputada Zulaiê Cobra, tendo o texto inicial levado à Câmara uma regulamentação concisa, estabelecendo a definição de mediação e elencando algumas disposições a respeito[4]. Após longo e acidentado percurso, o Projeto restou arquivado em 2006.

Entretanto, em 2010, dentro de um contexto mais amadurecido sobre o tema, o Conselho Nacional de Justiça, implementando, de forma definitiva, o denominado sistema multiportas, editou a Resolução n° 125, com base nas seguintes premissas[5]:

---

2 Ada Pellegrini Grinover, comentando a lei então vigente, asseverava que "A conciliação é buscada incessantemente no processo brasileiro de pequenas causas. Pode-se até dizer que constitui tônica da lei, obstinadamente preocupada em conciliar" (GRINOVER, Ada Pellegrini. *Novas tendências do direito processual.* 2. ed. Rio de Janeiro, Forense, 1990, p. 186).

3 Informações retiradas no site do CNJ (Disponível em: <http://www.cnj.jus.br/programas-e-acoes/conciliacao-mediacao/semana-nacional-de-conciliacao/resultados>).

4 Para um histórico completo da evolução legislativa brasileira, remetemos o leitor a PINHO, Humberto Dalla Bernardina de *et alii* (Org.). O marco legal da mediação no Brasil. São Paulo: Atlas, 2015.

5 Para um estudo mais completo sobre a Resolução nº 125 e seus efeitos no desenvolvimento da mediação no Brasil, confira-se PELUSO, Antonio Cezar. RICHA, Morgana de Almeida (Coords.). *Conciliação e mediação*: estruturação da política judiciaria nacional. Rio de Janeiro: Forense, 2011.

> a) o direito de acesso à Justiça, previsto no art. 5º, XXXV, da Constituição Federal além da vertente formal perante os órgãos judiciários, implica acesso à ordem jurídica justa;
> b) nesse passo, cabe ao Judiciário estabelecer política pública de tratamento adequado dos problemas jurídicos e dos conflitos de interesses, que ocorrem em larga e crescente escala na sociedade, de forma a organizar, em âmbito nacional, não somente os serviços prestados nos processos judiciais, como também os que possam sê-lo mediante outros mecanismos de solução de conflitos, em especial dos consensuais, como a mediação e a conciliação;
> c) a necessidade de se consolidar uma política pública permanente de incentivo e aperfeiçoamento dos mecanismos consensuais de solução de litígios.

O artigo 1º da Resolução institui a Política Judiciária Nacional de tratamento dos conflitos de interesses, com o objetivo de assegurar a todos o direito à solução dos conflitos por meios adequados, deixando claro que incumbe ao Poder Judiciário, além da solução adjudicada mediante sentença, oferecer outros mecanismos de soluções de controvérsias, em especial os chamados meios consensuais, como a mediação e a conciliação, bem assim prestar atendimento e orientação ao cidadão[6].

Nesse contexto, no ano de 2011, o Senador Ricardo Ferraço apresentou ao Senado o Projeto de Lei nº 517, propondo a regulamentação da mediação judicial e extrajudicial, de modo a criar um sistema afinado com a Resolução n° 125 do CNJ. Foram apensadas posteriormente ao PLS 517 mais duas iniciativas legislativas: o PLS 405/2013, fruto do trabalho realizado por Comissão instituída pelo Senado, e presidida pelo Ministro Luis Felipe Salomão, do Superior Tribunal de Justiça, e o PLS 434/2013, fruto de Comissão instituída pelo CNJ e pelo Ministério da Justiça, presidida pelos Ministros Nancy Andrighi e Marco Buzzi, ambos do STJ, e pelo Secretário da Reforma do Judiciário do Ministério da Justiça, Flavio Croce Caetano[7].

Marcadas audiências públicas com o objetivo de discutir os três projetos e amadurecer as questões controvertidas que ainda cercam o tema, em novembro de 2013, o relator da matéria do Senado, Senador

6 Sobre o uso da mediação enquanto política pública: SPENGLER, Fabiana Marion; SPENGLER NETO, Theobaldo. Mediação enquanto política pública: a teoria, a prática e o projeto de lei. Santa Cruz do Sul, Edunisc, 2010 (Disponível em: <http://www.unisc.br/portal/pt/editora/e-books/95/mediacao-enquanto-politica-publica--a-teoria-a-pratica-e-o-projeto-de-lei-.html>).

7 PINHO, Humberto Dalla Bernardina de. Disposições Gerais do P.L. 7.169/14, *Revista Eletrônica de Direito Processual*, ano 8, volume especial: A nova lei de mediação brasileira: comentários ao P.L. 7.169/14, p. 35/61, out./ 2014

Vital do Rego, acabou por apresentar um Substitutivo ao PLS 517/2011 com o objetivo de congregar o que há de melhor nas três iniciativas.

Ultimada a votação, o texto do Substitutivo foi remetido à Câmara, onde foi recebido como Projeto de Lei nº 7.169/2014. Ao longo do ano de 2014 foram realizadas audiências públicas e foi apresentado um Substitutivo pelo Deputado Sergio Zveiter, relator da matéria na CCJ. O texto foi consolidado, aprovado e remetido ao Senado em março de 2015. Em junho foi aprovado no Senado, sem modificações. Submetido à sanção presidencial, converteu-se na Lei n° 13.140/2015, sem vetos.

Interessante observar também que, na esteira do CNJ, o CNMP editou a Resolução n° 118/2014[8], que dispõe sobre a Política Nacional de incentivo à autocomposição no âmbito do Ministério Público.

No que concerne à arbitragem, suas raízes datam de período tão antigo que se tem notícia até mesmo na Mitologia grega[9]. Carlos Alberto Carmona, em sua tese de doutorado, leciona que "a arbitragem era já conhecida e praticada na antiguidade, tanto para a solução de controvérsia no âmbito do direito interno como também para a solução de controvérsia entre cidades-estado da Babilônia, cerca de 3.000 anos antes de Cristo" [10].

Apesar de ter ficado relegado por um tempo[11], hoje o instituto encontra-se bastante fomentado, especialmente por sua proveitosa experiência internacional.

No Brasil, apesar de suas antigas previsões[12], a edição da Lei nº 9.307, de 1996, veio como um marco determinante, regulamentando e difundindo a matéria, que atualmente encontra-se em verdadeira ascensão no País.

---

8 Resolução n° 118/2014 do CNMP.

9 A Mitologia grega cita o episódio em que Zeus nomeou um terceiro imparcial, o príncipe troiano Páris (árbitro) para resolver a disputa de qual das Deusas (Atena, Hera ou Afrodite) ganharia o pomo de ouro da mais bela (pomo da discórdia).

10 CARMONA, Carlos Alberto. A arbitragem no código de processo civil brasileiro. Tese de doutorado, São Paulo, USP, 1990, p. 33.

11 Pontes de Miranda, em seu *Comentários ao código de processo civil*, chegou a sustentar que o juízo arbitral é "primitivo, regressivo mesmo, a que pretendem volver, por atração psíquica a momentos pré-estatais, os anarquistas de esquerda e os de alto capitalismo". *Pontes de Miranda,* Francisco Cavalcanti, *Comentários ao código de processo civil.* Rio de Janeiro: Ed. Forense, 1977. t. XV, p. 344. Em sua última versão, atualizada por Sergio Bermudes, o trecho foi suprimido em razão da edição da Lei de Arbitragem.

12 Para aprofundamento do tema, MACIEL, Marco. Pronunciamento em comemoração aos 10 anos da Lei 9.307/96. *Revista de Arbitragem e Mediação,* n. 9, ano III, São Paulo, abr.-jun. 2006.

Pesquisa recente mostra que a arbitragem cresceu 47% (quarenta e sete por cento) entre os anos de 2010 e 2013[13], envolvendo, a maior parte dos conflitos, matéria societária.

A consolidação da arbitragem no Brasil se deu, especialmente, pelo prestígio dado pelos nossos Tribunais à utilização deste instituto, conferindo eficácia às sentenças e às convenções arbitrais[14].

A íntima relação mantida entre o instituto e o Poder Judiciário se confirma pelo fato de que coube ao Ministro Luis Felipe Salomão, do STJ, a presidência da Comissão de Juristas responsáveis pela elaboração da lei de alteração à Lei de Arbitragem.

Desde o início deixando bem claro que não se tratava de uma nova lei, mas tão somente de atualizações pontuais, em 2013 foi apresentado o Projeto de Lei do Senado n° 406[15].

Após rápida tramitação, o texto foi aprovado e remetido à Câmara dos Deputados, onde foi autuado como P.L. nº 7.108/2014, sendo a redação final votada e aprovada em março de 2015.

Em 05 de maio de 2015, o Senado rejeitou a emenda da Câmara dos Deputados (ECD nº 1/2015) ao projeto de lei e restabeleceu o texto original, que foi aprovado, com alguns vetos, pelo Presidente em exercício, Michel Temer, em 26 de maio de 2015 (Lei nº 13.129/2015)

No texto, é possível perceber a preocupação em preservar o sistema instituído pela Lei n° 9.307/96 e viabilizar a necessária atualização,

---

13 A pesquisa Arbitragem em Números e Valores de 2010 a 2013, da advogada Selma Lemes, tomou por base dados de seis câmaras de arbitragem: Centro de Arbitragem da AMCHAM - Brasil; Centro de Arbitragem da Câmara de Comércio Brasil-Canadá Câmara de Mediação, Conciliação e Arbitragem de São Paulo - Ciesp/Fiesp; Câmara de Arbitragem do Mercado; Câmara de Arbitragem da Fundação Getúlio Vargas e Câmara de Arbitragem Empresarial Brasil. Disponível em: <http://www.conjur.com.br/2014-abr-10/casos-arbitragem-brasil-crescem-47--quatro-anos-aponta-pesquisa>.

14 Sobre o tema, vale destaque ao julgamento do Pedido de Homologação de Sentença Estrangeira (SE) nº 5.206, no qual, após suscitar a inconstitucionalidade de alguns artigos da Lei de Arbitragem, o STF, por maioria de votos, decidiu pela constitucionalidade da Lei (STF, SE-AgR 5206/EP - Espanha, Tribunal Pleno, julgado em 12/12/2001).

15 Ementa: Altera a Lei nº 9.307, de 23 de setembro de 1996, e a Lei nº 6.404, de 15 de dezembro de 1976, para ampliar o âmbito de aplicação da arbitragem e dispor sobre a escolha dos árbitros quando as partes recorrem a órgão arbitral, a interrupção da prescrição pela instituição da arbitragem, a concessão de tutelas cautelares e de urgência nos casos de arbitragem, a carta arbitral, a sentença arbitral e o incentivo ao estudo do instituto da arbitragem; e revoga dispositivos da Lei nº 9.307, de 23 de setembro de 1996. Disponível em: <http://www.camara.gov.br/proposicoesWeb/fichadetramitacao ?idProposicao=606030>.

a fim de compatibilizar o instituto da arbitragem com o texto do CPC e com a jurisprudência dominante nos Tribunais Superiores.

A alteração previu, ainda, o uso da arbitragem nas relações com a Administração Pública (art. 1°, § 1°), a carta arbitral (art. 22-C), a fim de facilitar a comunicação entre árbitros e juízes togados, trazendo, também, uma solução bem razoável para fixação de competência de árbitros e magistrados quando a arbitragem já foi pactuada, mas ainda não instituída (arts. 22-A e B), a fim de solucionar eventuais conflitos de competência quanto ao deferimento ou não de medidas de urgência.

Finalmente, regulamenta o direito de retirada do acionista dissidente que não concordar com a inserção da convenção de arbitragem no estatuto social das companhias regidas pela Lei n° 6.404/76, inserindo nesse Diploma o artigo 136-A.

Não obstante as louváveis inovações legislativas, as alterações, em especial após os vetos presidenciais, foram tímidas.

A supressão do texto que autorizava a utilização da arbitragem nos contratos consumeristas[16] (art. 4°, § 3°), e nas relações trabalhistas[17] (art. 4°, § 4°), o qual já era bastante comedido, pode ser considerado como um verdadeiro retrocesso[18].

A justificativa presidencial para os vetos, ademais, carecem de fundamentos mais contundentes[19], e, aparentemente, atendem a *pautas corporativas.*

---

16 "Art. 4º [...]
§ 2º Nos contratos de adesão, a cláusula compromissória só terá eficácia se for redigida em negrito ou em documento apartado.
§ 3º Na relação de consumo estabelecida por meio de contrato de adesão, a cláusula compromissória só terá eficácia se o aderente tomar a iniciativa de instituir a arbitragem ou concordar expressamente com a sua instituição."

17 "§ 4º Desde que o empregado ocupe ou venha a ocupar cargo ou função de administrador ou diretor estatutário, nos contratos individuais de trabalho poderá ser pactuada cláusula compromissória, que só terá eficácia se o empregado tomar a iniciativa de instituir a arbitragem ou se concordar expressamente com a sua instituição."

18 Nesse sentido, veja-se o texto publicado no Consultor Jurídico, logo após a sanção, em 1º de junho de 2015. Disponível em: <http://www.conjur.com.br/2015-jun-01/vetos-presidenciais-lei-arbitragem-desqualificam-justeza-metodo>.

19 "Razões dos vetos: 'Da forma prevista, os dispositivos alterariam as regras para arbitragem em contrato de adesão. Com isso, autorizariam, de forma ampla, a arbitragem nas relações de consumo, sem deixar claro que a manifestação de vontade do consumidor deva se dar também no momento posterior ao surgimento de eventual controvérsia e não apenas no momento inicial da assinatura do contrato. Em decorrência das garantias próprias do direito do consumidor, tal ampliação do espaço da arbitragem, sem os devidos recortes, poderia significar um retrocesso

Foi também nesse contexto legislativo que foi publicada, em 17 de março de 2015, a Lei nº 13.105 - novo Código de Processo Civil (NCPC), que deve observar prazo de um ano até que entre em vigor[20].

O NCPC prestigiou, de maneira inovadora, as conciliações e mediações judiciais, além de valorizar claramente o instituto da arbitragem, demonstrando uma verdadeira modificação de paradigma em relação a estas questões[21].

3. Conciliação, mediação e arbitragem – principais diferenças

Nos chamados meios adequados de solução de conflito, a conciliação, a mediação e a arbitragem ganham particular relevância.

Na conciliação e na mediação são as próprias partes que buscam, de forma consensual, a melhor solução para o conflito.

O terceiro, nestes casos, atua como verdadeiro intermediador imparcial, funcionando unicamente como facilitador da comunicação e, consequentemente, da composição entre as partes.

A conciliação é o método mais adequado para solução de conflitos cujas partes não detenham vínculos anteriores. Trata-se, portanto, de um conflito circunstancial.

Como terceiro imparcial, o conciliador deve incentivar as partes para que proponham soluções que lhes sejam favoráveis[22].

---

e ofensa ao princípio norteador de proteção do consumidor' e 'O dispositivo autorizaria a previsão de cláusula de compromisso em contrato individual de trabalho. Para tal, realizaria, ainda, restrições de sua eficácia nas relações envolvendo determinados empregados, a depender de sua ocupação. Dessa forma, acabaria por realizar uma distinção indesejada entre empregados, além de recorrer a termo não definido tecnicamente na legislação trabalhista. Com isso, colocaria em risco a generalidade de trabalhadores que poderiam se ver submetidos ao processo arbitral'."

20 "Art. 1.045. Este Código entra em vigor após decorrido 1 (um) ano da data de sua publicação oficial."

21 Em sua Exposição de Motivos, destaca que "Pretendeu-se converter o processo em instrumento incluído no contexto social em que produzirá efeito o seu resultado. Deu-se ênfase à possibilidade de as partes porem fim ao conflito pela via da mediação ou da conciliação. Entendeu-se que a satisfação efetiva das partes pode dar-se de modo mais intenso se a solução é por elas criada e não imposta pelo juiz" (Disponível em: <http://www.senado.gov.br/senado/novocpc/pdf/Anteprojeto.pdf>).

22 CAHALI, Francisco José. *Curso de arbitragem*. 3. ed. São Paulo: Editora Revista dos Tribunais, 2013, p. 40.

Ademir Buitoni afirma que "o conciliador, seja Juiz ou não, fica na superfície do conflito, sem adentrar nas relações intersubjetivas, nos fatores que desencadearam o litígio, focando mais as vantagens de um acordo onde cada um cede um pouco, para sair do problema"[23].

A mediação, por sua vez, pressupõe relacionamento entre as partes anterior ao conflito. Para o êxito na medição o mediador deverá ser profundo conhecedor do conflito existente entre as partes, o que torna a mediação mais demorada do que a conciliação.

Francisco Cahali, com precisão, ressalta que:

> O foco na mediação é o conflito, e não a solução. [...] A principal função do mediador é conduzir as partes ao seu aponderamento, ou seja, à conscientização de seus atos, ações, condutas e de soluções, induzindo-as, também, ao reconhecimento da posição do outro, para que seja ele respeitado em suas posições e proposições[24].

O mediador, pela tarefa estabelecida, não oferece proposta ou se intromete na negociação, somente agindo para que as próprias partes amadureçam a relação conflituosa.

A arbitragem, por fim, caracteriza-se também como um método de solução adjudicada, para, tal qual a jurisdição estatal, conferir a um terceiro imparcial a decisão do conflito posto pelas partes.

Caracteriza-se, conforme defende Cahali, como um método adversarial, no qual uma das partes sai vencida e a outra vencedora. Consensual, portanto, será a eleição da arbitragem e de suas regras procedimentais, mas não a sua solução, que será imposta pelo árbitro (ou tribunal arbitral).

Carlos Alberto Carmona conceitua a arbitragem como:

> Meio alternativo de solução de controvérsia através da intervenção de uma ou mais pessoas que recebem seus poderes de uma convenção privada, decidindo com base nela, sem intervenção estatal, sendo a decisão destinada a assumir a mesma eficácia da sentença judicial[25].

Assim, dúvidas não há acerca das diferenças entre os institutos, os quais devem ser utilizados de forma adequada para cada conflito específico surgido, de acordo com as peculiaridades da matéria em questão.

---

23 BUITONI, Aldemar. *Mediar e conciliar*: as diferenças básicas. Jus Navigandi, Teresina, 2010, p. 13.

24 CAHALI, op. cit., p. 41.

25 CARMONA, Carlos Alberto. *Arbitragem e processo, um comentário à Lei 9.307/96*. 3. ed. rev., atual. e ampl. São Paulo: Atlas, 2009, p. 31.

Analisaremos, na sequência, as modificações trazidas pela novel lei processual, a primeira promulgada durante o período democrático.

4. A mediação e a conciliação no NCPC

No NCPC/2015 é possível identificar a preocupação da Comissão com os institutos da conciliação e da mediação, em especial em seus artigos 165 a 175.

Já em suas Normas Fundamentais, ao tratar do Princípio da Inafastabilidade, traz o novo CPC a ideia de que é dever do Estado promover a solução consensual dos conflitos, devendo a conciliação, mediação e outros métodos serem estimulados pelos juízes, advogados, defensores públicos e membros do *Parquet*[26].

O legislador se preocupou, especificamente, com a atividade de conciliação e mediação feita dentro da estrutura do Poder Judiciário. Isso não exclui, contudo, a mediação e conciliação prévias ou mesmo a possibilidade de utilização de outros meios de solução de conflitos (art. 175).

O tema é tratado também na Parte Geral, Título IV, Capítulo III, Seção V, sob a rubrica de "auxiliares da justiça". Resolvendo, portanto, antiga discussão, fica claro que conciliadores e mediadores judiciais são auxiliares do juiz. Isso se coaduna com o artigo 139, inciso V, do NCPC, que dispõe incumbir ao magistrado promover, a qualquer tempo, a autocomposição, preferencialmente com o auxílio dos conciliadores e mediadores judiciais.

A fim de viabilizar as funções desses auxiliares, o artigo 165, repisando o que já se encontra hoje na Resolução n° 125/2010 do CNJ, determina que os Tribunais "criarão centros judiciários de solução consensual de conflitos, responsáveis pela realização de sessões e audiências de conciliação e mediação, e pelo desenvolvimento de programas destinados a auxiliar, orientar e estimular a autocomposição".

Importante frisar, aqui, a relevância de a atividade ser conduzida por mediador profissional, imparcial e que não tenha proximidade com o conflito. Em outras palavras, a função de mediar não deve, como regra, ser acumulada por outros profissionais, como juízes, promotores e defensores públicos. O NCPC prestigia esse entendimento.

---

26 "Art. 3º Não se excluirá da apreciação jurisdicional ameaça ou lesão a direito.
§ 1º [...]
§ 2º O Estado promoverá, sempre que possível a solução consensual dos conflitos.
§ 3º A conciliação, a mediação e outros métodos de solução consensuais de conflito deverão ser estimulados por juízes, advogados, defensores públicos e membros do Ministério Público, inclusive no curso do processo judicial."

Resta, agora, disciplinar e uniformizar os cursos de formação a serem ofertados pelas Escolas Judiciais e por Escolas igualmente credenciadas junto ao Ministério da Justiça e ao CNJ.

Na verdade, o ideal é mesmo que a audiência preliminar seja conduzida por um auxiliar do magistrado, até como garantia de sua imparcialidade. Neste ponto específico, como um juiz poderia não levar em consideração algo (como uma confissão, por exemplo) que ouviu numa das sessões de mediação? Como poderia não ser influenciado, ainda que inconscientemente, pelo que foi dito, mesmo que determinasse que aquelas expressões não constassem, formal e oficialmente, dos autos?

Em determinadas situações, é bem verdade, a audiência terá que ser conduzida pelo juiz. É o caso de requerimento de medidas de urgência que demandem alguma atividade de justificação prévia, ou os casos envolvendo hipossuficientes, nos quais seja necessário o contato imediato do julgador com as partes.

Não custa lembrar que, na sistemática do NCPC, a audiência preliminar (art. 334) vai ocorrer logo após o recebimento da inicial, não sendo o caso de improcedência liminar do pedido (art. 332), antes mesmo da oferta da contestação pelo réu (art. 335).

Entretanto, sobre esse ponto, é possível a participação do magistrado na audiência com o único objetivo de decidir a medida urgente ou para verificação de eventual hipossuficiência, devendo, em seguida, ser substituído pelo Conciliador ou Mediador imparciais, de acordo com o conflito sob análise.

No artigo 165, §§ 2° e 3°, após anotar novamente que a conciliação e a mediação devem ser estimuladas por todos os personagens do processo, é feita uma distinção objetiva entre essas duas figuras. A diferenciação se faz pela postura do terceiro e pelo tipo de conflito.

Assim, de acordo com os conceitos adotados pelo Código, o conciliador pode sugerir soluções para o litígio, sendo esta a ferramenta mais adequada para os conflitos puramente patrimoniais.

Vale ressaltar que, não obstante a possibilidade de sugerir propostas, o ideal é que as próprias partes cheguem a um consenso, de forma que tenham consciência plena da obrigatoriedade de cumprir aquilo que acordaram.

Por sua vez, o mediador auxilia as pessoas em conflito a identificarem, por si mesmas, alternativas de benefício mútuo, indicadas para as hipóteses em que se deseje preservar ou restaurar vínculos, ou seja, aquelas situações em que a pauta subjetiva interfere diretamente na pauta objetiva e, como tal, deve ser tratada.

O objetivo da mediação nesses casos é o restabelecimento da comunicação entre as partes envolvidas, com a preservação da relação anteriormente existente.

Na versão sancionada e publicada do NCPC prestigiou-se o entendimento de que qualquer profissional pode exercer as funções de mediador, não havendo exclusividade para advogados ou psicólogos[27].

Vale destacar que o CNJ, em sua Resolução nº 125, anexo III, editou o Código de Ética dos Conciliadores e Mediadores, que deverá ser observado nas conciliações e mediações, sejam elas judiciais ou extrajudiciais. O objetivo foi "assegurar o desenvolvimento da Política Pública de tratamento adequado dos conflitos e a qualidade dos serviços da conciliação e mediação enquanto instrumentos efetivos de pacificação social e de prevenção de litígios" [28].

O artigo 166 trata dos princípios que informam a conciliação e a mediação. São eles: (i) independência; (ii) imparcialidade; (iii) autonomia da vontade; (iv) confidencialidade; (v) oralidade; (vi) informalidade; e (vii) decisão informada.

Nesse sentido, parece-nos necessário, num primeiro momento, avaliar o alcance e a extensão desses princípios no procedimento de mediação.

Por outro lado, é o caso de se avaliar se não deveríamos ter princípios diversos para a mediação judicial e para a extrajudicial.

Isto porque, em se tratando de atividade realizada por determinação judicial e/ou no âmbito de um processo judicial, não há como se afastar a principiologia fundamental, prevista tanto na Carta de 1988, como no texto do NCPC, eminentemente entre os artigos 1° e 12.

A propósito do tema, temos chamado a atenção para a necessidade de se compatibilizar as ferramentas e técnicas dos meios de solução consensual com as garantias processuais, sob pena de se correr o risco de alcançar a pacificação com sacrifício de dispositivos que não podem ser afastados pela vontade das partes.

E aqui, será necessária uma larga dose de ponderação entre o princípio da pacificação, ou princípio da busca da solução consensual mais adequada, e os demais princípios consagrados no texto da Lei n° 13.105/2015, a saber:

a) celeridade - NCPC, artigo 4°;
b) boa-fé - NCPC, artigo 5°;
c) cooperação - NCPC, artigo 6°;
d) isonomia - NCPC, artigo 7°;

---

27 Sobre esse ponto, é importante destacar que na primeira versão do PLS nº 166/2010 era imprescindível que o mediador fosse inscrito nos quadros da Ordem dos Advogados do Brasil, o que acabou por ser suprimido na versão final do Código (art. 137, § 1º).

28 O Anexo III foi incluído através da Emenda nº 1, de 31 de janeiro de 2013.

e) dignidade da pessoa humana - NCPC, artigo 8°;

f) ampla defesa - NCPC, artigo 9°;

g) efetivo contraditório - NCPC, artigo 10;

h) publicidade e fundamentação das decisões - NCPC, artigo 11.

Os §§ 1° e 2° do artigo 166 trazem preocupação específica com a confidencialidade.

Por sua vez, o artigo 173 determina que a violação, por parte do conciliador ou mediador, de qualquer dos deveres previstos nos dispositivos suprarreferidos terá como consequência a sua exclusão do cadastro.

A confidencialidade se insere no rol das obrigações de não fazer. Trata-se da proibição imposta ao mediador de não expor a terceiros as informações obtidas durante o desenrolar do processo de mediação.

A confidencialidade é regra universal em termos de mediação, até porque é uma das propaladas vantagens desse procedimento e que atrai muitos interessados, sendo observada na maior parte das mediações.

Nesse passo, a confidencialidade é o instrumento que confere este elevado grau de compartilhamento para que as partes se sintam à vontade para revelar informações íntimas, sensíveis e muitas vezes estratégicas, que certamente não exteriorizariam num procedimento orientado pela publicidade.

Importante assentar, ainda, que a confidencialidade resguarda a proteção do processo em si e de sua real finalidade, evitando, com isso, que se chegue a resultados distorcidos em favor daquele que se utilizou de comportamentos não condizentes com a boa-fé.

Desse modo, uma vez compreendida a confidencialidade sob esses termos, verifica-se que ela se consubstancia em um importante fator de garantia de funcionalidade da própria mediação.

Deve se pensar, inclusive, se, em atendimento ao dever de confidencialidade, as informações prestadas pelas partes durante as sessões poderia constar em ata, de modo que ficariam consignadas nos autos. Isso não seria o ideal, na medida em que a confidencialidade deveria se dar, inclusive, para dentro do processo.

Não é por outro motivo que o Código Civil, em seu artigo 229, inciso I, expressamente ratifica esse entendimento, mediante a positivação do segredo profissional.

A Lei Brasileira de Mediação excepciona a regra da confidencialidade nas seguintes situações (art. 30, §§ 3° e 4°):

a) ocorrência de crime de ação pública.

b) o dever de as pessoas discriminadas no § 1º prestarem informações à Administração Tributária após o termo final da mediação.

O artigo 167 trata dos cadastros - nacional e local - de conciliadores e mediadores, e do registro de profissionais habilitados, com indicação de sua área profissional e especialização.

Esse registro conterá, ainda, informações sobre a performance do profissional, indicando, por exemplo, o número de causas de que participou, o sucesso ou o insucesso da atividade e a matéria sobre a qual versou o conflito. Esses dados serão publicados periodicamente e sistematizados para fins de estatística.

Recomenda-se, aqui também, cautela[29]. Isso porque a aferição de sucesso ou insucesso em uma mediação depende de critérios muitas vezes desconhecidos por parte de operadores do Direito. Nesse sentido, tendo a mediação por objetivo o restabelecimento do canal de comunicação que antes existia entre aquelas partes, o sucesso da mediação, em regra, estará em conseguir que as partes voltem a se comunicar e, assim, juntas, construir a solução para o seu conflito.

Dessa forma, devemos ter muito cuidado com a associação entre mediação e acordo, pois muitas vezes uma mediação - exitosa - é concluída sem que haja uma solução para o conflito.

Além disso, o § 5º do artigo 167, dispõe sobre os mediadores e conciliadores que sejam advogados, impedindo-os de atuar nos juízos em que desempenhem sua função.

Nos Juizados Especiais Cíveis tal entendimento já vem sendo aplicável aos conciliadores, os quais são impedidos de exercer a advocacia nos Juizados que atuem na qualidade de conciliadores[30].

O art. 168 dispõe que as partes "podem escolher, de comum acordo, o conciliador, o mediador ou a câmara privada de conciliação e de mediação".

Mediação e conciliação podem ser exercidas por agentes públicos ou privados. Se a atividade é feita dentro da estrutura do Poder Judiciário, assegura-se a escolha às partes interessadas. Essa escolha pode recair sobre profissional que já esteja cadastrado perante o Tribunal ou não.

---

29 A doutrina vem criticando a visão unicamente quantitativa da problemática, valendo citar, a título meramente exemplificativo, Leonardo Greco: "As soluções meramente quantitativas somente agravam a crise de credibilidade que assola a Justiça do nosso tempo e afasta cada vez mais o Poder Judiciário da sua mais elevada missão, que é a de ser guardião da eficácia concreta de direitos fundamentais do homem, pilar sobre o qual se assenta o Estado Democrático de Direito contemporâneo" (GRECO, Leonardo. Publicismo e privatismo no processo civil. *Revista de Processo*, v. 164, São Paulo, Revista dos Tribunais, 2008).

30 O STJ já decidiu sobre o tema, valendo citar, a título meramente exemplificativo o REsp 380.176, Rel. Min. Franciulli Netto, julgado em 23/06/2003. Nesse mesmo sentido, assim se posicionou o Conselho Federal da OAB: Recurso nº 0188/2002/PCA0BA, Rel. Cons. Julio Alcino de Oliveira Neto (PE), julgado em 14/10/2002.

Cada Tribunal deverá ter o seu próprio cadastro. Desse modo, se um profissional desejar intervir em vários Tribunais, por exemplo, em Tribunais de Justiça de dois Estados, ou no TJ e no TRF sediados num mesmo Estado, deverá estar cadastrado em ambos.

Caso não haja consenso entre as partes, será indicado um profissional que já esteja regularmente inscrito no âmbito daquela Corte. E, aqui, duas considerações se impõem.

Em primeiro lugar, deverá ser observada a especialidade do mediador diante da matéria objeto da mediação ou conciliação. E nesse aspecto, várias escolas públicas e instituições privadas oferecem não apenas os cursos básicos de mediação, mas também os módulos específicos, a saber: mediação familiar, empresarial, infantojuvenil, violência doméstica, idosos etc.

Tal exigência, novamente, deve ser acatada com ressalvas, na medida em que o mediador não julga e tampouco avalia o conflito, exercendo tão somente o papel de facilitador. Nesse sentido, portanto, por mais que a sua especialização possa auxiliar na compreensão da controvérsia, não se apresenta, em absoluto, essencial para o exercício do ofício.

Em segundo lugar, temos que examinar a figura da comediação, prevista no § 3° do artigo 168. Em situações mais complexas, como por exemplo, a presença de dois ou mais incapazes com interesses colidentes, ou a concomitância entre questões familiares e empresariais, é recomendável que o mediador seja auxiliado por um outro profissional com habilidades específicas para o caso.

Acerca dos requisitos para exercer as funções de mediador, o artigo 9° da Lei n° 13.140/2015 dispõe que os mediadores extrajudiciais não necessitam demonstrar qualquer formação específica; basta que gozem da confiança das partes - sendo a confiança, como se sabe, pilar básico para o sucesso do procedimento de mediação.

Quanto aos mediadores judiciais, o artigo 11 da mesma lei estabelece dois requisitos: (i) ser graduado há pelo menos dois anos em curso de ensino superior de instituição reconhecida pelo Ministério da Educação; e (ii) ter obtido capacitação em escola ou instituição de formação de mediadores, reconhecida pela Escola Nacional de Formação de Magistrados - Enfam ou pelos tribunais.

O artigo 169, por sua vez, garante remuneração a mediadores e conciliadores, de acordo com a tabela vigente em cada Tribunal, e observados os parâmetros definidos pelo Conselho Nacional de Justiça, ressalvada a possibilidade de trabalho voluntário, que, na prática, é o que ocorre hoje na maioria das Cortes do país.

Como mediadores e conciliadores são auxiliares do juízo, a eles podem ser aplicadas as hipóteses de impedimento, que estão elencadas no artigo 144, e suspeição.

Embora o artigo 170 mencione apenas o impedimento, cremos que podem ser aplicáveis também os casos de suspeição, previstos no artigo 145. Em ambos os casos, o profissional deve comunicar o fato ao juiz da causa ou ao coordenador do centro judiciário de solução de conflitos e cidadania, para fins de nova distribuição.

Enquanto o artigo 170 trata do impedimento em sentido lato, o artigo 171 estabelece uma nova forma de afastamento do mediador e do conciliador, denominada "impossibilidade temporária".

Isso pode ocorrer em diversas hipóteses. Por exemplo, atuando o profissional, tanto em atividades judiciais como extrajudiciais, pode receber, em determinado momento, uma sobrecarga de procedimentos. Nesse caso, deverá informar ao centro judiciário de solução de conflitos, solicitando sua temporária exclusão da distribuição.

Outra hipótese é o afastamento do mediador para a realização de cursos e seminários. Veja-se, por exemplo, o caso do mediador habilitado para casos genéricos, que deseje iniciar a formação para tornar-se apto a lidar com questões envolvendo guarda compartilhada e alienação parental pós-divórcio. Esse profissional necessitará se afastar, ou pelo menos reduzir sua distribuição, para que possa dar conta da carga horária teórica e prática do novo curso que pretende fazer.

Finalmente, hipóteses há em que o mediador se vê pessoalmente envolvido com uma determinada questão, a ponto de comprometer suas habilidades para lidar com casos semelhantes.

Imagine-se, por exemplo, um mediador que esteja em processo de divórcio e emocionalmente abalado pela situação. É bastante razoável que, ao menos provisoriamente, peça para não receber distribuição dessa natureza, até que possa se reestabelecer ou superar suas próprias dificuldades, sentindo-se novamente neutro para atuar em casos dessa natureza. Obviamente, nesse caso, a comunicação de que cuida o dispositivo deve ser feita de forma reservada ao centro.

O artigo 172 prevê a chamada quarentena. A quarentena abrange as atividades de assessoramento, representação e patrocínio de qualquer das partes envolvidas, e se estende pelo prazo de um ano, contado do término da última audiência de conciliação ou sessão de mediação.

Idêntico comando é encontrado no artigo 6° da Lei de Mediação.

Caso tenha havido contato prévio com uma das partes (o conciliador, por exemplo, prestou assessoria a uma delas durante determinado período no passado), essa circunstância deve ser expressamente informada ao centro e à outra parte, a fim de que se avalie se tal fato consiste em causa de impedimento ou suspeição, na forma dos artigos 144 e 145 do NCPC[31].

Como o dispositivo é desenhado para os profissionais que atuam na seara judicial, nada impede que haja regras mais brandas ou mais severas no campo extrajudicial. Por exemplo, o regimento interno de determinada câmara de mediação pode prever que um profissional que já advogou para uma das partes não poderá, jamais, ser mediador de processo que envolva essa mesma parte.

Teremos, aqui, a clássica figura do conflito de interesses, hoje tão utilizada em procedimentos arbitrais.

A esse respeito, o artigo 7° da Lei n° 13.140/2015 aumenta as restrições impostas ao mediador. De acordo com o dispositivo, o profissional não poderá, no futuro, atuar como árbitro em conflito no qual tenha exercido suas funções como mediador (e aqui não há prazo; simplesmente vedação absoluta).

Ademais, fica o mediador proibido de funcionar como testemunha, tanto em processos judiciais como arbitrais relativos ao mesmo conflito.

O artigo 173 trata das sanções aplicáveis aos conciliadores e mediadores. A sanção mais grave é a exclusão do cadastro, que poderá ser determinada após regular procedimento administrativo, caso o profissional:

(i) venha a agir com dolo ou culpa na condução da conciliação ou da mediação sob sua responsabilidade, ou violar qualquer dos deveres decorrentes do artigo 166, §§ 1º e 2º;

(ii) atue em procedimento de mediação ou conciliação, apesar de impedido ou suspeito.

Em hipóteses menos graves, o juiz da causa ou o juiz coordenador do centro de conciliação e mediação pode determinar o seu afastamento por período de até 180 dias.

Finalmente, o artigo 174 trata da atividade consensual envolvendo a Fazenda Pública, nos níveis federal, estadual e distrital, e municipal.

---

31 Esta figura se assimilaria ao *Disclosure*, instituto utilizado nas Arbitragens, consubstanciado no dever de revelação por parte dos Árbitros antes da aceitação da função. Conforme assevera Paulo Cezar Pinheiro Carneiro "não é necessária prova da parcialidade. Basta a dúvida ou o perigo concreto de que a conduta dos árbitros tenha tratado uma das partes de modo menos favorável que a outra" (CARNEIRO, Paulo Cezar Pinheiro. O justo processo arbitral e o dever de revelação (*disclosure*) dos peritos, *Revista Eletrônica de Direito Processual*, v. XII, dez. 2013. Disponível em <.http://www.e-publicacoes.uerj.br/index.php/redp>.

Inicialmente, impõe-se destacar que a aplicabilidade deste dispositivo legal depende de lei própria de cada ente federado, a fim de viabilizar a sua implementação.

O dispositivo trata de duas hipóteses:

(i) questões que envolvam a Administração Pública (incs. I e II); e

(ii) questões coletivas que possam ser objeto de termo de ajustamento de conduta.

Comecemos pela primeira.

Quanto ao uso dos meios consensuais pela Administração Pública, necessário referir a Lei n° 10.259/2001 (Juizados Especiais Federais), bem como a lei que criou os Juizados Especiais da Fazenda Pública, dispondo sobre o processamento especial dos litígios de pequena monta envolvendo os Estados, Distrito Federal e Municípios - Lei nº 12.153/2009.

Na esfera federal, a legislação básica sobre transações é a Lei nº 9.469/97, que admite transação sem diferenciar ou restringir a matéria, para os litígios que envolvem a União ou outro ente federal. Esta norma está regulamentada por diversas portarias da Advocacia-Geral da União e seus órgãos vinculados.

Interessante notar, também, que o uso da mediação pelo Poder Público já é uma realidade hoje, como se pode aferir pela Câmara de Conciliação e Arbitragem da Administração Federal - CCAF, prevista no artigo 18 do Decreto nº 7.392/2010. Essa Câmara, que atualmente tem atuação em diversos casos de alta relevância, propõe-se a mediar casos complexos e que envolvam entes da Administração Pública, em iniciativa absolutamente pioneira e exitosa.

A segunda hipótese diz respeito ao termo de ajustamento de conduta.

Essa ferramenta foi inserida na Lei n° 7.347/85 pelo CDC, em 1990, e restou consubstanciada no artigo 5°, § 6°, o qual prevê a celebração de "ajustes de conduta" em todos os temas que podem ser objeto de ação civil pública, a saber, meio ambiente, patrimônio cultural, histórico e paisagístico, ordem econômica, defesa do consumidor, entre outros.

Em seguida, outras leis fizeram referência expressa ao instituto: Estatuto da Criança e do Adolescente (Lei nº 8.069/90, art. 211), Lei do Cade (Lei nº 8.884/94, art. 53, posteriormente alterada pela Lei nº 12.519/2011, arts. 9º, V, e 85), Lei ambiental (Lei nº 9.605/98, art. 79-A), e o Estatuto do Idoso (Lei nº 10.741/2003, art. 74, X). Há, por outro lado, expressa vedação quanto ao uso do TAC em matéria de improbidade administrativa, na forma do art. 17, § 1º, da Lei nº 8.429/92.

Além de todos esses dispositivos, tivemos também algumas iniciativas legislativas no sentido ampliar o uso de meios consensuais na tutela coletiva.

Em 2009 foi publicado o II Pacto Republicano, que tinha como uma de suas principais metas a revisão da Lei da Ação Civil Pública, com o objetivo de instituir um Sistema Único Coletivo. Com este fim, foi apresentado o Projeto de Lei nº 5.139/2009, que pretendia substituir a Lei nº 7.347/85, consolidando todas as disposições a serem aplicadas à ação civil pública, e prevendo especificamente o uso das técnicas de conciliação.

Após inúmeros debates, o referido projeto foi rejeitado pela Comissão de Constituição e Justiça da Câmara dos Deputados. Este fato, somado ao não acolhimento do Código Brasileiro de Direitos Coletivos, datado de 2007, trouxe grave revés ao marco legal da tutela coletiva.

Apesar desse desfecho lamentável, surgiu mais um fio de esperança. Em 2013, foram apresentados projetos de alteração do Código de Defesa do Consumidor. Um deles, o Projeto nº 282, tratava justamente da tutela coletiva, regulada pelos artigos 81 a 104 do texto em vigor.

Contudo, a esperança durou pouco. Em março de 2014 o Senado Federal concluiu a análise dos Projetos de modernização do CDC e aprovou apenas as regras sobre superendividamento e comércio eletrônico. Foram excluídas as disposições do PLS nº 282, que tratavam da ação coletiva e das hipóteses de acordos em tais ações.

Agora, o NCPC traz nova luz ao tema, ao prever a matéria no artigo 174, III.

A Lei de Mediação, seguindo esse mesmo caminho, em seus artigos 33 a 40, traz normas específicas para a utilização das técnicas de conciliação e mediação nos conflitos que envolvam a Administração Pública e seus órgãos, bem como na utilização da ferramenta do termo de ajustamento de conduta.

Como visto, a preocupação do NCPC é com a mediação judicial. O texto não veda a mediação prévia ou a extrajudicial, apenas opta por não regulá-la, deixando claro que os interessados podem fazer uso dessa modalidade recorrendo aos profissionais liberais disponíveis no mercado. A mediação extrajudicial, tanto na modalidade física, como na eletrônica, vem regulada na já referida Lei n° 13.140/2015.

Portanto, o NCPC vem coroar todos os esforços que já existiam entre operadores do Direito e profissionais de outras áreas, em especial psicologia e assistência social, no sentido de disseminar a informação e a cultura da mediação em nosso meio. Já é hora de as partes, com o auxílio de seus advogados, sempre que for o caso, trazerem para si a responsabilidade sobre a resolução do seu conflito, ao invés de submetê-lo, como regra, para decisão por um terceiro.

É importante que se conheça a mediação, assim como outros mecanismos de solução consensual de disputas, para que eles possam ser cada vez mais utilizados, proporcionando às pessoas a possibilidade de construir um acordo que atenda aos seus interesses, aumentando a sensação de justiça e, por consequência, as chances de cumprimento espontâneo das obrigações por elas mesmas estabelecidas.

5. Arbitragem no NCPC

O novo CPC traz diversos dispositivos relativos à arbitragem, alguns deles são mera repetição de regras já existentes no CPC/73, com algum aperfeiçoamento na redação.

Outros trazem inovações já em sintonia com a Lei n° 13.129/2015, que atualizou a Lei n° 9.307/96, conforme comentado acima.

De um modo ou de outro, o NCPC vem como forma de aprimorar antigos pontos sensíveis, tais como a efetivação do efeito vinculante da convenção de arbitragem, a análise das medidas urgentes pré-arbitrais, a efetivação de medidas urgentes e constritivas, a ação de anulação da sentença arbitral, o cumprimento e a homologação da sentença arbitral.

Iniciamos pelo artigo 3°, § 1º, do NCPC.

O dispositivo, no *caput*, repete a norma constitucional contida no artigo 5°, inciso XXXV e, no § 1° permite a utilização da arbitragem. Com isso fica positivado entendimento já manifestado pelo STF nos autos da SE 5.206 (precedente acima referido) e reproduzido pelo STJ em várias oportunidades.

Ademais, fica claro que a arbitragem é chamada a ocupar seu lugar dentre as ferramentas de solução de conflitos (soluções de direito[32]), ao lado da conciliação e da mediação, também expressamente referidas (art. 3°, § 3°).

No artigo 42, há mera atualização redacional do texto do artigo 86 do CPC/73.

No artigo 69 encontramos a primeira grande inovação. O CPC/2015 traz para o texto legal diversas normas administrativas já em vigor em matéria de cooperação internacional. Não custa lembrar que a ideia de cooperação, genericamente prevista no artigo 6°, se projeta no âmbito internacional e nacional, atingindo todos os órgãos do Estado, bem como os jurisdicionados e seus patronos.

32 WAMBIER, Teresa Arruda Alvim *et alii*. *Primeiros comentários ao novo código de processo civil, artigo por artigo*. São Paulo: Revista dos Tribunais, 2015.

Encontramos aqui também a primeira menção à carta arbitral. Trata-se de nova modalidade de comunicação de atos processuais, que se colocará ao lado das Cartas tradicionais (rogatória, precatória e de ordem). A carta arbitral vai concretizar os atos de comunicação originados do árbitro ou do tribunal Arbitral e destinados a um juiz de direito.

Havendo a necessidade de comunicação de um árbitro estrangeiro a um juiz brasileiro (por exemplo, o pedido de empréstimo de força coercitiva a um mandado de busca e apreensão a ser cumprido em território brasileiro, ou ainda um mandado de apreensão ou penhora de bem, em execução de decisão arbitral), o trâmite poderá ser agilizado em razão dos protocolos de cooperação internacional.

O artigo 189, inciso IV, traz uma salutar inovação, na medida em que as arbitragens, em regra, seguem o princípio da confidencialidade, sendo esta, inclusive, uma de suas maiores vantagens.

Assim, de nada adiantaria ser confidencial a arbitragem, aí incluídos todos os atos praticados perante o tribunal arbitral, se tal garantia não fosse estendida aos eventuais atos judiciais que vierem a ser praticados por solicitação do árbitro, via carta arbitral.

Com isso, o princípio da publicidade, que rege os atos processuais, é excepcionado quando o ato se refere ao procedimento arbitral.

Embora o dispositivo não traga uma exceção (na verdade, exceção da exceção, o que, em última análise confirma a regra geral!), temos para nós que, se a arbitragem engloba o Estado ou seus entes, não deve incidir a confidencialidade, razão pela qual não deve ser aplicado o artigo 189, IV do novo CPC, sob pena de se violar o artigo 37 da Carta de 1988.

Esta regra veio contemplada também na Lei de reforma da Arbitragem, no artigo 2º, § 3º.

Mais uma menção à carta arbitral pode ser encontrada no artigo 237, IV. Dessa vez o novo CPC é mais específico quanto à finalidade da carta. Poderá ser ela utilizada quando houver necessidade de praticar ato que dependa de força coercitiva.

Aí podem ser compreendidos, atos de condução de pessoas, apreensão de bens ou pessoas, penhora física ou eletrônica, ou mesmo atos de efetivação de medidas de urgência (cautelares ou antecipatórias), denominadas pelo NCPC tutelas provisórias.

Os atos podem ser praticados pelo próprio juiz (por exemplo, a penhora eletrônica) ou podem ter seu cumprimento efetivado por outrem, por ordem do juiz (por exemplo, as obrigações de fazer, não fazer e desfazer).

O artigo 260, § 3°, por sua vez, dispõe serem aplicáveis à carta arbitral os mesmos requisitos das demais cartas. Contudo, acrescenta outros dois: a convenção de arbitragem e a prova de nomeação e aceitação do árbitro.

Convenção de arbitragem, como cediço, é o gênero, do qual são espécies a cláusula compromissória e o compromisso arbitral.

O ato que manifesta esta vontade deve acompanhar a carta, de forma que o magistrado possa ter a certeza de que as partes de fato quiseram levar o exame da questão à via arbitral; podem ter feito isso, mediante a elaboração de uma cláusula ou de um compromisso específico e detalhado, ou simplesmente aderindo ao regulamento de um tribunal arbitral.

Ademais, devem ser anexados os atos de nomeação e de aceitação do árbitro. Tais documentos são imprescindíveis para a análise da questão, a fim de que fique claro que as partes desejaram conferir tal poder àquele árbitro e que ele o aceitou formalmente.

Não custa lembrar que no procedimento arbitral há uma extrema liberdade para a convenção de regras e atribuições dos árbitros. Daí o novo CPC, com acerto, ter exigido a apresentação de todos esses documentos.

O artigo 267 trata da recusa ao cumprimento da carta arbitral, que fica sujeita ao mesmo regime da precatória. Não há aqui alteração substancial se compararmos o dispositivo aos termos do artigo 209 do CPC/73. Apenas a atualização da redação e a inserção da carta arbitral, para que possa ser regida pelas mesmas disposições aplicáveis à carta precatória.

É consequência lógica da aplicação deste artigo, portanto, que não caberá ao Magistrado verificar o mérito da decisão arbitral cujo cumprimento se requer, podendo se negar ao seu cumprimento somente nas hipóteses enumeradas no artigo.

O *caput* do novel artigo 337 e seu inciso X não trazem alteração de conteúdo se comparados ao texto do antigo CPC (art. 301, IX e § 4°).

Entendeu-se por manter a regra de que a alegação de convenção de arbitragem deverá ser feita na contestação, juntamente com todas as matérias de defesa (Princípio da Concentração da Defesa ou de Eventualidade).

A nosso ver, trata-se de verdadeiro retrocesso, na medida em que a exceção de arbitragem, anteriormente prevista no Projeto de Lei do CPC (arts. 345 a 350) possibilitava ao Réu alegar, em petição autônoma, unicamente a convenção arbitral, antes mesmo da apresentação da defesa, não havendo necessidade de adentrar ao mérito da questão posta em juízo.

A justificativa dada no relatório do Senador Vital do Rêgo para afastar a disciplina inovadora, consubstanciada no argumento de que "não se justifica a apresentação de petição avulsa, com evidente atraso do processo, quando tais questões cabem como preliminar de contestação" não merece prosperar.

Na verdade, a exceção de arbitragem, ao revés de criar delongas processuais, atendia o Princípio da Celeridade, evitando-se não só a produção de atos judiciais desnecessários, como, ainda, que o réu fosse forçado a adiantar o mérito da matéria que pretendesse deduzir no Juízo Arbitral.

O novo § 5° insere a incompetência relativa no rol de matérias que não podem ser conhecidas *ex officio* pelo magistrado, apenas positivando entendimento há muito sumulado pelo STJ (Verbete n° 33).

O § 6°, por sua vez, deixa clara consequência que já era tranquilamente aceita pela doutrina e jurisprudência. Ou seja: a preexistência de convenção de arbitragem deve ser expressamente alegada pelo réu. No silêncio, presume-se a renúncia do réu à arbitragem, observando-se que o autor já terá renunciado ao propor a demanda em juízo.

Mais uma norma que estimula a arbitragem pode ser encontrada no artigo 359 do NCPC.

Embora seja improvável, em razão de todos os atos processuais já praticados, é possível que no momento de abertura da AIJ, as partes rejeitem a proposta renovada de mediação ou de conciliação, mas aceitem a ideia da arbitragem.

Nesse caso, deve o juiz:

(i) suspender o processo pelo prazo de até seis meses, por convenção das partes, na forma do artigo 313, II e § 4°; ou

(ii) extinguir o processo, sem resolver o mérito, assim que o juízo arbitral reconhecer sua competência, na forma do artigo 482, VII, parte final, que será examinado a seguir.

Quanto à extinção do processo pelo reconhecimento da existência de prévia convenção de arbitragem, o novo artigo 485, VII, repete a redação do antigo artigo 267, VII, e acrescenta mais uma hipótese de não resolução do mérito: o reconhecimento da sua competência por parte do juízo arbitral (Princípio da *Kompetenz-Kompetenz*).

Eventual ato judicial praticado, portanto, será nulo de pleno direito.

O artigo 515, VII, traz mera atualização de redação se comparado ao artigo 475-N, IV, do CPC/73, com a redação que lhe deu a Lei n° 11.232/2005.

No artigo 516 encontramos a repetição da regra geral quanto à competência no cumprimento de sentença originada em órgão diverso (sentença estrangeira, penal condenatória e arbitral).

No seu parágrafo único, encontramos regra excepcional afinada com os princípios do acesso à Justiça e da efetividade, flexibilizando, assim, a competência territorial inicialmente fixada.

O novo CPC, em seu artigo 960, ratifica a necessidade de homologação de decisões estrangeiras, sejam elas proferidas por juiz togado ou por árbitro. A homologação deve ser requerida ao STJ, observando-se as regras previstas nos arts. 216-A a 216-N do seu Regimento Interno, observadas as modificações introduzidas pela Emenda Regimental n° 18, de 17 de dezembro de 2014, acima referida.

No artigo 1.012 encontramos mera correção redacional do texto do artigo 520 do CPC/73, sem alteração de conteúdo.

No artigo 1.015 há importante inovação.

O novo Código trabalha com o sistema da irrecorribilidade das decisões interlocutórias, como regra. Fica extinta a figura do agravo retido e, nas situações excepcionais previstas no artigo 1.015, fica admitida a interposição de agravo de instrumento.

Da leitura do dispositivo, percebe-se que o legislador só autoriza o manejo do agravo nas situações em que a decisão interlocutória possa provocar prejuízo iminente, sendo, portanto, desaconselhável, aguardar a sentença para que o competente recurso de apelação possa ser interposto.

Uma dessas hipóteses é justamente a rejeição de alegação de arbitragem.

Imagine-se, por exemplo, que a arbitragem já esteja em curso e o juiz, provocado por uma das partes, rejeita a alegação formulada na forma do artigo 337, X. Com isso, o processo prossegue ao mesmo tempo em que a arbitragem já segue o seu curso. Se nenhuma providência for tomada, corremos o risco de enfrentar a desconfortável situação de coexistência de dois procedimentos, em instâncias diversas, sobre o mesmo fato.

A propósito, o STJ[33], em decisão inovadora, já admitiu a possibilidade de existência de conflito de competência entre juízo de direito e juízo arbitral.

A última menção à arbitragem no novo CPC se encontra no artigo 1.061, que modifica a redação do artigo 33, § 3°, da Lei n° 9.307/96, a fim de substituir a expressão *embargos do executado* por *impugnação*, além de fazer a referência ao dispositivo do novo Código.

Na verdade, trata-se de atualização terminológica e com o objetivo de conferir uniformidade ao sistema, eis que o referido dispositivo, na sua redação original, ainda tinha por base o sistema executivo anterior à Lei n° 11.232/2005.

Se observarmos a redação original do CPC/73, que trazia a arbitragem como procedimento especial, subordinando a eficácia do "laudo" arbitral à homologação pelo juiz, perceberemos, com facilidade, como o Direito brasileiro se desenvolveu nessa matéria nas últimas décadas.

---

33 STJ, CC 111.230-DF, Rel.ª Min.ª Nancy Andrighi, julgado em 08/05/2013, publicado no DO de 03/04/2014.

Do CPC até a Lei da Arbitragem passaram-se pouco mais de 20 anos e desta até o novo CPC quase 20. Ou seja, em 40 anos evoluímos a ponto de considerar a arbitragem como um procedimento equiparado à jurisdição.

A Lei n° 9.307/96 foi, sem dúvida alguma, um grande avanço para sua época. O CPC precisou ser modificado para que fosse mantida a unidade do sistema. Um novo Código foi editado para, dentre outras coisas, deixar clara a opção do legislador no sentido de colocar à disposição do cidadão uma verdadeira "caixa de ferramentas", que vai desde a negociação, passando pela conciliação e mediação (judicial e extrajudicial), a arbitragem e a própria jurisdição. Tudo isso para, em conformidade com o princípio da adequação, oferecer a esse cidadão a providência mais apropriada para aquele tipo de conflito.

No que se refere à arbitragem, as disposições do CPC/2015 são mais do que oportunas e, certamente, serão potencializadas com a aprovação do P.L. n° 7.108/2014.

Com isso, esperamos que o instituto cresça, ainda mais, no tecido social, a fim de que possa ser utilizado para além das grandes disputas.

Cremos que nosso ordenamento já está preparado para viabilizar a utilização do instituto das médias e até pequenas causas.

Não custa lembrar que a Lei n° 9.099/95 previa uma arbitragem incidental ao procedimento sumaríssimo, nos artigos 24 a 26.

A essa altura, a lei ainda se referia ao procedimento arbitral do CPC/73, eis que a Lei dos Juizados é anterior à Lei da Arbitragem. Contudo, nunca se teve registro da aplicação prática do dispositivo.

Hoje, 20 anos depois, pensamos que nossa sociedade já está informada e madura o suficiente para fazer um uso livre e responsável da arbitragem sem ter que recorrer ao Poder Judiciário para tanto.

Resta agora, aos tribunais, centros e câmaras arbitrais, se estruturar para receber essa demanda.

A Escalada Rumo à Valorização do Precedente Judicial no Processo Civil Brasileiro

Tatiana Paula Cruz de Siqueira

Sumário: 1. Estabelecendo algumas premissas indispensáveis. **1.1.** Em busca de uma adequação conceitual. **1.2.** A mitigada distinção entre as famílias do *civil law* e *common law*. **2.** O precedente vinculante na cultura jurídica dos Estados Unidos. **3.** Cautelas necessárias na adoção do precedente. **4.** Análise dos degraus da escalada rumo à valorização do precedente no Direito brasileiro. **5.** A valorização do precedente judicial no novo Código de Processo Civil. **5.1.** Das disposições gerais. **5.2.** Do incidente de resolução de demandas repetitivas. **5.3.** Da reclamação. **5.4.** Dos recursos extraordinário e especial repetitivos. **5.5.** Do incidente de assunção de competência. **6.** Ainda precisamos de uma teoria dos precedentes? **7.** Conclusões.

1. Estabelecendo algumas premissas indispensáveis

1.1. Em busca de uma adequação conceitual

O presente trabalho se propõe a discorrer brevemente sobre a tendência no ordenamento brasileiro, que já se mostrou uma opção legislativa, de agregar valor vinculante às decisões judiciais. No decorrer do estudo, serão analisadas as opções que demonstram a evolução dessa escalada, bem como o que se acredita serem inconsistências, em razão da falta de racionalidade sistêmica que decorre da ausência de uma teoria dos precedentes consolidada no Direito brasileiro.

Para que sejam alcançados, ao máximo, os objetivos aqui propostos, indispensáveis são alguns esclarecimentos sobre o que se entende dos conceitos que serão usados ao longo do presente trabalho e que não são próprios de nossa cultura jurídica.

Para a definição de precedente, adota-se aqui a visão extraída dos estudos de Hermes Zaneti[1], segundo o qual o precedente diferencia-

1 [2]Nas palavras do autor: "Os precedentes judiciais, como entendemos neste trabalho, consistem no resultado da densificação de normas estabelecidas a partir da compreensão de um caso e suas circunstâncias fáticas e jurídicas. No momento da aplicação, deste caso-precedente, analisado no caso-atual, se extrai a *ratio*

-se quantitativa e qualitativamente da jurisprudência, o que se mostra extremamente relevante para este trabalho. Quantitativamente porque o precedente não precisa demonstrar a tendência de um tribunal, reiterada numa diversidade de julgamentos e qualitativamente, pois os precedentes obrigam o próprio tribunal que proferiu a decisão, sendo este responsável por conservá-lo ou superá-lo, caso se faça necessário.

De maneira elucidativa, Luiz Henrique Volpe Camargo[2] afirma que o precedente é substantivo singular, enquanto a jurisprudência é substantivo coletivo.

No mesmo sentido, Michele Taruffo[3], que reconhece a diferença quantitativa entre a jurisprudência e o precedente, afirmando que, este

---

decidendi ou *holding* como o *core* do precedente. Trata-se, portanto, da solução jurídica explicitada argumentativamente pelo intérprete a partir da unidade fático-jurídica do caso-precedente (*material facts* e a solução jurídica dada para o caso) com o caso-atual. Por esta razão, não se confundem com a jurisprudência, pois não se traduzem em tendências do tribunal, mas na própria decisão (ou decisões) do tribunal com respeito à matéria. De outra sorte, não se confundem com a jurisprudência porque obrigam o próprio tribunal que decidiu, sendo este responsável, tanto quanto as Cortes inferiores, por sua manutenção e estabilidade. Como veremos adiante a característica da jurisprudência é atuar apenas de forma "persuasiva" e não há sentido falar em precedentes "persuasivos". Dessa forma, exarado um precedente, sua consideração passa a ser obrigatória todas as vezes que a mesma matéria venha a ser debatida em casos considerados análogos pelo próprio órgão julgador (vinculação horizontal)" (ZANETI JR., Hermes. Precedentes (*treat like cases alike*) e o novo código de processo civil; universalização e vinculação horizontal como critérios de racionalidade e a negação da "jurisprudência persuasiva" como base para uma teoria e dogmática dos precedentes no Brasil. *Revista de Processo*, v. 235, São Paulo, Revista dos Tribunais, 2014, p. 293).

2 Na definição do autor: "Assim, a distinção básica entre precedente e jurisprudência reside na circunstância de que enquanto o precedente é substantivo singular, a jurisprudência é substantivo coletivo, e, para ser corretamente denominada como tal, deve se constituir de um conjunto de decisões ou acórdãos uniformes, que reflitam o pensamento dominante de determinado tribunal ou, se possível, do Poder Judiciário inteiro" (CAMARGO, Luiz Henrique Volpe. A força dos precedentes no moderno processo civil brasileiro. In: WAMBIER, Teresa Arruda Alvim. *Direito jurisprudencial*. São Paulo: Revista dos Tribunais, 2012, p. 556).

3 Por sua relevância, é importante citar a visão do autor, *in verbis:* "Nelle prime battute del discorso ho usato deliberatamente, per semplicità, i termini 'precedente' e 'giurisprudenza' come se fossero sinonimi. Le cose, però, non stanno davvero così, anche se in questo senso è il linguaggio corrente, nel quale i significati dei due termini non vengono solitamente distinti. Ritengo invece che tra precedente e giurisprudenza vi sia una netta distinzione, della quale cercherò di chiarire alcuni aspetti. Vi è anzitutto una distinzione di carattere per così dire quantitativo. Quando si parla del precedente si fa solitamente riferimento ad una decisione relativa ad

último, se refere à decisão de um caso particular, enquanto a jurisprudência diz respeito a uma pluralidade de decisões relativas a variados casos concretos.

Sendo assim, com base no que propõe de maneira mais unânime a doutrina que aborda o tema, pode-se dizer que precedente é a decisão judicial construída a partir de um caso concreto, que pode tornar-se parâmetro futuro para a decisão de casos análogos, ainda que haja apenas uma decisão proferida sobre aquele caso.

Na tradição jurídica do *common law*, em que os precedentes têm caráter fortemente vinculativo, o que lhes dá essa força coercitiva é o princípio ou política jurídica denominada *stare decisis*, que impõe a observância obrigatória das decisões anteriores que formaram regras para os casos futuros[4].

Dentro do precedente, vale lembrar que aquilo que vincula é a porção chamada de *ratio decidendi*[5], entendida como a norma jurídica geral

un caso particolare, mentre quando si parla della giurisprudenza si fa solitamente riferimento ad una pluralità, spesso assai ampia, di decisioni relative a vari e diversi casi concreti" (TARUFFO, Michele. Precedente e giurisprudenza. *Rivista Trimestrale di Diritto e Procedura Civile*, ano 61, n. 3, p. 796, Milano, Giuffrè, 2007).

4 Segundo Tucci: "O aspecto que caracteriza a regra do precedente, nesse particular, é seu cunho fortemente coercitivo. Esse princípio jurídico é denominado *stare decisis*, significando que a anterior decisão cria direito. O fundamento dessa teoria impõe aos juízes o dever funcional de seguir, nos casos sucessivos, os julgados já proferidos em situações análogas. Não é suficiente que o órgão jurisdicional encarregado de proferir decisão examine os precedentes como subsídio persuasivo relevante, a considerar no momento de construir a sentença. Estes precedentes, na verdade, são vinculantes, mesmo que exista apenas um único pronunciamento pertinente (*precedent in point*) de uma Corte de hierarquia superior" (TUCCI, José Rogério Cruz e. *Precedente judicial como fonte de direito*. São Paulo: RT, 2004, p. 12).

5 Certo é que a forma de encontrar a *ratio decidendi* de uma decisão é dos assuntos mais espinhosos, havendo uma série de métodos destinados a esse fim. Breve síntese pode ser encontrada no trabalho de Lucas Buril de Macêdo, do qual destaca-se a análise do método de Wambaugh: "Conquanto seja consideravelmente fácil determinar que a *ratio decidendi* é o produto do precedente que vincula, a definição concreta da *ratio decidendi* de um precedente é um dos grandes problemas teóricos dos países de *common law*. Vários autores tentaram contribuir com a exposição de um método eficaz para, a partir do texto da decisão, extrair a *ratio decidendi* ou *holding*. Os métodos conhecidos são numerosos, apontam-se dezenas deles, e não há um único que se possa apontar como o mais utilizado nos tribunais ou como o considerado correto. A questão é, portanto, bastante controvertida. São, entretanto, os métodos mais tradicionais os criados por Wambaugh, Oliphant e Goodhart. Os traços gerais do método destes autores serão abaixo reportados. [...]. Uma proposta já clássica é a formulada por Eugene Wambaugh. Para o jurista,

criada a partir daquele caso julgado, encontrada na sua fundamentação, que serve de norte para situações futuras. Não se pode confundir esse elemento tão relevante, capaz de dirigir a atuação jurisdicional, com o que se denomina *obiter dictum*, termo usado para fazer referência ao que consta da fundamentação de uma decisão, mas que se constitui de argumentos periféricos, consubstanciando juízos acessórios, prescindíveis para o deslinde da controvérsia[6].

No mesmo sentido, analisando a diferença entre *holding* e *dictum* e sua relevância no sistema jurídico norte-americano, Toni Jaeger-Fine[7] aborda o *obiter dicta* como a porção da decisão judicial que não é capaz de formar precedente para os casos posteriores.

Não se pode superar a análise do precedente sem avaliar brevemente os efeitos que podem ser dados a ele em um determinado sistema jurídico. Primeiramente, o precedente pode ter um efeito persuasivo,

---

a *ratio decidendi* é uma regra geral sem a qual o julgador não haveria chegado ao resultado alcançado, ou seja, à decisão. Para encontrar a *ratio*, em seu trabalho direcionado para o estudo de casos, o autor formula um interessante teste. Consoante defende Wambaugh, é preciso primeiramente formular cuidadosamente a suposta proposição jurídica. Em seguida, deve-se inserir na proposição formulada uma palavra que a reverta. Então, é preciso questionar se, caso o tribunal tivesse concebido a nova proposição alcançada, e a considerado na tomada de decisão, o resultado teria sido o mesmo. Caso a resposta seja afirmativa, a proposição original não é a *ratio decidendi* do precedente. Caso a resposta seja negativa, por outro lado, a proposição é a norma geral que se deve extrair do precedente judicial. O teste de Wambaugh continua sendo ensinado e possui grande importância como método de definir, concretamente, as *rationes decidendi* dos precedentes" (MACÊDO, Lucas Buril. Contributo para definição da *ratio decidendi* na teoria brasileira dos precedentes judiciais. *Revista de Processo*, v. 234, São Paulo, Revista dos Tribunais, 2014, p. 305).

---

6 LOURENÇO, Haroldo. *Precedente judicial como fonte do direito*: algumas considerações sob a ótica do novo CPC. Disponível em: <http://www.temasatuaisprocessocivil.com.br/edicoes-anteriores/53-v1-n-6-dezembro-de-2011-/166-precedente-judicial-como-fonte-do-direito-algumas-consideracoes-sob-a-otica-do-novo-cpc>. Acesso em: 20 abr. 2015.

7 Nas palavras do autor: "As indicated above, U.S. courts generally limit their decisions to the facts presented by a particular case. Dicta are judicial pronouncements that go beyond the facts or legal issues brought to the court by the parties. Dicta are not regarded as part of the court's holding, under the theory that such issues may not have been subject to the court's full consideration or adversarial argumentation by the parties. Portions of an opinion that are mere dicta therefore do not carry full precedential value or effect" (FINE, Toni Jaeger. Stare decisis and the binding nature of precedent in the United States of America. In: MOURA, Solange Ferreira de. PINHO, Humberto Dalla Bernardina de. *Coletânea de artigos científicos*: celebração ao XIV Intercâmbio dos cursos de Direito da Estácio. Santa Cruz do Sul: Essere nel mondo, 2014, p. 156).

ou seja, influenciar no convencimento do julgador e, com certeza, neste caso, "quanto mais elevado hierarquicamente o órgão prolator, maior será sua força persuasiva"[8].

Além disso, o precedente pode ter ainda o efeito de impedir ou obstar a revisão de decisões, como já se vê no CPC de 1973, por exemplo, no artigo 518, § 1º.

Finalmente, pode ter o precedente um efeito vinculante, o que de regra ocorre nos atuais sistemas de *common law*, impondo a obrigatoriedade de decisão idêntica para casos futuros, caso se encontrem as mesmas circunstancias fáticas.

Contudo, para a perfeita compreensão do presente trabalho, ainda é necessário entender outros dois conceitos muito utilizados no próprio Código de Processo Civil, mas, por vezes, sem a devida técnica.

Diferentemente do que se conceituou como precedente, a jurisprudência consiste na aplicação do precedente, de maneira reiterada, que, sendo seguida de maneira prevalente, autoriza chamá-la de jurisprudência dominante. Trata-se aqui, não de um julgamento paradigma, em que se construiu uma norma individual e uma geral, capaz de servir de parâmetro para outros casos, mas de uma reiteração de julgamentos com base nesse paradigma, capaz de se tornar dominante.

Da jurisprudência dominante pode, inclusive, ser extraída uma súmula[9], que nada mais é do que a síntese daquilo que vem sendo reite-

---

8 LOURENÇO, Haroldo. *Precedente judicial como fonte do direito: algumas considerações sob a ótica do novo CPC*. Disponível em: <http://www.temasatuaisprocessocivil.com.br/edicoes-anteriores/53-v1-n-6-dezembro-de-2011--/166-precedente-judicial-como-fonte-do-direito-algumas-consideracoes-sob-a-otica-do-novo-cpc>. Acesso em: 20 abr. 2015, p. 11.

9 Maurício Martins Reis chama atenção para a diferença entre súmula e precedente: "'Súmula não é precedente', pois precedente 'é um caso anteriormente apreciado e julgado por um juiz ou Tribunal', ou seja, 'tem nome, sobrenome e individualidade'. Súmulas criariam textos e precedentes concretizam normas. Ora a súmula remonta à genealogia de um caso ou conjunto de casos a partir dos quais se identificam os motivos determinantes responsáveis pela consolidação de um critério normativo generalizante, o qual, diversamente daquele verificado numa norma jurídica, foi construído mediante argumentação jurídica oriunda de atividade jurisdicional, cuja particularidade, para efeito de se sufragar uma decisão dentre outras, aponta para a elaboração da resposta constitucionalmente mais adequada, o que inclui o repúdio a alternativas decisórias possíveis à luz do texto objeto da interpretação efetuada pelo Tribunal criador da súmula. Sua expressão numa tese normativa digna de universalidade não a confunde com um texto legislativo carente de interpretação jurisdicional, porque a súmula é uma norma (produto de uma interpretação consolidada em razões determinantes) consolidada em texto" (REIS, Mauricio Martins. Precedentes obrigatórios e sua adequada compreensão

radamente decidido com base na aplicação do precedente. A súmula, passado o procedimento definido em lei para sua formação, permitirá de antemão o conhecimento do texto de uma jurisprudência dominante.

Entender tecnicamente o que é precedente, jurisprudência, jurisprudência dominante, súmula, *ratio decidendi, obiter dictum* é fundamental para compreender a opção legislativa do novo Código de Processo Civil, avaliando se o legislador agiu de maneira técnica ou se perdeu a oportunidade de definir de maneira adequada os conceitos extraídos da doutrina do *stare decisis*.

1.2. A mitigada distinção entre as famílias do *civil law* e *commom law*

Outro ponto a ser esclarecido, que poderá até parecer dispensável, diz respeito às raízes que permeiam o sistema jurídico brasileiro, um sistema reconhecidamente derivado do *civil law*. Importante é lembrar que identificar o modelo ao qual se vincula um sistema jurídico já não é mais do que dizer o que ele foi um dia, em sua gênese, isso porque o que temos hoje são modelos orientados pelo *commom law* e *civil law*, mas que se apresentam, em sua maioria, como modelos híbridos, dada a comunicação de ideias que acontece entre eles.

A convergência entre os sistemas fica nítida quando se percebe nos ordenamentos derivados do *common law* uma tendência atual na positivação de normas, de modo a facilitar a resolução de casos pelo Judiciário, notadamente nas matérias de falência, propriedade intelectual, segurança, antitrust, regulação bancária, considerando as constantes mudanças na sociedade contemporânea, conforme reconheceu Katja Funken[10] em seus estudos. A fase descrita vem sendo conhecida entre os estudiosos como *age of statutes*.

A gênese do sistema do *civil law*, por sua vez, se dá na observância da legislação positivada e nesse sentido não se pode negar que o sistema brasileiro se construiu sobre as bases do princípio da legalidade, tendo na lei a principal fonte do Direito. Em sistemas como o nosso, da

interpretativa: de como as súmulas vinculantes não podem ser o "bode expiatório" de uma hermenêutica jurídica em crise. *Revista de Processo*, v. 220, São Paulo, Revista dos Tribunais, 2013).

10 FUNKEN, Katja. *The best of both worlds – the trend towards convergence of the civil law and the common law system.* Disponível em: <http://www.jurawelt.com/sunrise/media/mediafiles /13598/convergence.pdf>. Acesso em: 18 mai. 2015.

maneira como foram concebidos, a intenção é que ao juiz coubesse apenas a aplicação da lei, não tendo ele poderes de criação do Direito[11].

Há muito já se sabe que não se pode atribuir ao juiz o papel de mero aplicador. Toda lei, enquanto texto criado em contexto diferenciado, carece de interpretação para que seja aplicada a determinado caso. A sociedade que recebe a lei não é a mesma em que esta foi criada e, ainda que fosse, as minúcias de cada caso jamais poderiam ter sido pensadas pelo legislador no momento de sua criação.

Luis Guilherme Marinoni, em seu estudo sobre "o precedente na dimensão da igualdade"[12] já alertava para o fato de que por mais simplório que pareça um texto legal, este sempre será dotado de uma pluralidade de interpretações. Não haveria sentido, segundo ele, na preocupação

---

11 *Idem*. Analisando a mitigada distinção entre as famílias, dispõe o autor: "As an introductory remark, one should keep in mind that the distinction between Civil Law systems and Common Law systems tends to blur the fact that there is no such thing as a uniform system of Civil Law. When Australian, British or US scholars use the expression 'Civil Law system', as contrasted to a 'Common Law system', they usually refer to the whole body of private law within the countries of the European continent as well as the laws of Latin America. The characteristic common feature of these laws is that they are contained in so-called civil codes. Classic European comparative literature, however, usually does not mention the concept of the Civil Law as such, but distinguishes between the codes of single legal communities, such as the Romanic, Germanic or the Nordic family. 2 Under this system of classification, the Common Law is just one of the legal communities, which would be qualified as the 'Anglo-Saxon family'. In fact, there are some arguments in favour of thisclassification, as there are considerable substantial divergences as to methods of interpreting the law or judicial style between, for example, the Romanic and the Germanic family. Therefore, one must bear in mind that there is, in reality, no coherent system of Civil Law."

12 Segundo o autor: "Não haveria motivo para falar em igualdade diante das decisões caso estas pudessem se resolver na mera aplicação da lei. Bastaria a noção de igualdade perante a lei. Portanto, quando se pensa em igualdade perante as decisões, remete-se ao problema da interpretação judicial. [...]. Com efeito, embora este item se proponha a demonstrar o impacto da técnica das cláusulas gerais e do neoconstitucionalismo sobre a ideia de mera aplicação da lei, não há como admitir - nem mesmo em nível teórico - a possibilidade de limitar a função judicial à simples aplicação da lei. Na verdade, é uma grande ingenuidade supor que o texto legal somente possa ter um significado ou uma interpretação. Essa ingenuidade *pode* ser escusável apenas quando atrelada às angústias da tradição do *civil law*. Ora, por mais perfeita que a sua construção linguística possa parecer, a norma - compreendida como texto legal - tem, em menor ou maior latitude, significado equívoco e indeterminado, e, assim, abre oportunidade a uma ampla variedade de interpretações - o que, por si só, já fundamenta um sistema de precedentes" (MARINONI, Luiz Guilherme. *O precedente na dimensão da igualdade*. Disponível em: <http://marinoni.adv.br/artigos.php>. Acesso em: 21 abr. 2015).

com a igualdade dos jurisdicionados diante das decisões se todas estas se limitassem à mera aplicação da lei, bastaria a igualdade de tratamento, em abstrato, pela lei, o que, porém, de modo algum é suficiente.

Conforme já mencionava François Ost[13] em seus estudos, a postura do juiz mudou dentro dos modelos de Estado que foram adotados ao longo da história do Direito, passando de um juiz "boca da lei", chamado em seus estudos de Juiz Júpiter, para um juiz comprometido com os valores constitucionalmente adotados em um Estado Democrático de Direito, chamado de Juiz Hermes.

Diante disso, não se pode negar que uma maior preocupação com alguns valores como a uniformidade[14] e a continuidade do Direito, bem como a segurança jurídica devem nortear a atuação dos órgãos jurisdicionais.

Assim, a convergência fica clara nos sistemas baseados no *civil law*, pois já não se pode mais negar o crescente valor das decisões judiciais na orientação de casos futuros semelhantes nesse sistema, o que, para Katja Funken[15], permitiria afirmar que apesar da inexistência de uma

---

13 OST, François. Júpiter, Hércules, Hermes: Tres modelos de Juez. In: DOXA, n. 14, 1993, p. 169-194. Disponível em: <http://www.cervantesvirtual.com/servlet/SirveObras/0136062987 2570728587891/index.htm>. Acesso em: 13 abr. 2015.

14 Sobre o valor da uniformidade, dispõe Taruffo: "Le giustificazioni che stanno alla base di questa generale aspirazione sono varie e non possono essere qui esaminate in modo completo1 . Per indicare solo quelle a cui si fa più spesso riferimento si può ricordare anzitutto l'esigenza di assicurare la certezza del diritto, dato che una giurisprudenza uniforme evita l'incertezza nell'interpretazione del diritto e la conseguente varietà e variabilità delle decisioni giudiziarie. Si fa inoltre riferimento alla garanzia dell'uguaglianza dei cittadini di fronte alla legge, in base al principio dello stare decisis tipico degli ordinamenti angloamericani, secondo cui casi uguali debbono essere decisi in modo uguale [...] E' facile vedere che queste giustificazioni non sono in contrasto tra loro, ed anzi convergono verso la necessità che l'interpretazione e l'applicazione del diritto siano il più possibile uniformi ecostanti. Alla base di esse, e malgrado le rispettive differenze di formulazione, si intravede una immagine ideale dell'ordinamento giuridico secondo la quale esso dovrebbe essere completo e sincronicamente coerente, statico ed uniforme, e dovrebbe anche assicurare che tutte le controversie che sorgono al suo interno trovino una soluzione stabile ed unitaria" (TARUFFO, Michele. Le funzioni delle corti supreme tra uniformità e giustizia. In: *Revista Eletrônica de Direito Processual*, v. XIV, ano 8, jul.-dez./2014, p. 438).

15 Nas palavras do autor, *in verbis:* "Despite the absence of a formal doctrine of stare decisis in Civil Law countries, precedents have a de facto binding effect in both Civil and Common Law jurisdictions". (FUNKEN, Katja. *The best of both worlds - the trend towards convergence of the civil law and the common law system.* Disponível em: <http://www.jurawelt.com/sunrise/media/mediafiles /13598/convergence.pdf>. Acesso em: 18 mai. 2015).

doutrina formal como a do *stare decisis*, os precedentes têm um efeito vinculante "de fato" também no sistema do *civil law*.

Contudo, se essa for uma opção do ordenamento jurídico é preciso que se faça com bases teóricas, com o envolvimento intenso no aprimoramento de uma verdadeira teoria dos precedentes no Direito brasileiro, capaz de garantir a racionalidade que se espera do sistema jurídico.

Vale lembrar que a adoção de um sistema de precedentes vinculantes tem também sua razão de ser, pois privilegia valores caros à sociedade atual, tais como a racionalidade, a isonomia no tratamento de casos semelhantes, a previsibilidade e a segurança dos jurisdicionados[16].

No mesmo sentido, Katja Funken alerta para a necessidade de analisar os prós e os contras da convergência entre os sistemas e para o fato de que a uniformidade não pode ser um fim em si mesma[17].

A grande diferença entre os sistemas estudados, no que concerne ao papel do precedente judicial é que no sistema do *common law*, o pre-

---

16 Zaneti alerta para o fato de que estas não podem ser as únicas justificativas, apresentadas sem maiores ponderações: "Por estas razões, limitar as razões para adoção de *precedentes normativos formalmente vinculantes* na igualdade, na previsibilidade (confiança legítima e segurança jurídica) e na efetividade (duração razoável dos processos), muito embora correto, se mostra insuficiente para justificar, do ponto de vista de uma teoria da argumentação no Estado Democrático Constitucional, as razões para a adoção do precedente. [...] A necessidade de previsibilidade, que se desdobra em confiança legítima por parte do cidadão em relação aos órgãos de administração da justiça e segurança jurídica, consistente no maior grau de certeza possível sobre o que é o direito, permitindo aos cidadãos exercerem suas liberdades mediante tráfegos econômicos e sociais tutelados pelo direito, obriga que tradições jurídicas fundadas na legalidade disciplinem claramente na lei qual a força normativa dos precedentes, dando conteúdo *de jure*, formal, à vinculatividade das decisões dos tribunais" (ZANETI JR., Hermes. Precedentes (*treat like cases alike)* e o novo código de processo civil; universalização e vinculação horizontal como critérios de racionalidade e a negação da "jurisprudência persuasiva" como base para uma teoria e dogmática dos precedentes no Brasil, *Revista de Processo*, v. 235, São Paulo: Revista dos Tribunais, 2014, p. 293).

17 O autor vai além e reconhece que se a convergência ameaça a identidade de um sistema jurídico, é hora de dar um passo atrás: "However, one should not overemphasise the significance and desirability of convergence. It is important to keep in mind that uniformity should never become an end in itself, unrelated to identifiable mutual benefits, but merely striving for simplicity. This is also important as to the preservation of cultural authenticity, variety and richness. When the forces of convergence threaten what gives a people its cultural identity, the mark is clearly overstepped and it is time to draw back and reconsider" (FUNKEN, Katja. *The best of both worlds – the trend towards convergence of the civil law and the common law system.* Disponível em: <http://www.jurawelt.com/sunrise/media /mediafiles/13598/convergence.pdf>. Acesso em: 18 mai. 2015).

cedente aparece com a força de ditar norma a ser aplicada em casos futuros, enquanto no *civil law*, o precedente não tem o condão de obrigar o magistrado, mas apenas e, quando muito, de orientar na interpretação da lei em casos futuros. O precedente, conforme aponta Tucci, é apenas "fonte de conhecimento do conteúdo normativo da lei"[18].

Ao final do presente trabalho pretende-se demonstrar que a escalada crescente rumo à vinculação do precedente atende a esses objetivos, contudo, se o que se deseja é consagrá-los, isso não pode ser feito de maneira acrítica. O que se vê, hoje, é uma grande dificuldade de utilizar conceitos e institutos próprios da *common law*, como, por exemplo, os termos "jurisprudência", "precedentes", "julgados" e assim por diante, bem como pela existência de decisões conflitantes, contraditórias dentro da mesma Corte, o que fulmina a coerência de um sistema que pretende garantir aos órgãos judiciais a função uniformizadora.

2. O precedente vinculante na cultura jurídica dos Estados Unidos

Antes de adentrar na análise da tendência crescente à vinculação do precedente no Direito brasileiro e dos institutos responsáveis por essa escalada, importa analisar a cultura jurídica norte-americana, construída sobre as bases do *common law* e onde a política do *stare decisis* exige que as Cortes subordinadas sigam o precedente firmado pela Corte de última instância.

Se a proposta brasileira é seguir o caminho da vinculação do precedente calcado nos benefícios que essa técnica traz em sistemas que a adotam, nada melhor que analisar um grande expoente desses sistemas para daí extrair algumas conclusões sobre como o sistema funciona em países que de fato possuem uma teoria dos precedentes.

---

18 Acrescenta Tucci, sobre este aspecto, que: "Na órbita do direito codificado, por outro lado, predomina a orientação de que a jurisprudência não goza de força vinculante. Prevalece, portanto, a ideia de que o precedente tem eficácia meramente persuasiva. Com efeito, é opinião corrente, sob esse aspecto, que as decisões judiciais não são consideradas fonte de produção do Direito, mas apenas "fonte de conhecimento" do conteúdo normativo da lei, e que, portanto, não se impõem ao juiz. O precedente, na verdade, nas hipóteses de dúvida, presta-se a auxiliar o julgador no processo hermenêutico em busca da correta determinação do cânone legal aplicável ao caso concreto. Apresenta-se, assim, com uma particular carga de persuasão pelo simples fato de constituir indício de uma solução racional e socialmente adequada" (TUCCI, José Rogério Cruz e. *Precedente judicial como fonte de direito*. São Paulo: RT, 2004, p. 13).

O conceito de precedente é fornecido de maneira simples e didática por Charles D. Cole[19], para quem é uma regra criada por Corte superior aplicada a fatos relevantes que fundamentaram a questão levada à decisão pela Corte.

O precedente no sistema norte-americano é criado pela Suprema Corte de cada Estado para as situações que envolvam a lei estadual e a Constituição Estadual ou pela Suprema Corte Federal, nos assuntos pertinentes à Constituição e à lei federal[20]. A norma jurídica criada no julgamento de um caso, que constitua precedente, será sempre vinculante para as Cortes subordinadas à Corte de última instância que realizou o julgamento paradigmático.

É preciso, porém, minudenciar essa análise.

A compreensão da organização judiciária norte-americana é indispensável à comparação proposta neste tópico. De maneira bem simplificada, analisando a estrutura federal, pode-se dizer que os Estados Unidos da América são divididos em noventa e quatro distritos judiciais (comarcas), com uma *federal district court* em cada distrito, com jurisdi-

---

19 Segundo o autor: "A doutrina do *stare decisis* na cultura jurídica dos Estados Unidos simplesmente significa que uma vez que a Corte de última instância no sistema judiciário federal ou estadual decida um princípio de direito para o caso em julgamento, estabelecendo, assim, um precedente, a Corte continuará a aderir a este precedente, aplicando-o a casos futuros em que os fatos relevantes sejam substancialmente os mesmos, ainda que as partes não sejam as mesmas. Portanto, "precedente" é a regra jurídica usada pela Corte de última instância no local em que o caso foi decidido, aplicado aos fatos relevantes que criaram a questão de mérito levada perante a Corte para decisão" (COLE, CHARLES D. *Stare Decisis* na cultura jurídica dos Estados Unidos - O sistema de precedentes vinculantes do *commom law*, *Revista dos Tribunais*, v. 752, São Paulo, Revista dos Tribunais, 1998, p. 11).

20 Sobre a organização do Judiciário norte-americano, dispõe a autoar: "Under this system of federalism, the states sit side by side with the national government as autonomous, sovereign entities. Just as the national or federal government has legislative, executive, and judicial branches, each of the 50 states has its own legislative, executive, and judicial branches, created pursuant to state law. The state courts are the ultimate arbiters of state law, as long as there is no inconsistency or interference with federal law; the federal courts, and ultimately the Supreme Court of the United States, are the final judicial authorities on matters of federal law" Analisando a estrutura do Judiciário como uma pirâmide, dispõe o autor que: "The federal courts are organized along a hierarchy that takes the form of a pyramid. At the base of the pyramid are the U.S. district courts; in the center of the pyramid are the federal courts of appeals; and at the apex sits the Supreme Court of the United States" (FINE, Toni Jaeger. Stare decisis and the binding nature of precedent in the United States of America. In: MOURA, Solange Ferreira de. PINHO, Humberto Dalla Bernardina de. *Coletânea de artigos científicos*: celebração ao XIV Intercâmbio dos cursos de Direito da Estácio. Santa Cruz do Sul: Essere nel mondo, 2014, p. 150).

ção sobre as mais variadas matérias. Ainda sobre a organização judiciária, há uma divisão em doze circuitos, cada um contendo uma *federal court of appeal*. A Suprema Corte norte-americana tem jurisdição nacional e encontra-se no topo da pirâmide do Judiciário, capaz de proferir a última palavra sobre a lei federal, conceito que deve ser compreendido dentro das bases do *civil law*.

No sistema descrito acima, as regras criadas pela Suprema Corte no julgamento de seus casos são capazes de vincular todas as cortes inferiores. As decisões de cada *federal court of appeal* são vinculantes em cada circuito no qual a Corte é hierarquicamente superior. Já as decisões das cortes distritais não são capazes de tornar-se vinculantes, em razão da organização hierárquica já analisada.

O que garante a observância do precedente no sistema jurídico norte-americano é o princípio do *stare decisis*, que pauta o ordenamento e permite a formação de um "corpo" de precedentes, como bem aponta Toni Jaeger-Fine[21], que guia as Cortes nas decisões subsequentes. Vale lembrar também que, mesmo havendo contemporaneamente uma gama de legislações federais vigentes no ordenamento norte-americano, as decisões judiciais não se limitam a aplicá-las, como se faz nos países de *civil law*, os casos ainda são resolvidos pela observância de decisões anteriores, em situações semelhantes, mesmo para garantir parâmetros na aplicação das normas postas[22].

---

21 De acordo com a autoar: "Stare decisis is a Latin term that technically means "let it stand"; the "it" refers to precedent, or earlier decided cases. Stare decisis thus is the tendency of courts in the United States to follow legal principles announced by earlier courts on similar legal issues when presented with similar material facts. In this way, the accumulation of earlier decided cases forms a body of precedent that guides courts in subsequent decisions" (FINE, Toni Jaeger. *Stare decisis* and the binding nature of precedent in the United States of America. In: MOURA, Solange Ferreira de. PINHO, Humberto Dalla Bernardina de. *Coletânea de artigos científicos*: celebração ao XIV Intercâmbio dos cursos de Direito da Estácio. Santa Cruz do Sul: Essere nel mondo, 2014, p. 150).

22 *Idem*, p. 149: "Historically, there was a dearth of legislation and courts were often called upon to resolve disputes as to matters that were not addresses by statutory law. In order to develop a consistent, fair, and informed method for resolving such cases, they looked to the decisions of other courts that had addressed similar legal questions. When the facts presented were similar, the courts often followed the rulings laid down in earlier cases. Today, although there is far more federal and state legislation in the United States covering a wide swath of activity, legislation often contains gaps and ambiguities. When faced with such statutes, U.S. courts do not resolve the resulting uncertainty with reference to broad rules for statutory construction in the style of the civil law tradition; rather, they resolve such questions by looking to the common law - decisions of other judges whose collective wisdom would inform a fair and equitable result."

Em razão dessa técnica jurídica, aqueles diretamente envolvidos com o Direito no sistema norte-americano têm uma postura própria diante de um caso colocado à decisão perante o Judiciário. A pesquisa jurídica faz com que os interessados encontrem casos extremamente semelhantes e possam, com grande proximidade do que ocorrerá, prever a decisão que será imposta ao conflito.

Para a referida pesquisa, porém, existem métodos que são ensinados desde a graduação, incutidos na mente de um aluno que passa por um processo de aprendizado voltado para a pesquisa e participação ativa das aulas ministradas. Conforme afirma Cole[23] em seu estudo já mencionado linhas acima, "o ensino do direito através de aulas expositivas não fornece uma base satisfatória para os alunos de direito para entender situações fáticas que lhes sejam apresentadas com o objetivo de análise, pesquisa ou previsibilidade".

A realidade do ordenamento jurídico que se pauta pela política do *stare decisis* é diferenciada desde a graduação, com a preparação dos alunos para a pesquisa jurídica apta a, no futuro, fornecer a previsibilidade adequada. Poder-se-ia ir mais além e dizer que a realidade se inicia mesmo fora das Faculdades de Direito, pois, na mente do leigo, já está incutida a ideia de que a solução a ser dada a seu problema é previsível, o que pode influenciar diretamente, inclusive, o interesse de ingressar em Juízo.

Importa lembrar que nos Estados Unidos apenas se entende como precedente o que se forma a partir da decisão da maioria da Suprema Corte Estadual ou Federal. Caso a decisão não seja dada por maioria, terá ela apenas um efeito persuasivo, mas não será capaz de vincular. A persuasão deixará margem para a aplicação em maior ou menor medida em casos decididos por Cortes inferiores, conforme o juízo do julgador de conformidade com o caso por ele decidido.

Neste ordenamento, em que o Direito é pautado pela previsibilidade e segurança que decorrem da vinculação a decisões anteriores, por óbvio, em nome não só da coerência sistêmica, mas de um ideal de justiça é indispensável que haja meios para superação de um precedente que já não se mostre mais adequado genericamente ou apenas a um determinado caso.

O precedente pode ser revisto pela maioria da Suprema Corte desde que entenda que aquela decisão anterior tomada pelo mesmo órgão já não tem mais ressonância com a realidade social em que se insere,

23 COLE, CHARLES D. *Stare decisis* na cultura jurídica dos Estados Unidos - O sistema de precedentes vinculantes do *commom law*, *Revista dos Tribunais*, v. 752, São Paulo, 1998, p. 17.

podendo ser alterada a interpretação anteriormente dada a um princípio de direito aplicável ao caso ou pode haver alteração pela percepção de que o caso submetido à decisão é diverso.

Certo é que o precedente ostenta força vinculante e a base sobre a qual se constrói a racionalidade do sistema, contudo, não é imutável, podendo ser alterado quando for superado pela Corte Superior, seja porque mostrou-se equivocado ou mesmo insuficiente, o que, na cultura baseada no *stare decisis* chama-se de *overruling*. Não é esta, porém, a única forma de superação. O precedente pode deixar de ser aplicado a um caso pela mera diferenciação, por se constatar que não está presente o mesmo suporte fático capaz de justificar sua aplicação, o que denomina-se *distinguishing*.

A noção de universalização nesses ordenamentos precisa se associar à possibilidade de evolução do sistema, pela superação de precedentes equivocados ou pelo reconhecimento de sua inaplicabilidade frente às nuances do caso em análise.

De todo exposto acima, com a análise da definição do precedente, de sua criação, de sua superação e, além disso, da inclusão da política do *stare decisis* na cultura jurídica e no ensino acadêmico fica evidente que o sistema norte-americano, como devem ser aqueles que propõem adotar a força vinculante do precedente, possui uma teoria dos precedentes, capaz de nortear os aplicadores, pesquisadores e a própria sociedade.

3. Cautelas necessárias na adoção do precedente

Como se pode extrair da análise do sistema norte-americano e fazendo uma síntese daquilo que norteia os sistemas anglo-saxões onde o precedente é tido como vinculante, passamos a conceituar os principais instrumentos de superação do precedente adotado por países que dispõem de uma consolidada teoria dos precedentes.

Num primeiro momento, antes que se possa definir a vinculação ou não de um dado precedente a um caso concreto é preciso valorar as peculiaridades da situação em análise, avaliando se o substrato fático é análogo àquele do caso paradigmático que gerou o precedente. Essa adequação recebe o nome de *distinguishing*[24]. Caso não seja possível

24 Na definição de Luiz Henrique Volpe Camargo: "E no *commom law* o juiz deverá criar solução própria para o processo quando, mediante comparação, constatar a existência de particularidade relevante que o diferencie, que o individualiza, que, enfim, o distinga (discrímen) do precedente e caso não exista outra regra exata para a questão. Este ato de comparar, constatar disparidade e afastar a aplicação obrigatória do precedente é denominado *distinguishing*" (CAMARGO, Luiz

adequar a *ratio decidendi* ao caso em questão, poderá o magistrado afastar o precedente, sem aplicá-lo, demonstrando-se, com isso, que não há uma cega vinculação.

Para Elpídio Donizetti aqui se insere a importância da motivação. "Essa motivação quer dizer que as decisões judiciais não devem apenas se reportar a artigos de lei, a conceitos abstratos, a súmulas ou ementas de julgamentos. Elas devem expor os elementos fáticos e jurídicos em que o magistrado se apoiou para decidir"[25]. O mesmo pode ser aplicado ao ordenamento jurídico brasileiro para que não se fira a segurança jurídica e a uniformidade que se busca nas decisões judiciais.

Contudo, não apenas no momento da adequação do caso ao paradigma será feita a distinção. A superação do precedente pode se dar pela revogação do entendimento, seja porque os valores dominantes na sociedade já não permitem que aquele precedente se mantenha de pé ou até mesmo porque houve erro em sua criação. A essa superação dá-se o nome de *overruling*[26].

Henrique Volpe. A força dos precedentes no moderno processo civil brasileiro. In: WAMBIER, Teresa Arruda Alvim. *Direito jurisprudencial.* São Paulo: Revista dos Tribunais, 2012, p. 556). Para Rodolfo Camargo Mancuso: "O afastamento dos *binding precedentes* só pode se dar excepcionalmente, mediante a demonstração cabal de que a *ratio decidendi* exposta no caso paradigma não se aplica ao caso *sub judice*, em virtude de certas singularidades na situação de fato deste último; do contrário, prevalece o milenar princípio *stare decisis et non quieta movere*, a balisar o julgamento de casos futuros e análogos" (MANCUSO, Rodolfo de Camarga. *Divergência jurisprudencial e súmula vinculante*. 4. ed. São Paulo: Ed. RT, 2010, p. 29).

---

25 DONIZETTI, Elpídio. A força dos precedentes no novo código de processo civil. Disponível em: <http://www.revistas.unifacs.br/index.php/redu/article/view/3446>. Acesso em: 27 abr. 2015.

26 Analisando o *overruling:* "*Overruling*, portanto, é o método de trabalho de juízes de tribunais onde, depois da reavaliação dos fundamentos que levaram à formação de um precedente que ordinariamente se aplicaria ao caso em julgamento, decide-se por cancelar a fórmula anterior e atribuir uma interpretação, total ou parcialmente, diferente da antecedente. O *overruling* pode ter *retrospective effects* (efeitos pretéritos) ou *prospective effects* (efeitos para o futuro). Quando de atribui efeitos pretéritos (*retrospective effects)* (ex *tunc)*, na prática, o jurisdicionado é julgado com base em regra norva, não existente no momento em que agiu ou se omitiu indevidamente. Portanto, o jurisdicionado é surpreendido com novo modelo de conduta. Como explica Teresa Arruda Alvim Wambier, em casos tais "a parte sucumbente vai ser punida não porque deixou de cumprir um dever que tinha, mas porque deixou de cumprir um dever criado depois de ocorrida a sua conduta". Quando, de outro lado, se realiza *overruling* com efeitos prospectivos (*prospective effects)* a nova orientação do tribunal valerá da data da decisão de virada para frente (ex *nunc)* ou de outro marco temporal futuro (pro futuro) esco-

Por óbvio, a referida mudança não pode surpreender de imediato o jurisdicionado, acostumado com a visão anterior. Em razão disso, não se pode esquecer que o direito fundamental à imutabilidade da decisão transitada em julgado deve ser resguardado, não podendo o precedente superado ferir a coisa julgada.

Ao lado da superação total do precedente já narrada acima, convive ainda a possibilidade de superação parcial que ocorre quando o tribunal, diante de uma norma jurídica posterior ou um princípio, limita o âmbito de abrangência do precedente, mantendo-o vigente, mas não com a mesma incidência anterior. A essa técnica convencionou-se chamar de *overriding*.

Com tudo o que acima foi dito impõe-se uma conclusão: não se pode dizer que a força do precedente seja capaz de estagnar o sistema jurídico, ao contrário, havendo a técnica devida na sua aplicação, com os meios de superação promovidos em contraditório, permite-se a esperada evolução do Poder Judiciário.

4. Os degraus da escalada rumo à valorização do precedente no Direito brasileiro

Neste ponto, relembramos um estudo muito elucidativo do Professor Barbosa Moreira[27], no qual, há mais de dez anos, já alertava para os riscos da escalada envolvendo súmulas, jurisprudência e precedente. A aproximação do sistema norte-americano permitiria para ele falar num *neocolonialismo*, possivelmente indesejado.

Para confirmar o motivo pelo qual, naquele momento, a valorização desses institutos já era um risco, vale refazer a escalada, desde o primeiro degrau, rumo à valorização do precedente.

Com foco na sobrecarga do trabalho das Cortes Superiores, em 1963 foi criada a chamada Súmula da Jurisprudência do Supremo Tribunal Federal que, embora não dispusesse de eficácia vinculante na legislação ou no regimento interno do Tribunal era observada por tri-

lhido pela Corte, que deve ser expressamente consignado no corpo do novo precedente. (CAMARGO, Luiz Henrique Volpe. A força dos precedentes no moderno processo civil brasileiro. In: WAMBIER, Teresa Arruda Alvim. *Direito jurisprudencial.* São Paulo: Revista dos Tribunais, 2012, p. 569-570).

27 BARBOSA MOREIRA, José Carlos. Súmula, jurisprudência, precedente: uma escalada e seus riscos. In: *Temas de direito processual.* 9ª série. São Paulo: Saraiva, 2007.

bunais inferiores, muitas vezes servindo de fundamento suficiente para suas decisões.

Em 1993, com a Emenda Constitucional nº 3, tem-se o acréscimo do artigo 102, § 2º, na Constituição Federal, que atribui eficácia *erga omnes* e vinculante às decisões proferidas pelo Supremo em ações diretas de inconstitucionalidade ou de declaração de constitucionalidade.

Indo além e espalhando o ideal constitucional para a legislação inferior, o legislador de 1995, por meio da Lei nº 9.139, inseriu o artigo 557 no Código de Processo Civil atribuindo ao relator dos tribunais a competência para negar seguimento a recurso contrário à súmula do respectivo tribunal ou de tribunal superior, o que foi complementado pela Lei nº 9.756, de 1998, que atribui também a competência para dar seguimento, por decisão monocrática, a recurso sempre que a decisão recorrida estivesse em manifesto confronto com súmula ou jurisprudência dominante do STF ou Tribunal Superior, conforme artigo 557, § 1º-A.

Conforme se percebe da evolução acima, não apenas as decisões dos Tribunais Superiores passam a ter eficácia persuasiva decisiva, para não dizer vinculante, mas também se reforçam as decisões dos próprios tribunais inferiores já que recursos passam a ser obstados com base unicamente em confronto com a jurisprudência dominante ou súmula editada pelo respectivo tribunal.

Novamente chama-se atenção para o fato de que nem sempre o termo acima (jurisprudência dominante) foi usado com a mais apurada técnica.

Já em 2001, a Lei nº 10.352 reforça o valor dos precedentes ao prever a dispensa da remessa obrigatória no caso de a sentença estar calcada em jurisprudência do Plenário do Supremo Tribunal Federal ou em súmula dos tribunais superiores[28]. Veja-se que neste momento o legislador não exigiu que a jurisprudência seja sequer dominante, ou por impropriedade técnica ou mesmo por livre opção, bastando que haja julgamento do plenário do Supremo Tribunal Federal.

Prosseguindo na análise dos degraus, a Emenda Constitucional nº 45/2004 criou o que, para muitos foi o maior avanço rumo à eficácia vinculante dos precedentes judiciais no ordenamento brasileiro. A súmula vinculante[29], inserida no artigo 103-A da Constituição Federal,

---

28 MADEIRA, Daniela Pereira. A força da Jurisprudência. In: FUX, Luiz (Org.). *O novo código de processo civil brasileiro. Direito em expectativa (reflexões acerca do projeto do novo código de processo civil).* Rio de Janeiro: Forense, 2011, p. 565.

29 Taruffo analisa várias técnicas utilizadas por diversos ordenamentos jurídicos para alcançar a uniformidade e, dentre elas, lança um olhar sobre as súmulas vinculantes do sistema brasileiro: "Una tecnica analoga molto interessante, e per certi versi

permite ao STF, após reiteradas decisões sobre dado assunto, respeitado o quórum constitucional, editar súmula que será vinculante em relação ao Judiciário e órgãos da Administração Pública direta e indireta, sendo esses órgãos compelidos a adotar a tese consagrada.

A mesma emenda impôs, ainda, um requisito para a admissão de recursos extraordinários pelo Supremo, a demonstração de repercussão geral do recurso.

As alterações, no âmbito da legislação infraconstitucional, tornaram-se ainda mais intensas a partir da legitimação dada pelo constituinte com a súmula vinculante. Tem-se, então, em 2006, por meio da Lei nº 11.418, a regulamentação do procedimento da repercussão geral, pressupondo sua existência sempre que o recurso impugnar decisão contrária a súmula ou jurisprudência dominante do Tribunal, previsão inserida no artigo 543-A do CPC.

O mesmo dispositivo vai além e prevê também que, uma vez negada a existência de repercussão geral, a decisão valerá para todos os recursos baseados em tese idêntica, estes que serão indeferidos liminarmente, demonstrando-se a força vinculante da decisão do Tribunal Superior sobre a repercussão geral.

Até aqui fica claro que a súmula vinculante, por si só, não pode ser tida como a única responsável pela inserção da técnica de vinculação dos precedentes em nosso sistema, esta que veio também de maneira decisiva na legislação infraconstitucional em diversos dispositivos.

---

estrema, è quella che fa perno sulle súmulas vinculantes del sistema brasiliano. La formulazione delle súmulas risale ad una prassi consolidata in quell'ordinamento: esse in passato non avevano efficacia vincolante, mentre ora hanno questa efficacia, dopo una riforma costituzionale che risale al 200415. Si tratta di enunciazioni che vengono formulate dal Supremo Tribunal Federal dopo una riunione dei suoi membri ed una votazione (con una maggioranza di due terzi). Esse hanno la funzione di risolvere un contrasto che si sia verificato nella giurisprudenza delle corti inferiori. Vale la pena di osservare che la súmula non deriva dalla decisione di un caso concreto, poichè si tratta di una enunciazione interpretativa formulata in termini generali. Di conseguenza, essa non fa alcun riferimento ai fatti che sono alla base della questione giuridica affrontata, e quindi non può essere considerata come un precedente in senso proprio, ma solo come una decisione che esprime la scelta tra due opzioni interpretative relative a norme generali e astratte16. La sua evidente funzione consiste nell'eliminazione di incertezze e conflitti nell'ambito della giurisprudenza, assicurandone l'uniformità. Per questo scopo si prevede che essa abbia efficacia vincolante per tutti i giudici ed anche per tutti gli organi pubblici dello Stato federale" (TARUFFO, Michele. Le funzioni delle corti supreme tra uniformità e giustizia. In: *Revista Eletrônica de Direito Processual*, v. XIV, ano 8, jul.-dez./2014, p. 440)

Basta lembrar também da previsão dos recursos repetitivos e seu julgamento por amostragem, previstos nos artigos 543-B e 543-C do CPC, aplicados ao recurso especial e extraordinário que permite aos Tribunais Superiores o julgamento por amostragem de questões tidas como repetitivas e a aplicação da tese definida a todos os casos idênticos que ficaram suspensos nos juízos inferiores. O descumprimento da tese fixada permite ao Tribunal Superior, inclusive, a cassação das decisões inferiores reticentes.

Para não entrar na análise das numerosas críticas existentes, apenas citaremos como último exemplo da escalada o artigo 285-A do CPC, inserido também em 2006, pela Lei nº 11.277, que atribui eficácia persuasiva, novamente para não dizer vinculante, ao julgamento de um juiz singular de primeiro grau, este que, com base em seus próprios julgados anteriores, pode decidir pela improcedência liminar de causa dita repetitiva.

Com base apenas na apresentação dos exemplos mais aclamados fica clara a evolução da legislação brasileira em busca de conferir cada vez mais força à jurisprudência e ao precedente judicial. O mesmo ideal também orientou a criação do novo Código de Processo Civil, a Lei nº 13.105, de 16 de março de 2015 que, uma vez em vigor, suscitará certamente algumas dúvidas decorrentes dessa opção.

5. A valorização do precedente judicial no novo Código de Processo Civil

5.1. Das disposições gerais

Buscando demonstrar que a valorização do precedente judicial continua a ser uma constante na legislação processual brasileira, passamos agora à análise dos principais institutos que atendem a essa finalidade no novo Código de Processo Civil.

Em momento preliminar, ao dispor sobre os elementos e os efeitos da sentença, o legislador houve por bem estabelecer que a simples aplicação de precedente ou seu mero afastamento não servem à fundamentação de qualquer decisão judicial, conforme dispõe o artigo 489.

O legislador deixou implícita na sua previsão a necessidade de que cada julgador encontre a *ratio decidendi* do julgamento paradigmático do qual pretende se valer e demonstre sua adequação ou não ao caso sob julgamento, valendo-se da técnica conhecida como *distinguishing* do Direito anglo-saxão.

A menção serve para corrigir um grave equívoco da prática judicial e demonstra a preocupação com uma técnica mais apurada na valorização dos precedentes, deixando evidente que a preocupação não é apenas com a celeridade, mas com a segurança do jurisdicionado, a isonomia e com as garantias constitucionais inerentes ao devido processo legal, como a fundamentação.

De maneira não tão cautelosa, em capítulo que tratava especificamente do precedente judicial, o projeto, após sua submissão a uma comissão especial destinada a proferir parecer sobre suas disposições, apresentava dispositivo que estabelecia certa hierarquia dos precedentes e trazia uma espécie de roteiro segundo o qual deveriam os juízes aplicá-los, contendo expressão impositiva para que não restassem dúvidas de que as disposições deveriam ser aplicadas pelos magistrados[30].

A disposição encontrava-se no substitutivo ao PL nº 8.046/2010.

A partir da previsão acima percebe-se que o novo CPC adotava reiteradamente o termo *precedente*, sem se atentar para a técnica na sua utilização, sem perceber o que de fato significa o termo e de onde ele provém. Além disso, dava força vinculativa aos julgamentos de tribunais inferiores, estes que deveriam ser observados pelos respectivos tribunais e pelos juízes que os integrassem, em caráter de obrigatoriedade.

Vê-se que o Código ia muito além do esperado, avançando muito na escalada aqui analisada e foi readequado até a promulgação final de seu texto, em que não consta mais um capítulo reservado ao trato dos precedentes, nem menção tão impositiva a sua observância.

Na Lei nº 13.105, em seu livro III, título I, que trata da ordem dos processos e dos processos de competência originária dos tribunais, tem-se agora a previsão da uniformização da jurisprudência como valor caro ao legislador, que deve ser seguido pelos tribunais. Para tanto, relevante é a previsão do artigo 927.

Conjugada a previsão acima à disposição sobre a fundamentação das decisões do artigo 489, percebe-se que a observação das decisões impostas pelo artigo 927 só se justifica na medida em que a *ratio decidendi* do julgamento paradigmático se adequar ao caso analisado pelo julgador. Havendo essa conformidade, a partir do dispositivo acima, deve haver observância, além das súmulas vinculantes e julgamentos do controle concentrados, previsões que são constitucionalmente consagradas, também dos acórdãos em incidente de assunção de competência ou de resolução de demandas repetitivas e em julgamento de recursos extraordinário e especial repetitivos, de súmulas do STF e STJ e da orientação do plenário ou do órgão especial aos quais estiverem vinculados.

---

30 DONIZETTI, Elpídio. *A força dos precedentes no novo código de processo civil*. Disponível em: <http://www.revistas.unifacs.br/index.php/redu/article/view/3446>. Acesso em: 27 abr. 2015, p. 18.

Com isso se vê que o legislador avançou, impondo em disposição genérica aplicável aos tribunais, a necessidade de observância de julgamentos do STF, do STJ e dos próprios tribunais aos quais estão vinculados.

Certo é também que algumas cautelas foram tomadas, como a previsão da possibilidade de superação dos precedentes pelos tribunais superiores, da não aplicação do precedente pelos tribunais inferiores e da modulação[31] dos efeitos da decisão em caso de superação de entendimento anterior.

Porém, como se percebe da análise dos parágrafos do artigo 927, algumas lacunas ainda permanecem como, por exemplo, o que se considera como fundamentação adequada e específica, apta a gerar a modificação de enunciado de súmula e jurisprudência pacificada ou qual o procedimento a ser adotado para tanto, restando a dúvida sobre se, dentro de um caso colocado para julgamento, entendendo ser idônea a fundamentação, poderia o tribunal alterar totalmente seu posicionamento, surpreendendo o jurisdicionado.

Superadas as disposições gerais acima que contemplam a força da jurisprudência no novo CPC, passamos agora à análise de institutos consagrados no diploma processual que representam verdadeiras inovações e reforçam a escalada analisada neste trabalho.

5.2. Do incidente de resolução de demandas repetitivas

Cientes de que a análise do incidente poderia ser objeto de um estudo científico específico faremos aqui apenas sua abordagem superficial, demonstrando em que medida se empenha no reforço do valor do precedente judicial no Direito brasileiro.

As ações coletivas não são suficientes para atender à litigiosidade de massa, pois possuem entraves de difícil solução prática como, por

31 Definição clara sobre a modulação pode ser encontrada nos estudos de Humberto Dalla Bernardina de Pinho: "Modulation of effects consists of a procedural technique of decision that authorizes the Court to limit, in time, the effects of its decisions based on the principle of legal security and the public interest of exceptional importance.31 Thus, a court decision whose effects, as a rule, would be ex tunc, has its limits in time modified, coming into effect at the time of publication of the decision (ex nunc) or at another subsequent moment (pro futuro). The court that has most used modulation of the effects of its decisions in Brazil is the Federal Supreme Court (STF), not least due to its importance within the Brazilian Judiciary" (PINHO, Humberto Dalla Bernardina de. Judicial rulings with prospective effect. General report on brazilian law. *Revista de Processo*, v. 232, jun./2014, São Paulo, Revista dos Tribunais, 2014).

exemplo, a questão da legitimação. Um particular não pode, em seu próprio nome, ajuizar ação coletiva e depende, para tanto, da atuação de um legitimado extraordinário. No momento da decisão, porém, esse mesmo particular que não pôde defender o direito em nome próprio, poderá valer-se da coisa julgada produzida.

O reconhecimento da insuficiência das ações coletivas tem feito o legislador debruçar-se sobre a criação de institutos alternativos, com vistas à efetividade processual. Como bem reconheceu Luiz Felipe Otharan[32], em estudo sobre o tema, no intuito de garantir a celeridade na solução dos conflitos de massa, ciente dos problemas ligados às ações coletivas, criou o legislador o incidente de resolução de demandas repetitivas.

O incidente, conforme apresentado pela lei, poderá ser instaurado no curso de um processo individual[33] que verse sobre controvérsia com potencial de gerar relevante multiplicação de processos baseados em

32 "Segundo o autor: O incidente de resolução de demandas repetitivas previsto no anteprojeto do novo Código de Processo Civil parece que virá a contribuir, caso aprovado, para uma prestação jurisdicional mais efetiva, servindo como uma alternativa importante às ações coletivas que não se mostram tão adequadas em determinados casos. O direito estrangeiro, também preocupado com a celeridade na resolução das lides, principalmente as de massa, vem criando novos institutos. Em alguns países, como demonstrado ao longo deste texto, as ações teste são, igualmente, novidade, sendo necessário algum tempo para verificar se, de fato, servirão para solucionar o inconveniente retardamento na resolução de demandas" (OTHARAN, Luiz Felipe. *Incidente de resolução de demandas repetitivas como uma alternativa às ações coletivas*: notas de direito comparado. Disponível em: <http://www.tex.pro.br/home/artigos/43-artigos-nov-2010/4647-incidente--de-resolucao-de-demandas-repetitivas-como-uma-alternativa-as-acoes-coletivas--notas-de-direito-comparado>).

33 O procedimento do incidente de resolução de demanda repetitiva encontra-se analisado de maneira simplificada em entrevista concedida por Paulo Cezar Pinheiro Carneiro, que, depois de analisar o processamento do intituto, concluiu ser ele uma das grandes novidades do novo Código: Pelo que se viu, o incidente de resolução de demandas repetitivas é um instituto que me parece extremamente relevante. Reputo-o como uma das grandes novidades do novo Código e que poderá ter um efeito extremamente impactante para o Judiciário como um todo. O incidente é uma das formas pensadas no Projeto para buscar garantir uma tranquilidade para os cidadãos, que terão ciência prévia dos seus direitos e poderão reclamá-los na Justiça, indo ao encontro também dos interesses das próprias empresas e do Judiciário, que esperam, todos, uma ferramenta eficaz para a solução rápida e justa dos conflitos. Espero que o incidente de resolução de demandas repetitivas realmente funcione na prática. (CARNEIRO, Paulo Cezar Pinheiro. Breves notas sobre o incidente de resolução de demandas repetitivas. In: *Revista Eletrônica de Direito Processual*, v. XIV, ano 8, jul.-dez./2014, p. 489).

idêntica questão de direito e de causar grave insegurança jurídica diante da possibilidade de coexistência de decisões antagônicas e será dirigido ao tribunal imediatamente superior. Depois de seu julgamento, o instituto garante a definição de uma tese jurídica comum a diversas ações individuais repetitivas, a qual deverá ser obrigatoriamente adotada nos demais casos.

Segundo ressaltam Andrea Carla Barbosa e Diego Martinez Fervenza Cantoario, em estudo dedicado à análise do instituto, "o que ficar resolvido a respeito da questão jurídica comum valerá para todos os demais processos, qualquer que seja o sentido em que se pronunciar o Tribunal"[34].

Há efetiva vinculação à resolução da questão jurídica, com projeção da razão de decidir para os casos idênticos, o que confere efeito verdadeiramente vinculante da decisão de um tribunal de segundo grau, estes que, durante a tramitação do incidente, deverão permanecer suspensos, aguardando a decisão que definirá seu rumo.

Veja-se que o efeito vinculante fica ainda mais evidente quando se observa a possibilidade de aplicação prospectiva da decisão. Segundo dispõe o novo CPC, a tese jurídica fixada no julgamento do incidente será aplicada não só aos casos em curso, eventualmente suspensos durante sua tramitação, mas também a casos futuros, que versem sobre questão idêntica e que venham a tramitar no território de competência do tribunal, conforme se extrai do artigo 985.

Ainda mais emblemática é a disposição do parágrafo 1º do mesmo artigo, que trata da possibilidade de reclamação diante do descumprimento da tese fixada no julgamento do incidente.

Novamente o novo CPC dispõe sobre a possibilidade de revisão da tese jurídica, sem dispor sobre o método como se fará essa revisão. No caso do incidente, a previsão tem especial relevância, pois a fixação e a alteração do entendimento se dão no âmbito do mesmo tribunal, sendo crucial evitar a insegurança nesse momento. Contudo, parâmetros não existem na lei, conforme se extrai do artigo 986.

Como se percebe, o instituto do incidente de resolução de demandas repetitivas é, talvez, o principal degrau na escalada rumo à valorização do precedente judicial, no novo CPC, ao possibilitar a fixação de uma tese jurídica em segundo grau, esta que será aplicada a todos

---

34 BARBOSA, Andrea Carla; CANTOARIO, Diego Martinez Fervenza. O incidente de resolução de demandas repetitivas no projeto de código de processo civil: apontamentos iniciais. In: FUX, Luiz (Org.). *O novo código de processo civil brasileiro. Direito em expectativa (reflexões acerca do projeto do novo código de processo civil).* Rio de Janeiro: Forense, 2011, p. 491.

os casos que versem sobre questão jurídica idêntica, já instaurados ou futuros.

Certamente, como bem apontou Paulo Cezar Pinheiro Carneiro[35] em entrevista sobre o tema, a plena concretização do instituto dependerá da compreensão pelos estudiosos e operadores do Direito, apta a garantir seu manejo adequado.

5.3. Da reclamação

A reclamação constitucional, conforme já conhecemos, sempre foi cabível contra o descumprimento de súmula vinculante ou para preservar a competência do STF e STJ, conforme vem disposto na própria Constituição Federal (arts. 102, I, l; 103-A, § 3º e 105, I, *f*).

Com as previsões do novo CPC, a reclamação teve seu âmbito de incidência muito ampliado e essa é uma importante evidência do reforço do valor dos precedentes no sistema brasileiro, isso porque o descumprimento de precedentes judiciais pode levar à reclamação e consequente cassação da decisão reticente.

O cabimento da reclamação encontra-se previsto no artigo 988.

Agora, de maneira expressa, prevê o Código que a reclamação poderá ser utilizada para preservar a competência e a autoridade das decisões de qualquer tribunal, não apenas de tribunais superiores. Além da previsão genérica de seu cabimento para garantir a autoridade das decisões, o legislador reforçou a importância dos julgamentos de casos repetitivos prevendo que, havendo descumprimento da tese fixada, caberá reclamação.

Em todos os casos que comportam a reclamação, sendo ela julgada procedente, conforme artigo 992, haverá cassação da decisão exorbitante ou determinação de medidas adequadas à solução da controvérsia.

Com base no disposto fica mais do que patente que o julgador pode até não ser expressamente obrigado a seguir decisões do tribunal

35 Na opinião do autor: "O incidente é uma das formas pensadas no Projeto para buscar garantir uma tranquilidade para os cidadãos, que terão ciência prévia dos seus direitos e poderão reclamá-los na Justiça, indo ao encontro também dos interesses das próprias empresas e do Judiciário, que esperam, todos, uma ferramenta eficaz para a solução rápida e justa dos conflitos. Espero que o incidente de resolução de demandas repetitivas realmente funcione na prática. Todavia, é inegável que a sua plena concretização dependerá, e muito, da sua compreensão e do seu manejo pelos aplicadores e demais operadores do direito" (CARNEIRO, Paulo Cezar Pinheiro. Breves notas sobre o incidente de resolução de demandas repetitivas. In: *Revista Eletrônica de Direito Processual*, v. XIV, ano 8, jul.-dez./2014, p. 489).

superior, mas, não as seguindo, assume o risco de ter sua decisão cassada, pois viola a autoridade das decisões do tribunal superior a ele e isso pode dar ensejo à reclamação junto ao Tribunal.

Não se fala, neste dispositivo, em jurisprudência dominante, precedente vinculante, não se fala apenas em súmula de jurisprudência dominante, fala-se também em garantia da autoridade das decisões do tribunal, o que pode ir muito além de todos esses conceitos. A perfeita definição dos limites da reclamação neste caso não foi feita pelo legislador e por certo será objeto de controvérsia quando da vigência do novo CPC.

Aqui vale ainda fazer um juízo futurístico: se os tribunais ou juízes inferiores não se amoldarem aos julgamentos dos juízos superiores em situações semelhantes, possivelmente a celeridade será ameaçada pelo número de reclamações interpostas de seus julgados.

5.4. Dos recursos extraordinário e especial repetitivos

Ainda na análise dos institutos que fortalecem o precedente judicial no novo Código de Processo Civil, importante atenção deve ser dispensada ao tratamento do julgamento dos recursos repetitivos, disciplina que já constava do CPC/73, mas que foi reformulada na Lei nº 13.105, conforme se verá a seguir[36].

---

36 Analisando o projeto de novo CPC, quando ainda estava em tramitação, Luiz Henrique Volpe Camargo apresenta cinco motivos pelos quais é possível dizer que o diploma aperfeiçoou a técnica de julgamento repetitivo dos recursos especiais: "O Código de Processo Civil Projetado (PLS 166/2010/PL 8.046/2010) mantém e aperfeiçoa a técnica por diversos motivos. Primeiro porque no art. 991, *caput,* coloca fim ao juízo de admissibilidade bipartido para os recursos especiais repetitivos, relegando apenas ao tribunal *ad quem* o seu exame, eliminando, portanto, um filtro para que a questão chegue, desde logo, ao STJ. Segundo porque positiva no § 2º do art. 991 a necessidade de indicação precisa, na decisão de afetamento, da questão jurídica a ser julgada, evitando o capítulo surpresa do acórdão, que foi abordado linhas atrás. Terceiro porque os §§ 3º e 4º do art. 991 passam a prever a suspensão de todos os processos que tratem da questão afetada, em todos os graus de jurisdição, garantindo a igualdade de tratamento em âmbito nacional. Quarto porque o art. 993, fala da obrigatoriedade de aplicação da tese firmada no recurso representativo da controvérsia, reduzindo, com isso, as chances de tratamento anti-isonômico. Quinto porque, no art. 952, parágrafo único, fica positivada a impossibilidade de a parte desistir do recurso especial afetado, em vista do interesse público ínsito ao seu destacamento. Sexto porque o art. 307, II, autoriza a rejeição liminar do pedido, em 1º grau, quando a tese do autor contrariar entendimento firmado no acordão no recurso representativo da controvérsia. Sétimo porque o art. 483, § 3º, III, dispensa o reexame necessário quando a sentença estiver alinhada com a orientação de acórdão proferido pelo STJ em julgamento de casos repetitivos" (CAMARGO, Luiz Henrique Volpe. A força dos precedentes no moderno processo civil brasilei-

O projeto disciplinou numa mesma subseção o julgamento dos recursos extraordinário e especial repetitivos, não separando mais, como fazia o CPC anterior, em julgamento de recurso repetitivo para o STJ e julgamento por amostragem em caso de repercussão geral para o STF. A disciplina agora é idêntica e cabe tanto para o recurso especial como para o extraordinário.

A principal alteração no que diz respeito a esse tema foi a ampliação da abrangência dos efeitos do recurso repetitivo. Conforme as disposições existentes no CPC/73, diante de recursos que versem sobre questões repetitivas, uma vez selecionados os recursos representativos da controvérsia, serão eles encaminhados ao Tribunal Superior, ficando sobrestados os demais recursos especiais ou extraordinários interpostos perante os tribunais de segunda instância.

Na disciplina do novo CPC a afetação de um recurso repetitivo determina o sobrestamento de todos os processos pendentes, individuais ou coletivos, que versem sobre a questão discutida e tramitem no território nacional, conforme se extrai do artigo 1.037.

Perceba-se, com isso, que a suspensão não passa mais a abranger os demais recursos especiais ou extraordinários que tragam a mesma tese que está sendo julgada por amostragem pelo STJ ou STF, mas abrange agora todos os processos em andamento no território nacional que levantem a mesma questão.

Os efeitos do julgamento dos recursos repetitivos assim também se encontram fortalecidos. Isso porque, anteriormente, realizado o julgamento pelos Tribunais Superiores, a tese deveria ser aplicada nos juízos de segundo grau, onde estivessem sobrestados os recursos. Agora, porém com a suspensão de todos os processos que versem sobre questão idêntica, também os juízes de primeiro grau, diante de processos em cursos que levantem a controvérsia objeto de decisão em recurso repetitivo, serão chamados a aplicar a tese jurídica fixada àqueles casos em curso. É o que dispõe o artigo 1.040.

Não há dúvidas de que o efeito do julgamento de recursos repetitivos pelo STJ e STF é vinculante, isso porque determina a solução de casos que versem sobre a mesma questão, desde recursos idênticos que levantem a mesma tese, até processos em andamento, no primeiro grau de jurisdição, que tragam em seu bojo a questão decidida.

O artigo 1.040 é impositivo e não deixa margem de dúvidas quanto à necessidade de observância da tese pelos tribunais inferiores e juízes de primeiro grau, até porque, incumbe lembrar que o descumprimento

ro. In: WAMBIER, Teresa Arruda Alvim. *Direito jurisprudencial*. São Paulo: Revista dos Tribunais, 2012, p. 615-616).

da tese fixada nesses julgamentos é motivo para interposição de reclamação junto ao tribunal cuja tese foi violada e essa reclamação poderá resultar na cassação da decisão do juízo reticente[37].

Roberto de Aragão Ribeiro Rodrigues[38], ainda antes da aprovação do novo CPC, também ressaltou o efeito verdadeiramente vinculante do julgamento dos recursos repetitivos e apontou, ainda, para sua repercussão diante do jurisdicionado cujo procedimento ainda tramita em primeiro grau de jurisdição.

Se já era grande o medo dos repetitivos, capazes de eliminar a controvérsia envolvendo lei federal ou a Constituição antes mesmo que elas chegassem ao STJ ou STF, pelo julgamento de casos ditos idênticos, agora o medo pode ser ainda maior, pois, já em primeiro grau, a causa pode ser decidida pelo julgamento de um recurso de outro caso que já se encontra nos tribunais superiores.

5.5. Do incidente de assunção de competência

Ainda no escopo de analisar o intuito de uniformização que moveu o legislador, não é possível deixar de mencionar, ainda que brevemente, o reformulado instituto da assunção de competência, previsto no Capítulo III do Livro III, nos artigos 947 e ss. do novo Código de Processo Civil.

O instituto permite ao órgão colegiado do tribunal julgador de recurso, remessa necessária ou processo de sua competência originária assumir a competência para seu julgamento diante da relevância da questão de direito.

---

37 Conforme bem sintetizou Daniela Pereira Madeira: "A decisão final do recurso representativo vincula os demais órgãos fracionários que declararão prejudicados os recursos versando sobre idêntica controvérsia ou os decidirão aplicando a tese firmada. E mais, os juízes de primeira instância proferirão sentenças aplicando também a tese firmada" (MADEIRA, Daniela Pereira. A força da jurisprudência. In: FUX, Luiz (Org.). *O novo código de processo civil brasileiro. Direito em expectativa (reflexões acerca do projeto do novo código de processo civil)*. Rio de Janeiro: Forense, 2011, p. 576).

38 Para o autor: Diante desse verdadeiro efeito vinculante, o parágrafo único do artigo 995 atribui à parte a faculdade de desistir da ação em curso no primeiro grau de jurisdição que verse sobre questão idêntica à definida pelo recurso-paradigma, incentivando-a a fazê-lo com a isenção do pagamento de custas e honorários de sucumbência, desde que a desistência ocorra antes do oferecimento da contestação (RODRIGUES, Roberto de Aragão Ribeiro. A tendência uniformizadora da jurisprudência no projeto de novo código de processo civil. In: ROQUE, André Vasconcelos; PINHO, Humberto Dalla Bernardina de (Org.). *O projeto de novo código de processo civil*: uma análise crítica. Brasília: Gazeta Jurídica, 2013, p. 184).

Não é o escopo do presente trabalho, mas vale mencionar que o legislador se valeu, neste instituto, de alguns conceitos jurídicos indeterminados, como a noção de interesse público que, uma vez vislumbrado no recurso, remessa necessária ou causa originária permite seu julgamento pelo colegiado.

O legislador parece ter veiculado a assunção de competência como verdadeiro "soldado de reserva" do incidente de resolução de demandas repetitivas, isso porque, se houver repetição de processos com mesma questão de direito, conforme já foi dito, satisfeitos os requisitos legais, essa questão pode ser submetida à análise do tribunal para que ele defina a tese jurídica correspondente. Se, contudo, não houver multiplicidade de processos capaz de justificar a instauração do incidente em primeiro grau, ainda assim, a uniformização sobre a questão poderá ocorrer quando do julgamento dos recursos ou da remessa necessária.

Certo é que já há previsão dessa possibilidade de julgamento pelo colegiado na legislação processual em vigor, encontrando-se no artigo 555, § 1º, do CPC de 1973, contudo a principal alteração trazida pelo novo CPC, que interessa diretamente a este trabalho é a previsão expressa de que "o acórdão proferido em assunção de competência vinculará todos os juízes e órgãos fracionários, exceto se houver revisão da tese".

Neste tema o legislador estabelece um verdadeiro efeito vinculante da decisão, não mencionando, como em outros temas já analisados, que a decisão deverá ser "observada", o que poderia deixar dúvida sobre sua vinculação, mas prevendo efetivamente que o acórdão vinculará juízes inferiores e órgãos fracionários.

A única exceção a essa vinculação se dá na hipótese de superação da tese jurídica fixada, mas, novamente, o Código não disciplina o procedimento de revisão, cabendo aplicar a previsão contida nas disposições gerais, que, como já visto, também não traz minúcias sobre um procedimento revisório que resguarde o jurisdicionado de uma propagação de decisões divergentes entre si.

O instituto compõe o ideal uniformizador e demonstra o relevo da discussão sobre o efeito vinculante de decisões judiciais no novo Código de Processo Civil, além disso, permite ainda sustentar a necessidade que será posta adiante de seguir esse ideal, além de outros como isonomia e segurança jurídica, mas desenvolvendo parâmetros mais precisos.

6. Ainda precisamos de uma teoria dos precedentes?

A partir da análise já feita e principalmente das disposições do novo Código de Processo Civil, percebe-se a permanência da aplicação confusa dos conceitos de *precedentes, jurisprudência, jurisprudência dominante, jurisprudência pacificada, autoridade da decisão.* Não havendo consenso quanto a esses conceitos permanecerá a dúvida na sua aplicação e isso prova a necessidade de uma teoria dos precedentes, capaz de justificá-los.

Outra prova de que necessitamos ainda da consolidação de uma teoria dos precedentes, caso pretendamos aplicá-los adequadamente de modo a uniformizar a jurisprudência é a ausência na Lei nº 13.105/2015 de explicação da parte da decisão que deverá nortear a atuação dos órgãos inferiores, do mesmo órgão que proferiu a decisão ou dos demais órgãos daquele tribunal.

Em outras palavras, sabe-se, por exemplo, segundo o artigo 926, inciso V, que os juízes e tribunais deverão observar os acórdãos em incidentes de resolução de demandas repetitivas e em julgamento de recursos repetitivos, mas não se sabe, segundo o mesmo Código, o que efetivamente deve ser observado nestes acórdãos. Que tipo de análise deve ser feita? O que efetivamente deve ser observado? Quais os pontos da decisão que não são relevantes e não precisam orientar os demais tribunais?

Em suma: o que é *ratio decidendi*, qual a diferença desta para o chamado *obiter dictum* e mais, como identificar a razão determinante de um julgamento?[39]

---

39 Igor Raatz, em estudo sobre o que chama de precedentes à brasileira, critica o modo de aplicação do precedente no sistema pátrio, sem qualquer consideração sobre o que seria a *ratio decidendi*: "É paradoxal que a *doutrina dos precedentes à brasileira* vise, justamente, a combater os reflexos do subjetivismo do qual ela mesma é caudatária. Mais paradoxal ainda é pretender fazê-lo com boas doses de objetivismo relativamente à interpretação de tais precedentes. Por um lado, o sistema de precedentes obrigatórios não leva em conta os fundamentos da decisão como qualificadores do seu grau de vinculação para as decisões futuras: basta que a decisão tenha sido tomada pelo Superior Tribunal de Justiça em respeito a algum procedimento capaz de conferir-lhe tal força, como, por exemplo, aquele previsto no artigo 543-C do CPC. Vale dizer, o valor do precedente independe do seu conteúdo. O aspecto subjetivista impera nesse primeiro momento, pois não importa como se decidiu, mas, sim, que determinada matéria foi decidida. Com isso, o *precedente* ganha, automaticamente, força vinculante relativamente aos casos futuros. No *common law* uma decisão carente de fundamentação não tem força vinculante, sendo bastante controversa a definição da *ratio decidendi*, ou seja, do elemento que confere força gravitacional a uma decisão, tornando-a um precedente. Além disso, os precedentes não costumam ser pensados para resolverem casos futuros, de modo que sua força vinculante será aquilatada somente no confronto com um novo caso" (RAATZ, Igor. Precedentes obrigatórios ou precedentes *à brasileira*? *Revista Eletrônica de Direito Processual*, v. XI, jul./2013. Disponível em: <http://www.temasatuaisprocessocivil.com.br/edicoes-anteriores/58-v2-n5-maio-de-2012/192-precedentes-obrigatorios-ou-precedentes-a-brasileira>. Acesso em: 18 mai. 2015).

Neste ponto, andava bem o PL nº 8.046/2010, com sua redação definida após a formação da Comissão especial destinada a proferir parecer ao projeto, pois havia alusão expressa no artigo 521, já mencionado nesse trabalho, sobre o que seria a *ratio decidendi* em um acórdão paradigma, bem como aquilo que poderia ser desconsiderado pelo órgão intérprete na análise do julgamento anterior[40].

Em trabalho recente, Luiz Guilherme Marinoni[41] dedicou um tópico específico à análise da *ratio decidendi* e do *obiter dictum* no Projeto de CPC avaliando, a partir da análise dos referidos conceitos na doutrina do *common law*, como foram eles contemplados no nosso diploma processual. Embora relevante, como já demonstrado, a normativa não consta no texto legal definitivo.

No mesmo dispositivo supramencionado havia também menção expressa ao método de distinção do caso sob análise, conhecido no Direito norte-americano como *distinguishing*, prevendo claramente a necessidade de que o juiz avalie e diferencie os casos colocados para julgamento dos casos-modelo.

---

40 "Art. 521. Para dar efetividade ao disposto no art. 520 e aos princípios da legalidade, da segurança jurídica, da duração razoável do processo, da proteção da confiança e da isonomia, as disposições seguintes devem ser observadas:

I - os juízes e tribunais seguirão as decisões e os precedentes do Supremo Tribunal Federal em controle concentrado de constitucionalidade;

II - os juízes e tribunais seguirão os enunciados de súmula vinculante, os acórdãos e os precedentes em incidente de assunção de competência ou de resolução de demandas repetitivas e em julgamento de recursos extraordinário e especial repetitivos;

III - os juízes e tribunais seguirão os enunciados das súmulas do Supremo Tribunal Federal em matéria constitucional e do Superior Tribunal de Justiça em matéria infraconstitucional; [...]

§ 3º O efeito previsto nos incisos do *caput* deste artigo decorre dos fundamentos determinantes adotados pela maioria dos membros do colegiado, cujo entendimento tenha ou não sido sumulado.

§ 4º Não possuem o efeito previsto nos incisos do caput deste artigo os fundamentos:

I - prescindíveis para o alcance do resultado fixado em seu dispositivo, ainda que presentes no acórdão;

II - não adotados ou referendados pela maioria dos membros do órgão julgador, ainda que relevantes e contidos no acórdão.

§ 5º O precedente ou jurisprudência dotado do efeito previsto nos incisos do caput deste artigo poderá não ser seguido, quando o órgão jurisdicional distinguir o caso sob julgamento, demonstrando fundamentadamente se tratar de situação particularizada por hipótese fática distinta ou questão jurídica não examinada, a impor solução jurídica diversa (grifo nosso).

41 MARINONI, Luiz Guilherme. Uma nova realidade diante do projeto de CPC - a *ratio decidendi* ou os fundamentos determinantes da decisão, *Revista dos Tribunais*, v. 918, 2012, p. 28.

Do mesmo modo, como já mencionado em tópico anterior, o Código não explica o modo como o Tribunal poderá alterar um entendimento anterior paradigmático, não explicitando um procedimento a ser seguido para a realização daquilo que é conhecido pela doutrina do *common law* como *overruling*[42].

Embora o Código deixe claro que o magistrado deve fundamentar a decisão explicitando os motivos pelos quais se adequa ou não ao caso paradigmático, não há dispositivo direto como o acima que conceitue um dos mais importantes métodos de revisão ou instrumento técnico de manutenção da estabilidade do precedente, como denominado por Zaneti[43].

Tucci[44], em seus estudos, reconhece que se for analisada a história do direito, os sistemas de direito codificado, que seguiram a orientação

---

42 Igor Raatz lembra da dificuldade de exercer o *overruling* num sistema em que a valorização do precedente de Corte superior leva à verdadeira filtragem das ações desconformes à decisão paradigmática: "Um argumento normalmente utilizado em favor da doutrina dos precedentes obrigatórios é possibilidade de superá-los com argumentos novos, no que consistiria o chamado *overruling*. Porém, como aconteceria o tal *overruling*, se os juízes e os Tribunais devem obrigatoriamente seguir os precedentes do Superior Tribunal de Justiça? Como as partes poderiam exercer o contraditório, influenciando na formação das decisões com argumentos novos, superadores do precedente do Tribunal Superior, se há um forte controle hierárquico sobre as decisões das instâncias inferiores, a exemplo do que acontecia no modelo liberal do processo? O sistema recursal brasileiro, à medida que vem implementando um gradual sistema de valorização dos precedentes, também tem imposto uma filtragem maior para o acesso às Instâncias Superiores. O sistema se limita tornando quase impossível que as partes consigam levar novamente à discussão pelo STJ uma questão já decidida pela mesma Corte, sendo uma falácia o discurso no sentido da possibilidade do *overruling*" (RAATZ, Igor. Precedentes obrigatórios ou precedentes *à brasileira*? *Revista Eletrônica de Direito Processual*, v. XI, jul./2013. Disponível em: <http://www.temasatuaisprocessocivil.com.br/edicoes-anteriores/58-v2-n5-maio-de-2012/192-precedentes-obrigatorios-ou-precedentes-a-brasileira>. Acesso em: 18 mai. 2015).

43 ZANETI JR., Hermes. *O valor vinculante dos precedentes*. Salvador: JusPodivm, 2015, p. 337.

44 "Por mais paradoxal que possa parecer, vem assinalado que, sob o prisma da história do direito moderno, os sistemas de direito codificado também conheceram, além da força natural dos precedentes persuasivos, precedentes com eficácia vinculante, sendo certo que entre esses sobressaía a jurisprudência de cortes superiores (precedentes verticais), como, e.g., os *arrêts de règlement* do Parlamento francês; os "julgamentos das causas maiores" da Rota Romana, da Itália pré-unitária; o regime dos assentos da Casa da Suplicação de Portugal; o prejulgado trabalhista no Brasil; e, ainda hoje, o controle exercido pelo Tribunal Constitucional espanhol sobre as decisões que contrariam precedentes judiciais; e a inusitada regra constante do art. 1, al. 2, do Código Civil suíço, que outorga ao juiz, diante de lacuna da lei, o poder de criar a regra aplicável ao caso concreto" (TUCCI, José Rogério Cruz e. *Precedente judicial como fonte de direito*. São Paulo: RT, 2004, p. 23).

do *civil law*, já adotaram, em algum momento, a forca vinculante dos precedentes judiciais, o que demonstra que, embora pareça paradoxal, a tendência não é tão atual assim.

Se o sistema processual caminha para a crescente valorização da decisão judicial, com vista à uniformização da jurisprudência e à segurança jurídica, é preciso a previsão e estudo de institutos que viabilizem esse ideal[45]. A aproximação entre *common law* e *civil law* é inegável e, se é assim, é preciso assumir a adoção de institutos próprios da família vizinha e elaborar uma teoria própria do nosso sistema processual, adaptado às características do ordenamento brasileiro.

A má aplicação dos precedentes no sistema brasileiro não tem origem apenas legal. Contudo, numa prática jurídica de cópia e colagem de ementas para justificação de pedidos e decisões é indispensável que a doutrina e o legislador ordinário assumam postura ativa no desenvolvimento de uma teoria dos precedentes apta a dar suporte à realidade de

45 O que se quer com isso é evitar a dura crítica feita por José Maria Rosa Tesheiner: "O que, em última análise, se busca é um sistema que elimine o debate, tornando praticamente inúteis as qualidades mais caracteristicamente humanas dos operadores do Direito: as de ponderar e decidir, de inteligência e de vontade, transformando-os em rebanhos submissos às ordens de seus pastores" (TESHEINER, José Maria Rosa. Contra os precedentes obrigatórios. *Revista Páginas de Direito*, Porto Alegre, ano 13, n. 1.099, 09 dez. 2013. Disponível em: <http://www.tex.pro.br/home/artigos/258-artigos-dez-2013/6371-contra-os-precedentes-obrigatorios>). A mesma preocupação com as consequências deletérias de uma eventual falta de técnicas no manejo do precedente é manifestada por Humberto Dalla Bernardina de Pinho: "Moreover, it has already been noted that all the benefits pursued by the proposal to strengthen precedents from case law - predictability, isonomy, procedural economic and discouragement of vexatious litigation, will only become reality if the formation and application of precedents is done properly. This premise, though, is not always observed in the Brazilian courts. It is sought to strengthen precedents in Brazil in just a few years. Its justification lays not in a gradual evolution of the legal system, as occurred in Common Law, but in an urgent solution for the numerical crisis of cases. The risks involved are obvious: without proper techniques of operating with precedents, there is the risk not only of their being formed unsuitably (without a proper deepening of debate and consideration of all the pertinent arguments), but also of their being applied automatically to cases that are not sufficiently similar. Thus it is that, in an educational effort to transmit to the professionals of the law the proper techniques of operating with precedents in a country without this tradition, the latest versions of the bill for a new Code of Civil Procedure have incorporated provisions that detail their practical use." (PINHO, Humberto Dalla Bernardina de. Judicial rulings with prospective effect. General report on brazilian law. *Revista de Processo*, v. 232, jun./2014, São Paulo: Revista dos Tribunais, 2014. Disponível em: <http://www.pcpcadv.com.br/imagens/pdf/Artigo%20REPRO%20232%202014%20-%20Grupo%20UERJ.pdf.pdf>).

valorização das decisões judiciais que ganhará relevo com a entrada em vigor do novo CPC e suas previsões inovadoras.

7. Conclusões

Duas premissas básicas devem ser levadas em conta para a perfeita compreensão do tema da valorização das decisões judiciais no ordenamento brasileiro. A primeira delas é o relevante papel que o juiz do Estado Social tem na análise e aplicação do Direito, não se podendo reduzir sua função à mera aplicação da lei. A interpretação do Direito é função inerente à atuação do magistrado. A segunda premissa relevante é a inegável valorização do precedente judicial no novo Código de Processo Civil, esta que já era crescente no sistema processual pátrio, mas que muito avançou com a nova legislação.

Tendo bem estabelecidas as duas premissas acima, é indispensável buscar meios para que o ideal de segurança jurídica que permeou o fortalecimento dos precedentes judiciais não seja totalmente substituído por uma absoluta insegurança derivada da ausência de critérios para aplicação dos precedentes[46].

Fato é que o medo de adotar conceitos próprios dos sistemas derivados do *common law* não mais se justifica. Ainda que não se queira admitir ou que se tenha medo de reconhecer a efetiva aproximação entre as famílias, a vinculação existe quando, por exemplo, se impõe ao juiz de primeiro grau que suspenda um processo em curso e aplique a ele a tese jurídica fixada num superveniente julgamento de recursos especial ou extraordinário repetitivo. Caso não seja aplicada a tese fixada, a decisão poderá ser objeto de reclamação no tribunal cuja posição foi violada e essa reclamação poderá acarretar a cassação da decisão de primeiro grau.

Veja-se que o sistema valoriza sim, com base em tudo que já foi exposto, as decisões judiciais, buscando a coerência não só com os

46 O mesmo temor é manifestado por Humberto Dalla Bernardina de Pinho: "We thus conclude this study by affirming that the adoption of the mechanism of the precedent in Brazilian law, and as a consequence, the manifestations of prospective overruling, call for greater institutional maturity, to avoid its violating either the target-principle of Legal Security and also the rendering of decisions with the paramount aim of reducing the number of cases or avoiding new appeals being lodged" (PINHO, Humberto Dalla Bernardina de. Judicial rulings with prospective effect. General report on brazilian law. *Revista de Processo*, v. 232, jun./2014, São Paulo, Revista dos Tribunais, 2014. Disponível em: <http://www.pcpcadv.com.br/imagens/pdf/Artigo%20REPRO%20232%202014%20-%20Grupo%2 0U ERJ.pdf.pdf>).

Tribunais Superiores, mas também com tribunais de segunda instância e dentro mesmo de cada tribunal.

Não se quer aqui criticar ou rechaçar a posição legislativa até porque a opção foi clara e já se encontra positivada, o que se pretende é propor a adoção de uma teoria capaz de permear essa opção, para que o fortalecimento da "autoridade das decisões" de cada tribunal não seja motivo de temor para o jurisdicionado. Se o que se quer é a uniformidade e a coerência, valores altamente justificáveis e necessários na atual realidade jurídica é preciso que haja meios para a garantia desses ideais.

A conceituação perfeita dos institutos adotados, sem medo de remeter a uma cultura jurídica diferente; o aperfeiçoamento e previsão de técnicas de superação e distinção das teses jurídicas vinculantes; a divulgação entre estudantes e profissionais do valor das decisões judiciais e da necessidade de fiscalizar sua aplicação uniforme, sem deixar que a celeridade justifique abusos, são degraus fundamentais dessa escalada.

Novamente dialogando com os ensinamentos de José Carlos Barbosa Moreira[47] lembramos uma passagem em que o autor fazia um exercício de futurologia, há mais de dez anos:

> Caricaturando um pouco (mas só um pouco), dia virá em que, a vingarem todas as propostas veiculadas – e outras que decerto estarão por vir, sempre no mesmo rumo –, teremos dificuldade em identificar *algum* caso em que *não* haja vinculação e se conceda a juízes e tribunais, por especial favor, a liberdade de julgar de acordo com seu próprio convencimento...

No momento atual o temor do autor não pode se concretizar e é responsabilidade de todos os envolvidos com a tutela jurisdicional, dentro da realidade do novo Código de Processo Civil, lutar para garantir que a celeridade não seja o único ideal. Pensar na isonomia, na uniformização, na segurança pretendida pelo legislador é obrigação dos jurisdicionados, juízes e todos os operadores do Direito e é com base nesses objetivos que deve surgir a preocupação com o aprimoramento da disciplina dos precedentes no ordenamento brasileiro.

---

47 BARBOSA MOREIRA, José Carlos. Súmula, jurisprudência, precedente: uma escalada e seus riscos. In: *Temas de direito processual*, 9ª série, São Paulo: Saraiva, 2007, p. 307.

A Garantia da Fundamentação das Decisões Judiciais e o Novo Código de Processo Civil: o Caráter Didático dos §§ 1º e 2º do artigo 489 do NCPC

Bernardo Braga e Silva

Sumário: Introdução. **1.** O Neoconstitucionalismo e o necessário controle racional das decisões judiciais. **2.** A fundamentação das decisões judiciais como garantia fundamental do processo e sua extensão. **3.** O artigo 489, § 1º, inciso I, do NCPC. **4.** O artigo 489, § 1º, inciso II, do NCPC. **5.** O artigo 489, § 1º, inciso III, do NCPC. **6.** O artigo 489, § 1º, inciso IV, do NCPC. **7.** O artigo 489, § 1º, incisos V e VI, do NCPC. **8.** O artigo 489, § 2º, do NCPC. **9.** Considerações Finais.

Introdução

Vivemos um momento de extrema importância na ciência processual nacional após a tão esperada sanção do nosso novo Código de Processo Civil, Lei federal nº 13.105, de 16 de março de 2015[1].

Dentre as diversas mudanças trazidas pelo referido diploma, talvez uma das mais importantes seja aquela prescrita nos §§ 1º e 2º do artigo 489, que, numa clara busca legislativa em racionalizar e balizar a aplicação *in casu* do princípio constitucional insculpido no artigo 93, inciso IX, da CRFB/98[2], estabelecem, a *contrario sensu*, as hipóteses em que não se pode considerar fundamentada uma decisão judicial, bem como a

---

1 Publicada no Diário Oficial em 17 de março de 2015, com *vacatio legis* de um ano, conforme o artigo 1.045 da referida lei.

2 Sobre a importância de se ter uma previsão constitucional do dever de motivação das decisões judiciais Tomás-Javier Aliste Santos afirma que: "Y todo esto es de una importancia excepcional, porque el reconocimiento en sede constitucional de la garantía de motivación de las sentencias implica que, al meno, en el plano formal, los ciudadanos tengan una razonable expectativa de seguridad y confianza en la jurisdicción, cuanda ejerciten la acción en un concreto proceso. I reconocimiento de esta garantía en sede constitucional subraya especialmente el compromiso de limitación y sujeción del Estado a su proprio Derecho en las sentencias." *La motivación de las resoluciones judiciales.* Madrid: Marcial Pons, 2011, p. 139.

necessária justificação dos critérios de ponderação eventualmente utilizados pelo juiz em seu ato decisório.

Revela-se, pelo menos, por parte de nosso Poder Legislativo, uma preocupação, há muito refletida pela doutrina nacional, em proibir a prolação de decisões superficialmente fundamentadas.

Não se ignora que todas as prescrições legais chamadas de *inovações* quanto à fundamentação das decisões judiciais já vêm sendo alertadas como necessárias pela doutrina há anos[3], mas deve-se exaltar a expressa previsão legal delas na redação final do novo Código de Processo Civil em razão de seu efeito pedagógico[4], que tende a afastar ao menos a famosa *ignorância inadvertida* dos operadores do Direito quanto ao tema.

Pode-se verificar, ainda, facilmente, que diversas das novas prescrições acerca do que a lei considera como ausência de fundamentação das decisões vêm ao encontro da tendência da ciência processual civil moderna em atribuir uma importância grande à cooperação entre os sujeitos da relação processual, cujo ápice normativo se deu com a inclusão do texto do artigo 6º do NCPC, que exige que "todos os sujeitos do processo devem cooperar entre si para que se obtenha, em tempo razoável, decisão de mérito justa e efetiva"[5].

Além disso, a busca pelo incremento da fundamentação judicial não apenas atua como um importante fator para a democratização do processo, como auxilia, por outro lado, no reforço do possível caráter persuasivo do ato decisório, o que poderá trazer benefícios até mesmo para a diminuição da massa recursal, como será visto mais adiante.

---

3 Sobre a questão, Fredie Didier Jr. *et alii* alertam que o referido dispositivo não traz qualquer inovação, mas apenas dá cumprimento ao que determina a norma constitucional, embora não neguem o importante caráter de controle da aplicação do dispositivo constitucional. DIDIER JR., Fredie; OLIVEIRA, Rafael; BRAGA, Paula Sarno. *Curso de direito processual civil.* 10. ed. Salvador: JusPodivm, 2015. v. 2.

4 Neste sentido, DIDIER JR., Fredie. A teoria dos princípios e o projeto do novo CPC. In: Fredie Didier Jr. *et alii. O projeto do novo código de processo civil.* Salvador: JusPodivm, 2011, p. 148.

5 Vislumbrando o nascimento de um novo modelo processual chamado de *cooperativo*, como uma evolução exigida pelo Estado Constitucional dos antigos modelos adversariais e inquisitivos, através de uma leitura formalista-valorativa do processo civil, podendo citar, dentre outros, Fredie Didier Jr. e Daniel Mitidiero. DIDIER JR., Fredie. *Fundamentos do princípio da cooperação no direito processual civil português.* Coimbra: Coimbra Editora, 2010; MITIDIERO, Daniel. *Colaboração no processo civil - pressupostos sociais, lógicos e éticos.* São Paulo: Revista dos Tribunais, 2009.

1. O NEOCONSTITUCIONALISMO E O NECESSÁRIO CONTROLE RACIONAL DAS DECISÕES JUDICIAIS

Principalmente a partir da segunda metade do século passado, com o amadurecimento do Estado Democrático de Direito, pôde se constatar uma verdadeira mudança de paradigma hermenêutico na ciência jurídica com o gradual abandono de uma aplicação cega e acrítica dos dispositivos legais em nome de uma valorização da função normativa dos princípios, enquanto norteados de valores a serem considerados pelo operador do Direito[6]. A essa tendência a doutrina optou chamar de pós-positivismo.

Na medida em que a aplicação da norma ganha uma nova roupagem, a Constituição passa a desempenhar fundamental papel na interpretação jurídica, estendendo sua influência em todos os ramos do Direito, que passam a ser repensados sob a ótica dos princípios e valores constitucionais. Passa-se a falar em Direito Civil Constitucional, Direito Processual Constitucional[7], Processo Penal Constitucional[8] e assim por diante.

Essa influência direta do pós-positivismo na hermenêutica constitucional recebeu a nomenclatura de Neoconstitucionalismo, transformando-se os princípios em "pedestal normativo sobre o qual assenta todo o edifício jurídico dos novos sistemas constitucionais".

A força cogente dos princípios constitucionais, portanto, é um dos corolários do Neoconstitucionalismo, ou Novo Direito Constitucional, corrente que, segundo Luís Roberto Barroso, "identifica um conjunto amplo de transformações ocorridas no Estado e no Direito Constitucional". Para o constitucionalista, no conjunto amplo de transformações que constituem o Neoconstitucionalismo, estariam: "(i) como marco histórico, a formação do Estado constitucional de direito, cuja consolidação se deu ao longo das décadas finais do século XX; (ii) como marco filosófico, o pós-positivismo, com a centralidade dos direitos fundamentais e a reaproximação entre Direito e ética; e (iii) como marco teórico, o conjunto de mudanças que incluem a força normativa da Constituição, a expansão da jurisdição constitucional e o desenvolvimento de uma nova

---

6 BARROSO, Luís Roberto, fundamentos teóricos e filosóficos do novo direito constitucional brasileiro. In: BARROSO, Luís Roberto (Org.). *A nova interpretação constitucional*. Rio de Janeiro: Renovar, 2003, p. 35.

7 THEODORO JR., Humberto. *Direito processual constitucional*. Disponível em: <http://portal.estacio.br/media/2654365/artigo%202%20revisado.pdf>. Acesso em: 10 mai. 2015.

8 FERNANDES, Antonio Scarance. *Processo penal constitucional*. São Paulo: Editora Revista dos Tribunais, 2005.

dogmática da interpretação constitucional. Desse conjunto de fenômenos resultou um processo extenso e profundo de constitucionalização do Direito"[9].

Deve-se, portanto, no Estado Democrático Constitucional de Direito, abandonar a visão de princípios constitucionais como dispositivos meramente integralizadores do ordenamento jurídico, dando-se cada vez mais relevância ao texto constitucional.

Todavia, a normatividade dos princípios enquanto um dos principais pilares do Novo Direito Constitucional, transforma por completo a função exercida pelo aplicador do Direito, visto que o referencial de subsunção da premissa maior (lei) na premissa menor (objeto da demanda), tradicional do antigo positivismo, não se adequa à aplicação concreta dos princípios, exatamente em razão de seu caráter menos denso. Deve-se levar em consideração, então, critérios não antes explorados como seu peso e eventual importância[10]. Institutos como razoabilidade, proporcionalidade, e ponderação de interesses, se tornam, portanto, importantíssimos na nova hermenêutica jurídica.

Se, por um lado, todas as referidas mudanças trazem como fator positivo a introdução de valores na ciência jurídica, revelada na importância pela busca da decisão justa, por outro, com o alargamento da função interpretativa do aplicador do Direito, pode-se gerar uma maior discricionariedade na escolha da norma que regerá o caso concreto, correndo-se o risco do perigoso *decisionismo judicial,* tão alertado por parte da doutrina.

A intensa carga valorativa que permeia os princípios faz com que a adoção de uma argumentação judicial principiológica, sem qualquer freio ou limite legal, que seja orientada por determinados valores em claro detrimento de outros, faça com que o magistrado passe a impor, ainda que indiretamente, seus valores pessoais à sociedade, atribuindo ao Poder Judiciário um papel pedagógico-moral no mínimo questionável.

Isso porque eventuais escolhas morais, em regra, devem ser feitas por um órgão com legitimidade democrática, representativo do seio social, eleito pelo povo - de onde emana o poder -, fazendo com que imposições, nessa seara, que traduzam escolhas pessoais do julgador, sejam flagrantemente ilegítimas.

---

9 BARROSO, Luís Roberto. *Neoconstitucionalismo e constitucionalização. O triunfo tardio do direito constitucional no Brasil.* Disponível em <http://jus.com.br/artigos/7547/neoconstitucionalismo-e-constitucionalizacao-do-direito>. Acesso em: 10 jan. 2014.

10 ALEXY, Robert. *Teoria de los derechos fundamentales.* Trad. Ernesto Garzón Valdés. Madris: Centro de Estudios Políticos y Constitucionales, 2002, p. 86.

Sem dúvida que a introdução de métodos para a democratização da decisão judicial, como o reforço do contraditório participativo, o *amicus curiae*, as audiências públicas, dentre outros[11], visam exatamente a conferir uma maior legitimidade democrática ao ato decisório, todavia, ainda assim, não são suficientes para autorizar o juiz a julgar segundo sua própria consciência.

Desta forma, na esteira do Neoconstitucionalismo, com a necessária, e salutar, normatividade dos princípios constitucionais, deve-se estabelecer um controle da atividade do intérprete, funcionando a necessária fundamentação pormenorizada das decisões judiciais como importante freio a possíveis arbitrariedades judiciais.

2. A FUNDAMENTAÇÃO DAS DECISÕES JUDICIAIS COMO GARANTIA FUNDAMENTAL DO PROCESSO E SUA EXTENSÃO

Como visto, em razão do chamado Novo Direito Constitucional, urge a *concretização dos princípios constitucionais*, que em nada mais consiste do que fazer com que eles atinjam a *norma de decisão*, certificando-se que os mesmos *construam* a norma jurídica concreta, evoluindo, assim, de normas generalíssimas abstratas (dos textos normativos-constitucionais) a normas concretas (contextos jurídicos-decisionais)[12].

E tal concretização principiológica encontra ressonância direta no Direito Processual com a preocupação de que a jurisdicionalização do conflito, pautada pelos valores constitucionais, produza ao final do procedimento judicial, não apenas um ato autoritário resolutivo, mas sim uma decisão legitimamente justa.

O tão almejado *acesso à Justiça*[13] ou *acesso à proteção judiciária dos direitos fundamentais*, deve ser visto, então, como o direito à tutela jurisdicional efetiva, cujo conteúdo, desenvolvido principalmente na

---

11 Peter Häberle aponta inúmeras e valiosas fontes que devem ser utilizadas pelo órgão jurisdicional para a interpretação da norma, como autor e réu, especialistas, associações, partidos políticos, dentre outros. HÄBERLE, Peter. *Hermenêutica constitucional*: a sociedade aberta dos intérpretes da Constituição: Contribuição para a interpretação pluralista e "procedimental" da Constituição. Trad. Gilmar Ferreira Mendes. Porto Alegre: Sergio Antonio Fabris Editor, 1997, p. 9-10.

12 CANOTILHO, José Joaquim Gomes. *Direito constitucional e teoria da Constituição*. Coimbra: Editora Almeida, 1998.

13 Sobre o tema, Mauro Cappelletti e Bryant Garth, no já celebrado livro *Acesso à justiça*, desenvolveram ampla pesquisa, em busca de soluções práticas para garantir a efetividade do acesso à justiça no mundo todo. Assim, revela-se obrigatória sua leitura. CAPPELLETTI, Mauro. GARTH, Bryant. *Acesso à Justiça* (Trad. Ellen Gracie Northfleet). Porto Alegre: Sérgio Antônio Fabris, 1988.

jurisprudência dos Tribunais Constitucionais internacionais, bem como das instâncias supranacionais de Direitos Humanos, evidenciou-se em direito fundamental, "minudenciado em uma série de regras mínimas a que se convencionou chamar de garantias fundamentais do processo", ou "devido processo legal"[14].

Leonardo Greco, utilizando classificação proposta por Luigi Paolo Comoglio em obra coletiva, divide as garantias processuais em individuais - isto é, que se referem à proteção de direitos ou interesses das partes -, e estruturais - que fazem referência às condições prévias de que se deve revestir a organização judiciária. Nessa esteira, o referido autor eleva a necessidade de fundamentação das decisões judiciais à categoria de verdadeira garantia estrutural do processo[15].

Garantia processual esta que apresenta como um dos seus principais escopos o efetivo freio ao arbítrio dos órgãos jurisdicionais[16]. Isso porque apenas uma fundamentação integral e substancial, que forneça o caminho racional utilizado pelo magistrado para a resolução do conflito e demonstre a correspondência entre o texto normativo aplicado e todos os elementos fático-probatórios existentes no processo, é capaz de estabelecer o substrato necessário à tutela jurisdicional efetiva.

Há de se delinear, portanto, o efetivo espectro de tal direito fundamental, para que se possa, posteriormente, analisar se a alteração legislativa introduzida pelo novo Código de Processo Civil está em consonância com importante garantia constitucional.

Primeiramente não se pode confundir o respeito à exigência constitucional de fundamentação dos atos decisórios com a mera exposição das escolhas judiciais, o que exige a superação do método do livre convencimento[17] como critério de julgamento - traduzido em um julga-

---

14 GRECO, Leonardo. *Instituições de processo civil*. Rio de Janeiro: Ed. Forense, 2009. v. I, p. 11-17.

15 V. GRECO, Leonardo. Garantias fundamentais do processo: o processo justo. In: PEIXINHO, Manoel Messias; GUERRA, Isabella Franco; NASCIMENTO FILHO, Firly (Orgs.). *Os princípios da Constituição de 1988*. Rio de Janeiro: Ed. Lumen Juris, 2006, p. 369-406.

16 Neste sentido, dentre outros, BARBOSA MOREIRA, José Carlos. A motivação das decisões judiciais como garantia inerente ao Estado de Direito. In: Temas de direito processual. Segunda Série. São Paulo: Saraiva, 1988, p. 87-88; MARINONI, Luiz Guilherme. *Teoria geral do processo*. São Paulo: Revista dos Tribunais, 2006, p. 104.

17 Lenio Streck ressalta que a versão final do novo Código de Processo Civil objetivou expurgar tal método decisório, quando retirou várias expressões clássicas do direito processual civil nacional como "*o juiz apreciará livremente*", optando, assim, claramente pela fundamentação estrita. STRECK, Lenio. "O Novo CPC, os

mento segundo a consciência do juiz -, infelizmente ainda verificado na praxe judiciária nacional[18].

Nosso texto constitucional expressamente exige que todas as decisões sejam fundamentadas, fazendo com que um ato decisório despido de qualquer fundamentação traduza uma visão ultrapassada - quase medieval - de decisão como mero ato de autoridade, embasado apenas no *querer* judicial e, por isso, totalmente despido de legitimidade.

O magistrado, no caso concreto, deverá sempre demonstrar racionalmente o motivo pelo qual optou pela aplicação de determinado dispositivo legal em detrimento de outros; quando estiver diante de um precedente, deverá especificar porque as razões de decidir extraídas daquele determinado caso concreto poderão ser aplicadas analogicamente à hipótese *sub judice*, ou porque deverá ser afastada; ou ainda, quando da colidência de princípios, terá que explicitar porque foi conferido maior peso àquela determinada norma principiológica privilegiada na decisão. Será, portanto, a argumentação utilizada no processo decisório que conferirá a legitimidade à decisão judicial.

Uma das principais consequências da consagração da motivaçao judicial como garantia fundamental do processo é a exigência de que a justificação do ato decisório seja integral, isto é, atinja todos os critérios de escolha ou valoração utilizados pelo magistrado, devendo estes ser claramente justificados. Os critérios hermenêuticos, jurídicos, cognitivos e valorativos adotados no curso do processo decisório fazem parte do procedimento de justificação do ato decisório[19].

precedentes e a decisão jurídica: os ganhos na adoção do integralismo dworkiniano". in: FREIRE, Alexandre *et alii.* (Org.). *Novas tendências do processo civil*: estudos sobre o projeto do novo código de processo civil. Salvador: Juspodvum, 2014.

18 Parte da doutrina vem fazendo, inclusive, uma crítica à própria utilização do termo *livre convencimento motivado.* Sobre a questão José Emílio Medauar Ommati afirma que "a partir da constitucionalização do Direito fundamental à fundamentação, não se pode mais falar em livre convicção motivada ou em decidir conforme a consciência, como muitos juízes e doutrinadores ainda teimam em fazer". OMMATI, José Emílio Medauar. A fundamentação das decisões jurisdicionais no projeto do novo código de processo civil. In: FREIRE, Alexandre *et alii.* (Org.). Novas tendências do processo civil: estudos sobre o projeto do novo código de processo civil. Salvador: JusPodvum, 2014. v. 3, p. 109. Com uma crítica mais ácida ao *decisionismo judicial*, v. STRECK, Lenio. Verdade e consenso: Constituição, hermenêutica e teorias discursivas. São Paulo: Saraiva, 2012.

19 CONTE, Francesco. *Sobre a motivação da sentença no processo civil: Estado constitucional democrático de direito, discurso justificativo e legitimação do exercício da jurisdição.* Dissertação de Mestrado em Direito Processual na Faculdade de Direito da Universidade do Estado do Rio de Janeiro - UERJ, p. 159.

Conforme afirma Michele Taruffo, o procedimento justificativo é composto pela justificação *di primo grado*, ou interna, que basicamente se resume à subsunção do fato à regra jurídica escolhida como mais adequada para regulá-lo, isto é, o estabelecimento de uma conexão lógica[20] entre as premissas fáticas e jurídicas; e pela justificação *di secondo grado*, ou externa, que visa a expor os critérios de escolha e valoração utilizados pelo Juízo nas escolhas daquelas premissas[21]. Assim, será basicamente na justificação externa que serão fundamentadas as premissas estabelecidas na justificação interna[22].

A extrema relevância da fundamentação integral das decisões judiciais se justifica não somente ante a eventual necessidade de persuasão[23] das partes processuais, mas principalmente em razão da busca pelo convencimento[24] da própria sociedade acerca da correção dos cri-

20 Cabe ressaltar que, como bem assevera Chaïm Perelman, "as técnicas de interpretação, justificadas pelo recurso à lógica jurídica, que não é uma lógica formal, mas uma lógica do razoável, ser-lhe-ão um auxílio essencial na medida em que lhe permitem conceituar, por uma argumentação apropriada, o que lhe dita seu senso de equidade e seu senso de justiça". PERELMAN, Chaïm. Ética e direito. Tradução: Maria Ermantina de Almeida Prado Galvão. São Paulo: Martins Fontes. 2005, p. 632.

21 TARUFFO, Michele. *La motivazione della sentenza civile*. Padova: CEDAM, 1975, p. 277.

22 ALEXY, Robert. *Teoria da argumentação jurídica*: a teoria do discurso racional como teoria da fundamentação jurídica.Tradução Zilda Hutchinson Schild Silva. Rio de Janeiro: Forense, 2011, p. 228.

23 Não se ignora aqui a grande discussão entre persuasão e convencimento, permeada pelo conceito de Chaïm Perelman de auditório universal. Enquanto a persuasão se referiria a um auditório específico, v.g., as partes de um processo, e teria elementos psicológicos (irracionais), o convencimento atingiria o citado auditório universal, pressupondo racionalidade nos motivos adotados. Neste sentido, Antonio Cavalcanti Maia, quando afirma que "o discurso persuasivo é um discurso *ad hominem*, ao passo que o discurso convincente é *ad humanitatem*". MAIA, Antonio Cavalcanti. Argumentação. In: BARRETTO, Vicente de Paulo (Coord.). *Dicionário de filosofia do direito*. Rio de Janeiro: Renovar. 2009, p. 60-64, p. 62.

24 O tema é extremamente tormentoso. Parte da doutrina aponta a persuasão das partes como desiderato da fundamentação judicial enquanto autorizada parcela nega tal objetivo. A favor do caráter persuasivo pode-se citar TUCCI, José Rogério Cruz e. *A motivação da sentença no processo civil*. São Paulo: Saraiva, 1987, p. 22; ARONNE, Ricardo. *O princípio do livre convencimento do juiz*. Porto Alegre: Sergio Fabris Editor, 1996, p. 48. Já Michele Taruffo, sobre a questão, além de negar a necessidade de persuasão do discurso justificativo, chega a afirmar que é até contraproducente tal desiderato, em razão de sua característica irracional/psicológica: "Non è invece sufficiente, e non è neppure necessario, che la motivazione sia persuasiva nel senso perelmaniano, anche se à utile che lo sia. È possibile infatti che un discorso non razionale sia persuasivo, mentre può accadere che un

térios utilizados pelo Juízo, exercendo-se, assim, o controle social sobre os atos estatais[25].

Por outro lado, a manifestação judicial específica a respeito de todos os argumentos invocados pelas partes, além de ser importante para que estas tenham ciência de seus erros e acertos, exerce uma crucial função na formação de precedentes[26], caso se pretenda, como pareceu querer o novo Código de Processo Civil, fortalecer o chamado direito jurisprudencial[27].

Ainda sobre a integralidade da fundamentação judicial e o NCPC, cabe ressaltar que as hipóteses consideradas expressamente pela lei no parágrafo 1º do artigo 489 do Novo Código de Processo Civil - e que serão esmiuçadas nos pontos seguintes do presente trabalho - configuram mero rol exemplificativo, não se esgotando as hipóteses de nulidade do ato decisório por vício de motivação apenas naquelas ali prescritas.

Isto porque, embora a previsão legal em tópicos tenha sido extremamente salutar no ponto de vista de estabelecer um norte ao operador do Direito quando da aplicação de tão importante garantia processual constitucional, fato é que não foram contempladas algumas situações já reiteradamente encaradas, por segmentos de nossa doutrina e jurisprudência, como vício de fundamentação.

Nesse diapasão, pode-se criticar a ausência, dentre os incisos do parágrafo 1º, do referido dispositivo, da chamada motivação *per relationem*. Esta inaceitável *técnica*, infelizmente, vem sendo aplicada em diversos julgamentos recursais, e verifica-se quando o acórdão remete

---

discorso razionale non lo sia. Peraltro il fine della motivazione è giustificare razionalmente la decisione, non suscitare consenso irrazionale su di essa: il controlo, infatti, riguarda la razionalità degli argomenti con cui si giustifica un giudizio, mentre consenso provocato con mezzi retorici significa soltanto adesione emotiva, non controllo delle ragioni che fondano il giudizio." TARUFFO, Michele. *Il significato costituzionale dell'obbligo di motivazione*. In: GRINOVER, Ada Pellegrini; DINAMARCO, Cândido Rangel; WATANABE, Kazuo (Orgs.) *Participação e processo*. São Paulo: Revista dos Tribunais, 1988, p. 37-49, p. 47.

25 Como uma das funções do princípio, Alexandre Freitas Câmara aponta a razão de ordem pública de detecção de eventual violação da imparcialidade do magistrado. CÂMARA, Alexandre Freitas. *Lições de direito processual civil*. Rio de Janeiro: Lumen Juris, 2008, v. 1, p. 55.

26 THEODORO JR., Humberto; NUNES, Dierle; BAHIA, Alexandre Melo Franco; PEDRON, Flávio Quinaud. *Novo CPC* - fundamentos e sistematização. Rio de Janeiro: Forense, 2015, p. 307

27 Para uma análise detida sobre o tema: MENDES, Aloísio Gonçalves de Castro, MARINONI, Luiz Guilherme, WAMBIER, Teresa Arruda Alvim, *Direito jurisprudencial*. São Paulo: Ed. Revista dos Tribunais, 2014. v. II.

sua fundamentação àquela já exposta pelo Juízo que teve sua decisão impugnada, normalmente seguindo-se com trechos integrais da decisão recorrida, para, ao fim, dar ou negar provimento ao recurso *por seus próprios fundamentos*[28]. Evidente que a utilização de tal *técnica*, ao fazer uma mera remissão à decisão anterior, configura clara tentativa de burla ao respeito à garantia da fundamentação das decisões fundamentais, deixando de analisar circunstanciadamente as críticas e impugnações ao ato decisório elaboradas pelo recorrente, o que revela verdadeira lacuna argumentativa por parte do órgão revisor[29].

Todavia, o acanhamento de nosso legislador em incluir a motivação *per relationem* dentre as hipóteses de não fundamentação da decisão judicial pode ter se justificado tanto em razão do insistente posicionamento de parte da doutrina, que ainda sustenta a legitimidade de tal ato, quanto da postura de nossos Tribunais Superiores[30], que reiteradamente

---

28 A questão é ainda mais tormentosa quando a remissão é feita não a trechos da decisão anterior, mas sim a partes da manifestação do Ministério Público. Embora parte da doutrina aceite tal hipótese por questões de economia processual (BARBOSA MOREIRA, José Carlos. O que deve e o que não deve figurar na sentença. In: *Temas de direito processual*. Oitava Série. São Paulo: Saraiva, 2004, p. 117-124, p. 121. DIDIER JR., Fredie; BRAGA, Paula Sarno; OLIVEIRA, Rafael Alexandria. *Curso de direito processual civil*. Salvador: Editora JusPodivum, 2013. v. 2, p. 331, também a aceitam quando não há suscitação de fato ou argumento novo, a peça referida está substancialmente fundamentada, tendo sido dado acesso da mesma às partes), parece-nos censurável tal permissão mormente quando o órgão ministerial, além de figurar como *custos legis*, figura também como autor na demanda, como acontece constantemente no Processo Penal. Criticando a aceitação de tal hipótese de motivação, ver TUCCI, Rogério Lauria. *Direitos e garantias individuais no processo penal brasileiro*. São Paulo: Revista dos Tribunais, 2011, p. 214.

29 "In ogni caso, e contrariamente a quello che ammete la giurisprudenza, è lecito ritenere che la c.d. motivazione per relationem non sai affatto uma vera motivazione, se si muove dalla premissa che la motivazione debba esprimere le ragioni per cui il giudice ritiene che la sua decisione sai giustificata". TARUFFO, Michele. La motivazione della senteza. In: TARUFFO, Michele. *Il processo civile riformato*. Torino: Zanichelli Editore, 2010, p. 377/386, p. 86. No mesmo sentido, Leonardo Greco afirma que: "A fundamentação *per relationem* nada diz sobre o caso concreto, sendo absolutamente imprópria para atingir as finalidades garantísticas desse requisito da sentença. Também tem sido comum no julgamento dos tribunais adotar como razões de decidir as constantes do parecer do Ministério Público ou os fundamentos da decisão recorrida. Essas decisões não atestam que o tribunal exerceu de fato cognição adequada sobre as questões por ele apreciadas". GRECO, Leonardo. *Instituições de processo civil.* Rio de Janeiro: Forense, 2011. v. II, p. 273.

30 Dentre outros: STF. AgRg no RExt com Ag. 742.212/DF. Rel. Min. Dias Toffoli. 1ª T., julgado em 02/09/2014; STF. RHC 116.166/SP. Rel. Min. Gilmar Mendes. 2ª T., julgado em 27/05/2014; STF. AgRg no RHC 120.982/SP. Rel. Min. Luiz Fux. 1ª

vêm assentando que a utilização da referida *técnica* não atingiria direitos fundamentais.

Enfim, mais do que lamentar as hipóteses não previstas em lei, o presente texto visa a exaltar aquelas efetivamente lembradas por nosso legislador. Desta forma, passa-se a analisar, topicamente, cada uma das prescrições referentes à fundamentação dos atos decisórios trazidas no artigo 489 do novo Código de Processo Civil brasileiro.

3. O artigo 489, § 1°, inciso I, do NCPC

Dispõe o artigo 489, § 1º, inciso I, do NCPC que "não se considera fundamentada qualquer decisão judicial, seja ela interlocutória, sentença ou acórdão, que [...] se limitar à indicação, à reprodução ou à paráfrase de ato normativo, sem explicar sua relação com a causa ou a questão decidida".

Neste primeiro inciso vê-se, portanto, claramente que o legislador, pensando em privilegiar a integral justificação da decisão judicial, equiparou à decisão não fundamentada àquela que simplesmente se contenta em apontar, ainda que reproduzindo total ou parcialmente, o ato normativo escolhido pelo magistrado, sem demonstrar qual o processo lógico-jurídico utilizado para embasar sua aplicação no caso concreto, eventualmente até em detrimento de outras regras.

Busca-se evitar, assim, o retrocesso típico do período positivista de se imaginar o juiz como um mero aplicador acrítico e mecânico do Direito - na clássica expressão de Montesquieu, *le juge est la bouche qui prononce les paroles de la loi*[31] -, como se a atividade de justificação que legitima o ato decisório se desse pelo simples processo automático de silogismo entre a premissa maior e a premissa menor.

Embora não haja dúvidas de que a elaboração do ato decisório envolva raciocínio lógico, este, em razão da complexidade do fenômeno jurídico formado por diversas variáveis dentre as quais, como visto,

T., julgado em 25/02/2014; STJ. HC 277.823/PR. Rel. Min. Rogério Schietti Cruz. 6ª T.. julgado em 21/10/2014; STJ. AgRg no RMS 27.518. Rel. Min. Marco Aurélio Bellizze. 5ª T., julgado em 20/02/2014.

31 MONTESQUIEU, Charles de Secondat, *De l'esprit des lois, tome 1*, édition Garnier, 1777, Liv. XI. Chap. VI., p. 327 (do original). Disponível em: <http://fr.wikisource.org/wiki/De_l%E2%80%99esprit_des_lois,_Garnier,_1777>. Acesso em: 10 mai. 2015.

encontram-se até mesmo valores[32], se afasta de um procedimento puramente dedutivo[33].

A crítica principal que se faz ao modelo meramente silogístico é que, por ser incompleto, nega a necessária integralidade da justificação, preocupando-se apenas em ressaltar a correção lógica da conclusão atingida através do processo de subsunção, sem explicitar as razões de escolha das premissas a partir das quais se desenvolveu o raciocínio decisório[34].

Todavia, em razão da extrema diversidade dos casos concretos postos a julgamento, não se nega a possibilidade de que, excepcionalmente, determinadas decisões possam se limitar apenas à adoção do silogismo[35], sem a necessidade de maiores digressões. Isso somente será possível em hipóteses raríssimas em que, ante a literalidade do texto normativo, não haja qualquer controvérsia quanto à sua interpretação, e tampouco com relação aos eventuais fatos juridicamente relevantes[36] ao caso concreto, o que levaria o processo argumentativo à mera repetição desnecessária do texto legal. Mas repita-se: essa hipótese é a exceção, não a regra, sendo importante salientar que, atualmente, se revela extremamente difícil imaginar alguma norma absolutamente livre de qualquer discordância quanto à sua forma de aplicação.

4. O ARTIGO 489, § 1º, INCISO II, DO NCPC

O artigo 489, § 1º, inciso II, do NCPC estabelece que "não se considera fundamentada qualquer decisão judicial, seja ela interlocutória, sentença ou acórdão, que [...] empregar conceitos jurídicos indeterminados, sem explicar o motivo concreto de sua incidência no caso".

Conceitos jurídicos indeterminados são palavras, ou até mesmo expressões, previstas em textos normativos, cujo conteúdo ou extensão

32 Deve-se deixar claro, todavia, que a existência de valores não justifica ausência de racionalidade da fundamentação judicial. TARUFFO, Michele. *La motivazione della sentenza civile*. Padova: CEDAM, 1975, p. 146.

33 SOUZA, Wilson Alves de. *Sentença civil imotivada*. Salvador: JusPodivm, 2008, p. 214.

34 GOMES FILHO, Antonio Magalhães. *A motivação das decisões penais*. São Paulo: Revista dos Tribunais, 2001, p. 124.

35 O silogismo seria apenas o nível interno de justificação, enquanto a justificação e a argumentação das premissas utilizadas para a subsunção configurariam a justificação externa do ato decisório.

36 Mesmo assim, a adoção simples do silogismo, em um sistema, como visto, inundado por valores, poderá encobrir eventuais arbitrariedades judiciais. TARUFFO, Michele. *La motivazione della sentenza civile*. Padova: CEDAM, 1975, p. 162.

são extremamente vagos e fluidos[37]. Eles se caracterizam, portanto, pela grande indeterminação das hipóteses fáticas de sua incidência. E, exatamente em razão de sua imprecisão e indeterminação, geram um alto grau de discricionariedade ao juiz[38] quando de sua aplicação ao caso concreto[39].

A alteração legislativa busca evitar, então, a adoção judicial de conceitos jurídicos extremamente genéricos como, por exemplo, *dignidade da pessoa humana, ordem pública, função social,* sem que estes estejam vinculados diretamente às peculiaridades daquela determinada situação fática analisada, visto que, a grande amplitude de tais conceitos não raramente faz com que os mesmos possam ser utilizados como fundamento tanto para procedência quanto para a improcedência do pedido, dependendo do viés escolhido.

O legislador, ao utilizar tais conceitos no texto normativo, concede certa interpretação criativa ao juiz no processo de concretização da norma, que será permeada por juízos valorativos e discricionários que deverão ser, todavia, explicitados no tocante à justificação externa do ato decisório[40].

Assim, não se confundem, embora se aproximem em razão da alta flexibilização na esfera de atuação jurisdicional, o processo de concre-

---

37 Pode-se citar como exemplos de tais figuras normativas, as expressões "justa causa", "excessiva onerosidade", "fundado temor", "perigo iminente", dentre outras. O artigo 581 do Código Civil, por exemplo, cita a expressão "necessidade imprevista e urgente". Em Direito Penal são os considerados elementos normativos do tipo, como a "justa causa" necessária para a prática do delito previsto no artigo 246 do Código Penal.

38 O risco do aumento do grau de discricionariedade conferido ao julgador é que "quanto maior o nível de discricionariedade, mais o juiz se assemelha a um legislador, estabelecendo suas próprias sentenças sobre pontos discutíveis, mesmo que, ao fazê-lo, ele esteja ainda interpretando e aplicando *standards* jurídicos relativamente vagos". MACCORMICK, D. Neil. HART., H. L. A. Tradução Claudia Santana Martins. Rio de Janeiro: Elsevier, 2010, p. 177.

39 O que diferencia os conceitos jurídicos indeterminados das cláusulas gerais é que nestas a indeterminação atinge tanto sua hipótese fática de incidência, quanto sua consequência jurídica, impondo-se uma atividade ainda mais laboriosa do magistrado quando da aplicação da norma no caso concreto.

40 O exemplo trazido por José Carlos Barbosa Moreira, embora atinente ao Direito Penal, de que não basta ao juiz afirmar que o réu praticou o crime por motivo torpe sem dizer por qual razão o motivo que levou o réu a praticar aquela determinada conduta deve ser considerado torpe, ilustra perfeitamente a exigência do inciso II. BARBOSA MOREIRA, José Carlos. O que deve e o que não deve figurar na sentença. In: *Temas de direito processual.* Oitava Série. São Paulo: Saraiva, 2004, p. 117-124, p. 119-120.

tização de um conceito jurídico indeterminado com a absoluta e desregrada discricionariedade judicial na eleição das hipóteses postas a julgamento[41]. A discricionariedade deverá ser sempre controlada através da verificação do processo racional decisório, propiciada pela exposição fundamentada das escolhas judiciais, evitando-se, assim, qualquer arbitrariedade irracional.

Embora no mencionado processo lógico, o magistrado certamente lançará mão de regras de experiência, para que se possa fazer o controle da correção e racionalidade do Juízo, deverá o intérprete, referindo-se diretamente ao caso concreto, não apenas enunciar a máxima de experiência adotada, mas também apontar as razões que justificaram a sua escolha - evidenciando-se, assim, o consenso social quanto ao conteúdo da máxima escolhida[42].

A inclusão do mencionado inciso nas hipóteses em que não se considera fundamentada a norma, espera-se, terá importante papel didático na prática forense, visto que, diariamente, se vê a utilização irresponsável de conceitos jurídicos indeterminados, sem qualquer exposição precisa dos critérios utilizados para sua concretização e subsunção à situação fática objeto da decisão. Para que a eleição desses critérios torne a decisão conforme o Direito, deve a mesma ser justificada racional e juridicamente[43].

5. O ART. 489, § 1°, INCISO III, DO NCPC

O artigo 489, § 1º, inciso III, do NCPC dispõe que "não se considera fundamentada qualquer decisão judicial, seja ela interlocutória, sentença ou acórdão, que [...] invocar motivos que se prestariam a justificar qualquer outra decisão".

A inclusão deste inciso nas hipóteses de decisão não fundamentada vem ao encontro daquilo que, há muito, já alertava a doutrina especializada: decisão genérica e abstrata, que não faz qualquer remissão ao

41 Como novamente leciona José Carlos Barbosa Moreira, "os conceitos juridicamente indeterminados integram a definição de 'fato', ao passo que a discricionariedade se situa no campo dos efeitos." BARBOSA MOREIRA, José Carlos. Regras de experiência e conceitos juridicamente indeterminados. In: *Temas de direito processual*. Segunda Série. São Paulo: Saraiva, 1980, p. 61-72, p. 66.

42 GOMES FILHO, Antonio Magalhães. *A motivação das decisões penais*. São Paulo: Revista dos Tribunais, 2001, p. 166.

43 CONTE, Francesco. *Sobre a motivação da sentença no processo civil*: Estado constitucional democrático de direito, discurso justificativo e legitimação do exercício da jurisdição. Dissertação de Mestrado em Direito Processual na Faculdade de Direito da Universidade do Estado do Rio de Janeiro - UERJ, p. 545.

caso concreto e, assim, se adequa a toda e qualquer hipótese abstrata, não é decisão fundamentada, mas sim um mero simulacro de ato decisório.

Não se pode admitir a utilização pelo órgão jurisdicional de textos padronizados que são meramente copiados e aplicados em diversos processos diferentes, cujos substratos fáticos se revelam absolutamente diferentes, demonstrando um total desleixo com a atividade judicante e desprezo com princípios comezinhos do processo justo, como o direito de influência. Tal prática se mostra ainda mais reprovável quando se verifica sua utilização em decisões que deferem medidas restritivas extremamente gravosas às partes[44].

A referida *técnica* é verificada comumente em decisões de inadmissibilidade dos recursos de via extraordinária, julgamento de agravos interpostos contra tais decisões e, especialmente, em acórdãos de embargos de declaração. Analisando-se tão somente tais decisões, exatamente em razão da sua absoluta abstração, não se consegue compreender qual o caso concreto ao qual ela se refere, e não se logra constatar quais foram os efetivos argumentos trazidos pelas partes que deveriam ter sido conhecidos e considerados pelo magistrado, impedindo saber se sequer houve real cognição judicial. Em suma: não há qualquer controle sobre o ato jurisdicional praticado.

A simples presença de citações doutrinárias e jurisprudência não são suficientes para afastar a vedação do inciso III, ainda que a decisão tenha diversas laudas, visto que a única forma de se afastar o caráter genérico do ato é fundamentar com o cotejo e explicitação direta do objeto de cognição[45], apontando os argumentos trazidos pelas partes para refutá-los ou acolhê-los, isto é, individualizando o *decisum*.

---

44 No ponto, cabe trazer o exemplo real - infelizmente - já clássico, que circulou nos meios de comunicação, embora referente ao processo penal, mas que aqui se aplica sem necessidade de qualquer adaptação, do deferimento de prisão preventiva através de marcação de "x" em lacunas já previamente estabelecidas na *decisão padrão*, como se tal medida restritiva ao direito de locomoção do jurisdicionado pudesse ser decidida da mesma forma como se responde a uma questão múltipla-escolha em um concurso.

45 Nossa doutrina tem apontado como objeto da cognição o trinômio: pressupostos processuais, condições da ação e mérito da causa. Neste sentido, THEODORO JR., Humberto. *Curso de direito processual civil*. Rio de Janeiro: Forense, 2001. v. 01, p. 49; ALVIM, Arruda. *Manual de direito processual civil*. São Paulo: Revista dos Tribunais, 2001. v. 01, p. 240.

6. O ART. 489, § 1º, INCISO IV, DO NCPC

O artigo 489, § 1º, inciso IV, do NCPC estabelece que "não se considera fundamentada qualquer decisão judicial, seja ela interlocutória, sentença ou acórdão, que [...] não enfrentar todos os argumentos deduzidos no processo capazes de, em tese, infirmar a conclusão adotada pelo julgador".

Nesse ponto vê-se claramente uma preocupação legislativa em fortalecimento do contraditório participativo[46], exigindo que o órgão julgador analise detidamente todas as teses jurídicas e provas apontadas pelas partes como embasadores de sua pretensão[47], não cabendo mais o posicionamento jurisprudencial permissivo, já sedimentado em nossos Tribunais, acerca da possibilidade da não análise pelo juiz de alguns dos argumentos dos litigantes, quando aquele *eleito* pelo órgão jurisdicional for suficiente, sozinho, para sustentar o ato decisório[48].

A necessária integralidade da justificação judicial - um dos elementos da garantia fundamental da motivação[49] -, expressamente prevista no inciso ora analisado, exige que todos os pontos de fato e de direito sejam analisados pelo magistrado quando da prolação de seu ato decisório, ainda aqueles considerados não essenciais pelo juiz para a resolu-

---

46 O contraditório deve ser visto como direito de influência das partes no convencimento judicial, exigindo-se uma superação do mero binômio "ciência" + "possibilidade de reação", como classicamente era interpretado. Sobre o tema, dentre muitos, GRECO, Leonardo. Garantias Fundamentais do Processo: o Processo Justo. In: PEIXINHO, Manoel Messias; GUERRA, Isabella Franco. NASCIMENTO FILHO, Firly (Orgs.). *Os princípios da Constituição de 1988*. Rio de Janeiro: Ed. Lumen Juris, 2006, p. 369-406; CABRAL, Antonio do Passo. *Il principio del contraddittorio come diritto d'influenza e dovere di dibattito*. In: *Rivista di diritto processuale*. Milano, ano 60, n. 2, p. 449-463, 2005

47 A *Ley de Enjuiciamiento Civil* espanhola (*Ley nº 1/2000, de 7 de enero*), em sentido similar ao NCPC, estabelece o seguinte em seu *Artícolo 218, 1*: "Las sentencias deben ser claras, precisas y congruentes con las demandas y con las demás pretensiones de las partes, deducidas oportunamente en el pleito. Harán las declaraciones que aquéllas exijan, condenando o absolviendo al demandado y decidiendo todos los puntos litigiosos que hayan sido objeto del debate."

48 Interessante salientar que, em um primeiro momento, em 2008, o posicionamento do Supremo Tribunal Federal apontou a necessidade de o órgão jurisdicional analisar todos os argumentos das partes, conforme se constata com a análise do voto do Min. Gilmar Mendes no RE nº 434.059/DF. Infelizmente tal interpretação jurisdicional não restou reproduzida em julgamentos posteriores.

49 CONTE, Francesco. *Sobre a motivação da sentença no processo civil*: Estado constitucional democrático de direito, discurso justificativo e legitimação do exercício da jurisdição. Dissertação de Mestrado em Direito Processual apresentada na Faculdade de Direito da Universidade do Estado do Rio de Janeiro - UERJ, p. 165.

ção do conflito. Até mesmo estes devem ser expressamente justificados no corpo da decisão.

No atual estágio do desenvolvimento da ciência processual, em que as garantias fundamentais do processo servem como freio para o arbítrio do Estado, não se pode mais admitir justificações implícitas ou ocultas, ainda que, em tese, deveriam as mesmas ser facilmente subentendidas pelas partes. Toda opção judicial materializada no ato decisório deve ser fácil e racionalmente justificada pela simples leitura do texto, evitando-se que a decisão judicial vire um *jogo de adivinhação.*

Deve-se justificar, por exemplo, a razão pela qual determinado elemento probatório foi considerado essencial à conclusão judicial, especificando-se por que aquele outro resultado de prova foi tachado de irrelevante[50]. É inaceitável que provas sejam produzidas no processo[51], estas fundamentem as argumentações das partes, e o julgador simplesmente as ignore como se nem mesmo fizessem parte dos autos.

Mantendo-se a exigência de integralidade da fundamentação judicial, conclui-se que tal garantia fundamental não pode ser restrita a justificar apenas a hipótese eleita como vencedora, sob pena de não se poder constatar, no caso concreto, se efetivamente foi respeitado o direito de influência das partes no convencimento judicial, traduzidos nos princípios do contraditório e da ampla defesa.

Além disso, o enfrentamento de todas as teses trazidas pelas partes contribui em muito para fortalecer também o caráter persuasivo da decisão judicial, um de seus possíveis fins como já exposto em ponto anterior, visto que ignorar algum ponto levantado seja pelo autor, seja pelo réu, "passa a mensagem de que [o magistrado] pura e simplesmente não sabe como enfrentar a referida argumentação, mas, mesmo assim, decidiu da forma como decidiu por mero 'ato de vontade'"[52].

Todavia, a justificativa de que uma decisão sucinta não constitui ausência de fundamentação, erroneamente utilizada para embasar o posicionamento jurisprudencial acima criticado, a nosso entender continua sendo aplicável, desde que de forma escorreita, visto que a exigência de uma decisão legítima e íntegra não necessariamente terá como consectário lógico sua prolixia[53].

---

50 *Ibidem*, p. 160.

51 *Ibidem*, p. 162.

52 Neste sentido THEODORO JR., Humberto; NUNES, Dierle; BAHIA, Alexandre Melo Franco; PEDRON, Flávio Quinaud. *Novo CPC - fundamentos e sistematização*. Rio de Janeiro: Forense, 2015, p. 321, nota 39.

53 Mesmo porque podem ser encontradas, facilmente, na praxe forense, decisões que embora sejam extremamente extensas, não abordam todos os temas, além de

Esta importante inclusão legislativa, que, como visto, terá novamente caráter claramente didático ao aplicador do Direito, infelizmente foi vista com *maus olhos* por algumas associações representativas de nossos magistrados, que vieram a público rogar pelo veto presidencial sob a justificativa de que tal exigência poderia afetar a duração razoável do processo[54].

Embora não se possa negar que uma análise mais detida e reflexiva de qualquer ato processual necessariamente gerará uma maior delonga à sua realização, além da necessária consideração dos argumentos trazidos pelas partes não violar, sob nenhuma forma, a razoável duração do processo - que aqui não se confunde com princípio da celeridade, visto que os atos processuais devem ser *demorados* o suficiente para que sejam aptos a atingir seu desiderato -, a fundamentação mais consistente sobre os argumentos expostos pelas partes terá um importante duplo papel: de força persuasiva[55] à não interposição de recurso pelo

---

se demonstrarem gravemente confusas. Estas, sem dúvida alguma, embora longas, violam a garantia da fundamentação judicial tanto quanto aquelas que pouco ou nada dizem. Neste sentido THEODORO JR., Humberto; NUNES, Dierle; BAHIA, Alexandre Melo Franco; PEDRON, Flávio Quinaud. *Novo CPC - fundamentos e sistematização*. Rio de Janeiro: Forense, 2015, p 302.

---

54 Disponível em <http://www.conjur.com.br/2015-mar-04/juizes-pedem-veto-artigo-cpc-exige-fundamentacao>. Acesso em: 15 mai. 2015. Note-se que essa reação à necessidade de integralidade da justificação judicial já pode ser sentida com a Lei nº 13.256, de 04 de fevereiro de 2016, que, ao alterar diversos dispositivos do novo Código de Processo Civil antes mesmo de o diploma entrar em vigor, muda a redação do § 3º do art. 1.038, do NCPC, passando apenas a exigir que o acórdão do julgamento dos Recursos Extraordinários e Especiais Repetitivos analise os fundamentos *relevantes* da tese jurídica discutida, enquanto, na versão anterior, exigia-se a análise de *todos* os seus fundamentos. Além de relativizar a exigência do inciso IV do § 1º do artigo 489 do NCPC para a referida decisão, tal alteração, como já alertado por Dierle Nunes, ainda "enfraquece o caráter obstativo dos precedentes, ao não constar no julgado com toda amplitude o que o tribunal já analisou, fomentando seu próprio retrabalho" (NUNES, Dierle. *Proposta de reforma do novo código de processo civil apresenta riscos*. Disponível em: <http://www.anoreg.org.br/index.php?option=com_content&view=article&id=26079:artigo-proposta-de-reforma-do-novo-codigo-de-processo-civil-apresenta-riscos-dierlenunes&catid= *32:artigos&Itemid=181*>. Acesso em: 10 jan. 2015.

55 "Não é verdade que a parte vencida nunca se convença: as partes por certo querem ganhar, pois que pelo menos o autor procurou a lide; mas querem também, perdendo, ser convencidas." PONTES DE MIRANDA, Francisco Cavalcanti. Comentários ao código de processo civil (de 1973). Rio de Janeiro: *Revista Forense*, 1973. t. II, p. 381.

sucumbente[56], e de diminuição das taxas de reformas recursais, o que poderá contribuir para a utilização de instrumentos de julgamento de casos idênticos pelos Tribunais[57].

Por outro lado, há de se ter uma certa parcimônia com a extensão do referido dispositivo de lei, tendo em vista que o abuso do direito deverá sempre ser freado pelo magistrado. Assim, caso se revele claro, com a análise do caso concreto - e aqui, não se pode olvidar da casuística -, que uma das partes apresentou um sem-número de argumentos, a maioria absolutamente desconexa com os aspectos fáticos da demanda, com o único objetivo de gerar procrastinação, não caberá ao magistrado analisar detidamente todas as suas alegações, mas sim apenas aquelas que apresentem alguma coerência com o objeto da demanda.

E mais: deverá o órgão jurisdicional, de forma diligente e exercendo papel importante para a implementação da colaboração processual, de ofício, condenar o litigante de má-fé na forma dos artigos 80 e 81 do novo Código de Processo Civil, com a aplicação de multa àquele que abusa do processo, quando este for o caso.

Todavia, exatamente para evitar que tal postura jurisdicional gere temor excessivo nas partes quando do exercício de suas faculdades processuais de argumentação - advindas do necessário respeito ao contraditório - tal condenação deverá se dar apenas em casos em que a utilização do processo para fins ilegais for evidente[58].

De toda forma, excetuando-se os casos de abuso flagrante, não há dúvidas de que, com a redação do novo dispositivo, a decisão que não abordar todos os argumentos[59] trazidos por ambas as partes será nula

---

56 Embora seja verdade que, na prática forense, verifica-se que, ainda que persuadida pelos argumentos judiciais, a parte vencida tende a recorrer da decisão, muito em virtude da atual justiça lotérica.

57 THEODORO JR., Humberto; NUNES, Dierle; BAHIA, Alexandre Melo Franco; PEDRON, Flávio Quinaud. *Novo CPC - fundamentos e sistematização.* Rio de Janeiro: Forense, 2015, p. 302.

58 A ponderação entre o abuso do direito processual e o efetivo exercício das faculdades processuais é um tormentoso tema que, em razão da extensão de seu debate, não poderá ser comportado no presente trabalho.

59 Interessante ressaltar que, num determinado momento, nossa jurisprudência chegou até mesmo a diferenciar - sem muita precisão, é verdade - argumentos irrelevantes, de argumentos relevantes, assentando que apenas estes últimos deveriam ser enfrentados no ato decisório, com vistas a limitar, de forma arbitrária - porque sem critérios racionais -, o dever de fundamentação judicial.

por violação do dever de fundamentação judicial, ensejando, inclusive, seu enfrentamento mediante oposição de embargos de declaração[60].

7. O Art. 489, § 1º, incisos V e VI, do NCPC

O artigo 489, § 1º, do NCPC, em seus incisos V e VI, estabelece que "não se considera fundamentada qualquer decisão judicial, seja ela interlocutória, sentença ou acórdão, que [...] se limitar a invocar precedente ou enunciado de súmula, sem identificar seus fundamentos determinantes nem demonstrar que o caso sob julgamento se ajusta àqueles fundamentos", ou que "deixar de seguir enunciado de súmula, jurisprudência ou precedente invocado pela parte, sem demonstrar a existência de distinção no caso em julgamento ou a superação do entendimento".

Desde o final do século XX o ordenamento jurídico brasileiro vem se transformando para agregar força aos precedentes judiciais, assentando-se, assim, a grande importância da jurisprudência como fonte do Direito e aproximando-se, nosso sistema, cada vez mais, da *common law*[61]. Tanto a Constituição Federal quanto o Código de Processo Civil, após sucessivas reformas, introduziram dispositivos que vêm prestigiando o respeito às decisões judiciais - principalmente dos Tribunais Superiores - como forma de coesão do sistema e aplicação concreta do princípio da isonomia, dentre os quais podemos citar: sentença liminar de improcedência, súmulas vinculantes e impeditivas de recursos, possibilidade de julgamento monocrático pelo relator quando o recurso flagrantemente contrapõe posicionamento jurisprudencial dominante[62-63] etc.

---

60 Haverá de ser superado, portanto, o posicionamento de nossos tribunais contrário ao cabimento de embargos de declaração quando não enfrentadas todos as teses apresentadas pelo embargante.

61 Esse caráter atrativo entre os sistemas da *civil law* e da *common law* já, há muito, vem sendo alertado por José Carlos Barbosa Moreira. Neste sentido: BARBOSA MOREIRA, José Carlos. A revolução processual Inglesa. In: *Temas de direito processual*. Nona Série. Rio de Janeiro: Forense, 2007; BARBOSA MOREIRA, José Carlos. O processo civil contemporâneo: um enfoque comparativo. In: *Temas de direito processual*. Nona Série. Rio de Janeiro: Forense, 2007; BARBOSA MOREIRA, José Carlos. Notas sobre alguns aspectos do processo (civil e penal) nos países anglo-saxônicos. In: *Temas de direito processual*. Sétima Série. Rio de Janeiro: Forense, 2005.

62 Cabe ressaltar o alerta que Humberto Theodoro Júnior *et alii* fazem sobre a utilização inadequada do fortalecimento do direito jurisprudencial pelos *repeated players* que se articulam com a fim de forjar entendimentos-padrões junto aos Tribunais Superiores para atender seus interesses. THEODORO JR., Humberto; NUNES, Dierle; BAHIA, Alexandre Melo Franco; PEDRON, Flávio Quinaud. *Novo CPC - fundamentos e sistematização*. Rio de Janeiro: Forense, 2015, p. 301.

63 Nossa doutrina, há tempos, já exaltava a necessidade de fortalecimento dos precedentes como solução para diversas questões processuais inquietantes como a falta

Outrossim, embora a lei positivada tenha avançado nesse sentido, em razão da pouca maturidade do operador do Direito nacional quanto ao tema, pouco afeto, em regra, à teoria dos precedentes judiciais[64] (evoluída através da doutrina do *stare decisis*),[65] verificaram-se inúmeras decisões que, em que pese fizessem referência expressa a precedentes judiciais, à mingua da aplicação de técnicas já conhecidas para sua utilização (como *overrulling*[66] ou *distinguishing*[67]), se constituíram em verdadeiros *decisionismos judiciais*, que, ao invés de encorpar a isonomia entre os jurisdicionados, apenas contribuíram ainda mais para o desrespeito a tão importante princípio[68].

---

de previsibilidade das decisões judiciais, violação à isonomia, a necessária duração razoável do processo, dentre outras. Neste sentido, MARINONI. Luiz Guilherme. Precedentes obrigatórios, São Paulo: Revista dos Tribunais, 2011, p. 120-190; ATAÍDE JÚNIOR, Jaldemiro Rodrigues de. *Precedentes vinculantes e irretroatividade do direito no sistema processual brasileiro*. Curitiba: Juruá, 2012, p. 136-142. Não se ignora aqui o posicionamento em sentido contrário, isto é, daqueles que sempre criticaram a valorização excessiva da força vinculante dos precedentes, sob o argumento de que tal postura geraria um *engessamento* do processo argumentativo - e do próprio Judiciário. Embora não se possa ter o *binding precedent* como a panaceia para todos os problemas do sistema processual, a necessidade de reinterpretação do precedente para justificar sua adoção ou afastamento no caso concreto, em nosso entender, impede o referido engessamento. Neste sentido NUNES Dierle; DIERZI, Misabel; BUSTAMANTE, Thomas; NAVARRO, Ana. Recursos Extraordinários, precedentes e responsabilidade dos tribunais. In: *Revista de Processo*, v. 237, 2014.

---

64 Afirmando a impossibilidade de se instituir mecanismos, como do sistema de precedentes, no Brasil, mediante simples alterações legislativas, em razão de o instituto da *stare decisis* ser fruto do desenvolvimento histórico das comunidades do *common law*, v. NERY JÚNIOR, Nelson; ABBOUD, Georges. *Stare decisis vs.* Direito jurisprudencial. In: FREIRE, Alexandre *et alii.* (Org.). *Novas tendências do processo civil*: estudos sobre o projeto do novo código de processo civil. Salvador: JusPodivm, 2014. v. 3, p. 483/512, p. 487.

65 NERY JÚNIOR, Nelson; ABBOUD, Georges. *Stare decisis vs.* Direito jurisprudencial. In: FREIRE, Alexandre *et alii.* (Org.). *Novas tendências do processo civil*: estudos sobre o projeto do novo código de processo civil. Salvador: JusPodivm, 2014. v. 3, p. 483/512, p. 504.

66 Técnica para a superação de determinado precedente em razão da evolução social ou jurídica.

67 Técnica para afastamento da aplicação do precedente apenas em determinado caso concreto, quando a hipótese em análise se difere daquela objeto do precedente.

68 Isso porque a aplicação de precedentes judiciais a casos concretos que diferem daqueles utilizados para formar o precedente, igualmente, gera violação à isonomia. Sobre o tema, THEODORO JR., Humberto; NUNES, Dierle; BAHIA, Alexandre. Breves contribuições sobre a politização do judiciário e sobre o panorama de aplicação no direito brasileiro - Análise da convergência entre o *civil law* e o *common law* e dos problemas da padronização decisória. In: *Revista de Processo*, n. 189, nov. 2010, p. 25-27.

E tal postura automática e *atécnica* na aplicação dos precedentes, sempre na busca por uma aceleração do procedimento - novamente, como se a violação de garantias fundamentais fosse a forma mágica para se respeitar a duração razoável do processo -, pode trazer graves prejuízos às partes e ao caráter democrático da decisão judicial.

Neste sentido, o novo Código de Processo Civil, em seus incisos V e VI, quando exigiu que o órgão julgador, ao aplicar ou afastar o precedente judicial como argumento de decisão, fizesse expressa menção aos "seus fundamentos determinantes", deu um enorme passo em direção à racionalização da aplicação da teoria dos precedentes em território nacional.

Ainda assim, para que se utilize a teoria dos precedentes judiciais em nosso ordenamento jurídico de forma adequada, legítima e eficiente, importante é o alerta de Dierle Nunes, quando este aponta as seguintes premissas básicas, dificilmente verificadas em nossa prática forense: 1ª) o esgotamento prévio da temática antes de sua utilização como padrão decisório; 2ª) a integridade da reconstrução da história institucional de aplicação da tese ou instituto pelo tribunal; 3ª) a estabilidade decisória dentro do próprio Tribunal (*stare decisis* horizontal); 4ª) a aplicação discursiva do precedente pelos tribunais inferiores (*stare decisis* vertical); 5ª) o estabelecimento de fixação e separação das *ratione decidendi* dos *obter dicta* da decisão; 6ª) o delineamento de técnicas processuais idôneas de distinção (*distinguishing*) e superação (*overruling*) do padrão decisório - já anteriormente mencionadas[69].

Esmiuçar todas as dificuldades advindas da maior valorização do direito jurisprudencial no sistema jurídico brasileiro certamente escapa ao fim do presente trabalho, mas não se pode deixar de salientar o trabalho hercúleo que está por vir[70].

Sem dúvida alguma que não se pode nem mesmo pensar no alargamento de tais hipóteses sem que se dê, primeiramente, a devida atenção à fundamentação judicial, visto que esta é ponto de partida, de desenvolvimento, e final da teoria dos precedentes judiciais.

---

69 NUNES, Dierle. Processualismo constitucional democrático e o dimensionamento de técnicas para a litigiosidade repetitiva. A litigância e o interesse público e as tendências "não compreendidas" de padronização decisória. In: *Revista de Processo,* São Paulo: RT, v. 189, p. 38, set. 2011.

70 Um dos grandes entraves para o desenvolvimento do direito jurisprudencial é que "aqui, o 'precedente' do STF e do STJ é visto quase como um fechamento argumentativo que deveria ser aplicado de modo mecânico para as causas repetitivas." THEODORO JR., Humberto; NUNES, Dierle; BAHIA, Alexandre Melo Franco; PEDRON, Flávio Quinaud. Novo CPC - fundamentos e sistematização. Rio de Janeiro: Forense, 2015, p. 314.

Apenas uma decisão que aponte de forma substancial, com exposição detalhada, todas as razões fáticas e de direito que levaram o magistrado a aplicar determinada norma jurídica oferecerá condições para que seja separada a *ratio decidendi* (trechos da decisão com efetiva força vinculante), de eventuais *obter dicta* (trechos que não vincularão futuras decisões)[71], possibilitando-se a utilização de tal ato decisório como precedente em processos posteriores. Portanto, o precedente está sempre intrinsecamente vinculado ao caso concreto em que foi criado, o que exigirá do operador nacional o abandono de sua aplicação como norma abstrata vinculada, em muito parecida - senão igual - à própria lei em sentido estrito.

Assim, não há dúvidas de que não se pode admitir, como infelizmente se vem verificando na jurisprudência nacional há muito, a possibilidade de adoção não criteriosa de decisões esparsas para fundamentar determinado ato decisório, o que não raramente gera a aplicação de precedentes sem qualquer relação com a hipótese em análise. Tal problema se mostra ainda mais latente com a insistência na mera reprodução de ementas de julgamentos de órgão colegiados, sem a análise, ao menos perfunctória, do voto condutor dos mesmos. Isto porque, muitas vezes, verifica-se que nem mesmo a ementa guarda correlação com o corpo do acórdão e, consequentemente, com a matéria efetivamente debatida no julgamento[72].

Enquanto o inciso V se refere à aplicação analógica do precedente judicial em casos que se assemelham, através da lógica da utilização de soluções semelhantes para situações semelhantes, o inciso seguinte faz remissão à outra face da hermenêutica dos precedentes, isto é, o

71 Até mesmo nos países da *common law*, com tradição secular, há grande discussão quanto ao conceito, extensão, e verificação *in concreto* da *ratio decidendi*. Dentre muitos MACCORMICK, Neil. Why cases have rationes and what these are. In: *Precedent in law*. Oxford: Clarendon Press, 1987, p. 157; GOODHART, Arthur L. *Determining the ratio decidendi of a case*. In: *Essays in jurisprudence and the common law*. Cambridge University Press, 1931, p. 1 e ss.; WAMBAUGH, Eugene. *The study of cases:* a course of instruction in reading and stating reported cases, composing head-notes and briefs, criticizing and comparing authorities, and compiling digests. Boston: Little, Brown & Co., 1894, p. 17 e ss.

72 Não raras são as hipóteses de oposição de embargos de declaração para a adequação do texto da ementa àquilo referido no corpo do acordão, corrigindo, assim, um erro material (v.g. TJ-RS, Embargos de Declaração nº 70051980316, Quarta Câmara Cível, Rel.ª Agathe Elsa Schmidt da Silva, julgado em 19/12/2012; TJ-SP, ED 0936827-05.2012.8.26.0506). Criticando a simples citação de ementas: STRECK, Lenio; ABBOUD, Georges. *O que é isto - o precedente judicial e as súmulas vinculantes*. Porto Alegre: Livraria do Advogado, 2013, p. 78.

instituto do *distinguishing*, que, em suma, admite o afastamento da força vinculante do precedente apenas quando as circunstâncias do caso concreto diferem daquela decisão paradigma, o que exigiria, ou legitimaria, uma solução jurídica noutro sentido.

Reflete-se, ainda, no inciso VI, a regra da inércia na aplicação dos precedentes judiciais, que exige que aquele que pretende se afastar de sua vinculação deverá se desincumbir de seu ônus argumentativo[73].

Ressalte-se, por fim, apenas que, embora ambos os incisos estabeleçam forma de tratamento equivalentes a enunciado de súmula e precedentes (estes sim típicos da tradição do *common law*), não se tratam de fontes do Direito com idênticas características[74], visto que se afastam no que tange às suas formas de criação e vinculação[75].

Os incisos V e VI parecem exigir que o órgão julgador, quando da aplicação ou do afastamento do verbete sumular, exponha as razões pelas quais o caso *sub judice* se identifica ou se difere daqueles que formaram a súmula, buscando assim a aplicação de técnica similar àquela utilizada para a adoção dos precedentes. Ocorre que, diferentemente dos verbetes sumulares, os precedentes serão sempre fruto de intenso debate argumentativo, seja para a busca da *ratio decidendi*, seja para verificar a possível solução do caso concreto posterior, não sendo aptos a solucionar futuros casos em *efeito cascata*, tampouco se impondo como texto normativo de vinculação geral e abstrata, como se verifica nas súmulas[76]. Além disso, os verbetes sumulares, novamente se afastando dos precedentes, desvinculam-se dos casos que a originaram, tornando

---

73 Princípio este defendido por Perelman e Alexy, em obras já antes aqui citadas.

74 Cabe ressaltar que os incisos V e VI citam também a "jurisprudência". Embora esta seja mais próxima dos precedentes, igualmente se difere destes, na medida em que, para sua formação, necessita de reiteradas decisões no mesmo sentido - normalmente das Cortes Superiores. Além disso, a análise fática necessária para sua aplicação nos futuros casos, em regra, será menos rigorosa do que aquela realizada quando da utilização da técnica dos precedentes judiciais. V. TARUFFO, Michele. *Precedente e giurisprudenza*. In: MAC-GREGOR, Eduardo Ferrer; LARREA, Arturo Zaldívar Lelo de (Org.). *Estudios en homenaje a Héctor Fix-Zamudio en sus cinquenta años como investigador del derecho*. Mexico: Marcial Pons, 2008. t. V.

75 Para mais detalhes quanto à diferença entre precedentes e súmulas, v. ABBOUD, Georges. Súmula vinculante *versus* precedentes: notas para evitar alguns enganos. In: *Revista de Processo*, n. 165, 2008.

76 NERY JÚNIOR, Nelson; ABBOUD, Georges. *Stare decisis vs*. Direito jurisprudencial. In: FREIRE, Alexandre *et alii*. (Org.). *Novas tendências do processo civil*: estudos sobre o projeto do novo código de processo civil. Salvador: JusPodivm, 2014. v. 3, p. 490, p. 483/512.

difícil, assim, a adoção da técnica do *distinguishing*, como parecem exigir os referidos incisos[77].

8. O ART. 489, § 2º, DO NCPC

Por fim, o artigo 489, § 2º, do NCPC dispõe que "no caso de colisão entre normas, o juiz deve justificar o objeto e os critérios gerais da ponderação efetuada, enunciando as razões que autorizam a interferência na norma afastada e as premissas fáticas que fundamentam a conclusão".

Nesse último ponto a respeito da fundamentação judicial, o legislador buscou trazer uma certa racionalização da aplicação da teoria da proporcionalidade, através da técnica da ponderação, evitando-se, assim, o tão temido, porém reiterado, *decisionismo judicial*[78].

Como visto, o Neoconstitucionalismo trouxe um novo referencial teórico para a hermenêutica jurídica: a força normativa dos princípios constitucionais. Assim, a aplicação de princípios para a produção da norma a ser utilizada no caso concreto, em razão de seu elevado grau de abstração, exige do magistrado o abandono da simples técnica do silogismo[79], e o desenvolvimento e amadurecimento da ponderação de valores e interesses[80], a ser utilizada sempre que, *in casu*, verificar-se a possibilidade de choque entre normas principiológicas.

Todavia, a ausência de respeito a certos critérios objetivos que devem ser respeitados para a utilização da referida técnica pode acabar gerando um ato decisório absolutamente discricionário, o que, não raramente, se verifica na praxe forense. Nosso legislador, então, reforçando a tese de que a exigência da fundamentação judicial tem como principal objetivo o controle do arbítrio jurisdicional, incluiu, no § 2º do artigo 489, a necessidade de demonstração pelo magistrado dos "critérios gerais da ponderação efetuada".

77 *Ibidem*, p. 493.

78 Dentre muitos, Lenio Streck, há muito, vem criticando a aplicação acrítica da técnica da ponderação como subterfúgio para ocultação de verdadeiro solipsismo judicial. STRECK, Lenio. *Verdade e consenso: Constituição, hermenêutica e teorias discursivas*. São Paulo: Saraiva, 2012.

79 Como já alertava Alexy, em obra aqui já citada, enquanto o conflito de normas se resolve pela regra do tudo-ou-nada, o conflito de princípios deve ser solucionado através da conciliação entre os mesmos.

80 Sobre o tema, v. SARMENTO, Daniel. *A ponderação de interesses na Constituição*. Rio de Janeiro: Lumen Juris, 2000.

Embora não se negue a dificuldade de se estabelecer critérios objetivos a serem respeitados na aplicação da referida técnica[81], será através da externalização da argumentação utilizada pelo juiz no caso concreto que se trará a racionalização desejada. Nesse terreno extremamente abstrato de conflito entre normas principiológicas, quanto mais sólida for a argumentação judicial, maior será a possibilidade de controle da racionalidade da decisão. Desta forma, deverá o juiz, ao aplicar a técnica da ponderação, no mínimo, explicitar, fundamentada e minuciosamente: (i) quais são as normas consideradas conflitantes no caso concreto posto a julgamento; (ii) quais são as características do conflito verificado, e por que este não pode ser contornado; (iii) por que determinado princípio em choque foi parcialmente afastado e qual o grau de relativização do mesmo - que deverá ser o menor possível -; (iv) por que o *princípio vencedor* foi aceito como o melhor aplicável para a solução do caso concreto e, se houver, qual o grau de relativização deste - que, novamente, deverá ser o menor possível; sempre considerando os possíveis impactos sociais que tal decisão acarretará.

Sem dúvida alguma que, ainda que se respeite a necessidade da detida fundamentação judicial, restará certo grau de discricionariedade jurisdicional, que deverá ser ainda mais restringido com o respeito à teoria dos precedentes - analisada no ponto anterior -, devendo-se conjugar o § 2º com os incisos V e VI do § 1º do artigo 489 do NCPC, visto que, as decisões anteriores, principalmente das Cortes Superiores, a respeito do conflito em questão, poderão servir como importante "banco de dados"[82] para a ponderação de interesses naquele determinado caso concreto, afastando-se, assim, ainda mais, o temível *decisionismo judicial*.

9. Considerações finais

O novo Código de Processo Civil trouxe, dentre diversas inovações, nos §§ 1º e 2º do artigo 489, hipóteses em que não serão considerados fundamentados os atos decisórios. Como visto, trata-se, em verdade, de situações às quais nossa doutrina, há tempos, já vinha alertando que, embora pudessem ser verificadas na prática forense, configuravam ver-

81 A própria doutrina constitucional reconhece essa dificuldade. BARROSO, Luís Roberto. *Interpretação e aplicação da Constituição*: fundamentos de uma dogmática constitucional transformadora. São Paulo: Saraiva, 2003, p. 331.

82 BARCELLOS, Ana Paula de. Alguns parâmetros para a ponderação constitucional. In: BARROSO, Luís Roberto (Org.). *A nova interpretação constitucional*. Rio de Janeiro: Renovar, 2006, p. 60-61.

dadeira afronta à garantia fundamental prevista no artigo 93, inciso IX, de nossa Constituição Federal.

Assim, tais dispositivos, embora não englobem todas as hipóteses de decisões não fundamentadas, apresentando apenas um rol exemplificativo, têm um valoroso caráter didático aos nossos órgãos jurisdicionais, fornecendo importante substrato para a concretização de tão importante direito fundamental.

Todavia, se tais prescrições legais atingirão seu fim, apenas o tempo dirá, mas espera-se que não se tornem apenas *letra morta*, como muitas vezes ocorre em *terrae brasilis*.

O Contraditório Participativo como Traço Distintivo do Processo no Estado Democrático de Direito

Anderson de Paiva Gabriel

Sumário: 1. Introdução. **2.** Estado democrático de direito. **3.** O novo Código de Processo Civil. **4.** O princípio do contraditório na dimensão participativa **5.** O princípio do contraditório no novo Código de Processo Civil. **6.** Considerações Finais.

1. Introdução

Preliminarmente, cabe salientar que o processo configura verdadeiro produto da cultura[1] de um povo, refletindo, em certo aspecto, o ambiente social, econômico, político e cultural do qual emerge. Assim, torna-se imperioso visualizarmos o processo sob a ótica do Estado e do contexto histórico e social em que se encontra inserido, posto que as ideias dominantes sobre o seu papel[2] influenciam sobremaneira o seu desenvolvimento e a tomada de decisões sobre seus rumos.

Assim, no Estado Liberal Clássico, à luz da ideologia burgo-liberal e do caldo cultural da época, o processo era visto como um duelo privado[3], no qual as partes atuavam com autonomia, sendo a intervenção do juiz reduzida ao mínimo (talvez em decorrência da desconfiança com que os magistrados eram vistos, sendo frequentemente ligados à nobreza, repudiada pela burguesia de então), limitando-se a atuar como *boca da lei*, isto é, atendo-se às possibilidades estritamente legais. Esclareça-se que o Estado Liberal se estruturava nos direitos de liberdade, com predomínio do Legislativo (do qual emanava o Direito) e da força social hegemônica da época, forjando o chamado *Império da Lei*, fortemente

---

1 TARUFFO, Michele. Cultura e processo. *Rivista trimestrale di diritto e procedura civile*, Milano, v. 63, n. 1, p. 63-92, mar. 2009.

2 DAMASKA, Mirjan. *I volti della giustizia e del potere*: analisi comparatistica del processo. Edizione originale: *The faces of justice and state authority*. Tradução de Andrea Giussani (capitoli III, IV e V) e Fabio Rota (capitoli I, II e VI). Bologna: Società editrice il Mulino, 2002, p. 41.

3 TARUFFO, Michele. *La giustizia civile in Italia dal'700 a oggi*, p. 67.

ligado ao princípio da legalidade (a Era do Positivismo). Nesse sentido, as duas principais legislações processuais da época: o Código napoleônico de 1806 e o Código italiano de 1865.

Contudo, o excessivo liberalismo do Estado Liberal abalou ainda mais os ideais de igualdade, ensejando a opressão social e econômica de parte da sociedade, bem como levando à eclosão de movimentos sociais e revoluções em busca de melhores condições sociais e da efetiva concretização de seus direitos fundamentais.

Dessa crise emergiu o chamado Estado Social, no qual os juízes passaram a ter um papel ativo, ao mesmo tempo em que o processo deixou de ser um mero instrumento para a tutela de interesses privados e atuação da lei, passando a representar o exercício de uma função pública e soberana[4], tendo por objetivo realizar o interesse público de administração da justiça[5]. Dessa forma, a passividade dos juízes frente às partes foi suplantada por uma busca da denominada "Justiça Social". No ponto, cabe destacar ter ocorrido o que Enrico Allorio declarou ser a história da publicização do Direito Processual Civil[6]. Essa conjuntura levou a uma inexorável maximização da importância do Poder Judiciário e à ruptura de diversos paradigmas

Todavia, o aumento exagerado dos poderes do juiz também levou a uma crise derivada dos excessos judiciais, na qual surge a figura do *Juiz Hércules*, retirada do escólio do Professor Humberto Dalla[7], que, inspirado nos estudos do belga François Ost[8], realiza magistral analogia com o Herói grego responsável por realizar os mais fantásticos trabalhos, posto ser um semideus e não um mortal. Dessa forma, muitos magistrados passaram a realizar a justiça ao seu entender, ignorando seu déficit democrático e criando a lei do caso concreto, substituindo-se assim, aos demais Poderes e ampliando a insegurança jurídica. Assim, havia se trocado o *Império da Lei* pelo *Império das Decisões Judiciais*, com a

---

4 LIEBMAN, Enrico Tullio. Storiografia giuridica "manipolata". *Rivista di diritto processuale*, v. 29, Parte I, 1974, p. 108.

5 TARUFFO, Michele. *La giustizia civile in Italia dal'700 a oggi*, p. 188.

6 ALLORIO, Enrico. Significato della storia nello studio del diritto processuale. *Rivista di diritto processuale civile*, v. XV, Parte I, ano 1938, XVI-XVII, p. 189.

7 PINHO, Humberto Dalla Bernardina de. DURÇO, Karol. A mediação e a solução dos conflitos no estado democrático de direito. O "juiz Hermes" e a nova dimensão da função jurisdicional. Disponível em: <http://www.humbertodalla.pro.br>. Acesso em: 21 jul. 2015, p. 6-13.

8 OST, François. Júpiter, Hércules, Hermes: Tres modelos de Juez. In: *DOXA*, n.14, 1993, p. 169-194. Disponível em: <http://www.cervantesvirtual.com/servlet/SirveObras/01360629872570728587891/ index.htm>. Acesso em: 20 ago. 2015.

agravante de que o Legislativo é eleito pelo povo e está sempre sendo renovado, enquanto os juízes são vitalícios.

Nesse cenário, surgiu na Europa, uma terceira tipologia de juiz, que agregaria as virtudes das anteriores, consistindo na figura do Juiz "Hermes", em mais uma analogia, dessa vez em atenção ao deus grego da comunicação, representando a necessidade contemporânea de busca pela legitimação das decisões através da efetivação do contraditório participativo, disseminando-se o uso da mediação, do *amicus curiae,* das audiências públicas...

O magistrado deixa de se preocupar simplesmente com a justa composição da lide (juiz *Carneluttiano*) ou com a aplicação concreta da lei (juiz *Chiovendiano*), voltando-se para a aplicação e preservação das garantias constitucionais, sobressaindo-se aqui o contraditório participativo e a duração razoável do processo, tornando-se verdadeiro agente garantidor de um "processo justo".

Eis o Estado Democrático de Direito, que, no Brasil, foi alicerçado com o advento da Constituição de 1988. A partir desta, expandiu-se e consolidou-se uma nova consciência jurídica, calcada primordialmente na efetividade dos direitos e garantias fundamentais constitucionalmente assegurados[9], que, no entanto, parece alcançar nova dimensão com a promulgação do novo Código de Processo Civil.

2. Estado democrático de direito

A constitucionalização do ordenamento jurídico se expandiu pelo mundo com o fim da Segunda Guerra Mundial, alcançando, como visto, o Brasil em 1988, ano de promulgação da chamada *Constituição Cidadã*.

A Constituição Federal brasileira, mais do que qualquer outra, além de regular os temas materialmente constitucionais, como a organização do Estado e dos Poderes, a forma e regime de governo, assegurou um amplo rol de direitos e garantias fundamentais, trazendo ainda normas atinentes ao Direito Civil, Penal, Tributário e Processual.

No tocante ao Direito Processual, torna-se imperioso reconhecer que diante da consagração de inúmeros direitos e garantias tipicamente processuais, revelou-se uma nova conformação ao processo, seja em relação ao processo civil ou penal (e até mesmo nos procedimentos administrativos), adequada ao Estado Democrático de Direito.

9 GRECO, Leonardo. Novas perspectivas da efetividade e do garantismo processual. In: MITIDIERO, Daniel; AMARAL, Guilherme Rizzo. *Estudos em homenagem ao Prof. Dr. Carlos Alberto Alvaro de Oliveira*. São Paulo: Atlas, 2012, p. 278.

No ponto, não podemos deixar de elencar alguns: inafastabilidade do controle jurisdicional (5º, XXXV); Juízo natural (5º, XXXVII); princípio da legalidade e anterioridade da norma penal (5º, XXXIX); devido processo legal (5º, LIV); direito ao contraditório e à ampla defesa (5º, LV); fundamentação racional das decisões e publicidade (art. 93, IX); duração razoável do processo (5°, LXXVIII); princípio da presunção de inocência (5º, LVII); além das garantias do *habeas corpus* (5º, LXVIII), mandando de segurança (5º, LXIX), mandado de injunção (5º, LXXI), *habeas data* (5º, LXXII) e ação popular (5º, LXXIII).

Esse fenômeno tornou imperiosa a releitura de diversos institutos, tanto de direito material quanto processual, reconhecendo-se que vários dispositivos dos Códigos de Processo Civil e Penal simplesmente não foram recepcionados. Há que se repensar, portanto, as normas processuais à luz de uma perspectiva constitucional, impondo o redescobrimento da trilogia clássica: Jurisdição, Ação e Processo.

No renomado ensaio de FIX-ZAMUDIO, este faz referência à obra de Couture, noticiando a ascensão do - derecho constitucional procesal, surgido como -*resultado de la confluencia de otras dos ramas de la ciencia jurídica: el derecho constitucional y el derecho procesal*[10]. Haveria, na verdade, o surgimento de duas disciplinas: o Direito Constitucional Processual, relativo aos remédios constitucionais (mandado de segurança, mandado de injunção, *habeas corpus* e *habeas data*), e o Direito Processual Constitucional, responsável pela análise das normas e princípios processuais sob o prisma constitucional, sob pena de inconstitucionalidade ou mesmo não recepção.

Assim, o processo no Estado Democrático de Direito não se satisfaz com o regular e formal acesso à Justiça, demandando que se proporcione uma tutela procedimental e substancialmente justa a quem quer que necessite, levando a uma nova dimensão do devido processo legal, hoje encarado como "processo justo". Há que se buscar, portanto, o modelo constitucional do processo, isto é, "o conjunto de princípios e regras constitucionais que garantem a legitimidade e a eficiência da aplicação da tutela"[11].

---

10 FIX-ZAMUDIO, Héctor. El pensamiento de Eduardo J. Couture y el derecho constitucional procesal. *Boletín Mexicano de Derecho Comparado*, Ciudad de México, a. X, v. 30, p. 315, 1977.

11 THEODORO JUNIOR, Humberto; NUNES, Dierle Jose Coelho. Uma dimensão que urge reconhecer ao contraditório no direito brasileiro: sua aplicação como garantia de influência, de não surpresa e de aproveitamento da atividade processual. *Revista de Processo*, v. 168, p. 108, fev./2009.

Esse processo almejado pelo Estado Contemporâneo, calcado no respeito às garantias fundamentais, deixa evidente que a eficácia concreta destas está intrinsecamente relacionada a garantia de uma tutela jurisdicional efetiva, pois como destacou Taruffo, nenhum direito existe de verdade se não está acompanhado pela respectiva tutela jurisdicional[12].

A constitucionalização e a internacionalização dos direitos fundamentais se solidificaram na jurisprudência dos tribunais constitucionais e nas cortes internacionais de direitos humanos, cabendo ressaltar a importância da Corte Europeia e da Corte Interamericana de Direitos Humanos, as quais consagraram a efetividade da tutela jurisdicional como direito fundamental, elencando garantias fundamentais para o processo, que se espraiaram pelo ordenamento de todos os países que primam pelos direitos humanos, considerando-os como um dos alicerces do Estado Democrático de Direito[13].

Essas garantias consubstanciam o devido processo legal, instituído pelas Emendas 5ª e 14ª da Constituição americana, ou o denominado processo justo, na concepção da Convenção Europeia de Direitos Humanos e do artigo 111 da Constituição italiana.

Esse arcabouço garantístico foi acolhido pelo ordenamento brasileiro, e nele se exsurge o princípio do contraditório. Corroborando esse entendimento, imperioso trazer à baila insuperáveis lições de Leonardo Greco:

> Na Constituição brasileira, esse processo humanizado e garantístico encontra suporte principalmente nos incisos XXXV, LIV e LV do artigo 5º, que consagram as garantias da inafastabilidade da tutela jurisdicional, do devido processo legal, do contraditório e da ampla defesa, sem falar nos já citados princípios genéricos da administração pública de quaisquer dos Poderes, e ainda nos da isonomia, da fundamentação das decisões e outros hoje expressamente reconhecidos em nossa Carta Magna[14].

---

12 TARUFFO, Michele Leyendo a Ferrajoli: consideraciones sobre la jurisdicción. In: *Páginas sobre justicia civil.* Madrid: ed. Marcial Pons, 2009, p. 22.

13 CAPPELLETTI, Mauro e TALLON, Denis. *Les garanties fondamentales des parties dans le procès civil.* Milano: Giuffrè, 1973, p. 661-774; COMOGLIO, Luigi Paolo. Garanzie costituzionali e "giusto processo" (modelli a confronto). In: *Revista de Processo.* São Paulo: Revista dos Tribunais, ano 23, abr.-jun.1998, n. 90, p. 95-150; COMOGLIO, Luigi Paolo; FERRI, Corrado, TARUFFO, Michele. *Lezioni sul processo civile.* 5. ed. Bologna: Il Mulino, 2011, cap. 3, "Le garanzie costituzionali", p. 55-95; GUINCHARD, Serge *et alii. Droit processuel - droits fondamentaux du procès.* 6. ed. Paris: Dalloz, 2011; MORELLO, Augusto M. *Constitución y proceso - la nueva edad de las garantías jurisdiccionales.* La Plata-Buenos Aires: ed. Abeledo-Perrot, 1998.

14 GRECO, Leonardo. Garantias fundamentais do processo: o processo justo. In: *Os princípios da Constituição de 1988.* PEIXINHO, Manoel Messias; GUERRA, Isabella

"Talvez a mais importante dessas garantias, porque ela própria engloba diversas outras, é a garantia do contraditório, consagrada no inciso LV do art. 5º da Constituição Federal. Contraditório como implementação no processo judicial do princípio político da participação democrática ou da chamada democracia participativa. Contraditório como a garantia que assegura aos sujeitos parciais do processo a mais ampla possibilidade de influir eficazmente em qualquer provimento jurisdicional, especialmente o provimento jurisdicional final, submetendo à cognição do juiz todas as alegações e provas que possam contribuir para essa influência. Contraditório como influência com paridade de armas"[15].

3. O novo Código de Processo Civil

O advento da Constituição Federal de 1988, bem como a própria evolução do processo, acarretou a necessidade de diversas alterações em nosso Código de Processo Civil (Lei nº 5.869/73), que se tornou uma colcha de retalhos (verdadeiro *Frankenstein*), mutilado em sua essência e desprovido de um espírito, demandando a edição de um novo Código.

Ademais, o transcorrer do tempo pareceu se alterar com o desenvolvimento tecnológico e a globalização (como se os ponteiros do relógio se movessem mais rápido que séculos atrás), de forma que as relações passaram a se constituir e se modificar numa velocidade em que os procedimentos estatais não conseguiram acompanhar. Surgiam, assim, os litígios de massa. Esse dinamismo da vida contemporânea passou a demandar urgência na resposta estatal, incorrendo em descompasso com o formato milenar do processo.

O debate sobre o papel do Estado na resolução dos conflitos levou a uma preocupação com a celeridade, uma vez que esta encontra-se intrinsecamente ligada à efetividade, já que a prestação jurisdicional tardia nada mais é do que uma injustiça travestida de justiça. O novel diploma se fazia necessário não só pelo decurso do tempo como pela flagrante morosidade na prestação da justiça.

Como se não bastasse, após a inserção em nossa Carta Magna, através da EC nº 45/2004, da cláusula pétrea que assegura a razoável duração do processo, o novo Código de Processo Civil se fazia ain-

---

Franco e NASCIMENTO FILHO, Firly (Orgs.). 2. ed. Rio de Janeiro: Lumen Juris, 2006, p. 369-406; O princípio do contraditório. In: *Revista Dialética de Direito Processual*, n. 24, mar. 2005, ed. Dialética, São Paulo, p.71-79; A busca da verdade e a paridade de armas na jurisdição administrativa. In: *Revista do Centro de Estudos Judiciários da Justiça Federal - CEJ*, n. 35, out.-dez. 2006, Brasília, p. 20/27.

---

15 GRECO, Leonardo. *Novas perspectivas da efetividade e do garantismo processual. Estudo em homenagem ao Prof. Carlos Alberto Alvaro de Oliveira*, p. 3-4.

da mais urgente, uma vez que com base nos ensinamentos de Konrad Hesse sobre a força normativa da Constituição, o CPC/73 estava a caminho da inconstitucionalidade (ou de uma não recepção).

Finalmente, em março de 2015, após belíssimo trabalho da Comissão presidida pelo Ministro do STF Luiz Fux, foi promulgado o novo Código de Processo Civil (Lei nº 13.105/2015).

O douto ministro, proferindo palestra aos magistrados do Estado do Rio de Janeiro[16], salientou que a referida comissão, atenta à garantia constitucional da duração razoável do processo, diagnosticou três grandes problemas em nosso processo, os quais nortearam os trabalhos em busca de soluções e do aprimoramento do processo: o formalismo excessivo, a litigância desenfreada (constatou-se que de cada dois brasileiros, um litiga) e a prodigalidade recursal. O NCPC buscou, portanto, conciliar as garantias constitucionais, dentre as quais sobressai o contraditório participativo, com a economia processual, a isonomia e a segurança jurídica. Luiz Fux destacou ainda que um país que não se desincumbe da prestação de justiça num prazo razoável, é um país que tem uma justiça inacessível.

No ponto, cabe esclarecer que a demora excessiva na solução do litígio prejudica ambas as partes, causando o chamado dano marginal. Inegavelmente, a parte vencedora é mais prejudicada, contudo, o estado de incerteza prolongada prejudica também o vencido. O réu também tem direito à celeridade do processo, como reflexo não só do direito à tutela jurisdicional efetiva, mas principalmente do direito de defesa e da garantia de não ser submetido ao poder estatal - jurisdicional ou administrativo - por mais tempo que o necessário[17].

Cumpre, contudo, esclarecer que direito à duração razoável não é sinônimo de direito à celeridade do processo (não pode importar em supressão de direitos e garantias fundamentais ou atropelamento do devido processo legal), pois os prazos devem permitir ao autor e ao réu a

---

16 A Escola da Magistratura do Estado do Rio de Janeiro deu início, no dia 02 de março de 2015, ao "Congresso Brasileiro sobre o Novo Código de Processo Civil", recebendo o Presidente da Comissão responsável pela criação do anteprojeto do novo CPC, ministro do Supremo Tribunal Federal, Luiz Fux para a palestra "O Código de Processo Civil Democrático", que foi proferida pelo ilustre ministro na EMERJ no dia 02/03/2015.

17 CABRAL, Antonio do Passo. A duração razoável do processo e a gestão do tempo no projeto de novo Código de Processo Civil. In: FREIRE, Alexandre; DANTAS, Bruno; NUNES, Dierle; DIDIER JR., Fredie; MEDINA, José Miguel Garcia; FUX, Luiz; CAMARGO, Luiz Henrique Volpe; OLIVEIRA, Pedro Miranda de (Org.). *Novas tendências do processo civil*: estudos sobre o projeto de novo CPC. 1. ed. Salvador: JusPodivm, 2013. v. 1, p. 73-99.

prática dos atos que estão localizados dentro do direito de influir sobre o convencimento judicial.

As partes têm, em virtude do direito à duração razoável do processo, o direito ao prazo adequado, o qual pode ser extraído do devido processo, isto é, do "processo justo", relacionando-se intimamente com o princípio do contraditório, garantido na Constituição Federal brasileira no art. 5º, LV: "Aos litigantes, em processo judicial ou administrativo, e aos acusados em geral são assegurados o contraditório e ampla defesa, com os meios e recursos a ela inerentes".

Explique-se. O transcurso do tempo é uma necessidade do juiz, sem o qual ele não pode formar adequadamente a sua convicção, sendo ainda uma necessidade do Estado Democrático de Direito e da garantia de um contraditório participativo, isto é, do direito de as partes participarem efetivamente do processo, buscando influir no convencimento do juiz e, assim, legitimando a decisão final, que deverá ser proferida tão somente quando estiver devidamente "amadurecida"[18].

Assim, a duração razoável do processo encontra seu ideal no momento em que, asseguradas as devidas garantias processuais, exaure-se o contraditório apto a ensejar a convicção do magistrado, legitimando a sentença a ser proferida e tornando-a digna do Estado Democrático de Direito.

4. O PRINCÍPIO DO CONTRADITÓRIO NA DIMENSÃO PARTICIPATIVA

O princípio do contraditório, em concepção tradicional, pode ser definido como o princípio que impõe ao juiz a prévia audiência de ambas as partes antes de adotar qualquer decisão (*audiatur et altera pars*) e o oferecimento a ambas das mesmas oportunidades de acesso à Justiça e de exercício do direito de defesa[19].

O referido brocardo, incorporado *ao direito ocidental há muito*[20], *é mencionado na obra do escritor, filósofo estoico e quaestor romano Sêneca (4 a.C. - 65 d.C.), mais especificamente na tragédia Medeia:2 "Qui statuit aliquid parte inaudita altera, aequum licet statuerit, haud ae-*

18 MARINONI, Luiz Guilherme. *Abuso de defesa e parte incontroversa da demanda.* São Paulo: RT, 2007, p. 46-47.

19 GRECO, Leonardo. O princípio do contraditório. In: *Revista Dialética de Direito Processual*, n. 24, mar. 2005, ed. Dialética, São Paulo, p.71-79.

20 BODART, Bruno. O processo civil participativo - a efetividade constitucional e o projeto do novo código de processo civil. *Revista de Processo*, v. 205, p. 333, mar. 2012.

quus fuit" (Quem decide o que quer que seja sem ouvir a outra parte, mesmo que decida com justiça, não é justo)[21].

O princípio do contraditório como direito à audiência bilateral tem, portanto, origem na antiguidade grega, alcançando o Direito contemporâneo como um princípio de direito natural inerente a qualquer processo, exigindo que o juiz somente profira decisão após possibilitar a manifestação das partes. Leonardo Greco destaca que, ainda em nossos dias, alguns autores, como *Guinchard*, sustentam esse fundamento jusnaturalista do contraditório[22].

Na doutrina dos países de origem anglo-saxônica, por sua vez, o princípio é chamado de "direito a uma audiência judicial" (*right to a judicial hearing principle*)[23].

Importante registrar que o referido princípio chegou a sofrer mitigações nas décadas que antecederam a Segunda Grande Guerra mundial (*Picardi*[24]), mas logo após seu fim, o contraditório renasceu e se tornou mais do que um princípio, verdadeira garantia.

Leonardo Greco disserta sobre o tema:

> O segundo pós-guerra marcou o renascimento do princípio do contraditório. O Estado de Direito que se reconstruiu após os nefastos regimes autoritários, redefiniu as suas relações com os cidadãos, firmando o primado da dignidade humana e a eficácia concreta dos direitos fundamentais, assegurada pelo amplo acesso à sua tutela através da Justiça. Readquiriram relevância o método dialético de solução de conflitos e a paridade de tratamento dos litigantes, componentes essenciais do princípio do contraditório, como fatores indispensáveis à concretização no processo judicial dos valores humanitários nacional e internacionalmente reconhecidos como inerentes ao estágio de civilização atingido pela sociedade humana.

Esse é o grande salto do nosso tempo: de princípio a garantia fundamental. Para isso, o contraditório não pode mais apenas reger as relações entre as partes e o equilíbrio que a elas deve ser assegurado no processo, mas se transforma numa ponte de comunicação de dupla via entre as partes e o juiz. Isto é, o juiz passa a integrar o contraditório,

---

21 SENECA. *Medeia*. Trad. Ana Alexandra Alves de Sousa. Lisboa: Centro de Estudos Clássicos e Humanísticos da Universidade de Coimbra, 2011, p. 51.

22 GRECO, Leonardo. O princípio do contraditório. In: *Revista Dialética de Direito Processual*, n. 24, mar. 2005, ed. Dialética, São Paulo, p.71-79.

23 TUCCI, José Rogério Cruz e (Coord.). *Direito processual civil americano contemporâneo*. São Paulo: Lex, 2010, p. 177.

24 PICARDI, Nicola. "Audiatur et altera pars" le matrici storico-culturali del contraddittorio. *Rivista Trimestrale di Diritto e Procedura Civile*, Milano: Giuffrè, 2004, p. 7.

porque, como meio assecuratório do princípio político da participação democrática, o contraditório deve assegurar às partes todas as possibilidades de influenciar eficazmente as decisões judiciais.

Consagrado no art. 5º, inciso LV, da Constituição de 1988, o princípio do contraditório é tão importante no direito processual que doutrinadores como Elio Fazzalari[25] e Cândido Rangel Dinamarco[26] já afirmaram que "sem contraditório, não há processo". Cabe ressaltar, contudo, que Cândido Dinamarco defende que processo é todo procedimento em contraditório animado por uma relação jurídica processual, enquanto Elio Fazzalari rejeita a teoria do processo como relação jurídica (Bülow), afirmando que basta haver o procedimento em contraditório para que haja processo[27].

Assim, na concepção clássica, o contraditório podia ser identificado como a garantia de ciência bilateral dos atos e termos do processo (jurisdicional ou mesmo administrativo), com a possibilidade de manifestação sobre os mesmos.

Frequentemente se afirma que o tratamento igualitário garantido às partes no processo passa pela imposição legal do contraditório[28]. Nesse sentido, Theodoro Junior[29] corrobora que o "principal consectário do tratamento igualitário das partes se realiza através do contraditório, que consiste na necessidade de ouvir a pessoa perante a qual será proferida a decisão, garantindo-lhe o pleno direito de defesa e de pronunciamento durante todo o curso do processo".

A partir da 2ª metade do Século XX, surge o denominado *contraditório participativo*, no qual se amplia a atuação das partes ao longo do processo, enquanto o juiz passa a assumir figura ativa apta a coordenar o diálogo e a cooperação entre as partes, tornando a comunicação verdadeira via de mão dupla, em que todos os envolvidos ouvem e são ouvidos num processo dialeticamente estruturado, construindo em

---

25 FAZZALARI, Elio. *Istituzioni di diritto processuale.* 8. ed. CEDAM: Padova, 1996.

26 DINAMARCO, Cândido Rangel. *Fundamentos do processo civil moderno.* São Paulo: Malheiros, 2001. v. 1.

27 PINHO, Humberto Dalla Bernardina de. Os princípios e as garantias fundamentais no projeto de código de processo civil: breves considerações acerca dos artigos 1º a 12 do PLS 166/10. *Revista Eletrônica de Direito Processual - REDP.* v. VI. Disponível em: <http://www.e-publicacoes.uerj.br/index.php/redp/>, p. 27.

28 MENDES, Aluisio Gonçalves de Castro. Teoria geral do processo. Rio de Janeiro: Lumen Juris, 2009, p. 27.

29 THEODORO JÚNIOR, Humberto. *Curso de direito processual civil.* 34.. ed. Rio de Janeiro: Forense, 2000, v. I, p. 26.

conjunto a solução da causa. O processo, passa assim, a ser verdadeiro instrumento de realização dos valores da pessoa humana.

Nesse sentido, há que se abrir a possibilidade de através desse diálogo, as partes, assim como eventuais interessados, participarem da formação do convencimento do juiz, influindo, por conseguinte, no resultado do processo. É o direito de influência advindo do Princípio do Contraditório.

Juntamente com o princípio da isonomia, destaca com propriedade Humberto Dalla, o contraditório constitui importante premissa democrática que com ele se relaciona de modo a garantir um efetivo equilíbrio entre as partes[30].

Comoglio salienta que, na Alemanha, o princípio do contraditório participativo ganhou feição constitucional "graças a uma tríplice ordem de situações subjetivas processuais, na qual a qualquer parte vêm reconhecidos: 1 - o direito de receber adequadas e tempestivas informações, sobre o desencadear do juízo e as atividades realizadas, as iniciativas empreendidas e os atos de impulso realizados pela contraparte e pelo juiz, durante o inteiro curso do processo; 2 - o direito de defender-se ativamente posicionando-se sobre cada questão, de fato ou de direito, que seja relevante para a decisão da controvérsia; 3 - o direito de pretender que o juiz, a sua vez, leve em consideração as suas defesas, as suas alegações e as suas provas, no momento da prolação da decisão"[31].

Conforme leciona Ronaldo Brêtas[32], o princípio do contraditório, que já se considerou ser o binômio: informação e reação, implica, na dimensão participativa, num quadrinômio composto dos seguintes elementos: Informação, Reação, Diálogo e Influência.

Informação, no sentido de que, os envolvidos devem ser adequadamente notificados de todos os atos processuais, preferencialmente através de comunicações reais e de maneira prévia. É aceitável, mas apenas excepcionalmente, que ocorra o chamado contraditório postergado, isto é, que a parte seja notificada da prática de um ato *a posteriori*,

30 PINHO, Humberto Dalla Bernardina de. Os princípios e as garantias fundamentais no projeto de código de processo civil: breves considerações acerca dos artigos 1º a 12 do PLS 166/10. *Revista Eletrônica de Direito Processual - REDP*. v. VI. Disponível em: < http://www.e-publicacoes.uerj.br/index.php/redp/ >, p. 27.

31 COMOGLIO, Luigi Paolo. Voce: Contraddittorio (Principio del). In: *Enciclopedia giuridica*. Roma: Istituto della Enciclopedia Italiana, 1988, v. 8, p. 6.

32 A Escola da Magistratura do Estado do Rio de Janeiro deu início, no dia 02 de março de 2015, ao "Congresso Brasileiro sobre o Novo Código de Processo Civil", no qual o Professor Ronaldo Bretas proferiu a palestra "O novo CPC e o Processo Constitucional", abordando o tema.

desde que isto ocorra de maneira fundamentada e em virtude da ponderação de interesses existentes no caso concreto, sopesando-se os riscos de inefetividade da decisão com o contraditório prévio ideal.

Reação, consistindo na possibilidade de as partes exporem suas alegações, propondo e produzindo provas (bem como de impugnar as produzidas por outrem), isto é, em síntese, o direito de serem ouvidas[33]. Aqui, cabe destacar a associação existente entre o contraditório e a ampla defesa, sendo ambos erigidos como garantias fundamentais no mesmo inciso do artigo 5º da Constituição, inclusive havendo quem considere esta última mero "aspecto substancial do princípio do contraditório"[34]. Certo é que estão intrinsecamente relacionados, e que a ampla defesa é a possibilidade de uma parte (não necessariamente o réu, posto a possibilidade de alternância momentânea das posições jurídicas ao longo do processo) se manifestar adequadamente após a outra.

Diálogo, como ferramenta tipicamente democrática, evidencia a necessidade de abertura de vias comunicativas entre o juiz e as partes, bem como entre estas, que devem cooperar em prol de uma solução jurisdicional dialeticamente construída.

Influência, por sua vez, é o direito das partes e dever do juiz de recepcionar a manifestação daquelas de forma efetiva, e não puramente formal, como parte da práxis. A possibilidade de influenciar a tomada de decisão configura verdadeiro direito de participação, contribuindo para a legitimação da decisão a ser proferida.

Evidencia-se, assim, que o contraditório deve ser visto como um verdadeiro direito fundamental, traço distintivo do processo no Estado Democrático de Direito, permitindo a efetiva participação do indivíduo[35] na construção de um ato de poder.

Poderíamos dizer, seguindo as lições de Angela Espindola e Igor Santos, que a democracia, no bojo do processo, recebe o nome de

---

33 MESQUITA, Gil Ferreira de. Princípios do contraditório e da ampla defesa no processo civil brasileiro. São Paulo: Juarez Oliveira, 2003, p. 195.

34 DIDIER JR., Fredie. *Curso de direito processual civil*. 12. ed. Salvador: JusPodivm, 2010. v. I, p. 55. Nesse trecho, o Prof. Didier diz que contraditório e ampla defesa formam um *belo par*. Em nosso sentir, contraditório e ampla defesa são como irmãs, durante o período monárquico brasileiro. Só que a ampla defesa é a irmã feia, que nunca é escolhida para dançar nos bailes. Enquanto o contraditório é a irmã bonita, cortejada por todos, mas que tem sempre que levar a irmã feia a tiracolo, por imposição dos pais.

35 ALVARO DE OLIVEIRA, Carlos Alberto. A garantia do contraditório. In: *Revista AJURIS*, n. 74, 1998.

contraditório[36]. Assim, a participação no processo[37], como expressão da democracia, se materializa através de um contraditório efetivo, visualizado nessa nova roupagem, é elemento essencial e fator de legitimação democrática das decisões judiciais (em última análise, do próprio poder jurisdicional), repudiando a visão ultrapassada que focaliza a parte como simples objeto do pronunciamento judicial no *iter* procedimental[38], e passando a reconhecê-la como sujeito de direitos.

Arremata Leonardo Greco[39]:

> Como expressão do princípio político da participação democrática, o contraditório não é mais exclusivo do processo judicial, mas se estende a todas as atividades dos poderes públicos de que podem resultar decisões que atinjam a liberdade, o patrimônio ou a esfera de interesses de cidadãos determinados. Quando os possíveis atingidos não são determináveis, audiências públicas e outros procedimentos podem tornar viável a sua participação no processo de tomada de decisões dos poderes públicos.

Assim, concretizou-se mudança paradigmática, erigindo-se o contraditório participativo como verdadeiro instrumento de proteção à dignidade humana no Estado Democrático contemporâneo, e, graças a jurisprudência das cortes constitucionais da Alemanha, Itália e Espanha, bem como da Corte Europeia de Direitos Humanos, essa concepção se espraiou por toda a Europa Ocidental, alcançando países cujo processo judicial seguia tradições históricas extremamente assimétricas.

5. O princípio do contraditório no novo Código de Processo Civil

Dentro desse cenário, veio a lume o novo Código de Processo Civil, de espírito e conteúdo "democrático", na feliz expressão do Ministro Luiz Fux, incorporando em seu seio não só o contraditório participativo

36 ESPINDOLA, Angela Araujo da Silveira; SANTOS, Igor Raatz dos. O processo civil no estado Democrático de direito e a releitura das garantias constitucionais: entre a passividade e o protagonismo judicial. *Revista NEJ - Eletrônica*, v. 16, n. 2, p. 150-169, mai.-ago. 2011. Disponível em: <http://siaiap32.univali.br/seer/index.php/nej>. Acesso em: 1º fev. 2016.

37 CAPPELLETTI, Mauro. Spunti in tema di contradditorio. In: *Studi in memoria di Salvatore Satta*. Volume primo, Padova: Cedam, 1982, p. 210.

38 ALVARO DE OLIVEIRA, Carlos Alberto. O juiz e o princípio do contraditório. In: *Revista de processo*, n. 73, 1998, p. 10.

39 GRECO, Leonardo, O princípio do contraditório. In: *Revista Dialética de Direito Processual*, n. 24, mar. 2005, ed. Dialética, São Paulo, p. 71-79.

como as demais garantias constitucionais, como por exemplo a necessidade de duração razoável dos processos e de fundamentação das decisões judiciais.

Basta manusear o referido Diploma para se sepultar qualquer dúvida sobre isso, uma vez que o primeiro capítulo, intitulado "DAS NORMAS FUNDAMENTAIS E DA APLICAÇÃO DAS NORMAS PROCESSUAIS", inicia-se com dispositivo repleto de simbolismo (art. 1°):

> Art. 1º O processo civil será ordenado, disciplinado e interpretado conforme os valores e as normas fundamentais estabelecidos na Constituição da República Federativa do Brasil, observando-se as disposições deste Código.

Inobstante ser imperiosa a interpretação das normas processuais à luz da Constituição Federal desde sua promulgação, a previsão é salutar e tem caráter didático, desvelando o espírito democrático do Código e consagrando a constitucionalização do processo.

Isto posto, passemos a verificar de que forma o novo Código alçou o contraditório participativo a verdadeiro traço distintivo do processo democrático. Nesse sentido, cabe trazer à baila o artigo 7°:

> Art. 7º É assegurada às partes paridade de tratamento em relação ao exercício de direitos e faculdades processuais, aos meios de defesa, aos ônus, aos deveres e à aplicação de sanções processuais, competindo ao juiz zelar pelo efetivo contraditório.

Gize-se que o dispositivo não se contenta com o simples contraditório, atribuindo ao juiz o dever de zelar pelo efetivo contraditório, consagrando os matizes modernos da Informação, Reação, Diálogo e Influência. No ponto, restam explicitadas diversas formas de "reação", através das quais os envolvidos no processo "dialogam", buscando "influenciar" no convencimento do julgador, emergindo, assim, novo paradigma processual.

No ponto, cabe trazer à baila a célebre indagação: "Como as partes podem influir no convencimento do juiz se não sabem o que ele pensa?"[40]

A resposta a essa pergunta, materializa-se na translúcida adoção do contraditório participativo, que deflui de maneira instantânea da leitura do artigo 10, o qual estabelece a vedação da surpresa, verdadeiro corolário do contraditório:

40 GRECO, Leonardo. *Instituições de processo civil*. Rio de Janeiro: Forense, 2009, v. I, p. 541.

> Art. 10. O juiz não pode decidir, em grau algum de jurisdição, com base em fundamento a respeito do qual não se tenha dado às partes oportunidade de se manifestar, ainda que se trate de matéria sobre a qual deva decidir de ofício.

Registre-se que essa concepção já havia sido adotada pelo anterior Código de Processo Civil francês, sendo mantida no artigo 16 do atual Código de Processo daquela nação.

O juiz deve coordenar a interação entre as partes, abrindo-se ao diálogo e construindo em conjunto as decisões proferidas, com a efetiva participação e influência das partes, permitindo que o processo atinja o melhor resultado, distinguindo-se pela plena efetividade e adequação, e qualificado pelo proceder democrático, verdadeiro fator de legitimação das sentenças. Só assim torna-se verdadeiramente concretizado o acesso à Justiça.

Espancando qualquer dúvida acerca da relevância do contraditório, salta aos olhos a previsão de nulidade ou de ineficácia para as sentenças proferidas sem a devida integração com o contraditório, ou melhor, proferidas sem o devido diálogo capaz de legitimá-las, em nítido desacordo com o caráter democrático do processo:

> Art. 115. A sentença de mérito, quando proferida sem a integração do contraditório, será:
> I - nula, se a decisão deveria ser uniforme em relação a todos que deveriam ter integrado o processo;
> II - ineficaz, nos outros casos, apenas para os que não foram citados.
> Parágrafo único. Nos casos de litisconsórcio passivo necessário, o juiz determinará ao autor que requeira a citação de todos que devam ser litisconsortes, dentro do prazo que assinar, sob pena de extinção do processo.

Por outro lado, atento à concretização do real e amplo acesso à Justiça, o Código assegura a gratuidade para a prática dos atos processuais inerentes ao exercício do contraditório a quem não possuir recursos, pois não há processo democrático sem a viabilização do contraditório participativo.

A relevância do contraditório também se observa no tocante à modificação do pedido ou da causa de pedir, que também encontra limites no referido princípio, posto ser possível entre a citação e o saneamento do processo, desde que assegurado o contraditório, mediante manifestação do réu, facultado o requerimento inclusive de prova suplementar.

Como dito, em alguns casos, o direito à informação, que precede a reação, pode ser postergado excepcionalmente, em atenção à ponderação de interesses em possível conflito, mas nunca suprimido, sendo este o entendimento acolhido pelo artigo 372, que exige o contraditório para admissão da prova emprestada, e o artigo 962, que admite a execução de decisão estrangeira concessiva de medida de urgência, sem audiência de réu, desde que garantido o contraditório posterior.

Até mesmo nos notáveis avanços do novo Código se observa o traço distintivo do contraditório participativo, como ocorre no tratamento das questões prejudiciais, que atendidos alguns requisitos, entre os quais o contraditório prévio e efetivo (gize-se que mais uma vez o diploma frisa a necessária efetividade do princípio), sofrerão os influxos da coisa julgada.

Dentro dessa concepção de contraditório participativo como alicerce do processo democrático, o novo Código de Processo Civil consagra ainda a cooperação, como verdadeiro princípio, abrangendo a boa-fé que deve nortear o diálogo entre os envolvidos em um processo justo. Nesse sentido, é a previsão do artigo 6º:

> Art. 6º Todos os sujeitos do processo devem cooperar entre si para que se obtenha, em tempo razoável, decisão de mérito justa e efetiva.

Contudo, é possível vislumbrar a cooperação, reflexo do contraditório participativo, em diversos outros dispositivos, como no artigo 3º, § 3º, que impõe a permanente busca pelos métodos de solução consensual de conflitos por juízes, advogados, defensores públicos e membros do Ministério Público, deixando claro que todos os referidos atores, ao interagirem e dialogarem, deverão estimular o alcance do consenso, ainda que no curso do processo, bem como no artigo 5º, ao prescrever o dever de boa-fé a todos que participam do processo, revelando verdadeiro dever anexo da cooperação e premissa para o diálogo efetivo.

Em que pesem as posições antagônicas das partes e a distinção destas com a posição do juiz, todos os sujeitos do processo estão inseridos dentro de um complexo de relações jurídicas (ou dentro de uma mesma relação jurídica) e devem colaborar entre si para que essa relação, que é dinâmica e visa a um determinado fim, desenvolva-se razoavelmente até a resposta jurisdicional final.

Registre-se que na Alemanha se proclama o dever de cooperação há mais de 70 anos, enquanto na França e no Brasil, (Barbosa Moreira) há pelo menos 40 anos já se defendia a cooperação como princípio do processo[41]. A cooperação busca seu fundamento justamente na plenitude do contraditório, um dos grandes pilares do novo Código, alicerçando-se ainda na boa-fé, na moralidade e na razoabilidade.

41 Palestra proferida por Eduardo Talamini sobre o "Dever de cooperação no novo CPC", no evento aciam referido promovido pela EMERJ.

A principal crítica feita à cooperação é que ela seria utópica, limitando-se a ser verdadeira exortação, uma vez que o processo envolve um litígio e as partes se consideram adversárias, contudo, não é demais recordar, que até mesmo na guerra, há a instituição de regras básicas entre os inimigos.

Assim, consoante o escólio de Eduardo Talamini[42], a cooperação englobaria a necessidade de esclarecimento das manifestações, sanando-se eventuais obscuridades, seja das partes ou do juiz; diálogo, como imposição do contraditório participativo; prevenção de erros; e auxílio mútuo, como no caso da distribuição dinâmica da prova, flexibilização procedimental, e dilação dos prazos.

A íntima relação, quase simbiótica, entre o contraditório participativo e a cooperação, salta aos olhos na previsão disposta no artigo 357, §§ 2° e 3º:

> Art. 357. Não ocorrendo nenhuma das hipóteses deste Capítulo, deverá o juiz, em decisão de saneamento e de organização do processo:
> [...]
> § 2º As partes podem apresentar ao juiz, para homologação, delimitação consensual das questões de fato e de direito a que se referem os incisos II e IV, a qual, se homologada, vincula as partes e o juiz.
> § 3º Se a causa apresentar complexidade em matéria de fato ou de direito, deverá o juiz designar audiência para que o saneamento seja feito em **cooperação** com as partes, oportunidade em que o juiz, se for o caso, convidará as partes a integrar ou esclarecer suas alegações.

O diálogo, exigido pelo contraditório participativo, demanda a participação das partes no saneamento de causas complexas, devendo o juiz realizá-lo em cooperação com as partes, materializando a figura do Juiz "Hermes" proposta pelo doutrinador Humberto Dalla, no qual a interação entre as partes e o juiz efetiva a democracia participativa no seio do Poder judiciário, ao mesmo tempo em que legitima a decisão proferida. Nesse sentido, a possibilidade de acordos processuais disposta pelo § 2º, em reforço à previsão das convenções processuais inscrita no artigo 190[43], é mera consequência lógica.

---

42 Idem. Ibidem.

43 "Art. 190. Versando o processo sobre direitos que admitam autocomposição, é lícito às partes plenamente capazes estipular mudanças no procedimento para ajustá-lo às especificidades da causa e convencionar sobre os seus ônus, poderes, faculdades e deveres processuais, antes ou durante o processo.
Parágrafo único. De ofício ou a requerimento, o juiz controlará a validade das convenções previstas neste artigo, recusando-lhes aplicação somente nos casos de nulidade ou de inserção abusiva em contrato de adesão ou em que alguma parte se encontre em manifesta situação de vulnerabilidade."

Considerações finais

No Estado Democrático de Direito, o cidadão deve passar a ser visto como participante, e não como simples objeto da intervenção social do Estado[44]. Isto posto, o processo deve incorporar essa premissa, à luz da Constituição Cidadã, e o traço distintivo deste modelo de processo constitucional é o contraditório participativo.

O juiz inerte, mero expectador, característico do Estado Liberal, bem como a figura oposta, representativa do Estado Social, não se revelam compatíveis com o Estado democrático nem com o processo contemporâneo.

Surge assim, a necessidade de uma releitura do processo, englobando a conduta das partes e a própria figura do juiz, a fim de redimensioná-lo, adequando-o ao dinamismo vivenciado pelo Brasil globalizado.

Emerge dessa visão contextualizada, a jurisdição contemporânea, prestada através do processo justo, tendo por traço distintivo o contraditório participativo, através do qual os personagens do processo interagem, cooperam e dialogam, influenciando na convicção do julgador e permitindo a formação dialética da melhor decisão, ao mesmo tempo em que a legitimam, tornando-a digna à luz do Estado Democrático de Direito.

Cabe registrar, contudo, que o novo Código de Processo Civil é apenas mais uma pedra fundamental lançada nos alicerces da concretização do tão almejado Estado Democrático de Direito, posto ser necessário muito mais do que a simples edição de novas normas e Códigos para atingir tal desiderato, sob pena de termos apresentado uma visão romântica, quiçá utópica do processo.

Imperiosa, portanto, se mostra verdadeira revolução cultural e ética a fim de suplantarmos os desvios de todo tipo que amesquinham nosso presente. Mas já disse Nelson Mandela, que "a esperança é uma arma poderosa e nenhum poder no mundo pode nos privar dela". O próximo passo a ser dado, por exemplo, a implementação de um processo democrático, fundado no contraditório participativo, incumbe a nós, operadores do Direito, e há de ser dado.

44 NOVAIS, Jorge Reis. *Contributo para uma teoria do estado de direito*. Coimbra: Almedina, 2006, p. 191.

Honorários Advocatícios e Alterações Promovidas pelo Novo Código de Processo Civil

Micaela Barros Barcelos Fernandes
Tatiana Machado Dunshee de Abranches

Sumário: 1. Natureza jurídica, titularidade e consectários. **2.** Inovações da lei processual. **3.** Honorários em cumprimento definitivo de sentença. **4.** Honorários em cumprimento provisório de sentença. **5.** Parâmetros de fixação do valor dos honorários. **6.** Fazenda Pública. **7.** Sucumbência recursal. **8.** Honorários na ação de indenização por ato ilícito. **9.** Natureza alimentar e sucumbência recíproca. **10.** Possibilidade de levantamento dos honorários pela sociedade de advogados. **11.** Honorários para advogados em causa própria, advogados e servidores públicos e assistência judiciária gratuita.

1. Natureza jurídica, titularidade e consectários

Em que pese a obviedade da distinção, antes de tratar propriamente do tema dos honorários de sucumbência, é importante lembrar de inicialmente destacá-los como instituto próprio, que não se confundem com os honorários contratuais ou convencionais, estes que correspondem à remuneração devida aos profissionais liberais (entre os quais os advogados, mas não somente eles) nos contratos bilaterais, a contrapartida devida pelo contratante em função de qualquer serviço contratado[1]. Seu valor é livremente negociado entre cada cliente e seu prestador de serviços.

Honorários de sucumbência ou sucumbenciais (que neste artigo daqui por diante também serão simplesmente referidos como *honorários* em benefício da concisão) são deveres ou obrigações processuais[2], devidos exclusivamente aos advogados patrocinadores das causas que se resolvem em sede jurisdicional, fazem parte do que se convencionou chamar de custos do processo em sentido amplo[3], somando-se às

1 Artigo 206, § 5º, II, Código Civil.

2 THEODORO JUNIOR, Humberto. *Curso de direito processual civil.* 55. ed. Rio de Janeiro: Forense, 2014, p. 171 do livro em pdf.

3 DINAMARCO, Cândido Rangel. *Instituições de direito processual civil.* 6. ed. São Paulo: Malheiros, 2009, p. 651.

custas e demais despesas processuais para compor as chamadas *verbas de sucumbência*. Seu valor é fixado pelo juízo[4], observados os limites legais e mediante valoração fundamentada no momento da elaboração da sentença[5].

Os honorários de sucumbência foram introduzidos expressamente no Direito brasileiro apenas no Código de Processo Civil de 1939[6] (CPC de 1939), que unificou as regras de direito processual até então dispersas em cada unidade da Federação, e inicialmente os previu somente nos casos em que se comprovasse a má-fé do sucumbente, ou seja, atribuindo um caráter punitivo aos encargos.

Com a evolução do instituto no Direito comparado e também no brasileiro, passou-se a entender que a condenação não dependeria da má-fé ou culpa do litigante, mas decorreria diretamente da necessidade do processo, impondo-se à parte vencida - seja o autor na sentença de procedência ou o réu, na rejeição da demanda - o dever de restabelecer a situação em que se encontrava o vencedor antes da interposição da demanda.

Foi Giuseppe Chiovenda quem estabeleceu os fundamentos desta nova teoria fundamentadora da responsabilização das despesas processuais, chamada teoria da sucumbência, pela qual o vencedor que se vê obrigado a demandar em juízo para o reconhecimento do seu direito deve ter o direito à recomposição do seu patrimônio na íntegra, impondo-se ao vencido, ainda que agindo com manifesta boa-fé, a obrigação de ressarcir as despesas do vencedor. A condenação nas despesas, entre elas os honorários, passou a ser, em regra, não mais entendida como uma punição, mas decorrente do fato objetivo da sucumbência, embora algumas vezes ainda se tenha preservado o caráter punitivo, como se verá a seguir.

---

4 Seja ele estatal, por força do artigo 85 do novo CPC, ou arbitral, nos processos de arbitragem, quando aplicável, na forma do artigo 27 da Lei nº 9.307, de 1996.

5 A partir do início da vigência do novo CPC, de 2015, podendo ser majorados em grau de recurso em vista do trabalho adicional realizado pelo patrono, por força do § 11 do artigo 85, do qual trataremos melhor adiante.

6 "Art. 63. Sem prejuízo do disposto no artigo 3º, a parte vencida, que tiver alterado, intencionalmente, a verdade, ou se houver conduzido de modo temerário no curso da lide, provocando incidentes manifestamente infundados, será condenada a reembolsar a vencedora as custas do processo e os honorários do advogado. [...]"

"Art. 64. Quando a ação resultar de dolo ou culpa, contratual ou extracontratual, a sentença que a julgar procedente condenará o réu ao pagamento dos honorários do advogado da parte contrária. [...]" (redação original, alterada somente em 1965 pela Lei nº 4.632).

De acordo com a teoria da sucumbência, amplamente aceita e adotada entre os processualistas, e incorporada no Direito brasileiro primeiramente pela alteração do Código de 1939, através da Lei nº 4.632 de 1965[7] (que alterou a redação do artigo 64 da lei processual então vigente) e depois confirmada no Código de Processo Civil de 1973 (CPC de 1973), o direito do vencedor deve ser reconhecido como se o fosse no momento anterior à ação ou à lesão que lhe deu origem, e tudo que foi necessário ao seu reconhecimento ou concorreu para diminuí-lo deve ser recomposto ao seu titular. Dentre as despesas do processo, a condenação em honorários de sucumbência sustenta-se no argumento de que não seria justo ao vencedor ter que arcar com as despesas de contratar um advogado para o reconhecimento do seu direito, na medida em que não ocorreria, assim, a restituição integral do seu patrimônio.

Embora no desenvolvimento da teoria da sucumbência Chiovenda tenha pretendido encontrar um princípio capaz de abranger em todos os seus aspectos o fundamento da responsabilidade pelos encargos do processo, algumas dificuldades não foram superadas, encontrando-se inúmeras fragmentações casuísticas, sobretudo tendo em vista que nem sempre as demandas importam em êxito para uma das partes, e perda para a outra.

Assim, a doutrina buscou o fundamento da disciplina das despesas processuais em outro princípio, o da causalidade, este por muitos entendido como mais amplo que o da sucumbência, e que o abarca. Segundo o princípio da causalidade, a responsabilidade pelas despesas do processo deriva do critério da evitabilidade da lide, de forma que o ônus deve recair sobre aquele que deu causa à demanda quando ela seria evitável[8] (sem qualquer consideração à culpa, fique claro).

A sucumbência, então, passou a ser entendida por muitos como um dos aspectos do princípio da causalidade, este que responde a um princípio de justiça distributiva - é justo que aquele que tenha feito necessário o serviço público da administração da Justiça lhe suporte

---

7 O novo artigo adotou a seguinte redação: "Art. 64. A sentença final na causa condenará a parte vencida ao pagamento dos honorários do advogado da parte vencedora, observado, no que fôr aplicável, o disposto no artigo 55".

8 Um exemplo disso se dá na condenação do autor de uma ação cautelar de exibição de documentos, quando não há prova de pedido extrajudicial anterior, e o réu exibe o documento no prazo da contestação. Nessa hipótese, ainda que o réu não tenha dado causa ao processo e mesmo sendo vencido, a condenação ao pagamento dos honorários recairá sobre o vencedor. NEVES, Daniel Amorim Assumpção. *Novo código de processo civil - Lei 13.105/2015*. São Paulo: Editora Método, 2015, p. 85-86; *Informativo* 519/STJ, 3ª T., REsp 1.232.157/RS, Rel. Min. Paulo de Tarso Sanseverino, julgado em 19/03/2013.

a carga - e de higiene social - a função de contenção do critério da causalidade faz com que o cidadão seja mais cauteloso em seu agir, beneficiando a todos[9]. Nesta lógica, a sucumbência passou a ser entendida por vários autores como conteúdo abrangido pela doutrina da causalidade, e também seu elemento revelador mais expressivo, na medida em que, quase sempre, aquele que sucumbe é quem deu causa à demanda.

Em que pese a ampla aceitação pelos estudiosos do Direito desta relação continente - conteúdo entre as teorias da causalidade e sucumbência, há que distingui-las tecnicamente, visto que a sucumbência - expressamente adotada no CPC de 1973 - tem mais relação com o dever do vencido em arcar com os custos do processo, independente de dolo ou culpa, bem como com o correspondente direito do vencedor ao ressarcimento pelas despesas incorridas para o reconhecimento do seu direito, ao passo que a causalidade tem mais relação com o dever do perdedor de arcar com as despesas a que deu causa, sejam elas quais forem[10].

Pode parecer retórica introduzir o tema com este resumo histórico e discussões sobre as doutrinas justificadoras da condenação em verbas de sucumbência, mas estes aspectos são essenciais para identificar, na condenação do perdedor, o porquê da responsabilização da parte, e como os fundamentos respectivos repercutirão na aplicação prática das regras pelos tribunais, impactando os jurisdicionados e seus patronos, e as respectivas relações entre aqueles e estes.

---

9 CARNELUTTI, Francesco. *Sistema di diritto processuale civile*. Padova: Cedam, 1936. v. 1, p. 436.

10 Necessário observar que a doutrina da causalidade, desenvolvida ante a insuficiência da doutrina da sucumbência para justificar a condenação do perdedor nas verbas sucumbenciais em algumas situações, tampouco é plenamente suficiente para fundamentar todas as soluções dadas às despesas do processo, entre as quais os próprios honorários, tendo em vista que há situações em que o processo é necessário e inevitável. Em razão de ordem pública, e não decorrente de um interesse privado da parte (que portanto nem sempre dá causa ao processo), a doutrina passou a identificar ainda outro princípio, subsidiário ao da causalidade, para justificar a imposição da responsabilidade pelas despesas do processo - o chamado de princípio do interesse - segundo o qual, no interesse da sociedade, certos assuntos não devem ser deixados à disponibilidade das partes quanto à opção de demandar em juízo ou não. São os casos, por exemplo, de jurisdição voluntária, que se destinam a guardar interesses públicos, e pelos quais as partes devem pagar (ressalvadas as exceções legais de gratuidade, na forma da Lei nº 1.060, de 05/02/1950, e agora também dos artigos 98 a 102 do novo CPC), independente de terem dado causa à demanda. E em função da conjugação de vários princípios informadores que resulta dúvida na aplicação prática pelos operadores de Direito.

Em outras palavras, é necessário confrontar as principais vertentes de pensamento que foram desenvolvidas ao longo da experiência jurídica sobre o tema dos honorários, sobretudo porque a legislação sofreu guinadas importantes, e acarretou mudanças na forma com que os operadores de Direito devem lidar com a matéria.

Neste contexto, o princípio da causalidade, embora não fosse expressamente previsto na lei interna, mas pacificamente adotado pela jurisprudência brasileira, através de uma interpretação não literal, mas expansiva do artigo 20 do CPC de 1973[11], parece ter sido a chave para esta mudança de rumo, pois permitiu justificar a responsabilização do perdedor nas despesas do processo, mas não necessariamente em benefício apenas do vencedor[12]. O princípio da causalidade permite que os honorários sucumbenciais tenham outra destinação que não diretamente o ressarcimento do vencedor pelas despesas incorridas para o reconhecimento do seu direito.

Esta questão se tornou mais palpitante com a aprovação do Estatuto do Advogado (Lei nº 8.906, de 1994), que, rompendo com a tradição processual até então vigente e que previa a destinação dos honorários de sucumbência ao vencedor, em seu artigo 23 previu expressamente que os honorários pertencem ao advogado, e não mais à parte, fazendo com que a condenação do perdedor tenha perdido o fundamento na teoria da sucumbência, pela qual a parte ganhadora deveria ser ressarcida das despesas com a contratação de um profissional para assisti-la na defesa de seus interesses em juízo, mas não na teoria da causalidade, que permitiu esta mudança de rumo.

Tal mudança provocou enorme polêmica entre os estudiosos, mantendo-se um acalorado debate sobre a quem cabe, em última análise, os honorários de sucumbência. De um lado, muitos defendem que os

---

11 PINHO, Humberto Dalla Bernardina de Pinho; e SALLES, Tatiana. Honorários advocatícios. Evolução histórica, atualidades, e perspectivas no projeto do novo CPC. In: *Revista Eletrônica de Direito Processual - REDP*, v. IX. Periódico da Pós-Graduação *Stricto Sensu* em Direito Processual da UERJ, p. 6. Disponível em: <http://www.e-publicacoes.uerj.br/index.php/ >. Acesso em: 04 jun. 2015.

12 O princípio acabou sendo expressamente previsto no novo CPC, em seu artigo 85, § 10, que prevê que "nos casos de perda do objeto, os honorários serão devidos por quem deu causa ao processo". Ainda assim, para alguns autores, perdeu-se a oportunidade de prever sua aplicação mais ampla, em qualquer hipótese, e não somente quando houver perda do objeto da ação. A este respeito, ver SARRO, Luís Antônio Giampaulo. Do princípio da causalidade no novo código de processo civil. In: SARRO, Luís Antônio Giampaulo (Coord). *Novo código de processo civil*: principais alterações do sistema processual civil. São Paulo: Rideel, 2014, p. 183-197.

honorários, tal como previstos na teoria da sucumbência e no CPC de 1973, pertencem à parte e que os advogados já são remunerados em seu trabalho na forma em que acordarem com seus clientes, com base em diversos modelos de remuneração, seja por hora trabalhada, atividade realizada, etapas de processo alcançadas, ou percentual sobre o êxito da demanda na causa que assumiram na defesa de seu cliente, ou ainda, como sói ocorrer, uma combinação de mais de um entre os possíveis modelos de remuneração. Para os defensores desta posição, a despeito das mudanças trazidas pelo Estatuto do Advogado, a parte deve fazer jus ao recebimento dos honorários sucumbenciais, em ressarcimento das despesas nas quais incorreu para a defesa dos seus direitos.

De outro lado, colocam-se os que, com base na evolução do Direito brasileiro sobre a matéria, defendem pertencerem os honorários sucumbenciais ao advogado, atribuindo-lhes inclusive caráter alimentar. Sem adentrar no mérito da adequação desta evolução, visto que há vantagens e desvantagens nos dois sistemas[13], mister é reconhecer que esta é sem dúvida a posição vencedora, e agora consagrada no novo CPC, evidenciando o caráter híbrido que acabou caracterizando o instituto dos honorários sucumbenciais no ordenamento pátrio, e que justamente dificulta a pacificação do entendimento sobre a matéria.

---

13 Destacando-se, de um lado, como vantagens, o fortalecimento das prerrogativas do advogado, como figura essencial à administração da justiça, e necessária à defesa técnica dos jurisdicionados, bem como a existência de um mecanismo legal, que independente de qualquer previsão contratual entre a parte e seu patrono, de estímulo ao uso dos melhores esforços do profissional para o sucesso da demanda, que se traduz em, última análise, na melhor defesa para os jurisdicionados, estes que muitas vezes não querem ou mesmo não podem pagar honorários contratuais, de forma que a única remuneração recebida pelo advogado, em determinadas situações, acaba sendo os honorários sucumbenciais; e de outro, como desvantagens, o potencial conflito de interesses entre o advogado e seu próprio cliente, considerando a peculiar situação de dois direitos autônomos estarem necessariamente ligados a um mesmo processo. Pode ocorrer, especialmente em situações não tão claramente favoráveis ou desfavoráveis ao sucesso da demanda, de um processo seguir, não mais por vontade da parte, mas por expectativa do advogado de melhora de sua remuneração. Ainda que se argumente que a sucumbência recursal, sobre a qual falaremos melhor adiante, desestimule as partes a seguirem com demandas meramente procrastinatórias, considerando que quem arca com o risco do aumento do ônus processual é a parte, e não o seu advogado, diante do eventual conflito de interesses sobre a decisão de insistir em um argumento em um processo, a regra referente aos honorários sucumbenciais prevista originalmente no Estatuto do Advogado e agora consagrada no CPC de 2015 pode não estimular a composição amigável ou o acatamento de decisões desfavoráveis, embora este tenha sido o espírito condutor na elaboração da nova lei processual.

Para entender o porquê desta guinada no Direito pátrio, há que se lembrar que o Estatuto do Advogado foi editado na esteira da Constituição de 1988, após longo período de graves cerceamentos de direitos, sobretudo políticos, na história do nosso país. O artigo 133 da Constituição, ao estipular que *a advocacia é função essencial à administração da Justiça*, inseriu o advogado no sistema de defesa de direitos dos cidadãos, tornando indispensável a representação da parte em juízo por meio de representante devidamente habilitado junto à OAB (Ordem dos Advogados do Brasil)[14], em exigência que, em última análise, é corolário dos princípios da ampla defesa, do contraditório, e da isonomia, cuja eficácia pressupõe que se conceda às partes a oportunidade de participar do processo contando com uma defesa técnica[15].

Ao papel do advogado foi atribuído caráter de múnus público, e com o objetivo último de defesa dos cidadãos, o exercício da profissão foi cercado de importantes garantias, entre as quais, a título de exemplo, a imunidade profissional em relação aos crimes de injúria e difamação, a inviolabilidade do seu local de trabalho, bem como arquivos, dados, correspondências e comunicações, a possibilidade de comunicação pessoal e reservada com seus clientes presos, detidos ou recolhidos, o ingresso livre em salas de sessões dos tribunais, e sua permanência, sentado ou em pé, independentemente de licença, o acesso a magistrados independentemente de agendamento, respeitada a ordem de chegada para atendimento, o uso da palavra em qualquer juízo ou tribunal para esclarecimento de equívoco ou dúvida sobre fatos, documentos ou afirmações que influam no julgamento, o exame de autos de processos findos ou em andamento, mesmo sem procuração, quando não estejam

---

14 Há exceções, mediante flexibilização da regra, nas demandas em que à própria parte foi concedida capacidade postulatória, sem prejuízo à validade do processo, destacando-se: (i) o regime de acesso especial nos Juizados Especiais, em causas de menor complexidade e cujo valor não ultrapasse 20 salários-mínimos vigentes, nos termos do artigo 9º da Lei nº 9.099 de 1995; (ii) a possibilidade de qualquer cidadão reclamar pessoalmente perante a Justiça do Trabalho, nos termos do artigo 791 da Consolidação das Leis Trabalhistas; (iii) a possiblidade de a mulher vítima de violência pedir diretamente medidas de proteção contra o seu ofensor, nos termos do artigo 27 da Lei nº 11.340/2006 (Lei Maria da Penha); (iv) a possibilidade de, além de advogado habilitado, o próprio réu requerer a revisão criminal, ou, no caso de morte, pelo cônjuge, ascendente, descendente ou irmão, conforme artigo 623 do Código de Processo Penal Brasileiro; e (v) a possibilidade de qualquer cidadão impetrar o *habeas corpus*, conforme o artigo 654 do Código de Processo Penal.

15 PINHO, Humberto Dalla Bernardina de Pinho. *Direito processual civil contemporâneo*. Teoria geral do processo. 5. ed. São Paulo: Saraiva, 2013 v. 1, p. 305-307.

sujeitos a sigilo, permitida a obtenção de cópias e a realização de apontamentos, entre outros.

Neste contexto, os honorários foram tratados também de maneira especial no Estatuto do Advogado, e, embora referida lei fosse de encontro ao dispositivo do artigo 20 do Código de Processo Civil de 1973, não o revogou expressamente, e curiosamente a doutrina tampouco a jurisprudência (embora tenham, muitos, criticado a mudança do paradigma brasileiro) discutiram a fundo se ocorreu revogação dos artigos 20 da lei processual de 1973, de maneira tácita ou não. Consolidou-se o entendimento de que a previsão de condenação ao pagamento ao vencedor parece não ter sido incompatível com a de pagamento ao seu advogado, embora eles sejam, à obviedade, sujeitos diferentes!

O novo CPC, fazendo expressamente sua opção e esclarecendo qualquer dúvida que pudesse remanescer, prevê em seu artigo 85, *caput*, que a sentença condenará o vencido a pagar honorários ao *advogado* do vencedor. Ou seja, optou pelo entendimento já estabelecido no Estatuto do Advogado, prevendo que a condenação imposta à parte sucumbente seja dada em benefício do representante judicial da parte contrária como consequência do sucesso processual desta última.

Sob o ponto de vista da parte perdedora, pode-se dizer que resta preservada a teoria da causalidade, uma vez que a condenação é imposta à mesma (autor ou réu) em decorrência do risco assumido pelo ajuizamento da demanda judicial, e pela ausência de busca de uma solução conciliatória para o litígio. Entretanto, do ponto de vista da parte vencedora, a teoria da sucumbência - no que toca especificamente aos honorários - dependendo da forma como é entendida, pode ser considerada como abandonada[16], tendo em vista que não mais se justifica a condenação na necessidade de ressarcimento do vencedor ou de restauração do seu estado anterior ao litígio, ou, para os que entendem ser a sucumbência um atributo da causalidade, a teoria continua consagrada no ordenamento pátrio, mas entendida como fato do processo, que impõe ao perdedor arcar com os seus custos, independentemente de sua destinação específica.

Este corte fica bem claro no CPC de 2015. Lembre-se que no CPC de 1973, a condenação em despesas e em honorários era prevista no mesmo dispositivo, o artigo 20 de referido diploma processual, enquanto no CPC de 2015 houve um desmembramento do artigo em dois, justamente para tratar separadamente a destinação das despesas - estas

16 Embora tenham sido mantidos, íntegros, os fundamentos da teoria da sucumbência quanto ao ressarcimento do vencedor nas custas e demais despesas processuais, conforme previsto no artigo 82, § 2º, do CPC de 2015.

que devem ser ressarcidas ao vencedor, conforme o comando contido no artigo 82, § 2º - e dos honorários - que são devidos ao advogado do vencedor, conforme o comando do artigo 85, *caput*.

Os honorários, então, já tiveram natureza jurídica punitiva para o perdedor, vez que ligados a situações de dolo, culpa, má-fé ou temeridade, na redação original do CPC de 1939, passaram a ter natureza ressarcitória em 1965 à parte vencedora, quando da reforma da lei adjetiva então vigente, natureza esta mantida no CPC de 1973, e finalmente passaram, no CPC de 2015, a ter natureza remuneratória do trabalho do advogado.

E os jurisdicionados, como ficam? Primeiro, cientes da opção legislativa feita desde 1994 e agora corroborada no novo CPC, todos devem atentar para o fato de que os honorários, tanto aqueles convencionais acordados entre as partes - assistido e advogado - por força de contrato bilateral de prestação de serviços, quanto os sucumbenciais previstos originalmente no Direito brasileiro em benefício da parte vencedora (seja ela autora ou ré), mas desde 1994 com titularidade transferida em benefício do seu patrono, são direitos patrimoniais, e portanto disponíveis. Assim, assistidos e seus advogados podem, e devem(!) sobre os honorários negociar livremente antes da contratação, prevendo abertamente todos os cenários, e possíveis compensações entre os benefícios alcançados pelo cliente e seu patrono com o sucesso da demanda. Esta negociação é legítima e necessária, e, na prática, enfraquece os argumentos contrários à concessão dos honorários em favor do advogado, ao invés da própria parte, uma vez que, entre ambos, a negociação privada se sobreporá à disposição legal em benefício de um ou outro.

E segundo, e mais importante, a mudança legislativa que atribuiu ao advogado e não à parte a titularidade dos honorários sucumbenciais não impede, de maneira alguma, que a parte vencedora possa se ressarcir pelos seus custos de contratação de advogado. O que ocorre é que os custos com a contratação de honorários advocatícios devem entrar no pedido de condenação por perdas e danos. Neste sentido, inclusive, a 3ª Turma do STJ já concluiu, prevendo que os custos de contratação de advogados, isto é, os honorários advocatícios contratuais (ou convencionais), integram os valores devidos a título de reparação por perdas e danos, e devem ser suportados pela parte perdedora no processo[17].

17 V., a respeito, as decisões do STJ no REsp 1.027.797 - MG STJ (DJe: 23/02/2011) e no REsp 1.134.725 - MG (DJe: 24/06/2011), ambos de relatoria da Ministra Nancy Andrighi, que fundamentou em seu voto nos dois processos que os artigos 389, 395 e 404 do Código Civil de 2002 fazem previsão expressa de que os honorários advocatícios integram os valores relativos à reparação por perdas

Assim sendo, embora o comando legal determinando a condenação nos honorários sucumbenciais em favor do advogado não seja novo, considerando que previsto desde 1994 no ordenamento pátrio, o CPC de 2015 vem jogar uma pá de cal na polêmica sobre o cabimento ou não da ordem contida no Estatuto do Advogado[18], e sobre sua compatibilidade com a lei processual.

Ao estabelecer por direito posto que os honorários sucumbenciais cabem ao advogado e não à parte vencedora, o CPC de 2015 também deixa clara a autonomia deste direito, também antecipada no Estatuto do Advogado em seu artigo 23, mas corrompida por força do enunciado da Súmula nº 453 do STJ[19]. A nova lei processual determina no § 18 do seu artigo 85 que "caso a decisão transitada em julgado seja omissa quanto ao direito aos honorários ou ao seu valor, é cabível ação autônoma para sua definição e cobrança", corrigindo o rumo do entendimento do STJ, equivocado em decorrência da confusão originada na opção de mudança de paradigma sobre a quem cabem os honorários sucumbenciais no ordenamento jurídico brasileiro.

Em consequência deste esclarecimento feito pelo CPC de 2015 sobre a titularidade do direito aos honorários de sucumbência, outra renitente polêmica da lei processual passa também a ser superada, a saber, sobre a (im)possibilidade de compensação dos honorários entre as partes, no caso de sucumbência parcial - também chamada de recíproca. Com efeito, em correção à linha de entendimento que havia sido consolidada na jurisprudência brasileira, e inclusive foi sumulada pelo STJ[20], em grande parte respaldada ainda na premissa de que a verba

---

e danos, esclarecendo que tais honorários são os contratuais, que não devem ser confundidos com os de sucumbência, estes que por constituírem crédito autônomo do advogado, não importam em decréscimo patrimonial do vencedor da demanda. Mas como os honorários convencionais são retirados do patrimônio da parte lesada - para que haja reparação integral do dano sofrido -, aquele que deu causa ao processo deve restituir os valores despendidos com os honorários contratuais.

---

18 Para alguns, em verdadeiro desvirtuamento da função original do instituto dos honorários de sucumbência. A respeito, v. GRECO, Leonardo. *Instituições de processo civil*. Vol. 1, Rio de Janeiro: Forense, 2015, p. 425.

19 Súmula nº 453: "Os honorários sucumbenciais, quando omitidos em decisão transitada em julgado, não podem ser cobrados em execução ou em ação própria".

20 Súmula nº 306: "Os honorários advocatícios devem ser compensados quando houver sucumbência recíproca, assegurado o direito autônomo do advogado à execução do saldo sem excluir a legitimidade da própria parte." Referido enunciado, produzido em decorrência do artigo 21 do CPC de 1973, o qual

honorária pertencia à parte, e não ao advogado, apesar da previsão legal desde 1994 em outro sentido, o § 14 do artigo 85 do CPC de 2015 expressamente veda a compensação de honorários.

A compensação é instituto previsto no artigo 368 do Código Civil que consiste em um modo de extinção de obrigações pelo qual duas pessoas - desde que sejam, a um só tempo, credora e devedora uma da outra, podem fazer o encontro dos respectivos créditos e débitos, extinguindo-os até o limite da compensação. Ora, se os honorários de sucumbência pertencem ao advogado e não à parte vencedora, nos casos de sucumbência parcial não há a necessária reunião exigida pela lei em uma mesma pessoa das figuras do credor e do devedor que possibilite o encontro de contas e a consequente extinção recíproca das obrigações[21]. Na verdade, ambos os litigantes, autor e réu, se em parte vencedor e em parte vencido, devem os honorários de sucumbência a terceiros, respectivamente aos advogados do réu e do autor, e não entre si.

Ainda que seja possível questionar a adequação deste sistema, que indubitavelmente impõe potencial conflito de interesses na atuação dos advogados[22], e que, portanto, é também potencialmente (ainda que não necessariamente) prejudicial ao interesse das partes assistidas em juízo, fato é que com a vigência do CPC de 2015 não há dúvida de sua aplicabilidade. Caso verificado, na prática, que os prejuízos da manutenção desta sistemática superam os benefícios, a mudança deverá ocorrer por via de alteração legislativa da lei processual.

As previsões de que tratamos até agora neste artigo não foram propriamente inovações, mas importantes correções de rumo na interpretação de uma norma jurídica que já estava em vigor, mas não era pacificamente compreendida e aceita. Há sempre a opção de política

---

tratava da compensação dos honorários entre as partes do processo, suscitou controvérsia entre os estudiosos do Direito desde sua elaboração, diante de sua desatenção à revogação parcial de referido dispositivo pelo Estatuto do Advogado, e em consequencia, da impossibilidade de compensação de créditos que desde 1994 deixaram de ser verdadeiramente recíprocos.

---

21 LUCON, Paulo Henrique dos Santos. Advocacia no novo CPC. *Revista Jus Navigandi*, Teresina, ano 20, n. 4237, 6 fev. 2015. Disponível em: <http://jus.com.br/artigos/32921>. Acesso em: 13/06/2015.

22 Este risco de conflito de interesses é reforçado pela profusão de novas regras, que, se de um lado buscaram solucionar questões tormentosas na vigência do CPC de 1973, de outro sugerem que "em certos momentos do desenvolvimento do processo, mais importante do que um bom julgamento da causa, será a decisão sobre o arbitramento dos honorários da sucumbência." GRECO, Leonardo. Op. cit., p. 426.

legislativa de se mudar novamente o paradigma sobre a quem cabem os honorários fixados em juízo nos processos litigiosos, retornando-se à aplicação plena da teoria da sucumbência, ou adotando-se qualquer nova doutrina a ser desenvolvida, mas, por ora, a polêmica sobre a titularidade, a autonomia, e a impossibilidade de compensação dos honorários sucumbenciais, com seus correspondentes corolários, resta superada, para agrado de uns, e desagrado de outros.

Com o advento do CPC de 2015, não há mais espaço, como havia no CPC de 1973, para certas discussões doutrinárias e jurisprudenciais, decorrentes da falta de uma regulamentação precisa e abrangente. Outras surgirão, por certo, mas a interpretação dos dispositivos legais atinentes à titularidade, autonomia, e possibilidade de compensação não será mais tão livre e elástica como sói ocorrer.

2. Inovações da lei processual

De inovações, propriamente, quanto à matéria de honorários, o CPC de 2015 traz algumas de maior relevância, destacando-se o esclarecimento sobre o cabimento de honorários em cumprimento de sentença, definitivo ou provisório, o estabelecimento sistemático da sucumbência recursal (utilizando-se de mecanismo que não é exatamente inédito no Direito pátrio, uma vez que já existente desde o advento dos Juizados Especiais através da Lei nº 9.099, de 1995, mas que agora foi estendido, ainda que com adaptações, a todos os litígios resolvidos por processo judicial no direito brasileiro[23]), o método de arbitramento dos honorários de sucumbência em desfavor da Fazenda Pública, a possibilidade de o advogado requerer o pagamento dos honorários em favor da sociedade de advogados que integra, dentre outros. Assim, estas e outras novidades mais singelas que também merecem registro serão abordadas na sequência dos comentários que passamos a fazer dos novos dispositivos legais.

3. Honorários em cumprimento definitivo de sentença

Com relação ao cumprimento definitivo da sentença, a questão surgiu com a reforma do CPC de 1973 realizada em 2005. Na redação do

23 Mantêm, não obstante, as partes em conflito maior liberdade a respeito se optarem por outras vias de solução, por exemplo a arbitragem, cujas regras processuais serão aquelas deliberadamente adotadas pelos litigantes, seja pela arbitragem *ad hoc*, em que a liberdade para decidir aspectos processuais é amplíssima, seja pela institucional, hipótese em que a disciplina processual, inclusive sobre distribuição de honorários advocatícios, será aquela prevista pela instituição voluntariamente escolhida pelas partes e a cujas regras aderem.

artigo 475-J do CPC de 1973, introduzido pela Lei nº 11.232, de 2005, e que tratou do cumprimento forçado da sentença, apesar da previsão de acréscimo de multa de dez por cento em prejuízo da parte devedora que, condenada a realizar pagamento de quantia certa ou já fixada em liquidação, não o efetuasse no prazo de quinze dias, não foi feita qualquer previsão sobre eventual acréscimo de honorários. Agora, não só o § 1º do artigo 85 expressamente prevê o cabimento dos honorários em sede de execução, como a redação do artigo 523, § 1°, do CPC de 2015 estipula que será devido também o acréscimo de dez por cento de honorários, além do acréscimo da multa pelo não cumprimento voluntário da sentença.

Tal previsão encerra controvérsia sobre o cabimento ou não dos honorários pelas atividades desenvolvidas pelo advogado na fase de cumprimento de sentença. Cabe registrar que esta fase surgiu com a extinção do processo de execução de título judicial de forma autônoma, visto que tal atividade executiva foi inserida no processo de conhecimento na reforma da lei processual que havia sido feita em 2005.

De fato, não haveria razão para o CPC de 2015 não deixar expressa a fixação de honorários nessa hipótese, visto que traz determinações claras no sentido de prestigiar o trabalho do advogado e o serviço essencial à Justiça que este exerce. Inclusive, o próprio STJ[24] já havia pacificado o entendimento sobre o cabimento de honorários nesta fase

---

24 STJ. REsp 1.059.265-SC. 2ª T. Rel. Min. Mauro Campbell. DJe 08/02/2011: "PROCESSUAL CIVIL. RECURSO ESPECIAL. ALÍNEA "C" DO PERMISSIVO CONSTITUCIONAL. DISSÍDIO COMPROVADO. CUMPRIMENTO DE SENTENÇA. ADIMPLEMENTO VOLUNTÁRIO. HONORÁRIOS ADVOCATÍCIOS. NÃO CABIMENTO. PRINCÍPIO DA CAUSALIDADE. RECURSO ESPECIAL NÃO PROVIDO.

1. A condenação em honorários advocatícios, no direito pátrio, pauta-se pelo princípio da causalidade, ou seja, somente aquele que deu causa à demanda ou ao incidente processual é que deve arcar com as despesas deles decorrentes.

2. Incidem honorários advocatícios na fase de cumprimento da sentença, na nova sistemática de execução estabelecida a partir da edição da Lei nº 11.232/2005, quando não há o adimplemento voluntário da condenação fixada na fase de conhecimento. Precedente da Corte Especial (REsp nº 1.028.855 - SC). A inexistência de adimplemento voluntário do devedor, depois de já condenado em fase de conhecimento, dá causa a novas condutas processuais, em razão do que há de se determinar nova condenação em honorários.

3. No adimplemento voluntário, diferentemente, o pagamento é simples desdobramento lógico, legal e natural da obrigação, fixada na sentença condenatória. A causa que deu origem a tal ação cognitiva condenatória já foi compensada pela fixação de seus próprios honorários sucumbenciais. Portanto, não deve ser fixada nova verba honorária, porquanto não se tenha gerado novo esforço laboral para os advogados de nenhuma das partes.

de cumprimento de sentença, considerando o trabalho adicional imposto ao patrocinador da causa, para garantir a efetividade da prestação jurisdicional.

Nesse mesmo sentido, o artigo 85, § 13, da lei processual de 2015 dispõe que "as verbas de sucumbência arbitradas em embargos à execução rejeitados ou julgados improcedentes e em fase de cumprimento de sentença serão acrescidas no valor do débito principal, para todos os efeitos legais". Portanto, reconhecida a existência de mais uma etapa processual, cabe fixação complementar de honorários advocatícios, aos quais fará jus o advogado no simples ato de requerer o cumprimento da sentença pelo devedor, pois o acréscimo já deverá vir discriminado na memória do cálculo que acompanha o pedido.

4. Honorários em cumprimento provisório de sentença

O § 1º do artigo 85 do CPC de 2015 é bem mais detalhado que o texto do artigo 20 do CPC de 1973, e expressamente estabelece, entre outras regras, que são devidos os honorários no cumprimento da sentença, provisório ou definitivo.

Em primeiro lugar, este dispositivo deve ser lido em conjunto com os artigos 356, 485, e 487 do CPC de 2015, de forma a garantir que qualquer pronunciamento judicial que tenha por conteúdo matéria que encerre, ainda que parcialmente, a lide - chamado por alguns de *sentença parcial*, e por outros de *decisão interlocutória de mérito* - resulte em condenação do vencido para pagamento dos honorários[25].

Ademais, a norma agora expressamente prevê[26] o cabimento no cumprimento *provisório* da sentença. Sob a vigência do CPC de 1973, o entendimento do STJ, consubstanciado no julgamento do Recurso Especial 1.291.736-PR, era no sentido oposto, tendo a Corte Especial, à

4. Recurso especial não provido."

Súmula nº 517 do STJ: "São devidos honorários advocatícios no cumprimento de sentença, haja ou não impugnação, depois de escoado o prazo para pagamento voluntário, que se inicia após a intimação do advogado da parte executada."

25 Pela imposição de honorários em decisões interlocutórias em algumas situações: "[...] a meu ver, também ensejam a imposição dos honorários da sucumbência decisões interlocutórias que resolvam ações incidentes, como medidas cautelares e a arguição de falsidade de documento, se a parte requerer que seja decidida como questão principal (art. 430, parágrafo único)". GRECO, Leonardo. Op. cit., p. 428.

26 Além da previsão no artigo 85, § 1º, o artigo 520, *caput*, reforça que o cumprimento provisório da sentença será realizado da mesma forma que o definitivo, ou seja, cabendo honorários neste, da mesma forma caberiam naquele.

qual o julgamento foi afetado por se tratar de recurso repetitivo, consignado que "em execução provisória, descabe o arbitramento de honorários advocatícios em benefício do exequente"[27].

O CPC de 2015 altera, pois, o entendimento consolidado na jurisprudência brasileira na vigência do CPC de 1973, e impõe a condenação em honorários também na execução provisória de pronunciamentos judiciais com conteúdo de sentença[28].

5. Parâmetros de fixação do valor dos honorários

Com relação à fixação dos valores a serem pagos a título de honorários, uma das grandes discussões acerca da redação do § 3º do artigo 20 do CPC de 1973 decorria do fato de referido dispositivo conferir amplo poder ao juiz na estipulação do valor devido, cabendo-lhe a aferição, dentre outras questões, do grau de zelo profissional, da natureza e importância da causa, bem como do trabalho global realizado pelo advogado.

Tal indeterminação legal na definição dos parâmetros para a condenação no pagamento de honorários resultou em decisões carregadas de alto grau de subjetivismo, muitas contraditórias entre si, além daquelas que ignoraram os percentuais apresentados na lei processual, fixando os honorários em valores aquém do mínimo indicado.

O CPC de 2015 veio, então, atender às demandas dos advogados, ao disciplinar de forma mais objetiva a delimitação dos honorários de sucumbência, com o fim de suprir as lacunas existentes no sistema do CPC de 1973, evitando discussões - dentro e fora dos autos dos processos, por boa parte da doutrina especializada - acerca do acerto no estabelecimento dos valores devidos a título de honorários, que inclusive desviam a atenção do foco principal das causas levadas à apreciação jurisdicional.

As referências básicas marginais de 10 (dez) a 20 (vinte) por cento (art. 85, § 2º, do CPC de 2015) foram mantidas. Entretanto, fez-se, como a doutrina e a própria jurisprudência já reconheciam cabível, a necessária previsão de que a base de cálculo de incidência de tais percentuais não será apenas o valor da *condenação*, como previsto no texto do CPC de 1973, o que gerou uma discussão sobre a (im)possibilidade de fixação de honorários em outros procedimentos em que a natureza da

27 STJ. REsp 1.291.736-PR. Corte Especial. Rel. Min. Luis Felipe Salomão. DJe 19/12/2013.

28 Sobre os distintos cenários no cumprimento provisório de sentença, v. CAMARGO, Luiz Henrique Volpe. Das despesas, dos honorários advocatícios e das multas. In: WAMBIER, Teresa Arruda Alvim *et alii* (Coord.). *Breves comentários ao novo código de processo civil.* São Paulo: Editora Revista dos Tribunais, *2015*, p. 309-313.

sentença não seja estritamente condenatória, mas também declaratória ou constitutiva.

Com efeito, o entendimento que prevaleceu mesmo na vigência do CPC de 1973 foi o de que não se devia realizar uma interpretação literal do artigo 20, § 3º, mas sim considerar que qualquer pronunciamento judicial de mérito, desde que definitivo e submetido ao contraditório, autoriza a condenação da parte vencida no pagamento de honorários de sucumbência.

Qualquer controvérsia eventualmente remanescente a respeito foi expressamente sanada, tendo em vista que o art. 85, § 2º, do CPC de 2015 agora dispõe que o limite de dez a vinte por cento incide sobre o valor da condenação, mas não só dele, como também do proveito econômico obtido ou, não sendo possível mensurá-lo, sobre o valor atualizado da causa. Assim, não somente quando houver condenação, mas também quando for possível mensurar o aproveitamento econômico obtido, ou em não sendo possível, a incidência recairá sobre o valor da causa.

Contudo, com relação aos parâmetros para a fixação do valor entre dez e vinte por cento de honorários, o CPC de 2015 manteve os quesitos subjetivos de avaliação do trabalho do advogado do CPC de 1973, conforme os incisos I a IV do referido artigo 85, § 2º, perdendo, portanto, a chance de elencar critérios mais concretos, ou outros que também importam na consecução das atividades advocatícias, e que deveriam influenciar a avaliação do seu valor, tais como o grau de novidade da demanda e a ausência de precedentes jurisprudenciais. Os critérios adotados no CPC de 2015, neste aspecto seguindo o exemplo da lei processual anterior, constituem verdadeiras cláusulas abertas, cuja definição depende do entendimento e livre-arbítrio de cada juiz.

A redação do artigo 85, § 2º, do CPC de 2015 ao menos põe fim à possibilidade de fixação de honorários em percentual abaixo do mínimo de dez por cento, pois não eram incomuns situações em que o juiz arbitrava os honorários em percentuais infinitamente menores que o mínimo legal, sob o fundamento de que não se tratava de hipótese de condenação e, assim, o magistrado fundamentava, na ausência de previsão legal expressa, sua total liberdade ao fixar as bases de remuneração aos advogados que entendesse razoáveis.

6. Fazenda Pública

Outra inovação que o CPC de 2015 traz, impactando significativamente a questão dos honorários de sucumbência a partir do início de sua vigência, diz respeito à determinação dos honorários nas causas em que a Fazenda Pública for parte, as quais historicamente foram objeto de enorme controvérsia no Direito interno.

A Fazenda Pública, com fundamento no exercício da tutela de interesses coletivos de arrecadação que realiza, a qual se reverterá em benefícios para a coletividade, goza, como deve gozar, de uma série de prerrogativas não estendidas aos particulares que com ela entram em litígio, entre as quais, a submissão a prazos dobrados, e ainda, na ocorrência de condenação, a obrigação de pagar deve seguir ordem cronológica de apresentação de precatórios, nas estritas condições previstas no artigo 100, *caput* e §§ 3º e 8º da Constituição da República.

Mas, além destas condições especiais, justificáveis em virtude do interesse público, à Fazenda Pública foi dado no regime do CPC de 1973 tratamento diferenciado também em matéria de honorários, este já não tão justificável assim, especialmente considerando a natureza remuneratória que os honorários de sucumbência atualmente encerram.

Com efeito, o artigo 20, § 4º, do CPC de 1973 previa que nas causas em que a Fazenda Pública fosse parte vencida (e apenas vencida, mas não vencedora, em flagrante tratamento desigual das partes em juízo, o que inclusive sempre foi intensamente atacado pelos operadores do Direito, pela violação das normas constitucionais e infraconstitucionais de natureza processual), os honorários seriam fixados por apreciação equitativa do juiz, observados o grau de zelo do profissional, o lugar de prestação do serviço, a natureza e importância da causa, o trabalho realizado pelo advogado, e o tempo exigido para o seu serviço.

Ao permitir que a apreciação dos critérios ficasse exclusivamente a cargo da apreciação equitativa e bastante subjetiva do juiz, o CPC de 1973 provocou a ocorrência de enormes discrepâncias de tratamento entre os particulares e a Fazenda Pública[29], o que ficou ainda mais gritante em virtude do fato de que, geralmente, as ações em que o Fisco figura como parte envolvem quantias significativas.

Em função da previsão feita no dispositivo do artigo 20, § 4°, do CPC de 1973, o legislador deixou a critério do juiz a fixação da quantia relativa à verba honorária, autorizando estabelecimento de valores muitas vezes considerados irrisórios em relação ao montante discutido em juízo, em patamares inferiores aos previstos no § 3º do mesmo artigo,

29 Neste sentido: "A ausência de limites máximo e mínimo se justifica nas hipóteses do § 4° em que não haja condenação. Justifica-se, também, nas execuções, em que normalmente o esforço dos advogados é bem menor. Mas não se justifica, constituindo verdadeiro privilégio, nas condenações da Fazenda Pública, porque, em geral, a duração do processo e os privilégios da Fazenda tornam as causas muito mais trabalhosas do que aquelas entre litigantes privados". In: GRECO, Leonardo. Op. cit., p. 427.

que estabelecia o piso do valor dos honorários em dez por cento do valor da condenação.

Esta discrepância ficava ainda mais gritante em vista da previsão legal de que as cobranças da dívida ativa se submetem ao acréscimo de 20% (vinte por cento), conforme o artigo 1º do Decreto-Lei nº 1.025, de 1969, acréscimo este que, por força do artigo 3º do Decreto-Lei nº 1.645, de 1978[30], possuía reconhecidamente natureza de verba honorária. Ou seja, de um lado, à Fazenda era assegurado percentual de 20% sobre o valor das condenações a que fizesse jus, e de outro, aos particulares era oferecido percentual incerto, sujeito à apreciação equitativa do juiz, muitas vezes inferior ao piso legal de 10%.

Lamentavelmente, apesar do reconhecimento da discrepância no tratamento das partes, o STJ admitiu a verba honorária em valor inferior ao mínimo legal[31], preservando o indevido privilégio à Fazenda Pública.

---

30 "Art. 1º É declarada extinta a participação de servidores públicos na cobrança da Dívida da União, a que se referem os artigos 21 da Lei nº 4.439, de 27 de outubro de 1964, e 1º, inciso II, da Lei nº 5.421, de 25 de abril de 1968, passando a taxa, no total de 20% (vinte por cento), paga pelo executado, a ser recolhida aos cofres públicos, como renda da União."
"Art. 3º Na cobrança executiva da Divida Ativa da União, a aplicação do encargo de que tratam o art. 21 da Lei nº 4.439, de 27 de outubro de 1964, o art. 32 do Decreto-Lei nº 147, de 3 de fevereiro de 1967, o art. 1º, inciso II, da Lei nº 5.421, de 25 de abril de 1968, o art. 1º do Decreto-Lei nº 1.025, de 21 de outubro de 1969, e o art. 3º do Decreto-Lei nº 1.569, de 8 de agosto de 1977, substitui a condenação do devedor em honorários de advogado e o respectivo produto será, sob esse título, recolhido integralmente ao Tesouro Nacional."

31 A título de exemplo, v. STJ. REsp 1.353.734-PE. 2ª T. Rel. Min. Castro Meira. DJe 12/09/2013: "PROCESSO CIVIL. CONSTITUCIONAL E ADMINISTRATIVO. RESPONSABILIDADE CIVIL DO ESTADO. ACIDENTE EM RODOVIA FEDERAL. MORTE. INDENIZAÇÃO POR DANOS MATERIAIS E MORAIS. ESPOSA E FILHOS. PREQUESTIONAMENTO. HONORÁRIOS ADVOCATÍCIOS. [...]
2.5. Na condenação da Fazenda Pública, os honorários advocatícios podem ser fixados em patamar inferior ao percentual de 10%, nos termos do art. 20, § 4º, do CPC. Matéria pacificada sob o rito dos recursos repetitivos."; e STJ. AgRg nos Edcl no AgRg no REsp 1.253.342-PE. 2ª T. Rel. Min. Mauro Campbell Marques. DJe 28/06/2013: "ADMINISTRATIVO. PROCESSUAL CIVIL. RESPONSABILIDADE CIVIL DO ESTADO. TERMO *AD QUEM*. PENSIONAMENTO. POSSIBILIDADE DE UTILIZAÇÃO DOS ÍNDICES DA PREVIDÊNCIA SOCIAL. PRESCRIÇÃO INDENIZATÓRIA CONTRA A FAZENDA PÚBLICA. CINCO ANOS. LEGITIMIDADE PASSIVA NA AÇÃO INDENIZATÓRIA QUE APURA RESPONSABILIDADE DO DNER. DEMANDA AJUIZADA DEPOIS DO ENCERRAMENTO DA INVENTARIANÇA. DISPOSITIVOS LEGAIS NÃO PREQUESTIONADOS. SÚMULA 211/STJ. AUSÊNCIA DE INDICAÇÃO DE DISPOSITIVOS LEGAIS VIOLADOS. ALEGAÇÕES GENÉRICAS. FUNDAMENTAÇÃO DEFICIENTE. SÚMULA 284/STF. HONORÁRIOS ADVOCATÍCIOS. VALORES NÃO IRRISÓRIOS. SÚMULA 7/STJ. DISSÍDIO JURISPRUDENCIAL NÃO DEMONSTRADO. [...]

Buscando solucionar a controvérsia que se instaurou acerca da questão, o legislador de 2015 estabeleceu limites claros - mínimo e máximo - que deverão ser observados pelo juiz quando da fixação de honorários sucumbenciais nas causas em que a Fazenda Pública for parte (e não apenas vencida, corrigindo uma assimetria importante entre as partes), garantindo, enfim, um tratamento mais igualitário aos litigantes[32]. São eles:

> § 3º Nas causas em que a Fazenda Pública for parte, a fixação dos honorários observará os critérios estabelecidos nos incisos I a IV do § 2º e os seguintes percentuais:
> I - mínimo de dez e máximo de vinte por cento sobre o valor da condenação ou do proveito econômico obtido até 200 (duzentos) salários-mínimos;
> II - mínimo de oito e máximo de dez por cento sobre o valor da condenação ou do proveito econômico obtido acima de 200 (duzentos) salários-mínimos até 2.000 (dois mil) salários-mínimos;
> III - mínimo de cinco e máximo de oito por cento sobre o valor da condenação ou do proveito econômico obtido acima de 2.000 (dois mil) salários-mínimos até 20.000 (vinte mil) salários-mínimos;
> IV - mínimo de três e máximo de cinco por cento sobre o valor da condenação ou do proveito econômico obtido acima de 20.000 (vinte mil) salários-mínimos até 100.000 (cem mil) salários-mínimos;
> V - mínimo de um e máximo de três por cento sobre o valor da condenação ou do proveito econômico obtido acima de 100.000 (cem mil) salários-mínimos.

---

3. A fixação dos honorários advocatícios não observou o parâmetro estabelecido pelo art. 20, § 3º, do Código de Processo Civil. Não obstante, não há que se falar na violação suscitada uma vez que, no caso em concreto: (a) não é irrisória nem exorbitante a quantia fixada; e, (b) firmada sob o rito dos recursos repetitivos, este Sodalício inclusive sob a sede de recurso a jurisprudência deste Sodalício autoriza, quando vencida a Fazenda Pública, que os honorários sejam fixados a proporção menor do que 10% (dez por cento) do valor da condenação."

32 "O Código de 2015 deu um tratamento específico aos honorários nas causas de interesse da Fazenda Pública (art. 85, § 3°), mas acabou com o privilégio em favor desta, pois as regras estabelecidas se aplicam tanto no caso em que seja vencedora como naqueles em que seja vencida, instituindo cinco faixas de percentuais decrescentes incidentes sobre o valor da condenação ou do proveito econômico. Será uma operação complicada. Será necessário que a condenação ou o proveito econômico sejam líquidos, caso contrário a fixação dos percentuais das cinco faixas ficará relegada para a liquidação da sentença, salvo se não for possível mensurar o proveito econômico, caso em que os percentuais serão aplicados sobre o valor atualizado da causa (art. 85, § 4°)." In: GRECO, Leonardo. Op. cit., p. 428.

Como se nota, a nova sistemática estabelece que quanto maior o valor da condenação ou do proveito econômico, menor será o percentual de honorários e vice-versa. Desta maneira, com o advento do CPC de 2015, além de o juiz ter que apreciar o zelo profissional, o lugar de prestação do serviço, a natureza e a importância da causa, o trabalho e o tempo exigido para o serviço, deverá respeitar também os patamares mínimo e máximo estabelecidos no artigo 85, § 3º, da lei de 2015, variáveis entre 1% e 20%, em função do montante envolvido na controvérsia.

Referido dispositivo abandona, pois, a adoção do critério da equidade nas causas contra a Fazenda Pública, o qual continuará aplicável somente nos casos em que for inestimável ou irrisório o proveito econômico ou, ainda, quando o valor da causa for muito baixo, na forma do que dispõe o artigo 85, § 8º, do CPC de 2015.

Ainda sobre a matéria dos honorários nas causas contra a Fazenda Pública, além da importante mudança de paradigma na submissão do juízo a patamares fixos, outro importante posicionamento do legislador do CPC de 2015 foi a consolidação sobre a forma de levantamento dos honorários de sucumbência em processos em que a Fazenda Pública for parte perdedora. Em decorrência da já comentada autonomia dos honorários em relação à dívida principal discutida nos autos, pode o advogado seguir com o levantamento em separado. Embora o Supremo Tribunal Federal tenha recentemente resolvido a controvérsia adotando o mesmo entendimento consignado no CPC de 2015[33], havia enorme controvérsia sobre a possibilidade de o advogado levantar o seu valor destacadamente, que agora não mais subsistirá.

O CPC de 2015 torna, assim, menos elástica e mais previsível a decisão judicial quanto à fixação dos honorários de sucumbência nos casos em que a Fazenda Pública for parte e dispõe no artigo 85, § 6º, que os percentuais mínimos e máximos serão aplicados inclusive nos casos de improcedência e de extinção do processo sem resolução de mérito, ou seja, independentemente de qual seja o conteúdo da deci-

33 STF. RE 564.132-RS. Rel. Min. Eros Grau, Relatora para o Acórdão: Min.ª Carmen Lúcia, Tribunal Pleno, julgado em 30/10/2014, Repercussão Geral - Mérito. DJe 10/02/2015. O recurso extraordinário havia sido interposto pelo Estado do Rio Grande do Sul com o objetivo de impedir o fracionamento de precatórios para levantamento de honorários em separado do valor principal. A decisão foi tomada no Plenário por maioria de votos, permitindo que o pagamento de honorários fosse feito por meio de Requisição de Pequeno Valor (RPV), antes mesmo de o valor principal ser pago. Os ministros entenderam ser possível a execução autônoma dos honorários, independentemente da execução do valor principal a ser recebido pela parte assistida.

são. A lei de 2015, tanto na redação do mencionado § 6º, como também no dispositivo do § 10 do mesmo artigo, que prevê que "nos casos de perda do objeto, os honorários serão devidos por quem deu causa ao processo", adota expressamente o princípio da causalidade, visto que atribui o pagamento dos honorários a quem deu causa à propositura da demanda, ainda que de boa-fé.

Sem embargo das mudanças restauradoras de maior equilíbrio na relação dos particulares com a Fazenda Pública, o artigo 85, § 7º, do CPC de 2015 ratifica que "não serão devidos honorários no cumprimento de sentença contra a Fazenda Pública que enseje expedição de precatório, desde que não tenha sido impugnada". Essa previsão é decorrência da declaração de constitucionalidade pelo Supremo Tribunal Federal do dispositivo do artigo 1º-D da Lei nº 9.494, de 1997, que diz não serem devidos honorários advocatícios pela Fazenda Pública nas execuções não embargadas. Tal entendimento decorre da previsão do artigo 100 da Constituição da República, que submete os pagamentos devidos pelas Fazendas Públicas Federal, Estaduais e Municipais à ordem cronológica de apresentação dos precatórios.

7. Sucumbência recursal

Outra questão que sempre suscitou discussão em matéria de honorários dizia respeito à possibilidade de revisão do percentual fixado em sentença até o deslinde da lide, independente do curso do processo, que poderia ter muitas reviravoltas e trabalhos inesperados para quaisquer dos lados. Assim, ainda que prestados serviços adicionais na esfera recursal, não havia que se falar em remuneração adicional do advogado. Apesar do inciso IV do § 3º do artigo 20 do CPC de 1973 ter sempre possibilitado o entendimento de serem cabíveis os honorários também na instância recursal, a revisão dos percentuais não era uma prática dos tribunais.

Com a vigência do CPC de 2015 a dinâmica será outra, e o realinhamento da remuneração do advogado será obrigatório, pois o artigo 85, § 11, dispõe expressamente que "o tribunal, ao julgar recurso, majorará os honorários fixados anteriormente levando em conta o trabalho adicional realizado em grau recursal". Cabe ressaltar, contudo, que esse adicional não poderá exceder o limite de 20% (vinte por cento) da condenação, do proveito econômico ou do valor da causa, conforme o caso, porque o § 11 veda essa possibilidade.

A sucumbência recursal consiste basicamente em um mecanismo de estímulo ao acatamento das decisões judiciais, através da majoração dos honorários sucumbenciais devidos pela parte perdedora em grau de recurso. Ela foi pensada como instrumento de dupla função, de um lado, remunerar aquele que tiver mais trabalho para o sucesso do seu cliente, e de outro, inibir a litigância frívola e a interposição de recursos meramente procrastinatórios, ficando clara a intenção do legislador, na exposição de motivos do PLS nº 166/2010, que deu origem ao CPC de 2015, de promover a celeridade na solução de controvérsias.

Neste contexto, a sucumbência recursal do novo CPC parece ter se inspirado no modelo contido no artigo 55 da Lei nº 9.099, de 1995, também apoiado no mesmo ideal de celeridade. Contudo, faz-se uma reflexão necessária a este respeito: os princípios da economia processual e celeridade previstos no artigo 2º daquela lei especial são adequados à sistemática específica dos Juizados Especiais, elaborada que foi para a solução de causas de natureza menos complexa e de baixo valor econômico, mas não funcionarão da mesma maneira em causas mais complexas e de maior valor em jogo submetidas ao regime geral do CPC de 2015, portanto, podem não ser igualmente adequados como princípios gerais informadores do processo.

Com efeito, se de um lado o aumento do valor de condenação em sucumbência conforme o avanço em graus de jurisdição sem dúvida coíbe o exercício abusivo do direito ao recurso, de outro lado pode produzir o efeito colateral de afetar o exercício do direito fundamental de defesa dos litigantes, respaldados que estão nos princípios do contraditório e da ampla defesa, com os meios e recursos a eles inerentes, conforme previsão constitucional no artigo 5º, inciso LV. A penalização da parte que tenha ousado recorrer acaba assumindo caráter autoritário, afastando-se da abrangência democrática que o sistema processual novo busca implantar[34].

Esta técnica utilizada pelo legislador para impor o acatamento de determinações judiciais já foi usada, além de nos Juizados Especiais, também na ação monitória - na redação do artigo 1.102-C, § 1º, do CPC de 1973, conforme alteração introduzida na lei processual pela Lei nº 9.079, de 1995, que prevê que se o réu cumprir a determinação judicial pagando ou entregando o que é devido sem oferecer qualquer defesa ou resistência, ficará isento do pagamento das custas processuais e dos honorários de advogado.

E cabe aqui uma crítica ao legislador: não só nos Juizados como também na ação monitória, outros mecanismos de desestímulo à insurgência infundada pelas partes às decisões judiciais poderiam ser priorizados, sem prejuízo do pagamento dos honorários, os quais, diante da

---

34 SOARES, Leonardo Oliveira. Calendário processual, sucumbência recursal e o projeto de novo CPC para o Brasil. In: *Revista de Processo*, v. 227, p. 197-205, jan. 2014.

opção legislativa de lhes atribuir natureza remuneratória e alimentar, não deveriam ser dispostos da maneira que são, contribuindo para a formação de um sistema híbrido, ora remuneratório, ora punitivo, ora concretizador de política social (como nos casos de acesso à assistência judiciária gratuita, diferentes em sua motivação destes aqui mencionados relativos à resistência dos litigantes às decisões judiciais, mas que igualmente dispõem sobre os honorários sucumbenciais), que acaba por confundir e dificultar a criação de uma teoria coerente sobre os honorários sucumbenciais, ensejando, como a experiência prática aponta, a produção de decisões contraditórias a respeito da matéria, ou no mínimo inconsistentes.

Por exemplo, o eventual abuso pelos litigantes do direito de recurso, por mero inconformismo não fundamentado, ou com intuito meramente procrastinatório, já podia ser coibido por outros mecanismos existentes na lei processual de 1973 (art. 18, que trata da multa em casos de litigância de má-fé), que foram repetidos no CPC de 2015 (art. 81), embora pouco utilizados na nossa jurisprudência. Sem embargo da crítica que se faz sobre as escolhas do legislador, o novo CPC traz para as partes este encargo adicional da sucumbência recursal, impondo-se-lhes mais cautela quanto à decisão de apresentação de recursos, em vista do potencial aumento do ônus para a parte perdedora.

Não obstante, considerada a redação final do § 11 do artigo 85, que veda que a majoração ultrapasse os limites estabelecidos nos §§ 2º e 3º do mesmo dispositivo, na prática, em muitos casos o mecanismo não funcionará para alcançar o objetivo de frear recursos das partes, tendo em vista que a majoração terá sempre um teto legal que impede que o impacto financeiro, em proporção ao valor total da causa, seja grande. Parece-nos, em outro sentido, que o mecanismo da sucumbência recursal pode, na prática, minorar os honorários definidos em 1ª instância, por melhor que seja o trabalho desenvolvido pelo advogado, e ainda que complexas as causas a eles submetidas, cientes os juízes estarão da possibilidade de recurso posterior.

Além disso, em tais hipóteses, os advogados podem vir a ter o seu trabalho reconhecido apenas se vierem a interpor o recurso, pois só assim poderá ser alcançado o percentual de 20% em relação ao valor da causa, o que certamente não é o que se espera após a implementação do novo sistema de fixação de honorários na instância recursal.

Pelas mesmas razões, o desestímulo à interposição de recurso protelatório - pela ótica do uso exclusivo do mecanismo da sucumbência recursal, que não é o único possível a desestimular insurgências, que fique claro - ocorrerá somente até o atingimento do limite de vinte por cento, pois ao alcançar tal limite máximo, e se ainda houver previsão de recurso, a parte sucumbente poderá continuar tentando reverter o resultado que lhe é desfavorável, ainda que não acredite fortemente nas suas chances, em vista da impossibilidade de reflexo na majoração de sua condenação no pagamento dos honorários.

Apesar da ponderação que se faz necessária sobre a eficácia destes mecanismos desestimulantes que foram determinados pelo legislador, é inegável que, ao não incentivar a interposição de recursos, a atividade dos órgãos jurisdicionais de primeira instância é prestigiada e tem a sua importância reforçada. Isso porque se o sistema atribui ao sucumbente o pagamento dos honorários, com muito mais razão deve onerá-lo quando, já tendo sido declarado em primeira instância não ser o seu o melhor direito, ele continua colocando resistência ao direito de outrem.

Portanto, o incentivo que era visto pelo perdedor em primeira instância em recorrer da sentença, pois não corria nenhum risco ao fazê-lo, a partir da vigência do novo CPC deve ser melhor avaliada, em razão do custo extra agora imposto para quem mantiver o processo tramitando no Poder Judiciário, o que sempre contribuiu fortemente para sua morosidade. Espera-se que o novo sistema desestimule também as demandas aventureiras e a litigância de má-fé.

O surgimento da obrigação de pagar honorários na instância recursal tem gerado outro debate acerca da possibilidade de tal fixação quando forem interpostos embargos de declaração, os quais têm natureza de recurso. Não parece razoável o entendimento que reconhece esta possibilidade, visto que a essência dos embargos de declaração é a busca do aperfeiçoamento da sentença, de modo a esclarecer obscuridade ou contradição, bem como suprir omissão sobre ponto a que deveria pronunciar-se o juiz ou tribunal. Não visam os embargos a afastar o comando da sentença, em virtude de inconformismo quanto ao seu cumprimento, não devendo, em consequência, ser tratados como os demais instrumentos recursais previstos na lei processual[35].

8. Honorários na ação de indenização por ato ilícito

O § 9º do artigo 85, ratificando o que já vinha sendo observado na jurisprudência, determina que "na ação de indenização por ato ilícito contra pessoa, o percentual de honorários incidirá sobre a soma das prestações vencidas acrescida de 12 (doze) prestações vincendas", tendo sido excluído do cálculo o valor do capital que venha a ser constituído para o adim-

35 No mesmo sentido, CAMARGO, Luiz Henrique Volpe. Os honorários de sucumbência recursal no CPC/2015. In: SARRO, Luís Antônio Giampaulo (Coord.). Op. cit., p. 218.

plemento das prestações vincendas. O critério do somatório das prestações vencidas e as vincendas pelo prazo de um ano já vinha sendo adotado pelos tribunais, vindo agora a se tornar expresso na lei processual.

9. Natureza alimentar e sucumbência recíproca

O artigo 85, § 14, do CPC de 2015 surge para consagrar a natureza alimentar dos honorários advocatícios, como dito anteriormente, pois afirma que "os honorários constituem direito do advogado e têm natureza alimentar, com os mesmos privilégios dos créditos oriundos da legislação do trabalho, sendo vedada a compensação em caso de sucumbência parcial".

A parte final do dispositivo acima mencionado resolve outra questão, já tratada anteriormente neste artigo, ao dispor expressamente sobre a impossibilidade da compensação da verba honorária caso o pedido não seja julgado totalmente procedente, ou seja, nos casos em que a parte autora sucumbe em parte de seu pedido. Em vista das ponderações que já foram trazidas acima, não iremos nos estender sobre esta questão novamente.

10. Possibilidade de levantamento dos honorários pela sociedade de advogados

Outra inovação importante em matéria de levantamento de honorários advocatícios e que já estava consagrada por muitos julgados é a possibilidade do pagamento à sociedade de advogados integrada pelo advogado patrocinador da causa.

Com o CPC de 2015, o artigo 85, § 15, autoriza o advogado a requerer o pagamento dos honorários que lhe caibam em favor da sociedade de advogados que integra na qualidade de sócio, sem que tal requisição retire dos honorários a qualidade de crédito alimentar, conforme disposto no § 14 do artigo 85, que expressamente veda a possibilidade de compensação em caso de sucumbência parcial, sobre a qual já tratamos anteriormente.

11. Honorários para advogados em causa própria, advogados e servidores públicos, e assistência judiciária gratuita

O CPC de 2015, em diversos dispositivos, corrobora a opção pela natureza remuneratória dos honorários, prevendo, portanto, que também nas hipóteses em que o advogado atua em causa própria, deva ser ele remunerado, nos termos do § 17 do artigo 85. Nada mais justo, diante da autonomia da verba honorária em relação à dívida principal.

Curioso é, pois, que diante desta opção expressa de atribuir natureza remuneratória aos honorários de sucumbência, tenha a nova lei processual previsto que os advogados públicos também farão jus a eles, conforme disposto no § 19 do mesmo artigo 85. Aliás, a mesma ponderação se aplicaria também aos membros da Fazenda Pública, vez que, sendo estes e aqueles servidores públicos, têm seus subsídios assegurados por regime próprio, permitindo-se então o questionamento sobre se seria justo o cabimento dos honorários nas hipóteses em que são eles vencedores. Tanto assim que os honorários não se incorporam ao patrimônio pessoal dos advogados públicos que diretamente atuarem em cada causa, mas sim ao ente da Administração Pública ao qual pertencem. Coerente ou não, fato é que o pagamento nestes casos foi previsto, e, portanto é devido.

Tal circunstância é reveladora, mais uma vez, da inexatidão principiológica do legislador, pois fica claro que o que se pretendeu tutelar nestas hipóteses não é o direito à remuneração dos causídicos, esta assegurada por outros mecanismos previstos fora da lei processual. O CPC de 2015, embora tenha se preocupado em resolver várias polêmicas decorrentes da falta de disciplina adequada da matéria no CPC de 1973, e haja de fato avançado em pontos importantes, por não ter sido estruturado em alicerces de uma doutrina bem sistematizada justificadora dos honorários, ora pende para a teoria da sucumbência, ora da causalidade, ora do interesse, e ainda, ora se apoia em princípios outros nem sempre claramente definidos, por vezes até mesmo estranhos à teoria geral do processo.

A crítica se impõe, sem prejuízo do reconhecimento dos avanços obtidos em diversos aspectos, e da louvável iniciativa da Comissão de Juristas encarregada de apresentar o projeto de lei que deu origem ao novo CPC em resolver as controvérsias decorrentes da falta de disciplina adequada no CPC de 1973. Não obstante, perdeu-se no novo CPC a oportunidade de reunir o instituto dos honorários em um corpo mais coerente, remanescendo, na prática, ainda substratos para que questionamentos continuem sendo feitos.

Neste sentido, assumindo que foi opção do legislador de 2015 corroborar o papel essencial do advogado à administração da justiça, e valorizar o caráter remuneratório e alimentar dos honorários de sucumbência que lhe cabem, não faz sentido impor aos profissionais que em determinadas circunstâncias sejam impedidos do seu recebimento, como, por exemplo, em certos tipos de procedimentos judiciais, ou nas causas em que seja deferido o benefício da assistência judiciária gratuita. Da particularidade de o Estado, em razão de política social, decidir abrir mão das taxas e emolumentos a que faz jus em contrapartida à prestação de serviços jurisdicionais não deveria decorrer, automática e necessariamente, a imposição, ao advogado privado, de oferecer seus serviços sem a contrapartida do recebimento dos honorários sucumbenciais.

Mas, como mencionado, não foi esta a opção do legislador do CPC de 2015, ou seja, em detrimento do caráter alimentar dos honorários, o advogado privado deve, sob certas circunstâncias, se submeter ao comando legal que impõe limites ao exercício do seu direito de crédito com relação aos honorários sucumbenciais, notadamente quando concedido o benefício da gratuidade de justiça à parte necessitada. Esta condição, aparentemente contraditória, se justifica no sistema vigente que prioriza o acesso à Justiça, mas cabe a reflexão sobre se este acesso não poderia ser assegurado de outras maneiras, por exemplo, se o Estado não deveria, nas hipóteses de assistência judiciária gratuita, assumir o pagamento dos honorários sucumbenciais, considerando especialmente a consagração de sua natureza remuneratória no novo sistema, ou se simplesmente poderia ser dada uma condição favorecida de pagamento à parte perdedora que fosse necessitada, por exemplo, em parcelas maiores, mas não a total isenção.

Ao menos, apesar de o CPC de 2015 determinar expressamente em seu artigo 98, § 1º, VI, que os honorários integram o benefício da gratuidade da justiça, impondo ao advogado da parte contrária ao beneficiário, caso vencedora, o não recebimento da remuneração sucumbencial a que faria jus, prevê, de outro lado, que a concessão não afasta totalmente a responsabilidade pelos honorários[36]. Caso, dentro do prazo de 5 (cinco) anos subsequentes ao trânsito em julgado da decisão que certificou as obrigações de sucumbência, se o beneficiário da justiça gratuita deixar de apresentar a condição de necessitado, o advogado da parte vencedora poderá, ainda, cobrar os honorários sucumbenciais[37]. Passado este prazo, a obrigação de pagamento se extingue, não mais podendo o advogado fazer qualquer cobrança futura.

E, encerrando nossas ponderações sobre os temas que entendemos merecer mais destaque no novo CPC, outra controvérsia também relacionada à assistência judiciária gratuita que persistia na vigência do regramento do CPC de 1973 e que foi em boa hora sanada pela lei processual de 2015 diz respeito à relação entre os honorários convencionais (ou contratuais) e os de sucumbência. Com base nas disposições legais gerais referentes aos honorários previstas no CPC de 1973, e nas específicas estabelecidas na Lei nº 1.060, de 1950, com relação ao benefício da assistência judiciária aos necessitados, discutia-se sobre qual

36 Conforme artigo 98, § 2º, do CPC de 2015.

37 Conforme artigo 98, § 3º, do CPC de 2015.

a ingerência da lei na relação privada do advogado com seu cliente, isto é, até que ponto poderia ser vedado ao advogado que atua em nome de parte beneficiária de assistência judiciária gratuita cobrar honorários contratuais. Na vigência do CPC de 1973 não foi incomum que magistrados, após concederem o benefício da assistência judiciária gratuita às partes que assim solicitassem mediante expressa declaração de pobreza, exigissem dos advogados que declarassem nos autos do processo que não estavam cobrando honorários advocatícios.

Parece-nos que o Judiciário estendeu, indevidamente, a interpretação da norma legal. No sistema do CPC de 1973, que remetia a matéria à Lei nº 1.060, de 1950, já não bastando o advogado do beneficiário da justiça gratuita ser forçado a abrir mão da remuneração máxima a título de honorários sucumbenciais que lhe seria cabível, se vencedora a sua causa, na forma do artigo 11, § 1º, da Lei nº 1.060, de 1950[38], deveria também abrir mão de qualquer verba remuneratória?! Ora, sendo um direito disponível, e podendo o advogado abrir mão dele, cabe a ele, e a mais ninguém, avaliar o quanto pode oferecer gratuitamente o seu trabalho a terceiros, o quanto do seu tempo poderá oferecer a causas *pro bono*.

O STJ, inclusive, já havia se pronunciado no sentido da autonomia dos honorários convencionais em relação aos sucumbenciais[39], mas ainda assim, parte da jurisprudência resistia ao argumento, sem se dar conta de que a decisão que concedia a gratuidade de justiça e fazia a indigitada exigência alcançava ato extraprocessual - que é o contrato celebrado entre o advogado e seu cliente -, em interpretação que ofende o princípio da intangibilidade do ato jurídico perfeito.

---

38 O CPC de 1973, ao recepcionar, sem alterações, a Lei nº 1.060, de 1950, na prática dispensou tratamento diferenciado aos advogados atuantes nos processos em que se deferiu o benefício da assistência judiciária gratuita, qual seja, os honorários sucumbenciais se submetiam ao limite percentual máximo de 15%, nos termos do artigo 11, § 1º, da Lei nº 1.060, de 1950, portanto, inferior ao teto que se poderia estipular em ações em que o benefício não fosse deferido. Jamais houve justificativa para este tratamento diferenciado, muito pelo contrário, considerando que, na maioria das vezes, os advogados que se prontificam a exercer assistência judiciária gratuita não possuem qualquer garantia de recebimento de outra remuneração além dos honorários sucumbenciais. Sem embargo, estes, no regime do CPC de 1973, sempre foram concedidos nos termos do artigo 11, § 1º, e por conseguinte injustificadamente reduzidos para o profissional, a despeito do respeitável trabalho exercido em benefício daqueles que não podem pagar as despesas sem prejuízo de seu próprio sustento.

39 STJ. REsp 1.065.782-RS. Rel. Min. Luis Felipe Salomão. DJe 22/03/2013.

Com efeito, além da imposição aos advogados de abrirem mão dos honorários sucumbenciais em determinadas circunstâncias (a nosso ver, descabida, porque incoerente com a natureza remuneratória e alimentar consagrada pelo CPC de 2015, mas, forçoso reconhecer, ainda assim mantida), a extensão do benefício da justiça gratuita também aos honorários contratuais, que para alguns era possível no regime do CPC de 1973, contribuía, na prática, para o aumento da dificuldade da parte necessitada em encontrar advogado que aceitasse o patrocínio de seus interesses, pois logicamente é mais difícil encontrar advogado que possa aceitar o patrocínio do interesse dos necessitados sem qualquer remuneração, do que com remuneração reduzida, contrariando o próprio objetivo da norma legal de assistência judiciária.

Com a revogação de parte da Lei nº 1.060, de 1950, e com a previsão expressa do artigo 99, § 4º, do CPC de 2015, que dispõe que "a assistência do requerente por advogado particular não impede a concessão de gratuidade da justiça", espera-se haver encerrado a possibilidade de os magistrados seguirem com a descabida exigência de o advogado do beneficiário da justiça gratuita ter que abrir mão de seus honorários convencionais.

Primeiras Considerações sobre a Disciplina dos Recursos de Apelação, Agravo e Embargos de Declaração no Novo Código de Processo Civil

Carla Teresa Bonfadini de Sá

1. Introdução

O processo civil contemporâneo tem como desafio assegurar o acesso à ordem jurídica justa[1], que pressupõe a entrega da prestação jurisdicional em tempo razoável, assegurando a efetivação do direito material.

Embora o direito de recorrer decorra do sentimento natural de justiça, de insatisfação do vencido, e constitua importante meio de controle

---

1 Expressão utilizada pelo professor Kazuo Watanabe: "O princípio de acesso à justiça, inscrito no nº XXXV do artigo 5º da Constituição Federal, não assegura apenas acesso formal aos órgãos judiciários, e sim um acesso qualificado que propicie aos indivíduos o acesso à ordem jurídica justa, no sentido de que cabe a todos que tenham qualquer problema jurídico, não necessariamente um conflito de interesses, uma atenção por parte do Poder Público, em especial do Poder Judiciário." In: *Política pública nacional para tratamento adequado de conflito de interesses.* Disponível em: <http://www.cnj.jus.br/images/programas/movimento-pela-conciliacao/arquivos/cnj_portal_artigo_%2
0prof_%20kazuo_politicas_%20publicas.pdf>. Acesso em: 30 mai. 2015.

e aprimoramento da atividade jurisdicional, impõe-se a sua relativização em nome da efetividade (tutela justa, adequada e tempestiva) do processo, assegurando a pacificação social.

Alcides de Mendonça Lima pontificava:

> [...] o recurso em demasia atenua a autoridade do juiz desde que sirva como meio permanente de cercear suas deliberações, truncando andamento normal do feito; gerando um ambiente de instabilidade, insegurança, abalando o prestígio do Judiciário sem oferecer maiores vantagens às partes no tocante à conquista da vitória de suas pretensões[2].

A relativização do direito de recorrer, contudo, não pode ser realizada sem que se firme a seguinte premissa: o sistema recursal é, acima de tudo, fruto da cultura de um povo, devendo refletir os valores preponderantes da sociedade num determinado momento histórico.

Conforme lecionam Marinoni, Mitidiero e Arenhart:

> O contexto cultural em que o processo civil está inserido influencia a previsão ou não do direito ao recurso, e a maneira como pode ser exercido - especialmente no que tange a sua extensão, isto é, à matéria que nele pode ser debatida[3].

Na mesma linha de pensamento, Sokal destaca que "se não há um sistema recursal ótimo no plano abstrato, o que resta é a busca por um que se justifique à luz da vontade e da cultura prevalecente na sociedade em um determinado momento histórico"[4].

Destarte, o sistema recursal deve ser o resultado de uma ponderação entre os os valores justiça, segurança e celeridade, de a forma a atingir a tão almejada pacificação social, na qual até o próprio vencido se conforme com o resultado final.

O peso de cada de um destes valores dependerá da cultura em que está inserido o processo, e o objetivo almejado em certo momento histórico.

---

2 LIMA, Alcides Mendonça. *Introdução aos recursos cíveis*. 2. ed. São Paulo: Editora Revista dos Tribunais, 1976, p. 394-395.

3 MARINONI Luiz Guilherme, ARENHART, Sérgio Cruz; MITIDIERO, Daniel. *Curso de Processo Civil*. 1. ed. São Paulo: Editora Revista dos Tribunais, 2015. v. 2, p. 501.

4 SOKAL, Guilherme. A impugnação das decisões interlocutórias no processo civil. In: *O novo processo civil brasileiro. Direito em expectativa (reflexões acerca do projeto do novo código de processo civil)*. FUX, Luiz (Coord.). 1. ed. Rio de Janeiro: Editora Forense, 2011, p. 367.

Partindo de tal premissa, é possível afirmar que no atual momento histórico marcado pela inconstância, alta velocidade das transformações, típica de uma sociedade "líquida"[5], ao valor celeridade deve ser conferido um peso significativo. Visa-se a eliminar o excesso de recursos, os "tempos mortos" de tramitação do processo, simplificando ritos sem comprometer a finalidade do recurso como de meio de correção de erros e de aprimoramento da formação de decisões.

Com o propósito de agilizar a tramitação dos processos, algumas alterações foram realizadas no sistema recursal ao longo dos ciclos de reforma do Código de Processo Civil de 1973, a partir da década de 1990. A modificação da sistemática do agravo de instrumento - forma de interposição e restrição ao cabimento do agravo de instrumento - a limitação do cabimento dos embargos infringentes, a redução dos casos de remessa necessária, e o aumento dos poderes do relator, também não conseguiram imprimir a almejada celeridade ao julgamento dos recursos.

A fim de cumprir a promessa constitucional da duração razoável do processo (art. 5º, LXXVIII, da Constituição da República), imprescindível se fazia a eliminação da prodigalidade recursal no novo Código de Processo Civil, razão pela qual houve a simplificação do sistema anterior com a redução do número de recursos, e a supressão do juízo de admissibilidade bipartido do recurso de apelação.

Desse modo, procedeu-se à racionalização do sistema recursal mediante a simplificação e a abolição de alguns recursos, de forma a prestigiar o valor celeridade sem comprometer o núcleo essencial do princípio da segurança jurídica. Como efeito colateral da simplificação do sistema recursal, almeja-se alcançar outro objetivo: conceder a cada processo o maior rendimento possível, consoante ressaltado na exposição de motivos do novo Código de Processo Civil[6].

---

5 Termo cunhado pelo sociólogo polonês BAUMAN, Zygmunt: "Associamos 'leveza' ou ausência de peso" à mobilidade e à inconstância: sabemos pela prática que quanto mais leves viajamos, com maior facilidade e rapidez nos movemos. Essas são as razões para considerar 'fluidez' ou 'liquidez' como metáforas adequadas quando queremos captar a natureza da presente fase, nova de muitas maneiras, na história da modernidade." *Modernidade líquida*. 1. ed. Rio de Janeiro: Zahar, 2014.

6 Conforme o texto da exposição de motivos do anteprojeto do Código de Processo Civil: "Bastante simplificado foi o sistema recursal. Essa simplificação, todavia, em momento algum significou restrição ao direito de defesa. Em vez disso deu, de acordo com o objetivo tratado no item seguinte, maior rendimento a cada processo individualmente considerado." Disponível em: <http://www.senado.gov.br/senado/novocpc/pdf/Anteprojeto.pdf>, p. 26. Acesso em: 24 abr. 2015.

Tal providência atendeu aos antigos anseios da doutrina que sempre criticou o número excessivo de recursos[7] como um dos pontos de estrangulamento da tramitação processual, a comprometer a entrega da prestação jurisdicional em tempo razoável.

No afã de simplificar a sistemática recursal optou o novo Código de Processo Civil por uniformizar o prazo de interposição e de oferecimento de contrarrazões dos recursos em 15 (quinze) dias, à exceção dos embargos de declaração, cujo prazo é de 5 (cinco) dias (§ 5º do art.1.003 do novo CPC).

Além da redução do número de recursos, como medida de desestímulo, foi prevista no novo CPC a fixação de honorários recursais, para remunerar o trabalho adicional do advogado, e evitar a interposição de recursos protelatórios (art. 85, § 11).

Para otimizar o trabalho dos tribunais, evitando o consumo excessivo de tempo com julgamento de agravos de instrumentos, prestigiou-se o julgamento de recursos interpostos contra o provimento jurisdicional final, adotando-se a regra da irrecorribilidade em separado das decisões interlocutórias, com alteração do regime das preclusões. Desta forma, instituiu-se um recurso único (apelação) da sentença, abarcando as declarações incidentes não preclusas[8].

Na nova disciplina do sistema recursal, sob o influxo da visão cooperativa do processo, o Juiz deverá, em cumprimento ao dever de pre-

---

7 Alcides de Mendonça Lima em obra clássica defende a necessidade de racionalização do sistema recursal mediante a simplificação e limitação dos recursos, asseverando: "A proliferação, pois, de meios recursórios é que torna incompatível com a moderna processualística. Mormente daqueles que possam ser interpostos contra decisões interlocutórias, cindindo a marcha do processo, dilatando seu término e ensejando os expedientes da chicana. Era o que acontecia no regime de nossos códigos estaduais, herdando o sistema do Regulamento 737, e das Ordenações do Reino, todos elaborados ao sabor dos *postulados rigidamente privatísticos.*" *Uma introdução aos recursos cíveis.* 2. ed. São Paulo: editora Revista dos Tribunais, 1976, p. 392.

8 O Ministro Luiz Fux afirma: "Com relação à prodigalidade recursal, rapidamente diria aos senhores o seguinte: a comissão entendeu por bem estabelecer um recurso ao final da causa para evitar que, a cada movimento do juiz decidindo uma questão incidente, houvesse a interposição de um recurso. Por que fizemos isso? Chegamos, por pura amostragem a uma conclusão muito dramática: em um processo com cinco decisões interlocutórias, conseguimos verificar que foram interpostos vinte e cinco recursos. Então é absolutamente impossível que num país em que o processo no primeiro grau comporta vinte e cinco recursos, que haja uma prestação razoável". O processo e o homem. In: *O processo em perspectiva, jornadas brasileiras de direito processual.* WAMBIER, Tereza Arruda Alvim, MENDES; Aluísio Gonçalves de Castro (Coord.). 1. ed. São Paulo: RT, 2013, p. 265.

venção, sempre advertir as partes da existência de vícios que poderão frustrar o conhecimento do recurso, concedendo-se prazo para saná-los[9]. Daí os inúmeros dispositivos legais na disciplina do sistema recursal - parágrafo único do artigo 932, § 3º do artigo 1.016, § 7º do art. 1.007, dentre outros -, concedendo sempre a oportunidade de o recorrente sanar o vício antes de se inadmitir o recurso.

No decorrer do presente trabalho será analisada a disciplina no novo Código de Processo Civil dos recursos de apelação, agravo de instrumento, agravo interno, agravo em recurso especial e extraordinário, embargos de declaração e a técnica de julgamento prevista no artigo 942 do CPC em substituição ao recurso de embargos infringentes. No tópico final, à guisa de conclusão, serão apresentadas reflexões sobre a nova formatação do sistema recursal e sua aptidão para assegurar a duração razoável do processo.

Do recurso de apelação

2.1. Do cabimento

A apelação, recurso de devolução ampla, principal instrumento de atuação do duplo grau de jurisdição[10], é cabível para impugnar sentença

---

9 Em relação à aplicação do princípio da cooperação no campo da admissibilidade dos recursos, assevera Fredie Didier Jr.: "Atualmente, prestigia-se no direito estrangeiro - mais precisamente na Alemanha, França, e em Portugal -, e já com alguma repercussão na doutrina brasileira[63], o chamado princípio da cooperação, que orienta o magistrado a tomar uma posição de agente-colaborador do processo, de participante ativo do contraditório e não apenas a de um mero fiscal de regras. Essa participação não se resumiria à ampliação dos seus poderes instrutórios ou de efetivação das decisões judiciais (arts. 131 e 461, § 5º, CPC). O magistrado deveria adotar uma postura de diálogo com as partes e com os demais sujeitos do processo: esclarecendo suas dúvidas, pedindo esclarecimentos quando estiver com dúvidas e, ainda, dando as orientações necessárias, quando for o caso. Encara-se o processo como o produto de atividade cooperativa: cada qual com as suas funções, mas todos com o objetivo comum, que é a prolação do ato final (decisão do magistrado sobre o objeto litigioso). Traz-se o magistrado ao debate processual; prestigiam-se o diálogo e o equilíbrio[64]. Trata-se de princípio que estrutura e qualifica o contraditório. A obediência ao princípio da cooperação é comportamento que impede ou dificulta a decretação de nulidades processuais - e, principalmente, a prolação do juízo de inadmissibilidade." Juízo de admissibilidade na teoria geral dos recursos. In: *Revista Eletrônica de Direito Processual*, Rio de Janeiro, 2010, v. VI, p. 339. Disponível em: <http://www.rdp.com.br>. Acesso em: 1º mai. 2015.

10 É do professor Barbosa Moreira a afirmativa de que a apelação é o principal instrumento de atuação do duplo grau de jurisdição: "As notas típicas da apelação, e

(art. 1.009 do novo CPC), definida como pronunciamento por meio do qual o juiz, com fundamento nos artigos 485 e 487, põe fim à fase cognitiva do procedimento comum, bem como extingue a execução (art. 203, § 1º).

Portanto, em virtude da abolição do recurso de agravo retido nos autos, o espectro de impugnação do recurso de apelação foi ampliado no novo Código de Processo Civil: as questões resolvidas na fase de conhecimento, se a decisão a seu respeito não comportar agravo de instrumento, não estão sujeitas à preclusão e, por conseguinte, podem ser suscitadas como preliminar de apelação (§ 1º do art. 1.009) ou nas contrarrazões. Neste último caso, é prevista a abertura de vista à outra parte para em 15 (quinze) dias manifestar-se a respeito delas (§ 2º do art. 1.010).

A possibilidade de impugnação de decisões interlocutórias não sujeitas à preclusão nas contrarrazões é verdadeira inovação, alterando-se a sua natureza, de simples defesa, a meio de impugnação de decisões interlocutórias[11]. Interessante questão consiste na subsistência ou não da impugnação veiculada nas contrarrazões do apelado, quando há a desistência ou a inadmissibilidade do recurso de apelação interposto. Indaga-se: existe relação de dependência entre o recurso de apelação e a impugnação de decisões interlocutórias não preclusas nas contrarrazões, aplicando-se raciocínio análogo ao do recurso adesivo?

Neste ponto, defende Rogério Licário de Castro[12] que deve ser concedida interpretação restritiva à regra de exceção da interposição do recurso adesivo. Segundo o referido autor, guardadas as devidas proporções, a impugnação de interlocutória em contrarrazões estaria para a apelação, como a contestação com pedido contraposto, para a petição inicial. Seguindo este raciocínio, assim como a desistência da ação pelo autor não impede a apreciação do pedido contraposto formulado pelo réu; do mesmo modo, a inadmissibilidade do recurso de apelação não obstaria a apreciação da impugnação das decisões interlocutórias não preclusas veiculada nas contrarrazões.

---

sobretudo a oportunidade que ela em regra abre mais do que qualquer outro recurso – ao exercício de ampla atividade cognitiva pelo órgão *ad quem*, permitem considerá-la como o principal instrumento por meio do qual atua o duplo grau de jurisdição." MOREIRA, José Carlos Barbosa. *Comentários ao código de processo civil.* 16. ed. Rio de Janeiro: Forense, 2012. v. V, p. 406.

11 ARRUDA ALVIM, Teresa *et alii.* (Coord.). *Breves comentários ao novo CPC.* 1. ed. São Paulo: RT, 2015, p. 2.237.

12 ARRUDA ALVIM, Teresa *et alii.* (Coord.). Op. cit., p. 2.237.

No entanto, entendemos que a impugnação formulada nas contrarrazões é dependente do recurso de apelação, adotando-se o mesmo raciocínio do recurso adesivo.

O artigo 1.013, § 5º, adotando entendimento já consagrado em sede doutrinária e jurisprudencial, enuncia que o recurso cabível contra a concessão ou a revogação de tutela provisória no corpo da própria sentença, é a apelação.

2.2. Do procedimento

O recurso de apelação é interposto no prazo de quinze dias (art. 1.003, § 5º, do novo CPC) através de petição dirigida ao juízo de primeiro grau. A petição deverá conter os requisitos previstos no artigo 1.010: i) nomes e a qualificação das partes; ii) exposição do fato e do direito; iii) as razões do pedido de reforma ou de decretação da nulidade; iv) pedido de nova decisão.

Por se tratar de recurso de fundamentação livre, sem vinculação a determinada matéria, pode o recorrente utilizar quaisquer argumentos para impugnar a sentença.

Nas razões de apelação pode ser requerida a anulação da sentença em virtude da presença de um vício de atividade *(error in procedendo)*, ou a reforma, em razão de um vício de juízo *(error in iudicando)*.

Preceitua o artigo 1.014 do novo CPC que as questões de fato não propostas no juízo inferior poderão ser suscitadas na apelação, se a parte provar que deixou de fazê-lo por motivos de força maior, reproduzindo o texto do artigo 517 do Código de Processo Civil vigente.

Apesar de interposta por meio de petição dirigida ao juízo de primeiro grau, o juízo de admissibilidade somente é exercido pelo Tribunal (§ 3º do art. 1.010 do novo CPC), ao qual incumbirá também decidir sobre os efeitos em que será recebido o recurso.

O escopo da referida alteração, que pôs fim ao juízo de admissibilidade bipartido, foi acelerar a marcha recursal, além de evitar a interposição de agravo de instrumento nos casos de irresignação, quanto à decisão de inadmissibilidade do recurso de apelação, eliminando-se um foco de recorribilidade[13].

13 No parecer do Relator Geral do Projeto do novo CPC na Câmara dos Deputados, Deputado Federal Paulo Teixeira, constou a seguinte justificativa: "13) Ocorreu a transferência do juízo de admissibilidade do recurso de apelação para o Tribunal (art. 966). Hoje ele é feito, num primeiro momento, em primeiro grau e, depois, novamente, pelo Tribunal (art. 518 do CPC). É o fim do juízo de admissibilidade bipartido da apelação e, consequentemente, mais um foco de re-

Desse modo, após o oferecimento das contrarrazões, os autos são remetidos ao Tribunal, independentemente do exercício do juízo de admissibilidade (art. 1.010, § 3º, do novo CPC).

2.3. Dos efeitos

2.3.1. Do efeito suspensivo automático como regra

No Projeto de Lei do Senado nº 166/2010 era previsto que, em regra, a apelação não era dotada de efeito suspensivo, somente o devolutivo, para tornar eficaz a sentença proferida pelo juízo de 1º grau.

O objetivo era prestigiar as sentenças de primeiro grau, conferindo efetividade ao provimento jurisdicional final proferido com base em juízo de cognição exauriente e desestimular a interposição do recurso de cunho meramente protelatório para obstar a eficácia imediata da sentença[14].

No entanto, durante a tramitação na Câmara dos Deputados, o referido projeto de lei foi alterado para a inserção, como regra geral, da atribuição automática do efeito suspensivo às apelações, ressalvadas as exceções previstas em lei e no rol do § 1º do artigo 1.012.

Destarte, foi perdida uma valiosa oportunidade de tornar o sistema recursal mais efetivo e coerente, como bem salientam Marinoni, Arenhart e Mitidiero[15], pois as decisões provisórias fundadas em cogni-

---

corribilidade." Disponível em: <http://www2.camara.leg.br/atividade-legislativa/comissoes/comissoes-temporarias/ especiais/54a-legislatura/8046-10-codigo-de-processo-civil/proposicao/pareceres-e-relatorios/parecer-do-relator-geral-paulo-teixeira-08-05-2013>. Acesso em: 1º mai. 2015.

---

14 Frederico Koehler apresenta a mesma ponderação: "Como se percebe claramente, a questão dos efeitos dos recursos tem íntima conexão com o problema da efetividade das decisões. A pergunta que cabe ser feita é o que merece maior proteção: a decisão recorrida ou o inconformismo da parte sucumbente? Ou formulando em outras palavras, cabe perquirir qual dos litigantes é merecedor de proteção legal: o vencedor ou o vencido. Portanto, imputar o efeito suspensivo como regra nas apelações é o mesmo que privar a sentença de qualquer eficácia, conferindo prevalência absoluta ao inconformismo do litigante derrotado na primeira instância." *Da razoável duração do processo*. 2. ed. Salvador: JusPodivm, 2013, p. 148.

15 Marinoni, Arenhart e Mitidiero expõem a incoerência do sistema recursal nos seguintes termos: "Nesta perspectiva, é preciso perceber que o novo Código perdeu uma oportunidade importante: poderia ter tolhido o efeito suspensivo da apelação, tornando-o sempre atribuível *ope judicis*. Isso sem dúvida outorgaria maior coerência ao nosso sistema, na medida em que decisões provisórias fundadas em cognição sumária têm eficácia imediata (tutelas provisórias, arts. 294 e ss.), ao passo que decisões definitivas fundadas em cognição exauriente não contam em re-

ção sumária têm eficácia imediata, ao passo que as decisões finais definitivas baseadas em cognição exauriente não seriam, em regra, dotadas da mesma eficácia.

No artigo 1.012, § 1º, constam as hipóteses excepcionais, além daquelas outras previstas em lei, em que a apelação é recebida no efeito meramente devolutivo, reconhecendo-se a produção automática dos efeitos da sentença que: i) homologa divisão ou demarcação de terras; ii) condena a pagar alimentos; ii) extingue sem resolução do mérito ou julga improcedentes os embargos do executado; iv) julga procedente o pedido de instituição de arbitragem; v) confirma, concede ou revoga tutela provisória; vi) decreta a interdição.

Nestes casos, já pode ser iniciada a execução provisória (art. 1.012, § 2º) depois de publicada a sentença.

Não obstante a regra da imediata eficácia da sentença proferida nas hipóteses elencadas no § 1º do artigo 1.012 do novo CPC, ainda é possível ao apelante postular ao Tribunal - no período compreendido entre a interposição da apelação e sua distribuição - ou ao relator do recurso - se já distribuída a apelação - a concessão de efeito suspensivo (incs. I e II do § 3º do art. 1.011 do novo CPC). Destarte, demonstrada a probabilidade de provimento do recurso, ou se relevante a fundamentação, houver risco de dano grave ou de difícil reparação, poderá ser atribuído efeito suspensivo ao recurso de apelação, mesmo nas hipóteses previstas no § 1º do artigo 1.011 do novo CPC.

2.3.2. Do efeito devolutivo: extensão (dimensão horizontal) e profundidade (dimensão vertical)

A apelação é recurso de devolução ampla, transferindo ao órgão *ad quem* o conhecimento da matéria impugnada, para ser reexaminada.

Como leciona Barbosa Moreira, a configuração do efeito devolutivo é problema que se desdobra em dois: o primeiro concerne à extensão; e o segundo à sua profundidade[16].

---

gra com a mesma eficácia. Vale dizer: o processo civil brasileiro atribui maior peso em termos de efetividade e tempestividade a decisões provisórias do que decisões definitivas - nada obstante o juízo que alicerça as primeiras seja evidentemente que o juízo que embasa as segundas. O ideal é que todas as decisões tivessem eficácia imediata, contrabalanceando-se com a possibilidade de sua suspensão *ope judicis*." MARINONI, Luiz Guilherme; ARENHART, Sérgio Cruz; MITIDIERO, Daniel. *Curso de processo civil*. 1. ed. São Paulo: RT, 2015. v. 2, p. 525.

---

16 MOREIRA, José Carlos Barbosa. *Comentários ao código de processo civil*. 11. ed. Rio de Janeiro: Forense, 2003. v. V, p. 429.

Quanto à extensão do efeito devolutivo, decorrência do princípio dispositivo, prevê o artigo 1.013 do novo CPC, que será devolvido ao tribunal o conhecimento da matéria impugnada (*tantum devolutum quantum apellatum*), redação idêntica à do artigo 515 do CPC/73.

No tocante à profundidade do efeito devolutivo - material com o qual o Tribunal deverá trabalhar - é previsto que a apelação devolverá ao tribunal o conhecimento todas as questões suscitadas e discutidas no processo, ainda que não tenham sido solucionadas, desde que relativas ao capítulo impugnado[17] (art. 1.013, § 1º).

O efeito translativo do recurso de apelação, definido por Nélson Nery Jr.[18] como a translação das questões de ordem pública, cognoscíveis de ofício por força do princípio inquisitório, é previsto no artigo 1.013, § 1º, do CPC. Em verdade, o denominado efeito translativo é uma das vertentes do efeito devolutivo, porém não decorre do princípio dispositivo - na medida em que não houve devolução das questões de ordem pública pelo requerimento do recorrente - , e sim, do princípio inquisitório.

Não obstante esteja o Tribunal autorizado a conhecer de questões de ordem pública de ofício, sem que tenham sido requeridas pelas partes, deverá instituir o contraditório prévio, consoante o previsto no artigo 10 do novo CPC.

Há a previsão do juízo de retratação, que pode ser realizado pelo juiz, logo depois da interposição do recurso de apelação, apenas nos casos de indeferimento da petição inicial (art. 331), improcedência liminar (art. 332, § 3º) ou qualquer caso de sentença terminativa (art. 487, § 7º).

Adotando a teoria da causa madura, o artigo 1.013 do novo CPC, permite o imediato julgamento do mérito nas hipóteses de anulação de sentença terminativa, decretação de nulidade por julgamento incongruente com o pedido e causa de pedir, omissão no exame do pedido (sentença *citra petita*) e de anulação por falta de fundamentação.

---

17 Cândido Rangel Dinamarco leciona: "Foi por aí que se chegou à noção anunciada no item precedente de, onde se definem capítulos de sentença como unidades autônomas de decisório da sentença - o que importa incluir todas as unidades elementares portadoras de concretos preceitos imperativos sobre a causa e sobre o processo e, de outro, excluir as soluções dadas, na motivação sequencial às questões de fato e de direito". *Capítulos de sentença*. 1. ed. São Paulo: Malheiros, 2002, p. 37.

18 "Há casos, entretanto, em que o sistema processual autoriza o órgão *ad quem* a julgar fora do que consta das razões ou contrarrazões do recurso, ocasião em que não se pode falar em *extra*, *ultra* ou *infra petita*. Isto ocorre normalmente com as questões de ordem pública, que devem ser conhecidas de ofício pelo juiz e a cujo respeito não se opera a preclusão (por exemplo, CPC, arts. 267, § 3º, e 301, § 4º). A translação está autorizada no art. 515, §§ 1º a 3º, e 516). NERY JR., Nelson. Teoria geral dos recursos. 7. ed. 2. tir. São Paulo: RT, 2014. p. 460-461.

Trata-se de uma ampliação ex *officio* da extensão do efeito devolutivo da apelação[19], pois no recurso interposto não houve a devolução de matéria diversa do conteúdo da sentença terminativa impugnada. A despeito da falta de pedido de devolução da matéria referente ao mérito da demanda, o Tribunal pode, depois de afastar a extinção do processo, proceder ao julgamento imediato do mérito sem determinar o retorno dos autos ao Juízo de 1º grau. No caso de reforma de sentença que decretou a prescrição e a decadência, deverá também o Tribunal, sempre que possível, julgar o mérito do recurso (§ 4º do art. 1.013).

A redação do artigo 1.013 do CPC é mais precisa do que a do artigo 515, § 3º, do CPC/73, que prevê a possibilidade de julgamento imediato do mérito se a causa versar sobre questão exclusivamente de direito e estiver em condições de imediato julgamento.

Consoante a crítica de Dinamarco[20] ao artigo 515, § 3º, do CPC/73, o legislador não teria sido feliz ao conceder a impressão de formular mais uma exigência para a aplicação do novo parágrafo, qual seja, a de que a causa versar sobre questão exclusivamente de direito, bastando que a causa esteja madura, satisfatoriamente instruída para o pronunciamento sobre o mérito, sendo desnecessário o prosseguimento da fase instrutória.

Aprimorando a redação do artigo 515, § 3º, do atual CPC, o artigo 1.013 do novo CPC amplia o âmbito de aplicação da teoria da causa madura: elimina-se a exigência de que a causa deveria versar sobre questões exclusivamente de direito para autorizar o julgamento imediato do mérito pelo tribunal.

Bastará, portanto, que seja dispensável a dilação probatória em momento posterior à interposição do recurso de apelação.

Persistirá a controvérsia já existente quanto ao artigo 515, § 3º, do CPC/73, acerca da necessidade ou não de pedido expresso do recorrente para que o Tribunal, após se certificar de que deve anular a sentença terminativa impugnada, julgar o mérito da demanda (julgamento *per saltum),* tendo em vista a possibilidade de *reformatio in pejus.*

---

19 Neste sentido assevera José Roberto dos Santos Bedaque: "O legislador determinou a ampliação ex *officio* da extensão do efeito devolutivo, pois extinto o processo por carência da ação, por exemplo, não terá havido análise do mérito, e consequentemente, essa matéria não será objeto de impugnação." Apelação: admissibilidade e efeitos. In: *Aspectos polêmicos dos recursos cíveis e de outros meios de impugnação às decisões judiciais.* NERY JR., Nelson; WAMBIER, Tereza Arruda Alvim (Coords.). 1. ed. São Paulo: RT, 2003. v. 7, p. 447.

20 DINAMARCO, Cândido Rangel. *A reforma da reforma.* 1. ed. São Paulo: Malheiros, 2002, p. 155.

Por esta razão, parcela da doutrina defende a necessidade de pedido expresso do recorrente para autorizar o tribunal a avançar na apreciação do mérito da demanda, pois o apelante não poderia ser surpreendido com o julgamento do mérito da demanda em seu prejuízo.

Equacionando de forma adequada a referida controvérsia, Bedaque assinala:

> A possibilidade de o Tribunal passar ao plano do direito material em sede de apelação, se afastada a extinção do processo sem julgamento do mérito, constitui escolha do sistema, que optou pela celeridade processual, em detrimento do duplo grau de jurisdição. Trata-se de escolha legítima do legislador, que não implica ofensa ao devido processo constitucional[21].

Dinamarco assevera com a habitual argúcia que:

> A novidade representada pelo § 3º do artigo 515 do Código de Processo Civil nada mais é do que um atalho legitimado pela aptidão a acelerar os resultados do processo e desejável sempre que isso for feito sem prejuízo a qualquer das partes; ela constitui um lance na luta do legislador contra os males do tempo e representa ruptura com um velho dogma, o do duplo grau de jurisdição, que por sua vez, só se legitima quando for capaz de trazer benefícios, não demoras desnecessárias[22].

Além de não constar como requisito do julgamento do mérito da demanda a expressa manifestação do recorrente, inexiste risco de ofensa ao princípio do devido processo legal, contraditório e da ampla defesa, na medida em que, sendo clara e previsível a aplicação da regra do artigo 1.013 do novo CPC, as partes podem se precaver apresentando os fundamentos nas razões recursais e nas contrarrazões, a serem apreciados, caso o Tribunal decida prosseguir no julgamento do mérito[23].

---

21 NERY JR., Nelson; WAMBIER, Tereza Arruda Alvim (Coords.). Apelação: admissibilidade e efeitos. In: *Aspectos polêmicos dos recursos cíveis e de outros meios de impugnação às decisões judiciais*. 1. ed. São Paulo: RT, 2003. v. 7, p. 452.

22 DINAMARCO, Candido Rangel. *A reforma da reforma*. 1. ed. São Paulo: Malheiros, 2002, p. 161.

23 Neste sentido Fernanda Pantoja destaca "Por fim o princípio do contraditório não resta ofendido, pois sabendo as partes que o mérito pode ser julgado, devem aproveitar para discorrer sobre a matéria, já em suas razões recursais." *Apelação*: novas perspectivas para um antigo recurso. 1. ed. Curitiba: Juruá, 2010, p. 215. Do mesmo modo Cândido Rangel Dinamarco afirma: "Por outro lado, se agora as regras são essas e conhecidas de todo operador do direito, o autor que apelar contra sentença terminativa fa-lo-á com a consciência do risco que corre; não há a infração da cláusula do *due process* porque as regras do jogo são claras e isso é fator de segurança das partes, capaz de evitar surpresas." *A reforma da reforma*. 1. ed. São Paulo: Malheiros, 2002, p. 162.

3. Da técnica de julgamento prevista no artigo 942 do novo Código de Processo Civil: ressurreição dos embargos infringentes ou incidente processual de fortalecimento do princípio da colegialidade?

Digna de aplausos foi a erradicação do recurso de embargos infringentes de nosso sistema recursal no novo Código de Processo Civil[24], visto que tal recurso prolongava de forma injustificável a solução do litígio com base apenas num voto divergente[25].

Não obstante, no novo Código de Processo Civil foi prevista, em substituição aos embargos infringentes, uma nova técnica de julgamento consistente na convocação de outros julgadores para prosseguimento do julgamento em nova sessão, quando o resultado do recurso de apelação (art. 942) não for unânime. Estes julgadores deverão ser em número apto a permitir alteração do resultado anterior, assegurando às partes, e a eventuais terceiros o direito de sustentar oralmente suas razões perante os novos julgadores.

Tal técnica de julgamento também é aplicável ao julgamento não unânime proferido em agravo de instrumento, quando houver reforma da decisão que julgar parcialmente o mérito (art. 942, § 3º, II), bem como na ação rescisória, quando o resultado for a rescisão da sentença,

---

24 Na exposição de motivos do anteprojeto do novo CPC registra o Ministro Luiz Fux: "Uma das grandes alterações havidas no sistema recursal foi a supressão dos embargos infringentes. Há muito, a doutrina da melhor qualidade vem propugnando pela necessidade de que sejam extintos."

25 Carlos Alberto Carmona teceu agudas e pertinentes críticas à previsão no CPC de 1973 do recurso de embargos infringentes: "Embora fosse uniforme e pacífica a crítica da doutrina acerca da multiplicidade de recursos, não quis o legislador arriscar-se a desenraizar os embargos infringentes do nosso sistema recursal. Antes, aliás, preferiu ampliar seu raio de ação, deixando perplexos aqueles que leram a Exposição de Motivos do anteprojeto de 1964. De fato, não poucas vozes se faziam ouvir na doutrina nacional contra a permanência deste recurso de feição medieval em nosso sistema processual. Liebman já na década de 40, fazia conhecida advertência que ainda hoje permanece atual: observava o professor de Milão que era próprio - e ainda é! - dos países sul-americanos o fenômeno do anacronismo do processo, pois ao lado de um direito público fortemente influenciado pelo sistema norte-americano e de um direito privado de feição napoleônica, continuava a sobreviver, em quase todos estes países, um processo civil e penal substancialmente medieval, que permaneceu insensível à evolução política e técnica do processo nos séculos XVIII e XIX." O sistema recursal brasileiro: breve análise crítica. In: *Aspectos polêmicos e atuais dos recursos*. ALVIM, Eduardo Pellegrini de Arruda; NERY JR, Nelson; WAMBIER, Tereza Arruda Alvim (Coords.). 1. ed. São Paulo: RT, 2000, p. 37.

caso em que o julgamento prosseguirá em órgão de maior composição previsto no regimento interno (art. 942, § 3º, I).

No § 4º do artigo 942 é afastada a aplicação da referida técnica no julgamento do incidente de assunção de competência, de resolução de questões repetitivas, remessa necessária e no julgamento não unânime proferido nos tribunais, pelo plenário ou pela Corte Especial.

Embora o artigo 942 do novo CPC faça alusão ao prosseguimento do julgamento em nova sessão, no § 1º é prevista a regra, de que, sendo possível, o prosseguimento do julgamento ocorrerá na mesma sessão, colhendo-se os votos dos outros julgadores. Além dos novos julgadores convocados em número tal que haja a possibilidade de reversão do resultado, aqueles que já votaram podem rever seus votos por ocasião do prosseguimento do julgamento.

Este dispositivo, inexistente no Projeto de Lei do Senado nº 166/2010, foi acrescido durante a tramitação na Câmara dos Deputados sob o fundamento do necessário fortalecimento do princípio da colegialidade, a fim de permitir maior debate, prestigiando a segurança e a justiça.

Em defesa da nova técnica de julgamento, assevera Lucon que a ampliação da colegialidade assegura uma maior discussão em torno do litígio, garantindo a segurança jurídica, conforme o excerto abaixo transcrito:

> A técnica sugerida na Câmara dos Deputados não é um "novo recurso" nem tampouco "novos embargos infringentes" ou muito menos "embargos infringentes automáticos", mas é técnica de julgamento, voltada para ampliar a colegialidade e garantir com isso a segurança social e jurídica e o fortalecimento dos precedentes. É bem verdade que essa nova técnica, que tem natureza jurídica de incidente processual, surgiu a partir dos embargos infringentes, cuja manutenção, aliás, foi pedida em todas as audiências públicas em que se debateu o novo Código de Processo Civil, exatamente porque se inclui "entre os remédios destinados a minorar os males e os riscos inerentes à divergência de interpretações jurídicas". Mas essa nova técnica não se confunde com embargos infringentes e supera o recurso anterior, trazendo para o processo um novo instituto.
>
> É inegável, portanto, que o novo instituto, predestinado a dar maior qualidade aos julgamentos, está no lugar dos embargos infringentes, mas com eles não se confunde. O Projeto da Câmara dos Deputados trouxe uma ideia que há muito vinha sendo debatida na doutrina e assim o fez com proficiência, pois não há novas razões e novo relator (como ocorre nos embargos infringentes). Denominar esse novo e importante instituto de embargos infringentes automáticos não enxerga a relevante missão dessa nova técnica de julgamento. Com ela garante-se sim a segurança jurídica, evitando erros de julgamento, principalmente em matéria fática, que não pode ser revista nos tribunais superiores[26].

26 Artigo publicado no Conjur de 04/02/2015. Disponível em: <http://www.conjur.com.br/2015-fev-04/paulo-lucon-cpc-permite-decisoes-qualidade>. Acesso em: 20 abr. 2015.

Dinamarco já propunha, por ocasião do segundo ciclo de reformas do Código de Processo Civil de 1973, a adoção de um singelo mecanismo em substituição ao recurso de embargos infringentes semelhante ao previsto no novo CPC:

> Outro ponto de desnecessária timidez foi a remodelação dos embargos infringentes, tornando mais restrita sua admissibilidade (art. 523 do CPC, red. Lei nº 10.352, de 26/12/2001) em vez de simplesmente eliminar esse recurso por um mecanismo mais singelo, e portanto, mais prático, que os reformadores repudiaram. O mesmo escopo de oferecer mais uma oportunidade ao sucumbente seria facilmente realizado mediante um puro e simples pedido de novo julgamento pelo mesmo colégio julgador da apelação ou da ação rescisória, com o acréscimo de tantos juízes quanto necessários para tornar viável a reversão do teor da decisão; esse pedido, formulado logo após proclamado o julgamento e sem a espera pelo acórdão, seria hábil a propiciar uma significativa aceleração da tutela jurisdicional, a bem das partes e da própria justiça[27].

No entanto, o mecanismo proposto pelo professor Cândido Rangel Dinamarco diferenciava-se da técnica de julgamento prevista no artigo 942 do novo Código de processo Civil, por não ser deflagrado de ofício.

Conquanto concebida para aprimorar o processo decisório, ao aumentar o número de julgadores em razão da existência de um voto divergente, a técnica de julgamento, ou etapa de julgamento, prevista no artigo 942 neutraliza as vantagens práticas advindas da abolição do recurso de embargos infringentes, congestionando ainda mais a pauta de julgamentos dos tribunais.

Seria uma espécie de "embargos infringentes de ofício"[28], representando verdadeiro retrocesso, na medida em que, mesmo sem qualquer manifestação do vencido e, sem as limitações outrora previstas para o

27 A reforma da reforma.1. ed. São Paulo: Malheiros, 2002, p. 21.

28 Aluísio Gonçalves de Castro Mendes e Henrique Ávila criticam o incidente criado em substituição aos embargos infringentes, tecendo os seguintes comentários: "A nova técnica seria uma espécie de "embargos infringentes de ofício", ampliada para qualquer hipótese de julgamento não unânime proferido em sede de apelação, ação rescisória e até de agravo de instrumento, independentemente de ter sido ou não provido o recurso ou julgado procedente o pedido. Trata-se de medida que foi inserida, de última hora e contra a vontade das Comissões de Juristas, do Senado e da Câmara, e que pode protelar o julgamento nos tribunais." Algumas das principais alterações do novo CPC. Disponível em: <http://www.conjur.com.br/2015-jan-31/algumas-principais-alteracoes-codigo-processo-civil>. Acesso em: 1º mai. 2015.

cabimento dos embargos infringentes[29], haveria a necessidade de prosseguimento da sessão com mais dois outros desembargadores.

De fato, a aludida técnica de julgamento não se coaduna com a ideologia de simplificação do sistema recursal, norteadora do trabalho dos integrantes da Comissão de juristas encarregada de elaborar o anteprojeto do novo CPC, ao permitir a eternização da discussão em nome do princípio da colegialidade e da segurança jurídica, comprometendo a celeridade.

Prestigiar um voto vencido para prolongar a discussão é que verdadeiramente ofende a segurança jurídica através de debates infindáveis e "reviravoltas" de entendimentos.

Se o sistema recursal deve ser o resultado da ponderação dos valores justiça, celeridade e segurança, inconcebível a manutenção de tal técnica.

Resta saber como os Tribunais se organizarão para adotar a referida técnica de julgamento, de forma a evitar o congestionamento de suas pautas de julgamento. Dentre os possíveis prognósticos, há o receio de que se firme uma tendência à unanimidade forçada no julgamento dos recursos, com a finalidade de obstar o prosseguimento do julgamento na forma prevista no artigo 942 do CPC[30].

4. Agravo de instrumento

4.1. Do cabimento

Uma das maiores mudanças na sistemática recursal foi a adoção da regra de irrecorribilidade em separado das decisões interlocutórias, com exceção daquelas previstas no rol do artigo 1.015 do novo CPC.

Consoante já asseverado, as questões resolvidas na fase de conhecimento, se a decisão a seu respeito não comportar agravo (rol do art. 1.015 do novo CPC) não são cobertas pela preclusão e podem ser sus-

29 Artigo 530 do Código de Processo Civil de 1973: "Cabem embargos infringentes quando o acórdão não unânime houver reformado, em grau de apelação, a sentença de mérito, ou houver julgado procedente ação rescisória. Se o desacordo for parcial, os embargos serão restritos à matéria objeto da divergência" (Redação dada pela Lei nº 10.352, de 26/12/2001).

30 Julio Goulart Lanes registra o temor da disseminação de decisões unânimes: "Seria ingênuo não se temer uma tendência em favor de forçadas decisões unânimes, estranguladora de incidência obrigatória sistemática de suspensão de julgamentos com divergência de votos; tudo na ânsia de restar favorecido o alcance imediato da decisão com redução de tempo na busca da erradicação do litígio." *Breves comentários ao novo código de processo civil*. WAMBIER, Tereza Arruda Alvim *et alii* (Coords.). 1. ed. São Paulo: RT, 2015, p. 2.106-2.107.

citadas em preliminar de apelação, eventualmente interposta contra a decisão final.

A adoção da regra da irrecorribilidade em separado das decisões interlocutórias já era apontada há muitos anos como medida de racionalização[31] do sistema recursal impedindo as delongas na marcha processual e o congestionamento de recursos no Tribunal para impugnação de decisões interlocutórias. Giuseppe Chiovenda defendia a irrecorribilidade em separado das decisões interlocutórias para pôr em prática a oralidade e a concentração[32].

O significado moderno de oralidade, segundo Greco, é o de que em qualquer processo:

> [...] o juiz tem de estar sempre aberto para um diálogo humano, que se dá pela palavra oral, porque este é modo mais perfeito de comunicação, e portanto, aquele que pode efetivamente assegurar o contraditório participativo, assegurar o direito das partes de influir eficazmente nas decisões[33].

Quando a Comissão de Juristas responsável pela redação do anteprojeto do novo CPC divulgou que seria consagrada a regra da irrecorribilidade das decisões interlocutórias mediante a modificação do regime de preclusões, Fredie Didier Jr. criticou a mudança, alegando que haveria o reinício de fases procedimentais já superadas, violando o princípio da segurança jurídica[34].

---

31 Pontifica Alcides Mendonça Lima: "O recurso, pelo seu próprio desenvolvimento, é uma exceção ao princípio da imediatidade; por isso deve ser restringido para manter relativamente incólume a norma, de modo a não desgastarem suas virtudes com sucessivos julgamentos por intermédio de órgão cujos membros não puderam sentir a verdadeira realidade do caso, mormente quando se baseie em intrincadas e múltiplas questões de fato. *Introdução aos recursos cíveis*. 2. ed. São Paulo: Editora Revista dos tribunais, 1976, p. 396.

32 Discorre Giuseppe Chiovenda sobre a irrecorribilidade das decisões interlocutórias para a concretização do princípio da oralidade: "Para pôr em prática a oralidade e a concentração exige-se, ademais, que a decisão do incidente não seja recorrível à parte da questão principal. A irrecorribilidade das interlocutórias é regra de que não se deve afastar senão em algumas exceções *litis ingressum* impedientes, quando à discrição do juiz se afigure conveniente suspender o prosseguimento da lide até que se decida o recurso" *Instituições de direito processual civil.* 2. ed. São Paulo: Saraiva, 1965. v. III, p. 55.

33 GRECO, Leonardo. *Instituições de direito processual civil.* 5. ed. Rio de Janeiro: Forense, 2015, p. 535.

34 Fredie Didier Jr. tece críticas à alteração do regime de preclusões, da eliminação do agravo retido e da limitação da interposição do agravo de instrumento: "Em vez de processo, retrocesso. Em vez de decisão de mérito, reinício de fases

No novo CPC as decisões interlocutórias são definidas como pronunciamento judicial com conteúdo decisório que não seja sentença (§ 2º do art. 203) , conceito que permite o enquadramento das decisões de resolução de parcela do mérito como interlocutórias.

O art. 1.015 prevê o cabimento do agravo de instrumento para impugnar as seguintes decisões interlocutórias: as que versarem sobre tutela provisória (inciso I); a que decide parcela do mérito(inciso II) ; a de rejeição da alegação de convenção de arbitragem (inciso III); aquela proferida no incidente de desconsideração da personalidade jurídica (inciso IV); rejeição do pedido de gratuidade de justiça ou acolhimento do pedido de sua rejeição (inciso V); exibição ou posse de documento ou coisa (inciso VI); exclusão de litisconsortes (inciso VII); rejeição de pedido de limitação de litisconsorte (inciso VIII); admissão ou inadmissão de intervenção de terceiro (inciso IX); concessão, modificação ou revogação do efeito suspensivo dos embargos à execução (X); redistribuição do ônus da prova nos termos do artigo 373, § 1º, (inciso XI); outros casos expressamente previstos em lei (XIII), e decisões interlocutórias proferidas na fase de liquidação de sentença ou de cumprimento de sentença, no processo de execução e no processo de inventário (parágrafo único do artigo 1.015 do novo CPC).

---

procedimentais já superadas. Segurança jurídica e duração razoável, estados de coisas" que precisam ser atingidos por força dos mencionados princípios constitucionais, simplesmente desprezados. Se a interlocutória é recorrível, haverá preclusão do direito ao recurso se a parte não a impugnar no primeiro momento que lhe couber falar nos autos. Aquela questão, já decidida, não poderia mais ser revista. O órgão jurisdicional passaria a ocupar-se das demais questões objeto da sua cognição, sejam elas questões de mérito ou de admissibilidade, questões de fato ou de direito. Haveria, assim, redução da extensão da cognição, já que em relação a algumas questões teria havido decisão já estabilizada. Nada justifica, realmente, que o órgão jurisdicional possa decidir uma questão ao longo do procedimento e essa decisão de nada valha. Decisão sem possibilidade de preclusão é situação que claramente ofende a segurança jurídica. Avilta, inclusive, o papel do juiz de primeira instância." Disponível em: <http://www.frediedidier.com.br/editorial/editorial-82/>. Acesso em: 07 mai. 2015. Neste mesmo sentido, Dierle Nunes e Lúcio Delfino asseveram: "Pontue-se, ainda, que tal mudança iria contra a premissa comparticipativa/cooperativa do projeto que induz, entre seus efeitos, a responsabilização de todos os sujeitos processuais por suas escolhas e, nestes termos, a omissão da parte em se contrapor a uma decisão interlocutória que a prejudicasse, no momento próprio, seria passível de ser corrigida e/ou ressuscitada tempos após a prolação do provimento, na apelação, chancelando sua atecnia ou, mesmo, sua má-fé." *Agravo previsto no CPC pode causar idas e vindas*. Disponível em: <http://www.conjur.com.br/2014-ago-08/agravo-previsto-cpc-criara-idas-vindas-processuais>. Acesso em: 07 mai. 2015.

A intenção do legislador foi claramente limitar as hipóteses de cabimento do agravo de instrumento, adotando a regra da irrecorribilidade em separado das decisões interlocutórias.

Conquanto taxativo o rol previsto no artigo 1.015 do CPC, alguns doutrinadores como Luiz Guilherme Marinoni, Daniel Mitidiero, Sérgio Cruz Arenhart[35], Fredie Didier Jr. e Leonardo Carneiro da Cunha defendem que a técnica da enumeração restritiva não impede a utilização da interpretação extensiva.

Só o tempo dirá se a jurisprudência admitirá a interpretação analógica para ampliação das hipóteses de cabimento do agravo de instrumento, contrariando a vontade do legislador do novo CPC.

Não consta do rol do artigo 1.015 o cabimento do recurso para impugnar a decisão judicial que flexibiliza o procedimento, alterando o prazo, e a ordem das provas (art. 139, VI), a que nega eficácia a negócio jurídico processual[36], bem como aquelas relativas à competência no processo de conhecimento[37].

---

35 Luiz Guilherme Marinoni, Daniel Mitidiero e Sérgio Cruz Arenhart defendem a possibilidade de aplicação da analogia para a interpretação das hipóteses previstas no artigo 1.015 do novo CPC: "Isso não quer dizer, porém, que não se possa utilizar a analogia para interpretação das hipóteses contidas no texto. Como é amplamente reconhecido, inclusive por juristas diferentes tradições e com diferentes inclinações teóricas, o raciocínio analógico perpassa a interpretação de todo o sistema jurídico, constituindo ao fim e ao cabo um elemento de determinação do direito. O fato de o legislador construir um rol taxativo não elimina a necessidade de interpretação para sua compreensão: em outras palavras, a taxatividade não elimina a equivocidade". *Curso de processo civil.* 1. ed. São Paulo: Revista dos Tribunais, 2015. v. 2, p. 534.

36 A este propósito Pedro Queiroz tece o seguinte comentário: "Como os artigos 191 e 1.028 da versão do Projeto do novo CPC aprovada pelo Plenário da Câmara dos Deputados não preveem que a decisão interlocutória por meio da qual o juízo recusa aplicação à convenção das partes, por considerá-la inválida, possa ser impugnada por agravo de instrumento, ela deve ser impugnada na apelação ou em contrarrazões de apelação, nos termos do artigo 1.022, § 1º, da versão do Projeto do novo CPC aprovada pelo plenário da Câmara dos Deputados." Convenções disciplinadoras do processo judicial, *Revista de Direito Processual,* v. XIII, Rio de Janeiro, 2014, p. 697/698. Disponível em: <http://http://www.e-publicacoes.uerj.br/index.php/redp.>. Acesso em: 1º mai. 2015.

37 Fredie Didier Jr. e Leonardo Carneiro da Cunha defendem a possibilidade da interpretação extensiva para incluir a possibilidade de se impugnar por agravo de instrumento a decisão que versa sobre competência no processo de conhecimento, utilizando o mesmo raciocínio de processualistas penais sobre a interpretação extensiva no recurso em sentido estrito: "No referido dispositivo, não há previsão expressa de agravo de instrumento contra decisões que versam sobre competência na fase de conhecimento. Se não cabe agravo de instrumento, tal decisão

Realizando uma interpretação extensiva do inciso III do artigo 1.015 do novo CPC, Fredie Didier Jr. e Leonardo Carneiro da Cunha entendem que a decisão que recusa eficácia ou não homologa negócio jurídico processual pode ser impugnável por agravo de instrumento por ser similar àquela que rejeita alegação de convenção de arbitragem, vez que esta tem natureza de negócio processual. A decisão que versa sobre competência na fase de conhecimento também se encaixaria na hipótese prevista no inciso III do artigo 1.015 do CPC, adotando tal raciocínio.

Existe, de fato, o fundado receio de que haja a indevida impetração de mandados de segurança contra decisões interlocutórias que não constem do rol previsto no artigo 1.015 do CPC o que provocaria congestionamento dos tribunais para julgar mandados de segurança, com dispêndio de tempo que deveria ser gasto com a apreciação dos recursos de apelação interpostos contra a decisão final, a sentença[38].

deve, então, ser impugnada na apelação ou nas contrarrazões de apelação. No cumprimento da sentença, no processo de execução e no processo de inventário, todas as decisões interlocutórias são agraváveis, inclusive as que versem sobre competência. Essa é a primeira conclusão que se obtém de uma rápida leitura dos dispositivos do CPC/2015. É preciso, porém, examinar o assunto com calma. Se realmente não for cabível o agravo de instrumento nessa hipótese, será inútil toda a discussão sobre o foro de eleição. É que, sendo caso de incompetência relativa, o reconhecimento futuro da incompetência do juízo em razão do foro de eleição, por ocasião do julgamento da apelação (CPC/2015, art. 1.009, § 1º), seria inócuo, pois o processo já teria tramitado perante o juízo territorialmente competente e, ademais, a decisão não poderia ser invalidada." Agravo de instrumento contra decisão que versa sobre competência e a decisão que nega eficácia a negócio jurídico processual na fase de conhecimento. *Revista de Processo*, v. 242, São Paulo, RT, 2015, p. 4.

38 Adotando também raciocínio consequencialista para defender a admissibilidade da interpretação extensiva para ampliação do âmbito de incidência do artigo 1. 015, Fredie Didier Jr. e Leonardo Carneiro da Cunha afirmam: "É verdade que interpretar o texto normativo com a finalidade de evitar o uso anômalo e excessivo do mandado de segurança pode consistir num consequencialismo. Como se sabe, o consequencialismo constitui método de interpretação em que, diante de várias interpretações possíveis, o intérprete deve optar por aquela que conduza a resultados econômicos, sociais ou políticos mais aceitáveis, mais adequados e menos problemáticos. Busca-se, assim, uma melhor integração entre a norma e a realidade. É um método de interpretação que pode servir para confirmar a interpretação extensiva ora proposta. Adotada a interpretação literal, não se admitindo agravo de instrumento contra decisão que trate de competência, haverá o uso anômalo e excessivo do mandado de segurança, cujo prazo é bem mais elástico que o do agravo de instrumento. Se, diversamente, adota-se a interpretação extensiva para permitir o agravo de instrumento, haverá menos problemas no âmbito dos tribunais, não os congestionando com mandados de segurança contra atos judiciais".

Neste ponto, questão relevante a ser formulada é a seguinte: será possível manter a regra da irrecorribilidade em separado das decisões interlocutórias com poucas preclusões num processo fragmentado como o brasileiro; ou, ao revés, será o caso de restabelecer o sistema de ampla impugnabilidade das decisões interlocutórias para evitar a utilização do mandado de segurança como sucedâneo recursal?

Não obstante as lúcidas ponderações de Fredie Didier Jr., Leonardo Carneiro da Cunha, Luiz Guilherme Marinoni, Daniel Mitidiero e Sérgio Cruz Arenhart, a intenção do legislador foi claramente firmar a regra da irrecorribilidade em separado das decisões interlocutórias como meio de prestigiar a oralidade, imprimir celeridade ao processo, evitando que a eventual atribuição de efeito suspensivo - conquanto não seja a regra - paralisasse a marcha processual.

Em verdade, não houve lapsos por parte do legislador na elaboração do rol do art. 1.015, mas silêncio eloquente, visto que o intento é justamente mudar a mentalidade de se impugnar todas as decisões interlocutórias proferidas no processo.

A técnica da adoção de um rol taxativo de decisões interlocutórias impugnáveis em separado representa um ponto de equilíbrio entre a ampla recorribilidade, e a vedação absoluta de impugnar de forma imediata as decisões interlocutórias, tornando o sistema recursal mais racional.

4.2. Do procedimento

O recurso de agravo de instrumento deverá ser interposto no Tribunal, no prazo de quinze dias por meio de petição na qual constem os nomes das partes, exposição dos fatos e do direito, razões do pedido de reforma, ou de invalidação da decisão, e o próprio pedido, além dos nomes e endereços dos advogados (art. 1.016).

O art. 1.017 do novo CPC enumera os documentos necessários à formação do instrumento: cópias da petição inicial, da contestação, da petição que ensejou a decisão agravada, da própria decisão agravada, da certidão da respectiva intimação ou outro documento oficial que comprove a tempestividade, e das procurações outorgadas aos advogados do agravante e agravado.

No que tange aos autos eletrônicos, no momento da interposição não há a necessidade de juntada das peças referidas no incisos I e II

Agravo de instrumento contra decisão que versa sobre competência e a decisão que nega eficácia a negócio jurídico processual na fase de conhecimento. *Revista de Processo,* v. 242, São Paulo, RT, 2015, p. 5.

do *caput* do artigo 1.017 - cópias das petições iniciais, contestação, petição que ensejou a decisão agravada, a decisão agravada, certidão de intimação, procurações outorgadas aos advogados de agravante e agravado - consoante o preceituado no § 5º do artigo 1.017.

Portanto, não é ônus do recorrente a juntada dos referidos documentos para a formação do instrumento, no caso dos autos eletrônicos, visto que podem os desembargadores consultar as peças no sistema eletrônico.

Ampliaram-se as formas de interposição do recurso, passando a ser prevista a protocolização pela via postal ou em protocolo na própria comarca ou seção judiciária com o intuito de facilitar o exercício do direito de recorrer.

Outra novidade é a possibilidade de juntada de documento oficial comprobatório da intimação que não a certidão de intimação

Na falta de juntada de documento previsto no inciso I do artigo 1.017 o advogado do agravante poderá firmar declaração para instruir os autos de que inexistem alguns dos documentos previstos no inciso I, sob pena de responsabilidade pessoal.

Em nome do princípio da cooperação, como dever de prevenção, no § 3º do artigo 1.016 do novo CPC há a regra de que, se constatada a falta de cópia de qualquer peça ou no caso de outro vício que comprometa a admissibilidade do recurso, deverá o relator aplicar o artigo 932, concedendo à parte o prazo de cinco dias para sanar o vício ou complementar a documentação exigida.

Continua sendo obrigatória a juntada de cópia do agravo na primeira instância em três dias, sob pena das mesmas consequências atuais - de inadmissibilidade do recurso - se o agravado arguir e comprovar, consoante o previsto no artigo 1.018 do CPC.

Quando se tratar de autos eletrônicos, contudo, a comunicação não é obrigatória, ou seja, a sua ausência não conduz à inadmissibilidade do recurso, inteligência extraída da leitura do § 2º do artigo 1.018 do novo Código de Processo Civil. Destarte, o recorrente pode facultativamente comunicar a interposição do recurso tão somente para assegurar o exercício do juízo de retratação pelo juízo *a quo*.

4.3. Da ausência do efeito suspensivo como regra

Assim como previsto no CPC atual, na Lei nº 13.105/2015, a regra é a ausência do efeito suspensivo do agravo de instrumento, ou seja, a interposição do recurso não impede a eficácia da decisão interlocutória impugnada (art. 995 do novo CPC). A razão de tal previsão repousa na necessidade de se evitar a paralisação da marcha processual enquanto pendente de julgamento o recurso de agravo.

Contudo, o efeito suspensivo pode ser concedido pelo relator do recurso, se da imediata produção de seus efeitos houver risco de dano grave, de difícil ou impossível reparação - *periculum in mora* - e probabilidade de provimento do recurso - *fumus boni iuris* (parágrafo único do art. 995 do novo CPC).

Desse modo, recebido o agravo de instrumento no tribunal e distribuído imediatamente, se não for o caso de abertura de vista para sanar algum vício - incisos III e V do artigo 932 do CPC -, o relator no prazo de cinco dias poderá conceder efeito suspensivo ao agravo ou deferir em antecipação de tutela total ou parcial a pretensão recursal, comunicando ao juízo a sua decisão (efeito ativo ou tutela antecipada recursal). Se for o caso de intervenção do Ministério Público, será determinada a sua intimação para se manifestar no prazo de quinze dias.

O agravado será intimado para, no prazo de quinze dias, responder ao agravo, facultando-se juntar a documentação que entender necessária ao julgamento do recurso. Por fim, o relator solicitará dia para julgamento em prazo não superior a um mês da intimação do agravado.

5. Do agravo interno

O agravo interno é o recurso cabível contra decisão unipessoal proferida pelo relator no julgamento dos recursos ou nas causas de competência originária do Tribunal (atribuições previstas nos arts. 932, 955, parágrafo único, 989, 1.030, §§ 2º e 7º, e 1.037 do novo CPC) dirigido ao órgão colegiado (art. 1.021 do novo CPC).

A finalidade do recurso é controlar a atividade exercida pelo relator, assegurando o princípio da colegialidade[39], ao transferir o co-

39 "Desta feita, o multicitado princípio da colegialidade deve ser compreendido como verdadeira garantia constitucional implícita, pois, além de consagrar, efetivar e confirmar dois princípios inerentes ao Estado Democrático de Direito, conta com previsão expressa na legislação processual civil e, pelo fato de possuir elevada carga valorativa, passível será de adequação - juízo de ponderação - aos fins preconizados pelo Estado em determinado momento histórico." VIDAL, Ludmilla Camacho Duarte. Parâmetros racionais de aferição do real conteúdo das hipóteses que ensejam o julgamento monocrático do art. 557 do código de processo civil à luz do princípio da colegialidade. *Revista Cadernos do Programa de Pós-graduação da Universidade Federal do Rio Grande do Sul*, v. 8, Porto Alegre, 2013, p. 380. Disponível em: <http://seer.ufrgs.br/index.php/ppgdir/article/view/43126/33355>. Acesso em: 06 jun. 2015.
Quanto ao princípio da colegialidade, leciona Leonardo Greco: "A colegialidade é também fator de busca de legitimidade do Judiciário, ou seja, de persuasão do jurisdicionado de que a sua causa foi julgada por uma junta de juízes, que discutiram a matéria procurando em conjunto encontrar a solução mais justa: juízes que

nhecimento da questão impugnada do relator ao órgão colegiado, juiz natural, porquanto detentor da competência recursal.

Como bem destaca Oliveira[40]: "Se a ampliação dos poderes do relator é um ponto marcante do novo sistema recursal instituído, pode-se dizer que o agravo interno é o seu contraponto".

Acerca do recurso de agravo interno como forma de tutelar o princípio do juiz natural, assevera Barbosa Moreira:

> Presume o legislador por óbvio, que o interessado na maioria dos casos se conformará com o pronunciamento do relator. Na verdade, não seria possível subtrair de forma definitiva a apreciação do recurso ao órgão ad quem, sem pôr em xeque a garantia do Juiz natural. O relator atua como uma espécie de porta-voz do colegiado; cumpre, no entanto, abrir a quem se sinta injustamente agravado o ensejo de pleitear que também se ouçam os outros membros do colegiado - "que se complete", por assim dizer, o julgamento[41].

Compensa-se, pois, através do agravo interno o déficit garantístico que poderia advir da subtração da apreciação do recurso pelo órgão colegiado, tutelando-se, outrossim, os princípios do duplo grau de jurisdição, ampla defesa e contraditório.

Diversamente do que ocorre no CPC/73 no novo Código tal recurso recebeu o *nomen iuris* de agravo interno e teve a sua disciplina detalhada prevista em capítulo próprio.

5.1. Do procedimento

O agravo interno deverá ser interposto no prazo de quinze dias (regra geral do art. 1.003, § 5º) através de petição dirigida ao relator, que intimará o agravado para manifestar-se no mesmo prazo. Decorrido tal lapso, não havendo retratação, o relator levará o recurso a julgamento pelo órgão colegiado, com inclusão em pauta.

---

revelaram o direito das partes no exercício mais autêntico do mandato recebido do povo e sob o mais eficaz mecanismo de controle, aquele que cada julgador exerce sobre o comportamento das demais porque a decisão que todos buscam vai influir na reputação de cada um." *Estudos de direito processual*. 1. ed. Campos dos Goytacazes: Editora da Faculdade de Direito de Campos, 2005, p. 306.

---

40 OLIVEIRA, Pedro Miranda de. *Agravo interno e agravo regimental*: hipóteses de incidência e poderes do relator nos tribunais. 1. ed. São Paulo: RT, 2009, p. 130.

41 BARBOSA MOREIRA, José Carlos. *Comentários ao código de processo civil*. 16. ed. Rio de Janeiro: Forense, 2012. v. V, p. 660-661, 680.

Um dos requisitos de admissibilidade é a impugnação especificada dos fundamentos da decisão agravada (art. 1.021, § 1º, do novo CPC). Se pretender o agravante impugnar decisão monocrática fundada nos precedentes dos Tribunais Superiores, caberá adotar a técnica da distinção (*distinguishing*) para destacar as especificidades do caso concreto, a fim de afastar a aplicação do precedente invocado pelo relator. Acaso a insurgência se limite à inaplicabilidade, cancelamento do precedente por superação (*overruling*), deverá demonstrar o agravante as modificações fáticas. Com tal previsão, evita-se a litigância de massa com argumentação pouco consistente[42], que tanto congestiona os tribunais.

Se por um lado, é previsto como requisito de admissibilidade a impugnação especificada; por outro é vedado ao relator limitar-se à reprodução dos fundamentos da decisão agravada - fundamentação *per relationem* ou por remissão - para julgar improcedente o agravo interno, exigindo-se a análise em concreto dos fundamentos da impugnação apresentada pelo agravante[43].

Neste particular, em atenção ao dever de motivação adequada, coíbe-se a prolação de decisões em massa, padronizadas, com mera invocação de contrariedade à súmula, jurisprudência dominante, sem análise do caso concreto.

Inovação importante é a prevista no artigo 1.021, § 2º, do novo CPC acerca da necessidade da inclusão em pauta do julgamento do recurso de agravo interno com prévia intimação das partes com antecedência mínima de 5 (cinco) dias, prestigiando o princípio da publicidade.

---

42 Dierle Nunes, Rafaela Lacerda e Newton Miranda concluem que "A má aplicação de precedentes é explicada pela própria realidade forense brasileira: partes que argumentam parcamente, um grande número de litígios que se reproduzem por falta de uniformização e pronta resposta judicial, e juízes incapazes de proferir decisões claras, justificadas e específicas para cada caso." *O uso do precedente judicial na prática brasileira*: uma perspectiva ética. Belo Horizonte: 2013, p. 203. Disponível em: <http://www.direito.ufmg.br/revista/index.php/revista/article/viewFile/P.03042340.2013v62p179/249>. Acesso em: 07 mai. 2015.

43 "Acerca da motivação *per relationem* consta na resenha da obra *La motivazione della sentenza Civile*, de Michele Taruffo, elaborada por Leonardo Greco: "O tribunal de apelação deveria ser obrigado a fornecer uma justificação própria, autônoma e sobretudo modelada especificamente sobre o que foi decidido em instância recursal, ainda que isso provocasse a superposição de argumentos contidos na sentença de primeiro grau, este seria um inconveniente irrelevante diante da exigência de que a sentença de apelação contenha integralmente a própria justificação lógica e jurídica." GRECO, Leonardo; TARUFFO, Michele. *La motivazione della sentenza civile*. Padova: Cedam, 1975; *Revista de Processo,* v. 144, São Paulo, RT, 2007, p. 324.

Embora constasse do Projeto do novo CPC a previsão de cabimento de sustentação oral no julgamento dos agravos internos interpostos das decisões monocráticas proferidas em recurso de apelação, recurso ordinário, recurso especial e recurso extraordinário (art. 937, VII), tal dispositivo foi vetado pela Presidente da República, sob o fundamento de que a sustentação oral para todos os casos de agravo interno resultaria em perda de celeridade processual, princípio norteador do novo Código, provocando, ainda, sobrecarga nos Tribunais.

Como medida de desestímulo à interposição de agravo interno de cunho protelatório, prevê o artigo 1.021, § 4º, à semelhança da regra do artigo 557, § 2º, que se o agravo interno for declarado manifestamente inadmissível ou improcedente em votação unânime, o órgão colegiado, em decisão fundamentada, condenará o agravante a pagar ao agravado multa fixada entre um e cinco por cento do valor atualizado da causa. Neste caso, a interposição de qualquer outro recurso está condicionada ao depósito prévio do valor da referida multa, à exceção da Fazenda Pública e do beneficiário de gratuidade da justiça.

6. Do agravo em recurso extraordinário e em recurso especial

Na redação originária do artigo 1.030 do novo CPC era previsto que nos recursos extraordinário e especial o juízo de admissibilidade, em regra, seria realizado no Supremo Tribunal Federal e no Superior Tribunal de Justiça, respectivamente, reduzindo sensivelmente as hipóteses de cabimento do recurso de agravo para impugnar a decisão do presidente ou vice-presidente do Tribunal proferida no juízo de admissibilidade dos recursos especiais e extraordinários interpostos.

No entanto, durante a *vacatio legis*, foi alterada a redação do artigo 1.030 para, à semelhança da sistemática do CPC de 1973, prever o juízo de admissibilidade bipartido: o primeiro a ser exercido pelo tribunal de origem; e o segundo, pelos Tribunais Superiores.

O agravo em recurso especial e extraordinário destina-se, nos termos do artigo 1.042 do novo CPC, com a nova redação, a impugnar a decisão do vice-presidente ou presidente do Tribunal de inadmissão de recurso extraordinário ou recurso especial, salvo quando fundada na aplicação de precedente de repercussão geral e de recurso especial repetitivo.

6.1. Do procedimento

O agravo no recurso especial e no recurso extraordinário deve ser interposto no prazo de quinze dias (regra geral do art. 1.003, § 5º) através de petição dirigida ao presidente ou vice-presidente do tribunal de origem, e não necessita de recolhimento de custas (art. 1.042, § 2º). É previsto no referido dispositivo que se aplica ao recurso de agravo o regime da repercussão geral e dos recursos especiais repetitivos, inclusive quanto à possibilidade de sobrestamento e exercício do juízo de retratação.

Por se tratar de recurso de fundamentação vinculada, preceitua o § 1º do artigo 1.003 que o recurso não será conhecido se o agravante não demonstrar a intempestividade do recurso especial ou extraordinário sobrestado, quando o recurso fundar-se na hipótese do inciso I do *caput* deste artigo. No caso do inciso II, deverá ser demonstrada a existência de distinção entre o caso em análise e o precedente invocado, quando a inadmissão do recurso especial ou extraordinário fundar-se em entendimento firmado em julgamento de recurso repetitivo por tribunal superior; ou quando o recurso extraordinário fundar-se em decisão anterior do Supremo Tribunal Federal de inexistência de repercussão geral da questão constitucional discutida.

Após as contrarrazões, se não for o caso de exercer o juízo de retratação, o recurso é enviado ao STF ou STJ conforme o caso.

7. Dos embargos de declaração

7.1. Do cabimento

O recurso de embargos de declaração é cabível contra qualquer decisão judicial para esclarecer obscuridade, eliminar contradição, suprir omissão e corrigir erro material segundo o previsto no artigo 1.022 do novo CPC. Para Marinoni e Arenhart,*"a omissão do dever judicial de diálogo dá lugar à interposição e ao acolhimento de embargos declaratórios, a fim de que órgão jurisdicional participe do contraditório"*[44].

No texto do anteprojeto do Código de Processo Civil não havia a previsão do cabimento dos embargos em caso de erro material. Tendo em vista que o erro material, definido no inciso I do artigo 494 do novo Código de Processo Civil como "inexatidões materiais ou erros de cálculo" pode ser retificado a qualquer tempo[45], revela-se aparentemente prescindível tal previsão.

Todavia, como bem destaca Moreira, ao comentar o atual Código de Processo Civil, na *"prática judiciária manifesta-se tendência a ampliar*

44 MARINONI, Luiz Guilherme; ARENHART, Sérgio Cruz. O projeto do CPC - críticas e propostas. 1. ed. 2. tir. São Paulo: RT, 2010, p. 184.

45 Neste sentido é o Enunciado 360 do Fórum Permanente de Processo Civil: "A não oposição de embargos de declaração em caso de erro material na decisão não impede a sua correção a qualquer tempo."

o cabimento dos embargos de declaração para ensejar a correção de equívocos manifestos."[46]

Dentro dessa ideia, se o juiz pode reconhecer o erro material a qualquer tempo, com maior razão, o erro material pode ensejar a interposição de embargos de declaração pelas partes. A jurisprudência, corretamente, já adotava tal orientação[47].

Quanto à omissão, o novo CPC minudenciou o seu conceito: além das questões ou pontos sobre os quais deve o juiz pronunciar-se de ofício ou a requerimento (art. 1.022, II), abrange também a falta de manifestação sobre tese firmada em julgamento de casos repetitivos ou em incidente de assunção de competência aplicável ao caso sob julgamento (art. 1.022, parágrafo único, do novo CPC) e a ausência de motivação adequada - segundo os requisitos previstos no artigo 489, § 1º.

A contradição deve ser compreendida como incoerência, incompatibilidade entre as proposições, os elementos da decisão, que impedem o intérprete de compreender o itinerário lógico percorrido para a prolação da decisão impugnada.

7.2. Do procedimento

Os embargos de declaração são oferecidos por meio de petição dirigida ao mesmo órgão prolator da decisão impugnada no prazo de cinco dias, com a indicação do erro, contradição, ou omissão, e não se sujeitam a preparo (art. 1.023 do novo CPC).

Caso haja a possibilidade de efeitos modificativos - infringentes - advindos do acolhimento dos embargos de declaração, o juiz deverá intimar o embargado para no prazo de cinco dias manifestar-se sobre o recurso interposto (§ 2º do art. 1.023). Trata-se da positivação do

46 BARBOSA MOREIRA, José Carlos. *Comentários ao código de processo civil*. 16. ed. Rio de Janeiro: Forense, 2012. v. V, p. 556-557.

47 "Os embargos de declaração constituem recurso que visa sanar eventual omissão, contradição, obscuridade ou erro material, propiciando o aprimoramento da prestação jurisdicional, ao possibilitar à parte que possa cientificar e requerer à autoridade judiciária sejam sanados eventuais vícios, inclusive no que tange ao cerceamento da ampla defesa." (Recurso Especial 200602063355, 4ª T., STJ, Rel. Min. Luis Felipe Salomão, DJe 29/11/2011). No mesmo sentido, há inúmeros acórdãos do STJ, cabendo, a título ilustrativo, citar os seguintes: Embargos de declaração no Recurso Especial 201002302098, 1ª Seção, STJ, Rel. Min. Cesar Asfor Rocha, DJe 02/12/2011 e Embargos de declaração no recurso ordinário em mandado de segurança 201101957422, 2ª T. Rel. Min. Castro Meira, DJe 22/11/2011.

entendimento jurisprudencial majoritário do STJ[48], no sentido de que o julgamento do recurso de embargos de declaração com efeitos infringentes, cujo teor possa implicar a modificação da decisão embargada, deve ser precedido de contraditório. Em atenção ao contraditório participativo fortalecido pelos deveres inerentes à cooperação, especificamente o dever de consulta, não poderia o juiz proferir decisão contrária aos interesses do embargado, sem previamente ouvi-lo, conforme o preceituado no artigo 9º do novo Código de Processo Civil.

O artigo 1.024 do novo CPC guarda correspondência parcial com o artigo 537 do CPC/73 dispondo sobre os prazos de julgamento dos embargos de declaração: o prazo de julgamento pelo juiz é de cinco dias (*caput* do art. 1.024); enquanto nos tribunais, o relator apresentará os embargos em mesa na sessão subsequente, e, não havendo julgamento nessa sessão, o recurso será incluído em pauta automaticamente (§ 1º).

O § 2º do artigo 1.024 do novo CPC prevê que nos embargos de declaração opostos contra decisão unipessoal é o próprio órgão prolator da decisão impugnada, que deverá decidir monocraticamente.

A possibilidade de conversão dos embargos de declaração em agravo interno é prevista no § 3º do artigo 1.024 do novo CPC, quando verificar o órgão julgador que os embargos de declaração não seriam o recurso adequado, e sim, o agravo interno.

Neste caso, considerando que o recurso de agravo interno tem espectro mais amplo de impugnação que os embargos de declaração, e outros requisitos extrínsecos de admissibilidade; em nome do dever de prevenção inerente à colaboração, deverá ser previamente intimado o recorrente para fins de adequação e complementação das razões recursais, de molde a ajustá-las ao previsto no artigo 1.021, § 1º, no prazo de cinco dias.

A regra inserta no § 4º do artigo 1.024 do novo CPC é exemplo da aplicação do princípio da complementariedade[49], porquanto prevê que na hipótese de acolhimento de embargos de declaração, com modificação da decisão embargada (efeitos infringentes), o embargado que tiver interposto recurso contra a decisão originária tem o direito de aditar suas razões, a fim de adequá-las aos exatos limites das modificações

48 Nos termos da jurisprudência pacífica do Superior Tribunal de Justiça, "a atribuição de efeitos infringentes aos embargos de declaração supõe a prévia intimação da contraparte; sem o contraditório, o respectivo julgamento é nulo" (STJ, EAg 778.452/SC, Rel. Min. Ari Pargendler, Corte Especial, DJe 23/08/2010).

49 "Pelo princípio da complementariedade, o recorrente poderá complementar a fundamentação de seu recurso já interposto, se houver alteração ou integração da decisão em virtude de acolhimento de embargos de declaração." NERY JR., Nélson. *Teoria geral dos recursos.* 7. ed. 2. tir. São Paulo: RT, 2014, p. 184.

efetuadas. Por outro lado, caso os embargos de declaração sejam rejeitados ou não alterarem a conclusão do julgamento anterior, o recurso interposto pelo embargado antes do julgamento será processado e julgado independentemente de ratificação.

Inovação que afirma a feição instrumentalista do novo CPC, é aquela prevista no § 5º do artigo 1.015 do novo CPC, que admite o recurso interposto pela parte contrária, antes da publicação do julgamento dos embargos declaração, quando não houver, por força do julgamento do recurso, modificação do julgamento anterior.

Tal norma pode ser vista como uma reação à jurisprudência defensiva que prioriza o formalismo excessivo para vedar de forma ilegítima o acesso às instâncias recursais[50]. Trata-se da admissão do recurso prematuramente interposto, entendimento frontalmente contrário à tese consagrada no Enunciado nº 418 da Súmula de Jurisprudência do STJ[51] de inadmissão do recurso interposto antes da publicação da decisão proferida nos embargos de declaração.

7.3. Do prequestionamento ficto pela interposição dos embargos de declaração

Outra novidade é a regra do artigo 1.025 do novo CPC, que considera incluídos no acórdão os elementos suscitados pelo embargante

---

50 O fenômeno foi bem descrito por José Carlos Barbosa Moreira: "Toda medalha tem o seu reverso. Atividade judicial que deixe de conduzir à decisão do mérito (da causa ou do recurso) é causa de frustração. O ideal seria que sempre se pudesse chegar a decisões finais.[...]. É inevitável o travo causado por decisões de não conhecimento; elas lembram refeições que após os aperitivos e os *hors d'ouvre*, se despedissem os convidados sem o anunciado prato principal. Restrições ilegítimas ao conhecimento de recursos. In: *Temas de direito processual.* Nona série. São Paulo: Saraiva, 2007, p. 270.
Na exposição de motivos do novo CPC, o Ministro Luiz Fux expressa a mesma concepção instrumentalista de privilegiar o conteúdo em detrimento da forma na aferição da presença dos requisitos de admissibilidade dos recursos dirigidos aos Tribunais Superiores: "Com objetivo semelhante, permite-se no novo CPC que os Tribunais Superiores apreciem o mérito de alguns recursos que veiculam questões relevantes, cuja solução é necessária para o aprimoramento do Direito, ainda que não estejam preenchidos requisitos de admissibilidade considerados menos importantes. Trata-se de regra afeiçoada à processualística contemporânea, que privilegia o conteúdo em detrimento da forma, em consonância com o princípio da instrumentalidade." Disponível em: <http://www.senado.gov.br/senado/novocpc/pdf/Anteprojeto.pdf>. Acesso em: 07 jun. 2015.

51 Súmula nº 418 do STJ: "É inadmissível o recurso especial interposto antes da publicação do acórdão dos embargos de declaração, sem posterior ratificação."

para fins de prequestionamento, ainda que os embargos de declaração sejam inadmitidos ou rejeitados - caso o tribunal superior considere existentes erro, omissão, contradição e obscuridade.

O dispositivo em questão reconhece a possibilidade do prequestionamento ficto, objeto de dissenso jurisprudencial.

Como é cediço, o prequestionamento como requisito para interposição dos recursos especiais e extraordinários deriva da locução "causas decididas" constante dos artigos 102, III, e 105, III, da Constituição da República, razão pela qual questões constitucionais ou federais devem ter sido apreciadas no acórdão recorrido. Em caso de omissão do tribunal acerca da questão suscitada, deve ser interposto o recurso de embargos de declaração.

O Supremo Tribunal Federal entendia como possível o reconhecimento do prequestionamento ficto mediante a exegese a *contrario sensu* do Enunciado nº 356 de sua Súmula de jurisprudência, cujo teor é o seguinte: "*O ponto omisso da decisão, sobre o qual não foram opostos embargos declaratórios, não pode ser objeto de recurso extraordinário, por faltar o requisito do prequestionamento.*"

No Superior Tribunal de Justiça, contudo, a orientação dominante é no sentido de que não poderá o recurso especial versar sobre a questão federal não examinada no tribunal de origem em sede de embargos de declaração, conforme o Verbete nº 211[52] de sua Súmula de jurisprudência.

Nos últimos anos, o próprio Excelso Pretório sinalizou no sentido de mudança de entendimento, conforme se depreende da leitura de diversos acórdãos de sua 1ª Turma[53], passando a não reconhecer o prequestionamento ficto.

---

52 Súmula nº 211 do STJ: "Inadmissível recurso especial quanto à questão que, a despeito da oposição de embargos declaratórios, não foi apreciada pelo Tribunal *a quo*."

53 Para exemplificar o atual entendimento do Supremo Tribunal Federal, oportuna é a transcrição da ementa do seguinte aresto da 1ª turma: "AUSÊNCIA DE PREQUESTIONAMENTO. APLICAÇÃO DA SÚMULA STF 282. INAPTIDÃO DO PREQUESTIONAMENTO IMPLÍCITO OU FICTO PARA ENSEJAR O CONHECIMENTO DO APELO EXTREMO. INTERPRETAÇÃO DA SÚMULA STF 356. ACÓRDÃO RECORRIDO PUBLICADO EM 30/11/2010. A jurisprudência desta Corte é firme no sentido de que a discussão referente à prorrogação de licença-maternidade de servidora pública estadual é de natureza infraconstitucional, o que torna oblíqua e reflexa eventual ofensa, insuscetível, portanto de viabilizar o conhecimento do recurso extraordinário. Precedentes. O requisito do prequestionamento obsta o conhecimento de questões constitucionais inéditas. Esta Corte não tem procedido à exegese a *contrario sensu* da Súmula STF 356 e, por consequência, somente considera prequestionada a questão constitucional quando tenha sido enfrentada, de

Em face da instabilidade jurisprudencial, a comprometer a segurança jurídica, entendemos que o novo CPC em boa hora previu a possibilidade do prequestionamento ficto quando houver a oposição de embargos de declaração contra decisão que contenha erro, omissão, obscuridade ou contradição, ainda que tais embargos de declaração sejam inadmitidos ou rejeitados, caso o tribunal superior os considere existentes[54].

7.4. Dos efeitos

Por ser dirigido ao mesmo órgão prolator da decisão impugnada, o recurso de embargos de declaração, segundo alguns doutrinadores como José Carlos Barbosa Moreira e Luiz Guilherme Marinoni não seria dotado de efeito devolutivo[55]. No entanto, como bem destaca Nélson Nery Jr, para configurar o efeito devolutivo é suficiente que a matéria seja devolvida ao órgão judicante para julgamento do recurso, sendo ir-

modo expresso, pelo Tribunal *a quo*. A mera oposição de embargos declaratórios não basta para tanto. Logo, as modalidades ditas implícita e ficta de prequestionamento não ensejam o conhecimento do apelo extremo. Aplicação da Súmula STF 282: "É inadmissível o recurso extraordinário, quando não ventilada, na decisão recorrida, a questão federal suscitada". Agravo regimental conhecido e não provido." (Agravo Regimental no Recurso Extraordinário com agravo 707.221, 1ª T. Rel.ª Min.ª Rosa Weber. Data da decisão: 20/08/2013. DJe 04/09/2013).

54 Criticando a divergência de entendimentos das Cortes Superiores quanto ao conceito de prequestionamento, que teria se "bifurcado", Cássio Scarpinella Bueno afirma: "Mais do que nunca a discussão sobre o tema é fundamental, assim como a uniformização de entendimentos a respeito, sob pena de total ineficácia do sistema recursal, tal qual delineado pela Constituição Federal. Até porque uma das missões institucionais do Supremo Tribunal Federal e do Superior Tribunal de Justiça reside, precisamente, na inteireza do ordenamento jurídico." Prequestionamento - Reflexões sobre a súmula 211 do STJ. In: *Aspectos polêmicos e atuais dos recursos*. ALVIM, Eduardo Pellegrini de Arruda; NERY JR., Nélson; WAMBIER, Teresa Arruda Alvim (Coords.). 1. ed. São Paulo: RT, 2000, p. 78.

55 José Carlos Barbosa Moreira averba: "De *lege lata*, há devolução sempre que se transfere ao órgão *ad quem* algo do que fora submetido ao órgão *a quo* - algo, repita-se não necessariamente tudo. Inexiste, portanto, recurso totalmente desprovido de efeito devolutivo, com ressalva dos casos em que o julgamento caiba ao mesmo órgão que proferiu a decisão recorrida." *Comentários ao código de processo civil*. 16. ed. Rio de Janeiro, 2012. v. V, p. 429. No mesmo sentido Luiz Guilherme Marinoni, Daniel Mitidiero e Sérgio Cruz Arenhart: "O oferecimento de embargos de declaração não opera efeito devolutivo, já que não remete ao conhecimento de nenhum outro órgão jurisdicional o conhecimento da matéria impugnada." *Curso de processo civil*. São Paulo: RT, 2015. v. 2, p. 541.

relevante o fato de dirigir-se ao mesmo órgão do qual proveio a decisão impugnada[56].

Em regra, a interposição dos embargos declaratórios não tem efeito suspensivo, ou seja, não prolonga a ineficácia da decisão recorrida (art. 1.026 do novo CPC). Não obstante, podem ser suspensos os efeitos da decisão pelo juiz ou relator do recurso, caso demonstrado um dos dois requisitos: i) probabilidade de provimento do recurso ou; ii) sendo relevante a fundamentação, houver risco de dano grave ou de difícil reparação (§ 1º do art. 1.026). Os requisitos acima mencionados guardam correspondência com aqueles previstos para a concessão da tutela de evidência (art. 311 do novo CPC), e de urgência (art. 300 do novo CPC).

O oferecimento de embargos, contudo, interrompe o prazo para interposição dos outros recursos, na data de sua interposição, retornando a fluir o prazo por inteiro após a intimação das partes do julgamento do recurso (art. 1.026, *caput*, do novo CPC).

7.5. Dos embargos de declaração de caráter protelatório

Com o propósito de obstar a utilização pelas partes dos embargos declaratórios com finalidade meramente protelatória, valendo-se do efeito interruptivo da contagem do prazo dos demais recursos, prevê o artigo 1.026, § 2º, do novo CPC, uma gradação de sanções em conformidade com o grau de reincidência na prática reprovável de recorrer de forma abusiva: i) o juiz ou tribunal em decisão fundamentada poderá condenar o recorrente a pagar multa não excedente a 2% do valor atualizado da causa (art. 1.026, § 2º); ii) caso haja a reiteração dos embargos manifestamente protelatórios, a multa será elevada até 10% do valor atualizado da causa, e a interposição de qualquer recurso ficará condicionada ao depósito prévio do valor da multa, à exceção da Fazenda Pública e do beneficiário da gratuidade de justiça que a recolherão ao final (art. 1.026, § 3º, do novo CPC); iii) se os dois embargos anteriores tiverem sido considerados protelatórios, o recorrente ficará impedido de interpor novos embargos de declaração (art. 1.026, § 4º, do novo CPC). Na última hipótese, portanto, eventual recurso de embargos de declaração interposto será sumariamente inadmitido, em virtude da presença de causa impeditiva do direito de recorrer.

56 NERY JR., Nelson. *Teoria geral de recursos*. 6. ed. São Paulo: RT, 2004, p. 437.

6. Síntese conclusiva

O advento de um novo Código de Processo Civil renova as esperanças de obtenção de uma prestação jurisdicional mais célere, mediante o aperfeiçoamento do sistema recursal.

Lamenta-se, contudo, a oportunidade perdida de eliminar a previsão do efeito suspensivo *ope legis* ao recurso de apelação, visto que além de medida de desestímulo da interposição de recursos protelatórios, asseguraria coerência ao sistema[57], pois a decisão proferida, com base em cognição exauriente poderia ser prontamente eficaz assim como aquela proferida em sede de juízo de cognição sumária.

Um dos maiores acertos foi a previsão dos honorários recursais para tornar desvantajosa a interposição de recursos meramente protelatórios. No entanto, enquanto mantido o efeito suspensivo automático do recurso de apelação, ainda haverá a sua interposição somente para prolongar a ineficácia da sentença, não obstante a possibilidade de condenação ao pagamento de honorários recursais em caso de sucumbência.

Igualmente acertada foi a previsão da irrecorribilidade em separado das decisões interlocutórias, com exceção daquelas previstas no rol do artigo 1.015, permitindo a otimização do trabalho dos tribunais, na medida que é priorizado o julgamento do recurso contra a decisão final (sentença), em detrimento da apreciação de recursos contra as decisões interlocutórias.

A substituição dos embargos infringentes pela técnica de julgamento prevista no artigo 942 trará mais prejuízos do que a manutenção do recurso de embargos infringentes. Acaso não haja a sua eliminação, é possível que se firme uma tendência à unanimidade forçada no julgamento dos recursos, com a finalidade de obstar o prosseguimento do julgamento na forma prevista no artigo 942 do novo CPC.

---

57 Frederico Koehler sugere como uma das medidas que dinamizariam o trâmite processual a atribuição do efeito meramente devolutivo como regra no recurso de apelação: "A atribuição do efeito meramente devolutivo como regra geral nas apelações, excetuando-se os casos em que a eficácia imediata da sentença puder causar dano irreparável ou de difícil reparação - tal qual previsto no Projeto do Senado nº 166/2010 (que propõe um novo CPC), aprovado no Senado Federal, e pendente de apreciação na Câmara dos Deputados - desestimularia a interposição de recursos protelatórios e, por conseguinte, dinamizaria o trâmite processual." *A razoável duração do processo*. 2. ed. Salvador: JusPodivm, 2013, p. 303-304. Neste mesmo sentido Fernanda Pantoja em substancioso estudo sobre o recurso de apelação apresenta a mesma conclusão: "A exclusão do efeito suspensivo automático da apelação faz-se cabível e pertinente, dependendo, contudo, de imprescindível alteração legislativa". *Apelação cível*: novas perspectivas para um velho recurso. 1. ed. Curitiba: Juruá, 2010, p. 221.

A disciplina do agravo interno em capítulo próprio é mais detalhada e busca fortalecer o contraditório, ao impor um dever de motivação do julgador com base no caso concreto, sem a possibilidade de se valer da fundamentação por remissão (*per relationem*) da decisão recorrida e nem a mera invocação de contrariedade à sumula, jurisprudência dominante.

A atual formatação do recurso de embargos de declaração transforma-o em instrumento mais efetivo de correção célere de defeitos de decisões judiciais, além de permitir o prequestionamento de questões federais e constitucionais, fortalecendo o princípio do contraditório e o da duração razoável do processo.

Elogiável a previsão da possibilidade de prequestionamento ficto na linha do entendimento perfilhado no Enunciado nº 356 da Súmula de jurisprudência do Supremo Tribunal Federal, evitando que a falta de suprimento da omissão pelo tribunal recorrido inviabilize a interposição dos recursos excepcionais. A regra também confere maior segurança ao jurisdicionado, em face da diversidade de entendimentos dos tribunais superiores acerca da admissibilidade do prequestionamento ficto.

De modo geral, a formatação do sistema recursal no novo CPC, mais simplificada em comparação com a do Código de Processo Civil de 1973, tem o potencial de efetivamente reduzir o tempo de tramitação dos processos, desde que, obviamente, se faça acompanhar de uma mudança de mentalidade dos operadores do Direito, uma adequação de método de pensamento[58].

---

58 Expressão utilizada por Mauro Cappelletti quanto aos avanços do movimento do acesso à Justiça modificando o método de pensamento, para trazer a perspectiva dos consumidores para a análise jurídica. In: O acesso à justiça como programa de reformas e método de pensamento. *Revista Forense*, v. 104, p. 219-220.

Impressão e acabamento:
Grupo Smart Printer
Soluções em impressão